财政部规划教材

全国高等院校财经类教材

证券投资学

纪宣明 主编

中国财政经济出版社

图书在版编目（CIP）数据

证券投资学/纪宣明主编．—北京：中国财政经济出版社，2014.7
财政部规划教材　全国高等院校财经类教材
ISBN 978－7－5095－5417－3

Ⅰ．①证…　Ⅱ．①纪…　Ⅲ．①证券投资－高等学校－教材　Ⅳ．①F830.91

中国版本图书馆 CIP 数据核字（2014）第104108号

责任编辑：张　军　唐　堂　　　　责任校对：徐艳丽
封面设计：陈　瑶

中国财政经济出版社 出版
URL：http：//www.cfeph.cn
E－mail：cfeph@cfeph.cn

社址：北京市海淀区阜成路甲28号　邮政编码：100142
营销中心电话：88190406　北京财经书店电话：64033436　84041336
北京中兴印刷有限公司印刷　各地新华书店经销
787×1092毫米　16开　18.25印张　443 000字
2014年7月第1版　2020年7月北京第3次印刷
定价：37.00元
ISBN 978－7－5095－5417－3/F·4382
（图书出现印装问题，本社负责调换）
质量投诉电话：010－88190744
打击盗版举报热线：010－88190492，QQ：634579818

编写说明

中国证券市场经过二十多年的跨越式发展，已经成为拥有近2700多家上市公司、市值20多万亿元的全球第二大市场。证券市场为国企改革、企业融资及我国市场经济的发展做出了积极的贡献。但是必须看到，我国的证券市场与西方成熟市场存在着较大的差距，其中最大的问题是我们在引进西方金融产品的同时对其配套的相关制度、法律法规及实施细则的建立与完善明显重视不够。加之对违规行为的处罚不力，导致市场主体的行为异化，甚至出现经济连年高速增长与股市长期疲软并存的现象。因此，中国证券市场亟须深化改革与多层次、全方位的制度创新，规范金融市场运行，提高资源配置效率，进而有效助推中国经济稳定与持续发展。

受西方投资理论与方法的影响，国内现有证券投资学教材目前也存在一些问题。首先，一些重点大学借鉴国外教科书的内容，其教材重点介绍金融工具尤其是衍生金融工具、投资风险的度量及如何通过投资组合分散风险、基于成熟市场的投资理论与方法等内容，且偏重数理模型和计量分析，其教学目的在于培养学生的研究、分析问题能力，这与其研究型大学定位密切相关。而对于一般应用型本科院校，由于学生的基础、就业取向不同，这类教材明显不适用。其次，一些国内财经类大学出版的证券投资学教材亦有以下问题：(1) 只介绍基本概念、专业术语、基本原理，缺乏与实际投资之间的联系，尤其缺乏针对相关经济学理论如何在中国证券市场加以应用的指导，导致教学与实际投资工作的脱节；(2) 对中国证券市场的认识不到位，盲目推崇西方成熟市场的投资理念与方法；(3) 部分作者本人缺乏实战经验，对投资技术分析方法食而不化，造成误导，在技术分析方面的量价关系与K线组合应用上尤为如此。

针对以上问题，本书贴近中国证券市场现实，注重理论联系实际，确定了较为简明、偏重实际知识学习的基本框架，具体包括证券投资导论、证券投资主体（即证券投资的参与者）、证券投资客体（债券、股票、基金、衍生金融工具的各自特点及价值分析、交易方式）、证券市场及其交易、证券投资分析与投资理论、证券投资风险与市场监管等六个方面。为此，全书又以十二章分别进行论述。

本教材特色之处在于：(1) 基于对中国证券市场现实情况的深层次透视，探讨目前适用的投资理念与投资方法；(2) 对基本面分析与技术分析方法进行了系统性梳理，有助于学生实际分析问题能力的提高，这也是本书较有价值之处；(3) 编写形式多样化，典型案例、知识链接、背景资料等均被引入，增强了可读性；(4) 每章均配有一定的思考题或思考案例，便于学生后续学习。本书适合作为一般本科及大专院校学生学习证券投资知识的教材，也可作为证券投资初学者的参考书。

本书由集美大学纪宣明教授主编，安徽铜陵学院吴雄虎副教授、辽宁辽东学院迟惠副教授、集美大学财经学院陈蕾博士、湖南财政经济学院杨勇兵讲师共同参与编写工作。其中第一章、第七章由吴雄虎编写；第二章、第八章、第九章、第十一章由纪宣明编写；第三章、第四章、第五章由迟惠编写；第六章由纪宣明和杨勇兵编写；第十章、第十二章由陈蕾编写。

在本书编写过程中，王金安博士提供了诸多有益的建议，陈似海老师对全书的资料收集、图表处理方面做了大量的工作，中国财政经济出版社的领导和编辑同志为本书出版给予了大力支持，在此一并表示感谢。由于我们水平有限，书中难免存在疏漏与不足之处，敬请专家与读者批评指正。

纪宣明
2014 年 5 月

目　录

第一章

证券投资概述

【案例导读】

投资奇才：沃伦·巴菲特

他的一举一动都能影响全球市场走势，40年来，他的公司取得了4 000多倍的投资收益率。其个人财富多年来名列福布斯富豪排行前三名。他创造财富传奇的秘密究竟是什么？巴菲特，一位极富传奇色彩的股市投资奇才，一个比杰克·韦尔奇更懂得管理的人，一个宣称在死后50年仍能管理和影响全球经济的人，以世界顶尖投资和令人难以企及的财富创造能力而赢得世界盛赞和追捧的人。与众多华尔街的暴利神话不同，从不以牟取暴利为投资目标的巴菲特却创造了真正的神话。在不到半个世纪的时间里，他缔造了数以万计的百万富翁，资本金扩大了3万多倍，而同期的道琼斯30种工业股票平均价格指数仅仅上升了约11倍。巴菲特如何从普通人成长为世界上最伟大的投资者，他是如何巧妙地寻找价值洼地，出其不意地挖掘潜在的投资价值的？他是如何凭正义和品德取胜了华尔街的尔虞我诈，并且用自己的执著甚至是顽固引领瞬息万变的投资世界的？

资料来源：作者根据相关资料整理。

证券投资在今天已是非常普遍的现象，然而人类有记载的证券投资历史也不过400余年。作为一种投资形式，现实中的人们虽然经常在做，但并不一定清楚证券一词的准确定义和内涵，因此谈及证券投资，有必要先理清证券的准确含义。

第一节　证券投资的产生与发展

一、证券的含义和产生

（一）证券的含义

证券是指各类记载并代表一定权利的法律凭证，用以证明持有人有权按其所持凭证记载的内容取得相应的权益或证明其曾经发生过的行为。作为法律凭证的证券，其基本的构成要素包括：持有人、标的物、标的物价值和持有人的权益。证券为谁所有？证券设定的权利对象指向什么？标的物价值几何？持有人拥有的权益有哪些？任何一种证券均应明确这四个基本问题。因而，对上述四个问题的回答就构成了证券的基本要素。

（二）证券的产生

作为法律凭证的证券，其产生的历史悠久。人类社会脱离蛮荒时代，有了私有制、家庭、国家以后，就有了法律。作为法律证书的证券到底何时产生并使用，已无从考证，但最初的证券是指法律诉讼时的证言证据、借据等无价证券，其主要作用是证明诉讼事件中当事人的是非曲直，有罪无罪，并非现代人们所指的有价证券。

现代社会经济中的证券应从1602年荷兰的阿姆斯特丹证券交易所形成证券交易时算起，它是人类社会经济中已有商品经济萌芽，经济信用工具被人们广泛使用和接受，作为筹资工具的债券、股票、商业汇票、本票、支票、银行汇票等价值证券大量出现，并受到国家法律完全维护的产物。从一定意义上说，这些有价证券本身即是信用经济发展的产物，也是经济信用借以实现的形式和工具。20世纪后，随着市场经济在世界范围内的普及和深入，经济信用工具不仅有原商品经济中的货币证券和债券、股票代表的资本证券，更出现了在这些证券基础上衍生出来的衍生证券，如股票期货、期权合约、股指期货、期权、利率类期货期权、货币互换与远期合约等，它使市场经济的信用程度更为广泛，使各市场经济主体间的依赖更进一步加深。

总之，作为一种受到法律完全保护的信用凭证和信用工具，证券在现代社会经济中起到了组织和实现经济信用，优化配置社会经济资源，增进社会福利的功用。

二、证券的种类

依据证券本身的特征标准，可将证券分成不同种类。

（一）依标的内容的不同，可将证券分为货物证券、货币证券和资本证券

货物证券是对定量的商品拥有所有权或索取权的凭证，如货运单、房产证等；货币证券是指对一定量的货币拥有索取权的凭证，如支票、汇票等；资本证券是指对一定量的资本拥有所有权或债权的凭证，如股票、债券。

（二）依持有人的收益不同，可将证券分为无价证券和有价证券

无价证券也是一种表明对某项财物或利益拥有所有权的凭证，但因政府或法律限制这类证券流通、转让，使这类证券只能起到单纯的证明作用。如收据、发票等，这类证券在经济上缺乏实际的投资价值。

有价证券是指标有票面金额，证明持有人有权按期取得一定收入并可自由转让和买卖的所有权或债权证书，它是虚拟资本的一种形式。这类证券本身并无价值，但因其代表一定量的财产权利，持有人可凭证券直接取得一定量的商品、货币或是取得利息、股息收入，可以在证券市场上买卖和流通，因而客观上具有市场交易价格。

有价证券与无价证券的最显著区别在于流通性，通常所说的证券即是有价证券，包括货币证券与资本证券。本书除特别说明，所说证券均指有价证券。

（三）按发行主体的不同，可将证券分为政府证券、金融证券和公司证券

政府证券即国债券、政府债券，是指政府财政部门或其他代理机构为筹集资金，以政府名义发行的证券，包括中央政府债券和地方政府债券。

金融证券是指银行或其他非银行金融机构为筹集经营资金而发行的债券或股票，尤以债券为主。

公司证券是指公司企业法人为筹集资金或与此直接相关的行为而发行的股票、债券及商业票据等有价证券。

（四）按是否在交易所上市，可将证券分为上市证券和非上市证券

上市证券又称为挂牌证券，是指经证券主管机关批准，并向证券交易所注册登记，获得在交易所内公开挂牌买卖资格的证券。

非上市证券也称非挂牌证券或场外证券，是指未申请上市或不符合在证券交易所挂牌交易条件的证券。

（五）固定收益和变动收益证券

按证券标准的收益是否预先知道和变化，有价证券又可分为固定收益证券和变动收益证券。

固定收益证券是指该证券的收益率预先设计固定，证券投资者购买该类证券时，可预算其收益额，不因证券发行人发行证券后的经营情况、盈利状况变动而变化，如一般性债券和优先股股票。

变动收益证券是指该证券的收益率预先不设计确定，证券投资者购买该证券时亦无从预知和预测，在持有期内投资者最终能否获得收益及获得收益的多少完全取决于证券发行人同期的经营盈利情况及分配政策等多种因素的综合变化，如普通股股票。

（六）公募证券和私募证券

公募证券是指发行人通过中介机构，向不特定社会投资者公开发行的证券。公募发行时，发行人应具有较高的社会声誉和知名度，符合证券监管部门规定条件，并经申报批准后方可发行。

私募证券是指发行人仅向少数特定投资者发行的证券，发行对象一般与发行人有特定的关系，如发行人的内部员工、与发行人有密切关系的金融机构、公司等。私募发行人的资信情况为发行对象所了解，且发行额度较小，因而不必向社会公开信息，也不必取得资信评级，但发行时应报备案，且不能公开上市流通。

三、有价证券的特征

（一）权益性

有价证券记载权利持有人的财产内容，代表着一定的权益，虽然证券持有人并不实际占有财产，但可以通过持有证券，拥有有关财产的权益。比如，持有债券即拥有债权和债息获取权，拥有股票即拥有所有权产生的红利和股息等。

（二）期限性

通常有价证券都有一个时间长度设置，即使不设置时期的股票因其持有人可以在股市上流通转让，所以对特定股票持有人而言，股票持有也不是无期限的。有价证券的期限性满足了不同投资者和筹资者对融资期限及相关收益率的不同需求，也起到了一种投融资双方的权益保护作用。

（三）流动性

流动性是指有价证券持有人可按自己的需要灵活地换取现金，又称为变现性。流动性是有价证券的本质特征，使其可以满足不同投资者的偏好和随时需求，投资人亦可选择适当时机锁定证券投资的收益和回报。流动性的一般形式是有价证券的承兑、贴现和买卖。

（四）风险性

风险性是指有价证券的持有人不能获得预期收益，甚至本金也受到损失的可能，这是由未来经济环境状况的不确定性所致。在现有的社会生产条件下，对于未来经济的发展变化，有些是投资者可以预测的，而有些是无法预测的。因此，投资者难以确定所持有的证券将来能否取得收益或能获得多少收益，从而使证券持有具有各种风险。一般来说，有价证券的风险收益之间存在正比关系，即风险越大收益越高，风险越低收益越小。

第二节　证券投资的相关概念

一、证券投资的含义及其要素

证券投资是指社会各类经济主体通过购买股票、债券、基金等有价证券及其衍生品证券，以获得红利、利息的投资行为和活动。从社会角度看，证券投资不能增加社会经济中的资本总量，但因通过证券投融资使社会中货币资金重新进行了配置，使闲置资源有效转化为功能性资本，因而证券投资能增进社会福利，使社会财富增值。

证券投资的基本要素有三：收益、风险及时间。任何证券投资者进行证券投资的目的都是获取收益，证券投资的收益一般来说包括期间红利收入和资本利得两部分。进行证券投资时，必须冒一定风险，风险与收益间成正比，风险越大收益越高，风险越小收益越低。而证券投资收益和风险的产生均在一定时间跨度内，投资时间的长短与收益和风险间并不必然相关。

二、证券投资分类

（一）直接投资与间接投资的分类

证券投资者在证券市场上直接进行股票和债券的投资时，投资人把资金直接借贷给证券发行人，投资人和融资人间建立起直接的所有权或债权关系，所以通常称之为直接投资（又称之为直接融资），而证券投资人通过购买基金、各种理财产品或储蓄把资金信托给基金公司、银行等法人主体代为投资，证券投资人与资金的最终借贷者间并未建立直接的法律关系，所以通常把这种证券投资称为间接投资。

（二）短期投资、中期投资与长期投资

根据投资周期的长短，证券投资可分为短期投资、中期投资和长期投资。一般来说，投资周期在1年以下的为短期投资，1年以上的为长期投资，严格意义上说，1～5年或1～7年的为中期投资，5年或7年以上的才是真正意义上的长期投资。长短期投资的划分并无绝对标准，因人而异，且长短期投资间可以相互转换。一般来说，长期投资比短期投资风险更高，但收益水平可能也更高。

（三）固定收益证券投资与非固定收益证券投资

根据投资收益是否预知和固定，可将证券投资划分为固定收益证券投资与非固定收益证券投资。固定收益证券投资是指投资人购买证券时，证券的收益额或收益率是预知的，且收益的支付也确定了时间的投资，如债券投资。非固定收益证券投资是指投资人购买该证券时，其收益额或收益率均无规定，收益支付期也不可知的投资。投资人投资该类证券时，可能获得较高收益，也可能亏损，如普通股股票投资。

三、证券投资的过程

对于投资人来说，证券投资与证券市场永远是风险与收益并存，如何进行充分的投资准备，理性的投资决策，采取有效的投资管理是证券投资成败的关键。

（一）投资准备阶段

进行证券投资之前，必须做好充分的投资准备，包括投资政策和目标的确定、投资资金准备、投资知识学习和心理准备。

投资政策和目标的确定是进行证券投资首先要面对的问题。任何投资者，不管是机构投资者还是个人投资者，首先应该确定证券投资时想要达到的总体要求是什么，有多大风险承受能力，在资金的流动性及收益性方面最好保持何种状况。若在投资之初未有这方面的考虑，则必会导致今后投资决策进退失据。

投资资金准备是证券投资的前提和基础。一般来说，投资者的资金来源可分为两部分，一是自有资金，二是借入资金。自有资金来自于已有的积累，投资者需要根据事先计划，在满足消费需要及必要的不时之需后，可将其余额用于投资。在证券市场投资情景有利时，投资者还可考虑是否借入外来资金，如果确定借入，则需要进一步考虑借款额度、借款途径及未来的还款计划和借入资金成本等问题。对于中小投资者而言，借贷资金投资存在极大的投资风险，一般情况下不宜进行。

投资知识学习是证券投资者必做的功课，投资人需要储备一定的投资知识，尤其对于初次进入证券投资领域的投资者来说十分重要，可以减少投资的盲目性。

投资心理准备也是十分重要的，因为证券市场变化莫测，风险与收益并存，只有做好心理准备方能在市场风险中保持平常心，不被失利从精神上击垮。

（二）投资分析决策阶段

在进行了充分的各项投资准备后，投资者对自身的境况有了较为明晰的认识，下一步就是怎样进行证券投资了。怎样进行证券投资的核心问题实质上就两个问题："买什么"，以及"何时买何时卖"。"买什么"的问题实际上就包含了投资者如何看待某一种证券或某一类证券的价值，这些证券的价值是以什么方法确定的；为使整体投资的收益最大化与风险最小化，是否应该多买几种不同类的证券以达成计划的投资目标等相关问题。"何时买何时卖"的问题实际上是投资者如何面对变化不定的市场，及时调整自己的投资对象以锁定利润和风险，实现制订的投资政策和目标。

1. 投资市场分析与投资对象分析

投资人进行证券投资为解决"买什么"、"何时买何时卖"的两个核心问题，首先必须要对证券市场的现状及决定市场现状的客观经济投资环境进行分析，以辨明市场大趋势及对个别证券的价值影响；其次必须分析拟投资对象证券的价值所在，运用已有的各种分析方法、技巧和工具，对拟投资证券价值进行深入剖析，以期掌握其价值变动规律，价格变化周期，变化方向及拐点，从而正确抉择"买什么"、"何时买何时卖"。

2. 构建投资组合

构建投资组合是指投资人为实现既定的投资政策与目标，通过证券买入和持有的多样化，使少量证券可能造成的不利影响最小化（分散与降低风险）。构建投资组合的目的是实现同等风险水平上的收益最大化和同等收益水平上风险最小化。

投资组合构建首先取决于投资人的投资政策和风险偏好。对保守型风险厌恶者投资人而言，其最佳的投资组合是固定收益型证券的各种搭配；对高风险偏好的投资者而言，首选的投资组合是各种高风险衍生证券和较高风险的股票间组合搭配。

投资组合的构建其次还取决于投资管理人的管理能力及其限制。乐观积极的管理人总是寻找市场的缺陷与不足，积极抉择，不断调整证券投资组合，以期跑赢和战胜市场，获取超额收益。稳健保守的投资管理者则会顺应市场，在投资组合构建后稳定不动，以不变应万变，以期获得平均的市场回报。

（三）投资管理阶段

证券市场的变化莫测决定了投资者必须对自己的投资进行持续的管理，方能最终达到计划的投资目标和政策。进行投资管理一般包括两个部分，一是进行适时的投资绩效评价，二是进行证券投资组合的修正。投资组合的绩效评价是指将自己的投资组合收益与风险同市场基准收益与风险进行比较，从而寻找到差距和不足，为修正投资组合提供依据。投资组合修正是在投资绩效评价找出的差距和不足基础上，根据证券投资分析，卖出现有组合中的一些证券，同时买进新证券构成新的证券组合，以期达到投资者的期望目标和投资政策。

证券投资的实际过程是上述三个阶段和步骤的不断循环往复，只不过每一循环后，证券投资人的认识都会得到相应提高和深化。投资人必须不断学习，以适应不断变化的证券市场，方能达到自己的投资目标和投资政策。

四、证券投资的特点

（一）证券投资的一般特点

证券投资既具有投资的一般特征，即都要有一定的资金投入，都是为了实现价值增值，都有资金投入、资本增值、资金回收的三个阶段，还具有自身的一些特点，表现在以下四个方面。

1. 高收益性

证券投资收益一般来源于两个方面：一是资本利息，即股息、红利或利息收入；二是资本增值，即上市证券的买卖价差，但这是很不确定的。通常证券投资的高收益性主要体现在资本增值上，有时资本增值率可高达几倍、几十倍，正是这一点使投资人狂热追求证券，也使证券投资具有投资与投机的双重魅力。

2. 高风险性

证券投资的高收益必然伴随着高风险，因为风险与收益是相对应的。证券投资的高风险来源于系统性风险与非系统性风险两个方面。系统性风险是指国内外的政治、经济、社会等因素对证券市场价格及定位的影响，极可能使投资者的证券投资价值下跌，本金亏损。非系统性风险是指个别证券背后的实体经济因经营无方、财务破产而使其市价下跌甚至摘牌，导致投资人亏损。

3. 无严格的投资资格和额度限制

实体经济的投资项目往往有投资人资质和行业进入的限制条件，且投资时均须有一定量的投资额度要求。相比之下，证券投资进入门槛和额度限制相对宽松。只要有一定的资金来源和投资决策权，能承担投资风险和收益的法人和自然人均可进行证券投资。因而，证券投资吸引了最广泛的社会投资者。在我国，证券投资者的登记开户数最高时曾超过1.6亿户。

4. 实行信息公开披露制度

证券市场上的参与各方，除自然人小额投资外，在证券的发行、交易、持有各环节上，均须持续进行各种信息的公开披露制度，以保证证券市场的公开、公平和公正，维护投资者利益，这一点明显区别于实业投资项目的投资。

（二）现代证券投资的特点

一是证券投资机构化。西方成熟证券市场，投资基金、退休养老基金、保险基金、信托基金等机构投资者投资占市场60%以上的份额，机构集中投资、专家理财优势明显。我国证券市场尚处幼稚期，机构队伍急需壮大。二是证券投资工具多样化。除了传统金融工具债券、股票外，衍生金融工具（如期货、期权、互换交易等新型投资工具）陆续出现。三是证券投资工具电子化。电子信息技术与互联网为投资交易提供了快速服务平台，投资者投资方式日趋多元化。四是证券投资国际化。全球证券市场联系日益紧密，投资者投资领域得以扩展。五是金融活动证券化。20世纪80年代以来金融市场证券化趋势凸显，银行参与证券业及银行资产证券化，且杠杆收购兼并活动也呈现证券化特征。

五、证券投资对社会经济的功能和作用

证券投资在西方发达经济体制下得到了长足的发展，目前已成为最基本、最普遍的投资形式。在我国，证券投资市场也已成为市场建设的重要组成部分，证券投资活动经过20多年的发展，目前已成为我国社会经济活动中的一个重要方面和领域，对社会经济发展的功能和作用愈益凸显。

（一）资本集聚功能

现代经济社会中，任何单个经济主体（企业、机构、政府）要想短期内筹集巨额资本用于发展事业，仅仅依靠自身的积累几乎是不可想象的，而利用证券市场发行各类证券，则可轻易获得巨额社会资金，满足事业发展需要。在证券市场上大规模发行有价证券的前提是这一市场上存在着大量的证券投资者，也就是说证券投资行为和活动的社会化和普遍化。没有普遍化大众化的证券投资活动，企业、机构和政府的筹资活动就不可能完成和实现。因而证券投资活动客观上起到了社会资本重新分配和聚集，促进社会各项事业发展的作用。

（二）资本的优化配置功能

通过证券投资活动，不仅可以实现资本的聚集，还可引导资本的优化配置。由于证券市场的公开竞争性，众多证券投资人的公开竞价，使得市场的相关信息被充分分析和挖掘，证券市场上的各类证券产品定价也就较客观地反映了其背后的实体经济和发行人的经营财务状况、未来前途及其变化等，而投资者的逐利本性又促使其追求优质优价的证券，淘汰劣质低价的证券，这样的循环促使社会资本向优势产业和企业流入，劣质低价的证券所代表的行业和企业就会被抛弃，从而促进了整个社会经济的产业结构升级和资本的优化配置。

（三）风险管理的功能

社会产业资本的实体单位通过发行证券，集聚和利用社会闲置资金，引导了资本的配置与再配置，同时也将产业投资的收益和风险进行相应的转移分散配置。证券投资者购买证券

进行投资，一方面能享受产业投资实体的收益，同时也必须承担可能存在的各种风险。当然，证券投资者也可以利用各种衍生证券产品对自己的证券投资进行管理，如期货、期权等，使投资风险锁定或固化。但无论如何，作为投资者整体，其承担的风险是客观存在的，从整个社会经济的角度考虑，这种实体经济领域的收益和风险向证券投资领域的转移和分散有助于社会经济运行的稳定，管理整个社会经济的运行风险。

（四）宏观调控功能

证券市场的运行状况一定程度上代表了一个经济体的经济运行状况，尤其是这个市场是有效市场时，人们习惯将证券市场视为一个经济体的“晴雨表”。国家可以通过考察或调控干预证券市场状况，实现其管理经济的宏观目标和政策。当市场出现投资过热、货币供应量过多、通胀情况严重时，一国央行可以通过卖出有价证券达到回笼货币减少货币供应、紧缩投资、稳定物价的客观经济目标；反之，央行可以通过买进有价证券实现其增加货币供应量、刺激投资、刺激经济增长的经济目标。一国政府的证券监管机构还可通过行政措施来调节证券市场的证券发行规模、发行节奏、发行方向来引导社会产业结构的转型和升级。

六、证券投资与投机

投资与投机是一对“孪生兄弟”，以现代社会的经济标准衡量，投机实际上就是一种投资，是一种承担特殊风险获得特殊收益的行为，是一种特殊的投资形式，俗语云“一项良好的投资就是一次成功的投机”，也揭示了投资与投机间的关系。

证券投资或投机活动，都是通过证券市场来实现。两者极难明确区分，若要硬性区别两者，大致可从以下几点观察：

（1）风险偏好不同。证券投资者一般厌恶风险，希望所购买的证券收益稳定，风险较小；投机者则希望证券价格暴涨暴跌，是风险偏好者。

（2）行为期限长短不同。投资者着眼于长远，买入证券后往往长期持有；投机者则热衷于价格涨跌所形成的价差，往往频繁交易和周转。

（3）交易方式有异。投资者一般多从事现货交易，有多少钱办多少事；投机者则往往利用交易杠杠，以小博大，买空卖空。

（4）分析方法和思路不同。投资者注重对证券的内在价值及发展前景进行分析，喜好基本分析法和组合投资；投机者则注重对市场现象及走势的预测，关心价格波动，喜好技术分析法。

尽管证券投资者和投机者存在诸多差异，在现实中却很难把两者区分开来，并且在一定的情况下，投资者与投机者的角色会相互转换。比如，长期投资者购买证券后，若证券市场突变，出现某种证券价格持续上扬和自己持有的证券价格下跌，便会抛售手上证券，转而购买价格仍在上扬的证券，重新选择资金利用方式，以求更多的差价收益或避免更大的损失，这时投资者就变为投机者。相反，投机者购买证券后，若无好的售卖价格和时机，也可能继续持有证券成为长期投资者。

证券投机具有积极的一面：一是具有平衡价格的作用；二是有助于提高证券交易的流动性；三是有利于分担价格波动的风险。

总之，投资是一门科学，投机是一门艺术。从经济学角度看，投机是投资的同义反复。投机和投资在市场中的共同存在和作用，才能形成市场的均衡价格和平均利润。

七、证券投资与实业投资

证券投资与实业投资是两类不同性质的投资，两者是按投资对象存在形式及运用的不同标准而划分的，其中既有明显的区别，又存在着较多的联系。

（一）证券投资与实业投资的区别

（1）投资对象不同。证券投资的对象是有价证券，关注的是证券价格的涨跌及其对投资收益的影响；实业投资的对象是具体的生产建设经营活动，是货币向有形资本的转化，也就是形成物质资产的投资。实业家虽然也会关心证券价格的涨跌，却绝不会因证券价格波动而放弃自身的生产经营活动。

（2）投资活动内容不同。证券投资活动主要是搜集各方面可能影响市场行情的信息，对企业的生产经营状况和发展动向、市场景气度、宏观经济发展趋势、宏观经济政策走向进行分析、研究，从而判断出证券本身的投资价值和投资时机；实业投资的活动内容则远比此复杂。

（3）投资制约因素各异。证券投资活动有着较强的独立性，投资者可以独立地依据自己资金实力和市场行情行动，自行决定诸如是否投资、投资数额、投资何种证券及何时投资等问题，较少受到其他客观条件限制。而实业投资则不然，投资者不仅受到资金实力和市场需求状况的限制，还要受到诸如投资环境、行业壁垒、专业知识、经营能力、人员素质、协作分工等多方面因素的制约，这就决定了进入实业投资领域远比进入证券市场投资困难得多。

（二）证券投资与实业投资的联系

（1）证券投资与实业投资相互影响、相互制约。一方面，全社会的实业投资从根本上决定了证券投资，实业投资的规模及其对资本的需要量直接决定了证券的发行量，实业投资收益的高低决定着证券投资收益率的高低。另一方面，证券投资也制约和影响着实业投资，全社会证券投资数量的多少影响着实业投资的资金供给，若其他条件不变，证券投资规模扩大即意味着实业投资资金来源与供给的扩大，从而促进实体经济规模总量的扩张和全社会总产出的增加。

（2）证券投资与实业投资可以相互转化。企业家发行证券，其目的是筹集从事实业投资所需要的资金，证券投资人购买证券其目的是获得收益，两者看似目的各异，互不相关，但在一定条件下可以转化。若证券投资人通过购买企业证券相对控股企业，并入主企业董事会，从事经营管理，则此时的证券投资人就变成了实业投资人；同样，若原实业投资人的企业家通过将其企业股份资产证券化，并逐渐卖出所持股份，不再拥有控股份额证券，这时的实业投资人就蜕变成为证券投资者。

【案例分析】

刘益谦20年资本腾挪大起底，从小商贩到投机客

证监会一纸处罚决定书，揭开了散户大王刘益谦资本运作手腕的一角，然而在众多资深业内人士看来，此次刘益谦在京东方一案上操作手法并不独到，甚至略显盲目。

纵观刘益谦20年来在资本市场的历程，几乎是一部中国资本投机史的范例教材：从倒卖国库券，到第一批吃螃蟹的股民；从法人股大王，到定增专业户；从第一牛散，到收藏巨头。刘益谦一步一步从一个单纯的投机客，成长为利用众多投融资手段进行资本运作的高手。

刘益谦在国库券获利后，开始进军股票市场，豫园商城发行股票，他以豫园商城发行价每股100元的价位，买入了100股豫园商城。随后豫园商城股票以失去理性的疯狂势头一路狂涨，直到1991年，刘益谦的100股股票竟以每股1万元的天价卖出，大赚100倍。

2000年初，刘益谦成立了上海新理益投资公司，很快就成为囤积法人股的大玩家。2000年10月13日，新理益通过竞拍方式获得琼能源（现绿景控股）952万股法人股，成为其第三大股东。在随后一年多的时间内，新理益投资公司频频出手，以受让或竞拍的方式先后进入多家上市公司的股东行列。

无论是投资国债，还是投资法人股，刘益谦的操作手法都还停留在低成本介入，静待升值后抛出，而经过了资本市场近20年的摸爬滚打，刘益谦在参与定向增发上显示出来的手腕才可谓真功夫。

网易财经统计，仅2009年，刘益谦就以个人名义参与东方电气、保利地产、金地集团、首开股份、华电国际、浦发银行、高鸿股份七家公司增发，并通过其实际控制的上海诺达圣信息科技有限公司，以16.8亿元的大手笔获得京东方A 7亿股。八次定向增发累计用资61.16亿元。

这60亿元的资金中，究竟有多少是属于刘益谦的自有资金呢？答案是，10亿元。刘益谦利用身边富豪朋友的资金和信托为锁链，用10亿元做成了60亿元的股票定向增发。

资料来源：网易财经2011年12月8日讯。

问题分析：

1. 刘益谦是靠做什么发财致富的？

2. 上海新理益投资公司竞拍囤积法人股是投资还是投机？

第三节 证券投资学的基本内容与研究方法

一、证券投资学的研究对象及其基本内容

证券投资学是以研究证券投资活动过程中的投资环境、投资方法和理论以及投资管理及其发展演变规律为对象的应用性学科。

证券投资学研究的主要内容包括以下几个方面：

（1）证券及其所代表的资产在经济社会中存在和发展的必要性与必然性，各种证券产生及其对社会经济活动的功用，人们对其认识及其应用的领域。

（2）证券投资活动中人们对其知识的总结和归纳，伴随投资活动而产生的时间、收益和风险的关系。

（3）证券投资活动对宏观经济环境的依赖和制约，证券市场及市场建设中制定的各种制度，这些制度的科学性及其演变规则等。

（4）证券投资决策中人们所使用的各种决策方法及其理论依据，证券投资分析所涉及

的各种方法和流派。

（5）证券投资管理所应掌握的各种基本知识和应用理论，人们已使用的投资管理方法、社会对证券投资的监管等。

二、证券投资学的研究发展及研究方法

证券投资学是一门较为年轻的学科，其成文的历史不过百年，但自20世纪50年代以来所取得的声誉卓著的理论成就迅速改变了它在经济学领域的地位：从资产组合理论、资本资产定价模型到套利定价模型和有效市场理论，行为金融理论；从期限结构理论到股票估值模型和期权定价模型；还有资本结构理论与金融市场微观结构理论；进而再到金融工程科学的形成。这些为数众多的理论创新与发展不仅使证券投资学成为经济学中最富有科学性的课程，同时也为经济学的理论发展做出了杰出贡献。以至于人们在谈及经济学问题时，常常会用到投资学的一些理论和方法。投资学领域里的一批杰出学者先后获得了经济学诺贝尔奖，诸如马科维兹、夏普、托宾、莫迪利亚尼、米勒、斯科尔斯和莫顿等，他们极其杰出的研究成果奠定了投资学在经济学学科的地位。

证券投资学的研究方法概而言之大致有三：

一是定性研究方法。这类方法的核心是总结人们投资过程中的各种现象和认知，升华提炼成一般共识，符合逻辑与抽象共性，进行比较比对，并运用语言文字、图标等工具表述表达出来。

二是定量的研究方法。这类研究方法的核心是通过假设前提与条件，舍弃无关紧要的因素，搜索大量的数据信息，运用数学模型，并进行实证分析和验证，从而揭示证券投资规律。现代证券投资学的重要研究成果无一不是出自该研究方法，从马科维兹的均值方差模型，威廉·夏普的资本资产定价模型，斯蒂芬·罗斯的套利定价模型，到布莱克和斯科尔斯的期权定价模型无一例外。上述模型均运用了一些高等数学工具。基础的数学工具，如坐标、图例、表格等，在定量研究方法中也得到了大量使用，如证券投资的技术分析。

三是定性与定量研究的交叉融合及与具体市场实践结合的方法。这类方法实质上是两大类研究方法的综合运用，且研究者须立足于某一具体投资市场实践，将前人已有的研究成果和理论共识应用于市场实践，有所发现和发明。不仅在证券投资学领域，现代许多学科领域里，这种交叉融合的研究方法同样催生出了许多边缘学科和新的科学方法，是现代科研中一种最常用的研究方法。

本章小结

内容摘要：本章讲述了证券和证券投资的基础知识以及证券投资学课程所要研究的内容，包括证券的含义、产生和类型，有价证券的特征，证券投资的含义及其要素，证券投资分类，证券投资的过程，证券投资的特点，证券投资对社会经济的作用，证券投资学的研究发展及研究方法。

关键概念：证券　有价证券　证券投资　证券投资学　投资与投机　证券投资与实业投资

思考题

1. 证券有哪些构成要素？
2. 有价证券的特征有哪些？
3. 一般来说证券投资过程有几个阶段？
4. 证券投资有什么特点？
5. 证券投资对社会经济发展有哪些作用？
6. 简述现代证券投资学研究方法的发展趋势。

案例分析

中国石油上市5年套牢百万投资者，户均损失325万元

2007年11月5日，中石油以48.6元的开盘价高调上市，吸引了全世界投资者的眼光。但不知是巧合抑或是必然，中石油也一举成为当年6124点大牛市行情的终结者。如今5年过去，中石油股价跌去了82%，累计市值蒸发5.7万亿元，排名A股首位；沪综指同样也再没有重返这一历史最高点位。5年时间里，至少187万元的投资者与中石油结下“孽缘”，而这些投资者户均损失市值达324.84万元；目前虽然已有约81万投资者割肉离场，但还有57%的投资者仍然深套其中。对于这些投资者来说，假设股价相对稳定，想靠分红来回本，至少需等待148年！

资料来源：《信息时报》，2012年11月5日。

问题：

1. 中国石油股票是什么性质的证券？
2. 近期中石油高管层先后多人被查处，但其股价较为平稳，为什么？
3. 中石化的混合所有制试点方案备受关注，对其股价有何影响？

应用训练

实地参观一家证券营业部并与老股民交谈证券投资心得。

第二章

证券投资主体

【案例导读】

老杨的困惑：究竟该怎样投资理财？

厦门上班族老杨，工作二十余年有了一些积蓄，近十年来先后尝试多种投资理财方式：

最初，朋友劝其买房，但老杨已有一套房改不久的准新房，且厦门房价已有较大涨幅，均价4 000元每平方米，加之买房后有还贷压力，老杨决定放弃。出于安全性考虑，主要买三年期国债，年收益率4.5%，可CPI每年也在3%左右，投资收益率并不高。

2006年底，听朋友意见并看到媒体普遍认为工商银行是最具发展潜力的银行，5.40元买进工行股票做长线投资，持有到现在只有4元多，期间每年分红率大约3%，还不如投资国债；与此同时，基金定投所购买的基金也是前赚后亏，收益也极不稳定。

眼看着国际金价大涨多年，相信黄金更具保值功能，老杨又在2011年9月买进黄金每盎司1 650美元，中间做了几次高抛低吸小有收获，但2013年春节后金价大幅下跌，老杨又亏了不少。

期间，老杨还购买过平安保险公司的投资连结保险，但收益率也很低。

2013年，厦门房产均价已达14 000元，岛内均价26 000元，比2003年涨了3倍多，老杨后悔不已！

同老杨一样，目前中国居民投资渠道匮乏，投资风险与收益严重不对称。投资问题让多数并不富裕的家庭深感困惑。

资料来源：作者根据相关资料整理。

个人投资者、机构投资者、政府机构是证券投资的三大主体，三者参与市场投资的目的、动机各不相同。机构投资者行为、政府机构的业务活动及相关政策，均会对证券市场产生较大的影响。

第一节　个人投资者

居民个人作为证券投资者是证券投资主体的重要组成部分，是证券市场资金的主要供给者。个人证券投资者由于投资规模、投资水平等方面与机构投资者存在差异，因而投资目的、投资行为特点等都不同于机构投资者。同时，居民投资需求的差异性和变化促进了证券市场的创新。

一、个人证券投资的目的

（一）本金安全、资本增值与稳定的收入

本金安全是个人证券投资的基本要求。在此基础上，才是取得收入和增值。要保证本金的安全，一般应购买具有较大安全性、流动性及价格稳定的证券。

资本增值是大多数投资者从事证券投资的目的。主要方法：一是将投资所得再投资，使资本增加；二是投资于成长型股票，通过股价的增长实现资本的增加。后者风险无疑较大。但无论哪种方法，都难以在短期内实现资本增值，投资者应做长期投资准备。

就多数人而言，收入的稳定比资本增值更具吸引力。特别是低收入者需要以证券投资收入补充其收入来源的不足，应付日常的各种必要开支，因而更关心当前收入的稳定性。一般而言，稳定的收入主要来源于质量较高的债券和公用事业类股票。

（二）合理避税与通货膨胀抵补

我国现行个人所得税制度，对实业投资收入和储蓄所得征税，但对大部分证券投资所得不征税，故证券投资成为合理避税的场所之一；将来会逐步与国际接轨，对证券投资的资本利得征收较低的税。高收入者可采取多种避税措施，如长期持有股票、购买免税债券等。

通货膨胀将导致货币购买力下降，故长期投资者会设法抵补通胀带来的损失。与储蓄相比，西方成熟市场普通股的投资收益能较好地弥补通胀损失，故通胀抵补成为国外个人证券投资目的之一。目前我国上市公司普遍盈利能力有限且分红比例低，投资普通股难以获得通胀抵补。

（三）分散投资、优化投资组合

分散投资，实现投资的最优组合，已成为现代投资的基本理念。投资组合的构成中既应包括实物投资，亦应包括金融资产投资；金融资产投资中又应包括储蓄、保险和有价证券投资，由此构成多样化的资产组合。

除上述目的外，个人证券投资还有其他原因，如维持流动性、参与决策管理等。

二、影响个人证券投资的因素

（一）个人因素

影响个人证券投资的最主要因素是其可支配的收入及负担状况。个人收入在满足生活必需及预防不测之需之后，才会考虑投资。可自由支配的货币收入水平不仅决定个人从事证券投资的能力，而且影响着个人进行证券投资的动机和心态。

年龄对一个人的储蓄和投资有很大的影响。根据生命周期理论，一个人的消费不仅与其即期收入有关，还与其预期收入相关。对年轻人而言，由于其预期收入的不断增长性，可能会更注重投资的资本增值；相反，年龄较大的人出于未来的考虑，可能更注重本金的安全和收入的稳定。

个人收入的多寡与个人的教育程度存在正相关关系，受过高等教育的个人更偏好证券投资。此外，个人证券投资与其性格、风险偏好等因素有关。

（二）证券市场状况

个人因素只决定证券投资的需求，而证券投资的供给和流通则取决于证券市场。如果证券市场规模较大且结构合理，证券供应充足、证券种类繁多，则个人证券投资相对活跃。例如，美国的证券市场较为完善，个人证券投资已成为其经济的重要支柱之一；相反，日本以间接金融为主的金融体制中，金融信贷优于证券投资，故日本个人证券投资占收入的平均比例不超过 20%。而我国证券市场长期重融资、轻投资，证券供给大于需求，投资回报率较低，投资者信心丧失，导致市场长期低迷。

第二节　机构投资者

机构投资者是指运用自有资金或通过各种金融工具筹集资金进行投资管理的金融机构，当前主要以投资基金、社保基金、保险基金、QFII 为主体。机构投资者是证券市场的重要参与者，也是证券市场有效运行的基础保证。机构投资者的健康有序发展有利于证券市场的长远发展。这是由于机构投资者往往拥有庞大的可支配资金，具有较强的专业分析能力和信息搜集能力，能够较有效地实现证券市场信息的传递、处理及利用，从而保证证券市场运行的有效性和证券价格的合理性。另外，由于机构投资者往往持有较大数量的证券，面临较高的退出成本，这使得机构投资者往往介入企业治理，有助于提高上市公司的质量，从而有利于证券市场的长远发展。中国的证券市场机构投资者的健康有序发展，将有利于中国证券市场的理性回归和规范发展。

与个人投资者相比，机构投资者拥有资金、信息、人力资源等方面的优势。市场中各类投资信息，各种投资组合方案，投资风险及分散风险的措施，投资运行中的相关技术等均由专业人士搜集、设计、测试、管理、配置、调整，故能产生较高的投资收益和资产配置效率。不同的机构投资者其资金来源、资产性质、债务特点、委托要求等方面存在差异，因而其投资行为、偏好存在明显的差别。比如，社保基金以安全性为首要目标，偏股型基金与偏债型基金风险偏好与操作风格亦不相同。目前机构投资者持有已上市 A 股流通市值占比为 75%，而 2007 年仅为 49%。

一、企业

企业作为证券市场的微观主体，不仅是证券市场资金的主要需求者，也是证券市场投资的主要参与者。企业融资的活动创造了投资工具，而企业投资扩大了社会资金规模。

（一）企业投融资

企业投融资包括投资和融资。证券市场的发展使企业投融资方式多样化，既可以进行证券投资，也可以进行实物投资；既能向银行借款，也可以发行有价证券融资。

（1）证券投资有利于企业闲置资金的有效利用。若将闲置资金存于银行则收益较低，而投资于有价证券，将使企业的资金实现流动性和收益性的最优组合。

（2）证券投融资有利于企业实现规模化和多元化经营。企业可通过证券投融资实现并购、控股，扩大规模或开拓新的经营领域，实现多元化经营。

（3）企业证券融资有利于资本结构的优化。一是由股本和长期债务资本组成的企业价值最大；二是企业的全部资金成本最低；三是企业融资风险分散。企业通过包括证券融资在内的各种融资方式的组合，才能拓宽资金来源渠道，降低融资风险，实现资本结构的优化。

（二）企业并购

1. 企业并购的基本含义

企业并购是指企业兼并与收购。

企业兼并有两层含义：一是吸收兼并，即一企业通过现金购买或证券交换等方式获取其他企业的全部或具有绝对多数发言权的股权或资产，从而掌握其全部或绝对多数经营管理权的商业行为；二是新设兼并，即两个或两个以上的企业合并为一个新的企业，原来企业各自丧失其法人地位，由新设的企业接管它们的资产和业务的商业行为。

企业收购是指一企业通过现金购买和证券交换等方式获取其他企业的全部或具有绝对多数发言权的股权或资产，从而掌握其经营控制权的商业行为。此时被收购企业依然保留其法人地位。收购可分为资产收购和股权收购。

2. 企业并购的分类

（1）按出资方式划分，企业并购可分为出资购买资产式并购、出资购买股票式并购、以股票购买资产式并购和以股票交换股票式并购。出资购买资产式并购与出资购买股票式并购类似，是进攻企业出资购买目标企业的绝大部分资产（股票）或全部资产（股票）而实现的并购。以股票购买资产式并购，是进攻企业接管目标企业的资产与债务，并且以进攻企业的股票支付目标企业资产与债务的差额。以股票交换股票式并购，是进攻企业直接向目标企业股东发行股票以交换目标企业的大部分股票，达到并购目的。这种方式通常是由两企业的管理层先就并购达成协议，然后对换股的价格折算进行商榷，最后拍板成交。由于这种方式可以不支付现金，所以成为较受欢迎的方式，关键在于达到一定的控股比例。

（2）按并购的方式划分，企业并购可分为购买式并购、承担债务式并购、吸收股份式并购和控股式并购。购买式并购，是指进攻企业用现金或其他有价证券购买目标企业的全部资产并承担其全部债务，目标企业的法人地位被取消；承担债务式并购，是指对资债相当或资不抵债的目标企业，进攻企业以承担债务为条件接收资产，实施企业并购，被并购企业的法人地位被取消；吸收股份式并购，是指以目标企业的净资产作为股金投入进攻企业，目标企业的所有者成为进攻企业的股东；控股式并购，是指进攻企业出资购买目标企业股权并达到控股地位，以控制目标企业的生产经营，目标企业事实上成为进攻企业的控股子公司。

（3）按所涉及的经济部门、产品划分，企业并购可分为横向并购、纵向并购和混合并购。横向并购（水平并购）是指并购发生在生产同一产品或相近产品的相互竞争的企业之间，是企业规模结构变化和企业组织结构变化的基本方式，也是高效率替代低效率的基本途径。纵向并购（垂直并购）是指从事同一产品、不同阶段的生产经营活动的企业间的并购，也可以说是在生产工艺、经销上有关联关系、买卖关系的企业之间的并购，如服装厂并购纺织厂、钢铁厂并购矿山等。这种并购的目的，是控制该行业生产经销的全过程，从而获得一体化效益。混合并购是一种跨地区、跨行业的并购或是横向并购与纵向并购以外的并购：一是产品扩张型并购，即指一家企业以原有产品和市场为基础，通过并购其他企业进入相关产业的经营领域，达到扩大经营范围、增强企业实力的目的；二是市场扩张型并购，是指生产同种产品但在不同地区的市场上销售的企业间的并购；三是纯混合型并购，这是生产经营活动几乎没有任何联系的企业间的并购，由于不同行业、不同产品的生产周期不同，企业利用多元化经营，实行跨行业的多种产品组合，以降低经营风险、获得稳定的利润。

3. 企业并购的意义

其一，企业通过并购可以合理配置内部资源，调整经营结构，减少中间环节，充分利用人才，提高设备的利用率，降低成本，进而获取更多利润。其二，企业扩大规模的途径有内部积累与外部扩张两种方式，显然后者不仅能使进攻企业在短期内迅速获得目标企业现成的生产能力和各种资产，还获得了目标企业现存的技术、管理、经验、市场份额等，可大大缩短投入产出时间，产生规模效应。其三，企业通过并购可以增加经营内容，扩大经营范围，获得经营、财务、人才及技术上的协同效应，有助于降低单一产品可能面临的经营风险；其四，增强竞争实力，即通过与竞争对手的并购，获得对手的资产及市场占有率，从而提高自己的市场份额、区位优势与行业优势或占有其他特殊资源（品牌或专用技术）。

4. 我国企业并购存在的问题与改进思路

我国企业的并购兴起于20世纪90年代，随着《破产法》、《公司法》、《证券法》等法律法规的实施，我国企业并购的环境日趋完善，并购的力度有所加强，并购的范围正在扩大。但企业的并购也存在诸多的问题，如产权交易市场不完善，不合理的行政干预较多，资金缺乏，信息传递不通畅等。因此，应当采取有效措施，进一步促进企业并购的发展。

（1）健全企业并购的法律体系。我国目前有关企业并购的法律法规尚不健全，可操作性差。这一方面影响了正常的企业并购活动，另一方面也给不规范的企业并购留下了可乘之机。因此，健全企业并购的法律体系已是当务之急。

（2）加强投资银行在企业并购中的作用。企业并购是一项复杂的资本运作行为，涉及专业的财务和法律问题，从并购目标选择、评估、方案设计、并购实施到并购后的整合等一系列工作，都有较高的专业要求，单凭企业自身难以有效地完成。因此，应明确投资银行的法律地位和行为规范，加强其在企业并购中的作用。

（3）政府应给予积极扶持。企业并购不仅有利于企业自身的发展，而且有利于国家产业政策的实施和产业结构的调整。美国政府的政策在历次并购浪潮中发挥了重要作用。我国政府也应通过税收优惠等政策的制定支持企业并购行为。

【案例分析】

雅戈尔公司的股权投资

雅戈尔集团股份有限公司2012年年报显示，公司实现收入107.3亿元，其中，品牌服装业务实现EPS0.37元，实现收入40.8亿元，同比增长11.4%，净利润8.2亿元，同比增长18.5%；房地产业务实现EPS0.45元，收入51.6亿元，同比增长41.8%，净利润10.1亿元，同比增长76.5%；股权投资业务产生亏损2.31亿元，拖累全年业绩。

近年来，公司股权投资一直是公司利润来源的重要组成部分，2009年雅戈尔委托关联方凯石投资担任公司资产投资管理顾问机构。在263家公司中，最终参与了9家上市公司的定向增发投资，截至报告期期末，全部实现浮赢。此外，公司持有数量众多公司的股权（最多时有30多家，现有21家），每年会出售其中价格高估的，收回的部分收益再选择新的投资标的，以实现良性的循环。这一模式，每年均为公司带来可观的投资收益，直至近两年由于股市低迷，公司投资业务出现浮亏。

对公司经营的评价目前有截然不同的两种意见：一种认为，雅戈尔是所有上市公司中最独特的公司，盈利模式较好，也是最大方的公司（从股市融资几个亿，分红已达50多亿，近年来年终分配均为10派5元）；另一种意见则认为，雅戈尔将大量资金用于上市公司股权投资显然是不务正业，因为投资者购买雅戈尔的股票，看中的是雅戈尔在服装领域的竞争能力，而不是投资股票的能力，同时，集中精力于核心业务并持续培育竞争能力才是雅戈尔的百年大计，毕竟雅戈尔并非已经处于行业绝对领先地位，且面临国外高端品牌的竞争压力。类似地，公司房地产业务发展也受到质疑。

问题分析：

1. 既然雅戈尔有大量的资金用于股权投资，是否意味着雅戈尔的实业不需要那么多资金，或者说是产生了大量的现金流量，使得公司有足够的资金进行股权投资？

2. 如何客观评价雅戈尔公司的多元化经营发展策略？

二、非银行金融机构

以投资银行、保险基金等为代表的机构投资者是证券投资的中坚力量。而一国投资银行的发展水平也代表着该国证券市场的发达程度。20世纪70年代以来，世界证券投资日趋机构化，其原因主要是保险基金、养老基金的入市及金融业的混业经营。

（一）投资银行的证券投资

1. 投资银行的概念

投资银行是主要从事证券发行、承销、交易、企业重组、兼并与收购、投资分析、风险投资、项目融资等业务的非银行金融机构。

投资银行是证券和股份公司制度发展的必然产物，是发达证券市场和成熟金融体系的重要主体，在经济发展中发挥着沟通资金供求、构造证券市场、推动企业并购、促进产业集中和规模经济形成、优化资源配置等重要作用，是证券市场中的主要中介机构。

2. 投资银行的特点

投资银行是金融业适应现代经济发展而形成的新兴行业。其行业的特点：（1）它属于金融服务业，不同于一般性咨询、中介服务业；（2）它主要服务于资本市场，这是与商业银行最主要的区别；（3）它是智力密集型行业，这与其他专业性金融服务机构明显不同。

3. 投资银行及其发展趋势

现代意义上的投资银行产生于欧美，主要由18、19世纪众多销售政府债券和贴现企业票据的金融机构演变而来。投资银行早期发展主要得益于四方面因素：一是随着贸易范围和金额的扩大，客观上要求融资信用，于是一些信誉较好的大商人便利用其积累的大量财富专门从事融资和票据承兑贴现业务，这是投资银行产生的根本原因；二是证券业与证券交易的飞速发展促进了投资银行业迅速发展，投资银行则作为证券承销商和证券经纪人逐步奠定了其在证券市场中的核心地位；三是18、19世纪欧美掀起了基础设施建设的高潮，巨大的资金需求使得投资银行在筹资和融资过程中得到快速发展；四是股份制的出现和发展，投资银行作为企业和社会公众之间资金中介的作用愈发重要。

1933年金融危机之后，美、英等国将投资银行和商业银行业务分开，并进行分业管理。20世纪70年代以来，随着抵押债券、一揽子金融管理服务、杠杆收购（LBO）、期货、期权、互换、资产证券化等金融衍生工具的不断创新，投资银行、商业银行、保险公司、信托投资公司等机构绕过分业管理体制的约束，互相侵蚀对方的业务，投行和商业银行混业及其全球化发展趋势明显，投资银行业更加注重金融业务的国际化、多样化、专业化和集中化经营，努力开拓各种市场空间，形成了鲜明的行业发展趋势。

（1）投行业务的多样化、专业化。投资银行现已形成了证券承销与经纪、私募发行、兼并收购、项目融资、公司理财、基金管理、投资咨询、资产证券化、风险投资等多元化的业务结构。专业化分工协作是社会化大生产的必然要求，投资银行业务的专业化也成为必然，各大投资银行在业务拓展多样化的同时也各有所长。比如，美林擅长于基础设施融资和证券管理，高盛以研究能力及承销而闻名，所罗门兄弟以商业票据发行和公司并购见长，在组织辛迪加和安排私募方面第一波士顿则居于领先地位。

（2）投行业务国际化。投资银行业务国际化有深刻的原因：一是各国经济的发展速度、证券市场的发展速度不同，这是投行向外扩张的内因；二是国际金融环境和金融条件的改善，客观上为投资银行实现全球经营提供了条件。早期投资银行采用与国外代理行合作的方式帮助本国公司在海外推销证券或作为投资者中介进入国外市场，1970 年后，各大投资银行纷纷在海外建立自己的分支机构。

（3）投行行业集中化。商业银行、保险公司及其他金融机构的业务竞争，加剧了投资银行业的集中。各大投资银行纷纷通过并购、重组、上市等手段扩大规模。例如，美林与怀特威尔德公司的合并、瑞士银行公司收购英国的华宝等。大规模的并购使得投资银行的业务高度集中，美国 25 家较大的投资银行中，最大的 5 家占有市场证券发行额的 65%。

4. 投资银行的类型

目前，投资银行主要有四种类型：

（1）独立的专业性投资银行。这种形式的投资银行最为常见，美国的高盛公司、美林公司、所罗门兄弟公司、摩根士丹利公司，日本的野村证券、大和证券、日兴证券、山一证券，英国的华宝公司、宝源公司等均属于此类型，且都有各自擅长的专业方向。

（2）商业银行拥有的投资银行（商人银行）。指商业银行对现存的投资银行通过兼并、收购、参股或建立自己的附属公司来从事商人银行及投资银行业务。以英、德等国较为典型。

（3）全能型银行直接经营投资银行业务。该类投资银行主要在欧洲大陆，在从事投资银行业务的同时也从事一般的商业银行业务。

（4）一些大型跨国公司兴办的财务公司。

5. 投资银行的业务

（1）证券发行、承销与证券经纪业务。这是投资银行的基础性业务。投资银行承销的职权范围，包括本国政府、政府机构发行的债券，企业发行的股票和债券，外国政府和公司在本国和世界发行的证券，国际金融机构发行的证券等。投资银行在承销过程中一般要按照承销金额及风险大小来权衡是否要组成承销辛迪加和选择承销方式。

投资银行在二级市场中既是经纪商和交易商又是做市商。作为做市商，投资银行提供买卖双边报价，保证证券的流通，并维持市场价格的稳定；作为经纪商，投行代表买方或卖方，按照客户提出的价格代理进行交易；作为交易商，投行有自营买卖证券的需要，此外，投行还在二级市场上进行无风险套利和风险套利等活动。

证券的发行方式分为公募发行和私募发行两种，上述证券承销实际上是公募发行。私募发行其发售对象是特定的、数量有限的机构投资者。私募发行不受公开发行的规章限制，能节约发行时间和发行成本，并给投资银行和投资者带来更高的收益率，故近年来私募发行的规模仍在扩大。但同时，私募发行也有流动性差、发行面窄、难以公开上市等不足。

（2）企业并购。企业兼并与收购是现代投资银行除证券承销与经纪业务外最重要的业务组成部分。投资银行可以多种方式参与企业的并购活动，如寻找兼并与收购的对象，向猎手公司和猎物公司提供有关买卖价格或其他条款咨询，帮助猎手公司或猎物公司制定收购计划或反收购计划，帮助安排资金融通和过桥贷款等。此外，并购中通常还包括“垃圾债券”的发行、公司改组和资产重组等活动。

（3）项目融资。项目融资是对特定的经济单位或项目策划安排的一揽子融资的服务，借款者可以只依赖该经济单位的现金流量和所获收益作为还款来源，并以该经济单位的资产作为借款担保。投行将与项目有关的政府机关、金融机构、投资者与项目发起人等联系在一起，协调律师、会计师、工程师等一起进行项目可行性研究，进而通过发行债券、基金、股票或拆借、拍卖、抵押贷款等形式组织项目投资所需的资金融通。投资银行在项目融资中的主要工作是：项目评估、融资方案设计、有关法律文件的起草、有关的信用评级、证券价格确定和承销等。

（4）公司理财。公司理财实际上是投行作为客户的金融顾问或经营管理顾问而提供的咨询、策划服务。一是根据客户要求，提供针对性的、较为全面的决策分析资料；二是帮助企业谋划或应对经营管理问题，诸如制定发展战略、重建财务制度、出售转让子公司等。

（5）基金管理。基金作为一种投资工具，是由基金发起人组织，吸收大量投资者的零散资金，聘请有专门知识和投资经验的专家进行投资运营并取得收益。投资银行与基金关系密切：一是投行可以作为基金的发起人发起和建立基金；二是投行可作为基金管理者管理基金；三是投行可以作为基金的承销人，帮助基金发行人向投资者发售受益凭证。

（6）财务顾问与投资咨询。这是投行所承担的对公司尤其是上市公司的一系列证券市场业务的策划和咨询业务的总称。主要指投资银行在公司的股份制改造、上市，在二级市场再筹资以及发生兼并收购、出售资产等重大交易活动时提供的专业性财务意见。一般将投资咨询业务的范畴定位在对二级市场投资者提供投资意见和管理服务。

（7）资产证券化与金融创新。资产证券化是指投资银行以某公司的一定资产作为担保而进行的证券发行，是一种与传统债券筹资不同的新型融资方式。进行资产转化的公司称为资产证券发起人。发起人将持有的各种流动性较差的金融资产，如住房抵押贷款、信用卡应收款等，分类整理为一批资产组合，出售给特定的交易组织，即金融资产的买方（主要是投资银行），再由该组织以买下的金融资产为担保发行资产支持证券，用于收回购买资金。这一系列过程就称为资产证券化。资产证券化的证券（即资产证券）为各类债务性债券，主要有商业票据、中期债券、信托凭证、优先股票等形式。资产证券的购买者与持有人在证券到期时可获本金、利息的偿付。证券偿付的资金来源于担保资产所创造的现金流量。如果担保资产违约拒付，资产证券的清偿也仅限于被证券化资产的数额，而金融资产的发起人或购买人不承担超限额的清偿义务。

通过金融创新工具（期权、期货、掉期工具）的设立与交易，投资银行拓展了其业务空间和资本收益。一是投行代理客户买卖这类金融工具并收取佣金；二是投资也可以获得一定的价差收入，因为投行往往首先作为客户的对方进行衍生工具的买卖，然后寻找另一客户做相反的抵补交易；三是这些金融创新工具可以帮助投行进行风险控制，免受损失。

（8）风险投资。风险投资又称创业投资，是指对新兴公司在创业期和拓展期进行的资金融通，其特点表现为风险大、收益高。投资银行参与风险投资的方式：一是采用私募的方式为这些公司筹集资本；二是对于某些潜力巨大的公司有时也进行直接投资，成为其股东；三是设立“风险基金”或“创业基金”为这些公司提供资金。

6. 加快我国投资银行发展的对策

我国投资银行业发展速度较快，但由于起步晚、发展时间短，目前存在不少问题，如规模较小，业务范围狭窄，竞争的低效、无序和不规范，等等。总之，与境外投资银行相比，无论是在资产规模、资金实力、管理机制、经营效率，还是人才素质上，都存在较大差距。为此，我国投资银行业应积极调整发展战略，采取措施，提高行业竞争力。

（1）规模化发展是中国投资银行的必由之路。我国现有投行可以通过以下几种方式迅速扩大规模：一是业内重组，即通过投资银行之间、投资银行与信托投资公司之间的兼并收购，扩大投行规模并超常规发展；二是进一步增资扩股；三是抵押贷款融资；四是发行债券，即通过发行中长期债券的方式筹措资金，用于自身业务的拓展；五是股票上市，即放开对投资银行直接融资规模、融资对象的种种限制，允许符合条件的投资银行公开发行上市，允许多种社会主体参股投资银行，拓宽投行社会化融资的渠道，使其可以得到发展所需的资金，同时也可以通过证券市场进行并购和重组。

（2）分工专业化。合理的业务重组是中国投资银行的必然选择。现有投资银行应在业务重点上各有侧重，形成各自的特色经营范围，既有资本金 50 亿元以上的超大投资银行，也应有综合性的证券公司，还要有在某些方面经营有特色的专业公司。比如，美国罗宾逊·斯蒂芬森公司就专门向创业企业提供全程服务，包括风险资本、中间融资、首次公募、后续发行、兼并收购、可转换债券发行等。实力较弱的国内投行可借鉴其经验，走专业化道路，在风险投资、项目融资、资产证券化、可转换债券等方面做出特色、创出品牌。

（3）业务多元化、服务密集化与功能增值化。拓展业务范围是与国外同行竞争的基础。而作为本土券商，国内证券经营机构的最大优势是便于提供密集服务。这主要是因为国内券商熟悉国情，与客户拥有共同的文化背景与密切联系，有提供密集服务的条件，且国内券商提供密集服务的成本相对更低。

（二）保险公司与证券投资

保险公司是西方证券市场的主要机构投资者之一，保险基金是证券市场的重要主体。保险基金是保险公司所持有的投保人的投保资金中暂时不需要偿付的部分所形成的基金。在保险资金的投资中，很大一部分以基金形式投资于证券市场。各国保险公司持有上市股票占整个股票市场市值的比重为：美国约 30%，欧洲 40%，日本 50%。全球每年保险金收入 90% 都用于再投资。保险公司资产中用于证券投资的比重超过了 40%，高于其他投资方式。

1. 保险公司的资金主要来源与资金运用

保险公司的资金主要来源：一是资本金，保险公司在开业之初必须具备法律规定的最低限额以上的资本金，以保证保险业务的开展和保险经营的稳定性，资本金除去缴存的保证金外，一般可用于长期投资；二是责任准备金，即保险公司为保障被保险人的利益，从所收取的保费中，按一定比例提留的资金，是由保险收入与支出的时间差与数量差形成的；三是保留盈余，即来自上年损益的未分配部分和上年保留盈余的结转；四是公积金，即按照有关财务规定提取的积累资金；五是其他资金，主要包括对关联企业的应付款、应付税款、应付职工福利费等。

保险公司的资金运用方式：一是存款，包括银行存款和信托存款；二是投资有价证券；三是贷款，保险公司放贷形式有信用贷款、担保贷款、抵押贷款等；四是不动产投资；五是项目投资；六是货币市场投资，主要包括票据贴现、同业拆借。

2. 我国保险业基本现状与保险投资发展的路径

2012 年全年中国保险业实现原保险保费收入约 1.72 万亿元，同比增长 11.2%。其中，财产险原保费收入约为 6 481 亿元，人身险原保费收入约 1.074 万亿元，较 2012 年分别增长 17.2%、7.86%。我国保费收入排名世界前八名，保险市场结构逐步优化，对外开放程度进一步提高。预计未来一段时间保费收入仍将保持较高增速。

目前，我国保费增长较快，赔付率较低，给付高峰未到，保险公司的压力尚不明显。但一二十年之后，保费增长趋缓，给付高峰到来，保险公司将面临严峻的考验。由于过去我国对保险公司的资金运用方式限制较严，而外资保险公司既享有"两免三减"的税收优惠，又在资金运用上占有优势，将使得原本在经营条件和管理机制上就处于劣势的中资保险公司更缺乏竞争力。故应不断放宽保险公司的投资限制，拓宽保险公司的投资渠道，逐步允许保险公司投资于基础设施和国内外资本市场，使保险公司合理运用由巨额保费收入和保险给付之间的时间差和数量差而形成的保险资金，减少保险公司所承担的风险，提高保险资金的收益，进而提高保险公司的偿付能力，保护被保险人的利益。事实上，国外保险公司的资产构成中都有较大比例的资本市场投资。而近年来，由于美国资本市场的复苏，证券投资占保险公司资产的比例又进一步上升。

由于基础设施投资具有资金需求大、占用时间长、收益稳定、风险相对较小等特点，能够满足保险公司（特别是寿险公司）投资的需要，应允许保险公司购买重点工程建设债券或直接投资于基础设施建设。这样既可以增加国家基础设施投资的资金来源，又可以提高保险公司的资金运用效益。

保险公司的保险基金进入证券市场的具体方式：一是保险公司作为机构投资者直接从事证券投资，或是新的证券投资基金发起时向保险公司定向配售以及允许保险资金进入二级市场直接购买基金；二是各保险公司通过拆借市场或将资产委托给其他投资主体而间接入市；三是通过设立证券投资保险基金入市，即由多家保险公司共同设立证券投资保险基金，从事证券投资。此外，还可为保险公司提供必要的政策，允许其在海外证券市场投资。

（三）社会保障机构与证券投资

社会保障基金是指为保障社会劳动者基本生活需要，在法律的强制规定下，通过向劳动者及其所在单位征缴保险金，或由国家财政直接拨款而集中起来的资金。社会保障机构就是负责管理社会保险基金的机构，其主要职责是根据有关规定按期足额征收社会保险资金，通过有效的运作实现社会保险基金的保值和增值，并按规定支付给被保险人或其受益人、法定继承人。

我国社保基金主要由两部分组成：一部分是社会保障基金。其资金来源包括国有股减持划入的资金和股权资产、中央财政拨入资金、经国务院批准以其他方式筹集的资金及其投资收益；同时，确定从 2001 年起新增发行彩票公益金的 80% 上缴社保基金。其投资范围包括银行存款、国债、证券投资基金、股票、信用等级在投资级以上的企业债、金融债等有价证券，其中银行存款和国债投资的比例不低于50%，企业债、金融债不高于10%，证券投资基金、股票投资的比例不高于40%。风险小的投资（约占60%）由社保基金理事会直接运作，风险较高的投资（约占40%）则委托专业性投资管理机构进行投资运作。另一部分是社会保险基金。它是指社会保险制度确定的用于支付劳动者或公民在患病、年老伤残、生育、死亡、失业等情况下所享受的各项保险待遇的基金，一般由企业等用人单位（或雇主）和劳动者（或雇员）或公民个人缴纳的社会保险费以及国家财政给予的一定补贴组成，即由养老、医疗、失业、工伤、生育五项保险基金组成。现阶段，我国社会保险基金的部分积累项目主要是养老保险基金，其运作依据是劳动人事部的各相关条例和地方的规章。

1. 养老保险基金的管理与运作

世界各国养老保险基金的管理模式大体可分为四种：一是由政府部门直接管理，如日本；二是由社会保险基金会（公司）或社会保障银行等公共机构管理，如大部分西欧国家；三是新加坡、马来西亚等国设立法定机构——公积金局来集中管理，大部分用于购买国债或投资于国家基础设施而未能进入资本市场，故收益率较低；四是由智利开创的，由私营的养老金管理公司进行竞争性经营的管理模式。

2. 中国养老基金的发展

1991年国务院颁布了《关于企业职工养老保险制度改革的通知》，同时提出了《企业职工基本养老保险社会统筹与个人账户相结合实施办法》。由此，我国养老保险基金的筹资方式逐步向部分积累式过渡。到2012年年底，全国城镇基本养老保险基金累计结存达到2.4万亿元。目前，各地区、各部门、各单位的职工基本养老保险制度基本统一，一些地区的覆盖范围也有所扩大。但也存在养老保险基金多头管理、征缴不力、漏损过大、基金增值困难等问题，这既不利于养老保险基金的发展壮大，又为以后的给付造成隐患。为此，管理层应采取相应措施，确保养老保险基金的保值增值。

（1）可考虑成立专门的社会保障银行进行养老保险基金的管理。成立专门的社会保障银行进行养老保险基金、失业保险基金、医疗保险基金、工伤保险基金的管理，既使得养老保险基金的征缴、管理、投资、给付以及账户的会计、统计等统一由之负责，减少机构间的扯皮，提高效率，避免漏损，又扩大规模，提高资金的积聚度。同时，社会保障银行作为政策性银行，又可根据国家的产业政策进行引导性的贷款和投资，促进国民经济的持续稳定发展。

（2）逐步放宽养老保险基金的投资限制。目前，我国社保基金投资的范围限于银行存款、买卖国债和其他具有良好流动性的金融工具，包括上市流通的证券投资基金、股票，信用等级在投资级以上的企业债、金融债等有价证券。养老保险基金的运作模式可以参照社保基金的成功经验，在保障安全性的前提下，促进基金的保值增值。养老基金进入资本市场，增加了市场的资金供给，并且通过其资产组合的选择，影响其他投资者的资产选择，有助于提高投资的理性度和市场的稳定性；另一方面，资本市场的风险会迫使养老基金加强管理，而资本市场的成熟和发展将带来养老基金的高速增值。鉴于目前股市问题较多，养老保险基金的投资规模应有所限制，同时必须加强对养老基金的投资监管。另外，按国际上通行做法，应允许养老保险基金从事基础设施、房地产等实物投资。

（四）其他金融机构、基金与证券投资

其他金融机构包括信托投资公司、企业集团财务公司、金融租赁公司等。这些机构通常也在自身章程和监管机构许可的范围内进行证券投资。信托投资公司可以受托经营资金信托业务和投资基金业务。企业集团财务公司达到相关监管规定的，也可申请从事证券投资业务。目前尚未批准金融租赁公司从事证券投资业务。

证券投资基金是指通过公开发售基金份额筹集资金，由基金管理人管理，基金托管人托管，为基金份额持有人的利益，以资产组合方式进行证券投资活动的基金。

社会公益基金是指将收益用于指定的社会公益事业的基金，如福利基金、科技发展基金、教育发展基金、文学奖励基金等。我国有关政策规定，各种社会公益基金可用于证券投资，以求保值增值。

企业年金是指企业及其职工在依法参加基本养老保险的基础上，自愿建立的补充养老保险基金。按照我国现行法规，企业年金可由年金受托人或受托人指定的专业投资机构进行证券投资。

三、银行机构

银行机构主要是指商业银行。商业银行是证券市场上重要的投资主体。它既是资金需求者也是资金的供给者。

（一）证券市场对商业银行的影响

证券市场的发展对商业银行的资产、负债和表外业务将产生全面的影响。一方面，证券市场的发展为企业提供了直接融资渠道，打破了银行作为唯一资金供求中介的局面，减轻了银行信贷资金的需求压力，从而使银行可以自主决策贷款规模与结构，以提高其资产的流动性、收益性和安全性，并加剧了商业银行在信贷市场上的竞争；另一方面，证券市场的发展分流了商业银行的社会公众存款，增加了商业银行的同业存款（商业银行之间、商业银行与其他金融机构之间的存款），并为商业银行推行主动负债提供了条件。同时，证券市场的发展也为商业银行发展表外业务创造了机遇。

目前，我国商业银行资产结构单一，信贷资产占总资产的比重过大，而证券资产、外汇资产等其他资产所占比例过低。这种单一的资产结构，既不利于分散风险，也不利于资金周转。随着证券市场的发展，证券资产在金融资产中的比重会逐步提高，金融资产证券化的趋势日益明显。商业银行通过提高其所持证券资产的比重，可提高资产安全性、流动性和收益性。同时可通过发行长期债券和股票募集资金、增加资本，提高其负债的稳定性，解决资本充足率不足的问题。

（二）商业银行的证券投资

1. 商业银行证券投资的目的

与其他金融机构相比，商业银行从事证券投资更多是出于保持资产的流动性方面的考虑。

（1）获取收益是最主要的目的。银行证券投资是在贷款收益较低或贷款风险较高时为保住盈利水平或提高利润所做的一种选择。银行从事证券投资的结果，避免了资金的闲置，提高了效益。

（2）资产分散化，降低风险。现代投资理念之一就是资产组合分散风险。证券投资既不受地区的限制，也不受投资数额的限制，相比贷款，具有选择面较宽、资产更加分散的特点，从而有效地分散了风险。

（3）增加银行资产的流动性。证券投资为保持商业银行资产的流动性提供了必要条件。在日常应付中，如果现金不足，可利用短期证券迅速变现来满足资金要求。因此，银行证券投资通常占到商业银行资产的20%左右。

（4）商业银行可通过发行股票和债券筹集资金，扩充资本金和负债，增强竞争力。事实上，商业银行发行的有价证券在各国证券市场上都占有重要的地位。

2. 商业银行证券投资的方式

根据《商业银行法》规定，我国商业银行不能直接大规模进入证券市场买卖有价证券或从事有价证券的发行（金融债券除外），但可通过以下渠道参与证券投资：一是通过证券市场筹集资本金，扩大资本规模；二是通过发行中长期金融债券实现负债多样化，增强负债稳定性；三是通过发行有价证券抵押贷款实现资产的多样化，提高资产安全性；四是大力开展为证券市场服务的表外业务；五是通过资产证券化，实现商业银行不良资产重组。

第三节　政府机构投资

财政部、央行作为官方机构，主要通过发行国债和公开市场业务，影响货币流通量及利率水平与结构，从而影响或改变证券市场的规模、结构和收益水平。

一、财政部与证券投资

（一）国债的基本职能

国债是由中央财政代表中央政府发行的一种以政府为债务承担主体的债务凭证。国债的主要职能：一是弥补财政赤字，即通过增加税收、向中央银行透支或借款及政府举借国债三种办法来实现，其中举借国债弥补财政赤字副作用较小；二是筹集建设资金，通过举借国债将一部分消费基金转化为积累基金，增加政府公共投资，有利于调节储蓄与投资的比例并引导储蓄向投资转化，有利于资源的优化配置、对居民和企业投资不会产生挤出效应；三是提供金融工具，国债收入稳定、低风险、数量大、流动性强，因而成为基金、银行、证券机构以及个人、企业的投资对象。

（二）我国国债市场的现状及改进思路

我国债券市场已形成了以国债为主体的市场，具体表现为：一是强化了国债的商品属性，确立了国债在市场上的核心地位。2013年，我国发行国债约1.3万亿元。从发行期限上看，长期债券的发行规模所占比重有减少趋势，长期国债的稀缺性将日益显著。二是国债发行利率已成为金融市场资金供求的基准利率之一。三是内债品种多样、期限结构多重，外债币种结构优化。四是发行方式以招投标和贴现发行方式为主，与国际市场上通行的方法接轨。

国债作为政府间接调控的一种经济手段在20世纪90年代得到充分的展现。国债投资每年拉动经济增长1.5至2个百分点。此外，国债发行利率频频下调，既体现了国债收益率的优势，又有利于防止国际游资的套利行为，对保持人民币汇率的稳定起到了积极作用。今后国债市场的深化发展应重点做好以下工作：

1. 适度控制国债规模

前些年增发的国债表明，其对 GDP 的增长产生了较好的拉动效应。但国债无论是从社会应债能力角度或是从政府偿债能力角度来看，都存在一个适度发行规模的问题。因此，在确定国债发行规模时，应首先考虑中央财政的收支状况；在确定国债规模的增长速度时，应考虑国债对财政本身的依存度。

2. 进一步优化国债结构

首先是力求国债品种的多样化。我国国债品种应遵循“发展短长期、控制中期品种”的原则，向银行等金融机构发行短期国债，增加央行对市场的调控能力，并适时推出长期国债的现货或期货品种，以增加国债的吸引力，扩大国债投资者队伍。其次是增加可上市国债，增强国债的流动性。

3. 大力培育机构投资者

一是加大证券公司培养力度，继续鼓励证券公司对国债的持有；二是加大保险公司培养力度，鼓励保险公司的国债投资，因为保险资金运用的不确定性、安全性和方向单一性决定了其选择国债作为主要投资对象的必然性；三是加大基金机构培养，可发展专门的国债投资基金；四是引入外资机构，以促进国债交易市场的扩大。

4. 加强国债市场管理

（1）发展场外交易。我国国债市场的结构现状是场内市场交易活跃，场外市场交易相对平淡。发展场外市场能有效弥补单一结构的不足，尤其是它为个人参与国债二级市场的买卖提供了便利的场所和途径，同时也全面解决了国债的流动性问题。场外市场的发展可分为两个阶段，先试点取得经验，再逐步形成全国性场外的自动报价系统。

（2）建立统一的、多层次的国债回购市场。当前，国债回购市场主要由场内回购市场、银行间债券交易市场和公开市场三部分组成，客观上存在市场相互割裂、资金在市场之间流通不畅、参与主体成分单一等问题。因此必须将相互分割的市场统一起来，形成货币政策、调整头寸和短期融资三个有序的层次。

（3）完善国债偿还制度。改变目前主要采用的到期一次性还本付息的兑付方式，提高息债比例。

二、中央银行与证券投资

（一）中央银行的职能与货币政策

首先中央银行是国家货币发行的机关，负责全国货币的统一发行；其次，中央银行是统管全国货币金融的国家机关，是制定和执行国家货币政策的综合部门，是国家信用的提供者，并代理执行国库出纳职能；再次，中央银行代表政府管理和监督商业银行和其他金融机构的业务活动；最后，中央银行通过制定和执行货币政策、调节货币供应量来影响货币流通，实现社会总供给和总需求的平衡，以达到调节宏观经济运行的效果。

（二）中央银行公开市场业务活动

即央行在公开市场上买进或卖出有价证券的行为，其目的是通过该业务活动来实现货币政策的目标。当央行推行扩张性的货币政策时，它在公开市场上买进有价证券，向社会注入一定量的基础货币，或直接增加公众手持货币量，或通过金融机构的信用扩张而使货币供应量增加；反之，当实施紧缩性的货币政策时，它在公开市场上卖出有价证券，回笼相应数量的基础货币，引起信用规模的收缩和货币供应量的减少。

1. 公开市场业务的特点

一是公开市场业务可由央行充分控制其规模，央行拥有主动权；二是操作灵活，较具弹性，即可对货币供应进行微调或较大幅度的调整；三是公开市场业务可以经常、连续地操作，使其不会对金融市场产生强烈的影响；四是公开市场业务的时效性强，可快速影响参加交易的金融机构的流动性储备。因此，其已成为各国央行的主要货币政策工具之一。

2. 公开市场业务的传导机制

央行公开市场业务操作面对的主体是大的商业银行的货币市场专柜、大的证券一级自营商，并通过它们的活动将货币政策的意图传导给商业银行和货币市场。如央行欲收缩银根、抛出有价证券，可先与券商联系，由各券商报出愿意购进的数量和价格后再确定抛出的价格和数量，然后将成交结果通知支付系统进行资金和有价证券的划拨清算。这样，中央银行就能通过减少货币流通实现基础货币的紧缩，这一紧缩信号再通过货币市场传导至各商业银行，并通过银行的信用创造机制的乘数效应引起整个社会信用的收缩。

3. 公开市场业务操作的对象

我国央行公开市场业务操作的对象主要是国债，其次是央行票据。这主要是因为国债的种类多，期限结构合理，流动性强且无风险，交易额较大，投资者众多，既有各类金融机构、一般企业，也有外国政府和个人投资者，故与经济部门的关联度较高。央行通过对国债的买卖，一是可以影响商业银行的超额准备金，调节货币供应量；二是可以引起市场利率和利率结构发生变化，即央行购进国债、投放货币，市场利率随之下降，反之，市场利率则会上升，而中央银行买卖哪种国债，则会对市场利率结构产生影响；三是可以引起国债收益和价格的变动，并通过对国债市场传递信息，影响投资者的预期，进而影响国债市场的资金供求。

本章小结

内容摘要：本章主要介绍证券投资三大主体——个人、机构投资者、政府机构的投资及其对证券市场的影响。

关键概念：个人证券投资目的　影响个人证券投资的因素　我国个人证券投资的基本状况　企业投融资　企业并购　投资银行业务

思考题

1. 我国居民证券资产持有比例较低的主要原因是什么？

2. 我国商业银行证券投资收入占比较低，原因何在？

3. 有人认为，中国的资产负债表非常健康，发行国债的潜力也非常大。如果增加中央国债发行比较困难，可以增加一些地方债券的额度，也可以拉动经济的增速，你怎么看？

4. 我国央行可否把国企大盘股作为资产配置的对象，以便进行公开市场业务操作？

5. 目前，我国事业法人可用自有资金和有权自行支配的预算外资金进行证券投资，这种说法对吗？

案例分析

3.27国债期货交易案

1992年12月18日，上海证券交易所首先向证券商自营推出国债期货交易，1993年10月25日，向社会公众开放。由于股票市场的低迷和钢材、煤炭、食糖等大宗商品期货品种相继被暂停，大量资金云集国债期货市场尤其是上交所。1994年全国国债期货市场总成交量达2.8万亿元。

1992—1994年中国面临高通胀压力，银行储蓄存款利率不断调高，国家为了保证国债顺利发行，对已发行的国债实行保值贴补。保值贴补率由财政部根据通胀指数每月公布，因此，对通胀率及保值贴补率的不同预期，造成国债期货品种的多空分歧。3.27国债是指1992年发行的三年期国债92（三），1995年6月到期兑换，它的9.5%的票面利息加保值补贴率，每百元债券到期应兑付132元。但与银行的利息和通货膨胀相比，其回报明显是太低了。于是有市场传闻，财政部可能要提高3.27的利率，到时会以148元的面值兑付，而不是132元。但万国证券老总管金生则认为：国家财力紧张，不可能拿大笔钱来补贴3.27国债利率与市场利率的差，且当时通胀局势已得到控制。于是管金生联合辽国发等一批机构在“3.27”国债期货合约上做空。而以中经开为首的机构在此国债期货品种上做多。

1995年2月23日，传言得到证实，财政部确实要对“327”国债进行贴息，此时的管金生已经在“327”国债期货上重仓持有空单，而其重要盟友辽国发突然翻空为多，联盟阵营的瓦解让管金生面对巨额亏损。于是，下午4：22分，在短短的八分钟之内，万国证券抛出大量的卖单，最后一笔730万口的卖单让市场目瞪口呆（按照上交所的规定，国债期货交易1口为2万元面值的国债，730万口的卖单为1 460亿元，而当时“327”国债总共有240亿元），“327”国债期价从151.30被打到147.40元。当日开仓的多头全线爆仓，万国证券由巨额亏损转为巨额盈利。

“3.27”事件由此震惊中外。当晚，上海证交所即发布公告，以某会员蓄意违规为由，决定尾市8分钟所有成交无效。紧接着证监会和财政部就发布《国债期货交易管理暂行办法》；其后又出台了《关于加强国债期货交易风险控制的紧急通知》、《关于落实国债期货交易保证金规定的紧急通知》、《关于要求各国债期货交易场所进一步加强风险管理的通知》等一系列通知。然而，这一系列通知并不能在短期内改变上海证交所的风险控制机制，各种违规操作仍然不断。5月18日证监会《关于暂停国债期货交易试点的紧急通知》的发布，宣布暂停国债期货交易试点。

经调查后，此案定性为“违规操作”，万国公司损失14亿元，不久被重组，管金生被捕，上交所老总文渊尉被撤职。

问题：

1. 3.27国债期货事件的起因是什么？请分析背后深层次原因。

2. 国债期货交易重启，应当从该事件中汲取哪些经验教训？

提示：（1）当时，国债期货开户保证金只要1万元，每手保证金只要500元，浮盈还可以再开新仓；（2）当时，机构之间互借仓位的现象非常普遍，虽不合规，但未出问题，上交所亦不管。

应用训练

1. 走访当地证券公司，了解普通投资者证券开户及交易情况、大中户投资者占比及投资金额的数量区间。

2. 养老金入市问题一直是市场关注的焦点，广东等地已进行初步尝试，查阅相关资料，注意养老金运营管理模式的相关研究，分析其入市对证券市场的影响。

第三章

债　　券

【案例导读】

三峡工程总公司债券融资

1994 年国务院批准长江三峡工程总体筹资方案时，确定了三峡工程的静态投资总额为 900.9 亿元。如果综合考虑工期内的物价上涨和利息等因素，动态投资总额为 2 039 亿元。

中国长江三峡工程开发总公司确定了以债权融资为主的原则。因为当时已并入三峡总公司的葛洲坝电厂每年可带来 10 亿元的稳定现金流入，这也为滚动发债、滚动还息提供了现实的可能；其次，如果再算上 2003 年三峡电厂开始并网发电后，又可形成每年近百亿元的稳定收入，三峡工程因后续滚动发债而带来的还本付息应该不成问题；再次，2009 年工程完工之后，三峡总公司还将对长江上游的水电项目进行滚动开发，发债同样还可以成为弥补新资金缺口的重要手段。

一般来讲，大型水电项目虽然规模大、工期长，但未来一定会有非常稳定的现金流。这种具有稳定收益的企业最适合发债，因为它今后的现金流能够保证债券兑付，而且资金成本比较低。与股市相比，发债主体虽然要向投资人支出固定回报，但也具有债务融资税前付息的税盾优势。而与商业银行贷款相比，发债的资金筹措成本比较低。以 10 年期 99 三峡债为例，它每年向投资者支付的利息率只有 4%，即便加上发行费用，最终还是要比向银行贷款的利率低 1.6% ~1.7%。

从 1996 年至 2001 年三峡总公司共发行了 4 期 6 种企业债券，前后共筹资 110 亿元。论次数、论金额、论创新，三峡债券都是中国企业债券的龙头和样板。

资料来源：作者根据相关资料整理。

在市场经济中，各种经济主体为了解决其资金运作的缺口，经常通过发行债券的方式来筹措资金。债券是发行人依照法定程序发行，承诺按约定的利率和日期支付利息，并在特定日期偿还本金的书面债务凭证。

第一节 债券及其基本特点

一、债券的性质

（一）债券反映了筹资者和投资者之间的债权债务关系

投资者的合法权益由此得到法律上的保护。债券的发行人就是债务人，而购买债券的投资者则是债权人。债券的发行人为筹措资金而发行债券，并在债券出售后获得了这笔资金在一定期限内的使用权，但资金的所有权仍然是债权人的，因此债务人必须支付一定的利息给债权人，作为有偿使用资金的代价。

（二）债券是一种社会化的债务凭证

和一般的借贷凭证比较，其社会化体现在：（1）债券的发行条件不是针对某一个人和法人，它适合所有愿意按该条件而借出资金的投资者，具有高度的社会化；（2）债券本息的提前支付或展期支付在发行条件中予以载明，其选择权在发行者，而债务人无权予以干涉。因此债券一般都可以上市流通转让。

（三）债券是一种有价证券

每张债券都有票面金额，它通常反映了投资者的投入资金，持有债券意味着到期可以被归还等于面额的资金。另外，债券的有价性还体现在债券利息上，除了贴现债券，大多数债券在票面上注明利率和付息期。债券的持有人有权按期取得利息，债券的价值和所拥有的权利附于其本身之上。持有债券者一旦进行债权转让，则债券所代表的还本附息权也随之转让他人。

二、债券的票面因素

（一）债券名称和发行单位

在债券的票面上，应注明该债券的名称，如政府债券、金融债券、公司债券等。一些非公开发行的债券则要标明内部发行字样。在债券票面上还应加盖发行单位印记和法人代表的签章、发行单位的名称和地址、发行日期和编号、发行单位印记及法人代表的签章、审批机关批准发行的文号和日期、是否记名、记名债券的挂失办法和受理机构、是否可转让，以及发行者认为应说明的其他事项。这一方面表明了该债券的债务主体，同时也便于债权人行使其权利。

（二）债券发行总额和票面金额

在债券的票面要素中，要注明本次债券发行的总金额，这便于投资者明确发行单位的筹资规模，进而了解发行单位的负债情况和偿债能力。债券的票面金额是指债券的票面价值，是发行人对债券持有人在债券到期后应偿还的本金数额，也是企业向债券持有人按期支付利息的计算依据。在债券的票面金额处理上，要表明该债券面额的计量币种，不同币种的债券适应不同地区、不同投资需求，也能满足发行单位对该币种的筹资需求。另外，票面金额设计也需考虑经济性与适销性，票面金额的大小不同可以满足不同层次的投资者。如果票面金额大、发行成本小，有利于机构投资者认购，但小额投资者无法参与；如果票面金额小，则有利于小额投资者认购，却使发行成本增加。因此，有些发行量大的债券在一次发行时制定有不同面额的债券，以适应不同层次的投资者，同时也尽可能降低发行费用。债券的面值与债券实际的发行价格并不一定是一致的，发行价格大于面值称为溢价发行，小于面值称为折价发行，等于面值称为平价发行。

（三）债券的票面利率、利息支付方式和支付时间

债券的票面利率是指债券利息与债券面值的比率，是发行人承诺以后一定时期支付给债券持有人报酬的计算标准。债券利率形式有单利和复利，贴息发行的债券未注明利率，但其发行价与票面的差额仍然可以换算成发行时的实际利率。利息的支付方式是指到期一次付息还是分期支付利息。如果是分期支付利息，则要注明每次的付息日期。债券利息是筹资者的资金使用成本，同样也是投资者的投资收益。因此，利率的高低直接影响着双方的利益。债券票面利率的确定主要受到银行利率、发行者的资信状况、偿还期限和利息计算方法以及当时资金市场上资金供求情况等因素的影响。一般情况下，债券的期限长、信用级别低、发行债券时市场利率高等因素都会导致债券利率定价较高。

（四）债券的还本期限和方式

债券偿还期是指企业债券上载明的偿还债券本金的期限，即债券发行日至到期日之间的时间间隔。除个别国家发行的永续国债外，债券通常都有期限，短则 2～3 个月，长则 30～40 年。不同的还本期限，既可满足发行者对不同期限资金的需求，同时也可满足认购者不同的投资需求。还本方式是指到期一次偿还，还是期中偿还或是展期偿还。短期债券大都到期一次偿还，中长期债券常采用其他还本方式，其目的是吸引投资者，并减轻筹资者到期的附息压力。公司要结合自身资金周转状况及外部资本市场的各种影响因素来确定公司债券的偿还期。

（五）债券是否记名和流通

债券如果是记名债券，应载明债券持有人的姓名、挂失方法以及受理机构等。对于可上市流通的债券应说明可参与流通的起始日、流通的方法以及办理转让的受理机构，记名债券的转让还应说明办理转让过户的手续及有关机构。

（六）其他事项

如债券提前归还本金的条件、可转换债券的转换条件、购买债券的优惠条件等。

以上六个条件构成了债券票面的基本要素。除此之外，有些要素（如发行日期、审批单位的批号等）不一定在实际债券的票面上反映，而是通过发行公告等形式公布于众。

三、债券的特征

（一）收益性

债券的收益是指债券能定期给持有者带来利息收入。通常，投资者的收益可通过这样两条途径得到实现：一是持有债券到期满，这样可按约定的条件收到债券本息；二是在债券期满之前将债券售出，取得转让差价，债券的转让差价取决于转让时市场利率和债券票面利率的差异。一般情况下，市场利率低于债券票面利率时，投资者可获得较高的转让差价；市场利率等于债券的票面利率时，则转让差价等同于持有者即时收到的债券利息；而当市场利率高于债券票面利率时，投资者的转让差价将降低，甚至出现亏损。

（二）安全性

债券的安全性是指债券在市场上抵御价格下降的能力，一般是指其不跌破发行价的能力。债券在发行时都承诺到期偿还本息，所以其安全性一般都较高。有些债券虽然流动性不高，但其安全性较好，因为它们经过较长的一段时间后就可以收取现金或不受损失地出售。虽然如此，债券也有可能遭受不履行债务的风险及市场的风险。前一种风险是指债券的发行人不能充分和按时支付利息或偿付本金的风险，这种风险主要取决于发行者的资信程度。一般来说，政府的资信程度最高，其次为金融公司和企业。市场风险是指债券的市场价格随资本市场的利率上涨而下跌，因为债券的价格是与市场利率呈反方向变动的。当利率下跌时，债券的市场价格便上涨；而当利率上升时，债券的市场价格就下跌。而债券距离到期日越远，其价格受利率变动的影响越大。

（三）流动性

债券有规定的偿还期限，到期前不能兑付，但是，债券持有人在债券到期前如需要现金，则可到证券市场转让变现，也可到银行等金融机构进行抵押贷款。几乎所有的证券营业部或银行部门都开设有债券买卖业务，且收取的相应费用都较低。因此，债券具有迅速变现能力，即流动性。债券流动性强弱主要取决于债券所在国的证券市场的发达程度，如果证券市场供需两旺，交易便利，则债券的流动性较强。债券的流动性弥补了中长期债券期限长且到期才能还本的缺陷。投资者可根据需要持券到期满收回本息，或到流通市场出售变现。

（四）期限性

债券的期限是指从发行日到偿还日止的这段时间。债券的期限性表现为按一定的法定程序发行，并在发行时约定还本付息的日期，如果有提前还本或展期支付，也需要在发行时注明。债券一般都明确规定期限，但也有例外，如英国政府曾经发行过一种没有确切偿还日期的公债。这种无期国债没有规定必须全部偿还的最后期限，发行后经过一段时间，政府有随时归还本金的权利，即每年回购一定比例的债券，也可以无限期地支付利息而不偿还本金，投资者无偿还请求权。

第二节 债券的分类

债券市场历史悠久，债券种类繁多，近年来，又不断涌现出不同种类的债券，根据不同的标准，可有不同的分类方法。

一、按发行主体分类，债券可分为政府债券、金融债券、央行票据和企业债券

（一）政府债券

政府债券是各级政府为筹措资金而发行的一种债务凭证，发行主体是中央政府或地方政府，包括国债和地方政府债券。

1. 国债的定义、特点及其分类

国债，又称国家公债，是国家以其信用为基础，按照债的一般原则，通过向社会筹集资金所形成的债权债务关系。国债是由国家发行的债券，目的往往是弥补国家财政赤字，或者

为一些耗资巨大的建设项目以及某些特殊经济政策乃至为战争筹措资金。由于国债以中央政府的税收作为还本付息的保证，因此风险小、流动性强，利率也较其他债券低。因其具有最高的信用度，也被公认为是最安全的投资工具。

国债具有如下特点：

一是安全性。发债主体的性质决定了它具有其他任何种类债券都无法比拟的安全性，国债是最高信用级别的债券，所以被形象地称为金边债券。

二是流动性。不论是现货交易还是在国债现货基础上的资金融通，国债的交易量都很大，流通极为便利。

三是免税特征。投资者在付息日或持有到期时取得的国债的利息收入，以及在付息日或持有到期之前交易取得的利息收入，均免征所得税，这是国债不同于其他债券的显著特征。

四是稳定的收益。我国的国债票面利率基本上都高于银行同期存款利率，投资国债可以获得较高的稳定收益。

从债券形式来看，我国发行的国债可分为凭证式国债、无记名（实物）国债、储蓄国债和记账式国债四种。

（1）凭证式国债是一种国家储蓄债，以收款凭证的形式证明认购者的债权。该债券在发行时由承销机构以特定的收款凭证来代替实物券，到期持券在指定兑现点取回本息。在持有期内，持券人如遇特殊情况需要提取现金，可以到购买网点提前兑取。提前兑取时，除偿还本金外，利息按实际持有天数及相应的利率档次计算，经办机构按兑付本金的1‰收取手续费。由于该券可记名、可预留印鉴，因此一旦遗失，可以及时挂失，安全性好，但流动性差，不能上市流通。

（2）无记名（实物）国债是一种实物债券，是指一种格式标准化的实物券面的债券。大多数记名和不记名债券都属实物债券，在其票面上说明债券面额、票面利率、期限、还本付息方式等。发行期内，投资者可直接在国债销售机构的柜台购买。在证券交易所设立账户的投资者，可委托证券公司通过交易系统申购。发行期结束后，实物券持有者可在柜台卖出，也可将实物券交证券交易所托管，再通过交易系统卖出。目前已停止发行。

（3）储蓄国债（也称电子式国债）是政府面向个人投资者发行的、以吸收个人储蓄资金为目的，满足长期储蓄性投资需求的不可流通记名国债品种。电子储蓄国债就是以电子方式记录债权的储蓄国债品种。

（4）记账式国债以记账形式记录债权，由财政部发行，通过证券交易所的交易系统发行和交易，可以记名、挂失、可上市转让。投资者进行记账式证券买卖，必须在证券交易所设立账户。由于记账式国债的发行和交易均无纸化，所以效率高、成本低、交易安全。

我国自1981年恢复国债发行，到1994年面向个人发行的债种才从单一型无记名国库券逐步转向多样型凭证式国债、记账式国债和凭证式国债（电子记账）。2000年，无记名国债退出国债发行市场。目前面向储蓄存款市场发行的国债品种主要是凭证式国债（电子记账）和记账式国债。

储蓄国债（电子式）与记账式国债的区别：（1）流通或变现方式不同。记账式国债可以上市流通，可以从二级市场上购买，需要资金时可以按照市场价格卖出；储蓄国债（电子式）只能在发行期认购，不可以上市流通，但可以按照有关规定提前兑取。（2）到期前变现收益预知程度不同，记账式国债二级市场交易价格是由市场决定的，到期前市场价格

(净价)有可能高于或低于发行面值。(3)发行利率确定机制不同。记账式国债的发行利率是由记账式国债承销团成员投标确定的;储蓄国债(电子式)的发行利率是财政部参照同期银行存款利率及市场供求关系等因素确定的。

2. 地方政府债券

地方政府债券,是指某一国家中有财政收入的地方政府、地方公共机构发行的债券。地方政府债券一般用于交通、通信、住宅、教育、医院和污水处理系统等地方性公共设施的建设。地方政府债券一般也是以当地政府的税收能力作为还本付息的担保。地方发债有两种模式,第一种为地方政府直接发债,第二种是中央发行国债,再转贷给地方,也就是中央发国债之后给地方用。在某些特定情况下,地方政府债券又被称为“市政债券”。

20 世纪 80 年代末至 90 年代初,我国许多地方政府为了筹集资金修路建桥,都曾经发行过地方债券。其中有的是无息的,以支援国家建设的名义摊派给各单位,有的甚至就直接充当部分工资。但到了 1993 年,这一行为被国务院制止了,原因是对地方政府承付的兑现能力有所怀疑。1995 年 1 月 1 日起施行的《预算法》第 28 条明确规定:除法律和国务院另有规定外,地方政府不得发行地方政府债券。“地方政府债券”的禁令一直保持至 2009 年。为应对金融危机,地方政府债券恢复发行,由财政部于 2009 年代理发行 2 000 亿地方债券。

2009 年新疆维吾尔自治区政府债券(一期)作为首期地方政府债券,于 2009 年 3 月 30 日至 2009 年 4 月 1 日在上证所发行,发行结束后于 2009 年 4 月 3 日上市。该债券为固定利率债券,票面年利率为 1.61%,期限 3 年,利息每年支付一次。该债券起息日为 2009 年 3 月 30 日,每年 3 月 30 日支付利息,2012 年 3 月 30 日偿还本金并支付最后一年利息。

允许地方政府发行债券,无疑解决了地方政府财政吃紧的问题。地方政府可以根据地方人大通过的发展规划,更加灵活地筹集资金,解决发展中存在的问题。但同时,地方政府发行债券筹集资金总额面临着《预算法》的制约。地方政府发行债券将会产生一系列的法律问题,如果没有严格的约束机制,一些地方政府过度举债之后,将可能出现破产问题。

(二)央行票据

1. 央票的定义与特点

中央银行票据是中央银行为调节商业银行超额准备金而向商业银行发行的短期债务凭证,其实质是中央银行债券,之所以叫“中央银行票据”,是为了突出其短期性特点(从已发行的央行票据来看,期限最短的 3 个月,最长的也只有 3 年)。

但央行票据与金融市场各发债主体发行的债券具有本质的区别:各发债主体发行的债券是一种筹集资金的手段,其目的是为了筹集资金,即增加可用资金;中央银行发行的央行票据是中央银行调节基础货币的一项货币政策工具,目的是减少商业银行可贷资金量。商业银行在支付认购央行票据的款项后,其直接结果就是可贷资金量的减少。

2. 央票的发行与流通

央行票据由中国人民银行在银行间市场通过中国人民银行债券发行系统发行,其发行的对象是公开市场业务一级交易商。目前公开市场业务一级交易商有 50 家,其成员包括商业银行、证券公司等。央行票据采用价格招标的方式贴现发行,除竞争性招标外,同时向中国工商银行、中国农业银行、中国银行和中国建设银行等 9 家双边报价商通过非竞争性招标方式配售。由于央行票据发行不设分销,其他投资者只能在二级市场投资。

和在银行间债券市场上发行的其他债券品种一样，央行票据发行后也可以在银行间债券市场上市流通，银行间市场投资者均可像投资其他债券品种一样参与央行票据的交易。央行票据的交易方式为现券交易和回购，回购交易分为正回购和逆回购两种。正回购为中国人民银行向一级交易商卖出有价证券，并约定在未来特定日期买回有价证券的交易行为。正回购为央行从市场收回流动性的操作，正回购到期则为央行向市场投放流动性的操作。逆回购为中国人民银行向一级交易商购买有价证券，并约定在未来特定日期将有价证券卖给一级交易商的交易行为。逆回购为央行向市场上投放流动性的操作，逆回购到期则为央行从市场收回流动性的操作。

同时，作为人民银行公开市场业务回购操作工具，央行票据在银行间债券市场上市流通和作为人民银行公开市场业务回购操作工具的时间为“T+2”，即发行日的第三个工作日。通过配售方式购买央行票据的双边报价商必须将央行票据作为双边报价券种，在交易时同时连续报出现券买卖双边价格，以提高其流动性。央行票据由于其流动性优势受到了投资者的普遍欢迎。

3. 央票的作用

（1）丰富公开市场业务操作工具，弥补公开市场操作的现券不足。自 1998 年 5 月人民银行恢复公开市场业务操作以来，主要以国债等信用级别高的债券为操作对象。但无论是正回购还是现券买断，都受到央行实际持券量的影响，使公开市场操作的灵活性受到了较大的限制。央行票据的发行，改变了以往只有债券这一种操作工具的状况，增加了央行对操作工具的选择余地。同时，现有国债和金融债券期限均以中长期为主，缺少短期品种，央行公开市场以现有品种为操作对象，容易对中长期利率产生较大影响，而对短期利率影响有限。引入中央银行票据后，央行可以利用票据或回购及其组合，进行“余额控制、双向操作”，对中央银行票据进行滚动操作，增加了公开市场操作的灵活性和针对性，增强了执行货币政策的效果。

（2）为市场提供基准利率。国际上一般采用短期的国债收益率作为该国基准利率。但从我国的情况来看，财政部发行的国债绝大多数是三年期以上的，短期国债市场存量极少。在财政部尚无法形成短期国债滚动发行制度的前提下，由央行发行票据，在解决公开市场操作工具不足的同时，利用设置票据期限可以完善市场利率结构，形成市场基准利率。

（3）推动货币市场的发展。目前，我国货币市场的工具很少，由于缺少短期的货币市场工具，众多机构投资者只能去追逐长期债券，带来债券市场的长期利率风险。央行票据的发行将改变货币市场基本没有短期工具的现状，为机构投资者灵活调剂手中的头寸，减轻短期资金压力提供重要工具。

（三）金融债券

1. 金融债券的定义与特点

金融债券是指银行及非银行金融机构依照法定程序发行并约定在一定期限内还本付息的有价证券（在英、美等欧美国家，金融机构发行的债券归类于公司债券。在我国及日本等国家，金融机构发行的债券称为金融债券）。金融机构的资金来源很大部分靠吸收存款，但有时它们为改变资产负债结构或者用于某种特定用途，也有可能发行债券以增加资金来源。我国目前的金融债券种类非常多，包括政策性银行债、商业银行债券、非银行金融机构债券、证券公司债、证券公司短期融资券等。其中政策性银行债发行规模最大。

金融债券的特点如下：

（1）专用性。发行金融债券筹集的资金，一般情况下是专款专用，用于定向的特别贷款。而通过吸收存款所得的资金，通常用于一般性贷款。

（2）集中性。在筹资方面，发行金融债券是集中的，具有间断性，而且有一定的规模限额。而吸收存款对于金融机构来说，是经常的、连续的业务，而且无限额。

（3）高利性。在筹资成本方面，金融债券一般利率较高，相对来说成本较大。而相同期限存款的利率，往往比金融债券低，成本较小。

（4）流动性。在流通转让方面，金融债券不能提前兑取，延期兑付亦不计逾期利息，但它作为一种债券，一般不记名，不挂失，可以抵押，可以在证券市场上流通转让。存款（尤其是活期存款）虽然可以随时兑取，但一般应记名，不能在证券市场上流通。

2. 商业银行次级债券

商业银行次级债券是指商业银行发行的、本金和利息的清偿顺序列于商业银行其他负债之后、先于商业银行股权资本的债券。可按照有关规定，将符合条件的次级债务计入银行附属资本。

次级债券在银行间债券市场发行，其投资人范围为银行间债券市场的所有投资人。次级债券发行结束后，经人民银行批准可在银行间债券市场上市交易。由于次级债券可计入银行附属资本，并且相对于发行股票补充资本的方式来说，发行次级债程序相对简单、周期短，是一种快捷、可持续的补充资本金的方式。特别对于那些刚刚发行新股或未满足发行新股条件的商业银行而言，如果亟须扩大资本金来捕捉新的业务机会，通常会倾向于先发行次级债。如果投资者判断整个商业环境走好，企业及个人贷款需求旺盛，银行能够顺利发行数额可观的次级债扩大资金规模是偏利好的新闻。不过，次级债的风险和利率成本一般都会高于银行发行的其他债券。

3. 商业银行混合资本债券

混合资本债券是针对巴塞尔资本协议对于混合资本（债务、股权）工具的要求而设计的一种债券形式，所募资金可计入银行附属资本。作为商业银行补充资本金的重要金融工具，混合资本债券在国际上已普遍为各银行采用。

混合资本债券具有如下特征：

第一，债券期限在 15 年以上（含 15 年），发行之日起 10 年内不得赎回。10 年后银行可以具有一次赎回权，但行使赎回权需得到银监会批准。若 10 年后银行未行使赎回权，可以适当提高债券的利率，但提高利率的次数不能超过一次。

第二，当核心资本充足率低于 4% 时，银行可以延期支付利息，若同时盈余公积与未分配利润之和为负且最近 12 个月内未支付普通股现金股利，银行必须延期支付利息。递延的利息将根据本期债券的利率计算利息。在不满足延期支付利息的条件时，银行应立即支付欠息及欠息产生的利息。

第三，债券到期时，若银行无力支付索偿权在该债券之前的银行债务，或支付该债券将导致无力支付索偿权在该债券之前的银行债务，可以延期支付该债券的本金和利息。

第四，当银行倒闭或清算时，该债券清偿顺序列于商业银行发行的长期次级债之后，先于商业银行股权资本。

混合资本债券和长期次级债券的主要区别可归纳为以下 5 个方面：

（1）期限长。混合资本债券的期限在15年或15年以上，而长期次级债的期限只需在5年以上，前者在公司流动性遭遇困难时可以充当吸收损失的缓冲器。

（2）资本品质高。混合资本债券的索偿权位于长期次级债之后，还可延期支付利息，遇到偿债能力不足时可先于弥补亏损，不能启动破产程序，这就使得混合资本债券较长期次级债券具有更高的资本品质。而长期次级债不能用于弥补日常经营亏损，但可以启动破产程序。

（3）拥有一次赎回权。10年后银行行使赎回权再重发混合资本债券，可以避免最后5年计入附属资本时的累计折扣获得更高的收益。

（4）计入附属资本的上限更高。长期次级债计入附属资本的额度不得超过核心资本的50%，而混合资本债券的理论上限可以直逼核心资本的100%（如果其他附属资本为零）。

（5）发行条件更宽松。公募发行长期次级债必须满足核心资本充足率5%以上的条件，而发行混合资本债券只需核心资本充足率达到4%即可。

（四）企业债券

1. 企业债券的定义和特点

企业债券，是指企业依照法定程序发行的、约定在一定期限内还本付息的有价证券。在我国，企业债券泛指各种所有制企业发行的债券；在西方国家，由于只有股份公司才能发行企业债券（企业债券即公司债券），所以企业债券包括的范围较广，如可转换债券和资产支持证券等。

企业债券具有两个基本特点：

一是风险性。债券的还款来源是公司的经营利润，但是任何一家公司的未来经营都存在很大的不确定性，因此具有一定的风险性。对于发行人来说，需要保证所发债券按期还本付息，提高公司信誉；对于投资人来说，承担着债券损失利息甚至本金的风险。

二是收益率。根据风险与收益成正比的原则，要求较高风险的债券需提供给投资人较高的投资收益。对于发行人来说，债券融资相比银行贷款或其他融资方式的融资成本较低，可以优化企业财务结构；对于投资人来说，债券投资比股票投资风险小，收益相对低，但比银行存款收益高、风险大。

2. 我国企业债券分类

（1）企业债券（法人资格企业）。在我国，企业债券是按照《企业债券管理条例》规定发行与交易的，由国家发展与改革委员会监督管理的债券。在实际中，其发债主体为中央政府部门所属机构、国有独资企业或国有控股企业，因此，它在很大程度上体现了政府信用。2008年4月15日起施行的《银行间债券市场非金融企业债务融资工具管理办法》进一步促进了企业债券在银行间债券市场的发行。

（2）公司债券（上市公司）。公司债券管理机构为中国证券监督管理委员会，发债主体为按照《中华人民共和国公司法》设立的公司法人，在实践中，其发行主体为上市公司，其信用保障是发债公司的资产质量、经营状况、盈利水平和持续赢利能力等。公司债券在证券登记结算公司统一登记托管，可申请在证券交易所上市交易，其信用风险一般高于企业债券。

（3）中期票据。中期票据是指期限通常在5～10年之间的票据。公司发行中期票据，通常会通过承办经理安排一种灵活的发行机制，通过单一发行计划，多次发行期限不同的票据，这样更能切合公司的融资需求。

1981 年美林公司发行了一期中期票据，用来填补商业票据和长期贷款之间的空间，之后福特公司作为第一个非金融机构也发行了中期票据，国际金融的一个创举——资产支持票据由此诞生。中期票据的出现主要是从期限上弥补了短期融资券和公司债券之间的空当。同时，随着市场的发展，中期票据在灵活性方面的特点日益体现出来，与公司债券相比，中期票据能够为筹资者和投资者提供更多的选择。

（4）短期融资券。短期融资券指企业在银行间债券市场发行（即由国内各家银行购买而不向社会发行）和交易并约定在一年期限内还本付息的有价证券，是企业筹措短期（1 年以内）资金的直接融资方式。

相关链接

根据《公司法》的规定，可发行公司债券的企业只能是股份有限公司和有限责任公司，与此相比，企业的范畴要远大于公司。我国的企业债券发行主要依据是 1993 年出台的《企业债券管理条例》，企业债券一开始就限制在国有经济部门内，与众多的公司数量相比，它所涉及的发债主体比公司债券要窄得多。20 世纪 90 年代中期，一些地方发生了企业债券到期难以兑付本息的风险，国家计委（发改委）上收了企业债券的审批权，从而，形成了企业债券由国家计委集中管理审批的格局。这一历史过程表明，企业债券并非公司债券。

3. 我国企业债现存问题及改进思路

（1）我国企业债现存主要问题。

①证券市场的战略误导，企业债券市场未被纳入证券市场总体发展规划。我国企业债券市场欠发达的深层次制度根源，是政府驱动型证券市场发展模式的误导。政府驱动模式导致我国证券市场发展目标的二元化，即既要承担优化配置资金的任务，又要肩负对企业实行股份制改造，推进经济改革的使命，只有满足上述二者要求的市场形式才能得到政府扶持和鼓励。当二元目标发生冲突，难以两全时，实际操作中往往是牺牲资金配置效率，以保证经济改革顺利进行。这一战略模式使得企业债券市场变成政府发展证券市场实践中最不受重视的部分。我国企业债券市场的发展受到约束的另一重要原因在于企业自身存在许多缺陷，主要表现在企业产权制度不合理、企业资本结构不合理、企业自身缺乏信誉等。

②缺乏企业债券定价的人民币基准利率。基准利率是指资金市场上公认的具有普遍参考价值的利率，是形成其他金融产品的市场价格的基础。国债发行时间固定，品种期限结构合理，市场参与者随时可以得到从 3 个月期到 10 年期以上的国债收益率。正是因为国债收益率具有这些特点，金融市场的参与者一般都用此利率作为市场利率的一个基准。过去很长一段时间里，由于我国国债市场不发达，在金融市场上就没有一个基准利率。这在客观上就给企业债券的定价带来了困难，在这种情况下确定的企业债券利率很难对投资者产生吸引力。

③缺乏科学的企业债券定价体系。由于缺乏市场公认的基准利率，因此，在为企业债券定价时，只能采取行政方法来确定。例如，政府有关部门规定，企业债券的票息不能高于同期银行存款的 40%，实践证明这种定价方法极不合理，因为这种定价方法没有考虑信用的价值。根据这个规定，无论企业信誉好坏，偿还能力强弱，以及投资者承担风险的大小，只要发行债券的期限相同，债券品种的价格就一样，这在客观上造成了企业债券的价格信号混

乱。

④二级市场发育不成熟，企业债券流动性差。相比我国企业债券市场的一级市场的发展缓慢，目前我国企业债券的二级市场几乎处于停滞状态，表现在上市品种少、规模小、交易量不大。企业债券二级市场发展缓慢的直接后果是企业债券的变现能力差，投资者需要资金，手中的债券却卖不出去，企业债券等于银行定期存款，甚至还不如定期存款（定期存款可提前支取，而企业债券不能），债券的优越性不能体现出来，影响投资者的信心。企业债券二级市场滞后必然会反过来影响一级市场的发行，从而制约了企业债券市场的总体发展。

⑤企业债券的品种、期限单一，缺乏金融创新。自 1988 年我国发行企业债券以来，企业债券的发行品种基本上属于一个模式，即为重点建设债券或中央企业债券或地方企业债券、期限 2 ~ 3 年、到期一次还本付息、统一利率等，缺乏灵活与金融创新，对投资者吸引力不大。即使有投资者，其面对的企业信用风险和利率风险也很大。企业债券市场因此缺乏活力。

⑥缺乏权威的评级机构，企业债券信用评级不规范。目前我国虽然也出现了许多中介机构，如会计师事务所、资产评估事务所、信用评级机构，每次发行的企业债券也都有信用评级，但由于缺乏客观的标准，不少中介机构给钱就盖章，缺乏职业道德，甚至出现了被中介机构评为 AA 级的企业债券，到期不还的现象。投资者对中介机构的客观、中立和公正表示疑虑，从而使中介机构失去了投资者的信任。

（2）我国企业债券市场的发展思路。

①转变证券市场的发展战略，扩大企业债券发行额度，提高资金的配置效率。一是理顺股票、国债和企业债券三者的关系，明确企业债券的主体地位。在证券市场发展指导思想上，不应把企业债券同股票、国债对立起来。二是扩大企业债券的发行额度，满足一些经营优良的大企业的发展需求。此外，在企业债券发行额度的结构控制上，在保证国有重点企业发债需求的同时，应兼顾一些经营业绩优良却又资金短缺的民营企业。

②对企业债券的发行市场进行配套改革。第一，建立人民币债券市场的基准利率，使发行利率市场化。第二，建立科学的企业债券定价体系。这将迫使企业改变经营机制，提高自身信誉和信用级别，在投资者群体中树立良好形象。第三，发行方式创新，发行规模化，降低发行成本。第四，积极推行企业债券的新品种。

③积极培育企业债券的流通市场，提高企业债券的流动性。我国的企业债券长期以来一直处于“只发行，无交易”的状态，尤其是地方企业债券。由于企业债券交易呆滞，流通性差，加大了投资者对其的风险预期，到期兑现要求增加，使债券的滚动发行更加困难。因此，发展企业债券市场的当务之急，一是发展企业债券的二级市场，二是建立企业债券的场外交易市场，三是建立统一的债券登记、保管和清算中心。只有这样，才可能使我国的企业债市场形成一个完整体系。

④明晰企业产权，严格发债主体，提高企业信誉。建立企业债券市场的准入与监管机制，将不具备发行条件的企业拒于企业债券市场之外。应明晰企业产权，严格发债主体，提高企业信誉，重建企业债券市场形象，进而树立投资者信心，规范举债企业的行为。

⑤培育企业债券的机构投资者队伍。机构投资者可根据自己的风险偏好进行资产组合，抗御市场风险的能力较强；机构投资者有一套内部和外部制约机制，投资行为较为规范；机

构投资者的发展和壮大有利于二级市场的繁荣。因此，要使我国证券市场走向规范和成熟，就必须大力发展机构投资者队伍。

二、按计息方式分类，债券可分为附息债券、一次还本附息债券、贴现债券和累进利率债券

（一）附息债券

附息债券是指在债券券面上附有息票的债券，或是按照债券票面载明的利率及支付方式支付利息的债券。其息票上标有利息额、支付利息的期限和债券号码等内容。持有人可从债券上剪下息票，并据此领取利息。附息债券一般会在偿还期内按期付息，如每半年或一年付息一次。

（二）一次还本附息债券

一次还本付息债券是指在债务期间不支付利息，只在债券到期后按规定的利率一次性向持有者支付利息并还本的债券。我国的一次还本付息债券可视为零息债券。

（三）贴现债券

贴现债券是期限比较短的折现债券。它是指债券券面上不附有息票，在票面上不规定利率，发行时按规定的折扣率以低于债券面值的价格发行，到期按面值支付本息的债券。

（四）累进利率债券

累进利率债券是指以利率逐年累进的方法计息的债券。随着时间的推移，此种债券的后期利率将比前期利率更高，有一个递增率，呈累进状态。累进利率债券的期限一般是浮动的，投资者可以自行选择，但须符合最短持有期和最长持有期的限制。

三、按募集方式分类，债券可分为公募证券和私募债券

（一）公募债券

公募债券是指向社会公开发行，向不特定的多数投资者公开募集的债券。任何投资者均可购买公募债券，它可以在证券市场上转让。

（二）私募债券

私募债券是指向与发行者有特定关系的少数投资者募集的债券，其发行和转让均有一定的局限性。私募债券的发行手续简单，一般不能在证券市场上交易。

我国中小企业私募债的试点办法于 2012 年 5 月份正式公布，上海和深圳证券交易所于 2012 年 6 月起正式接受私募债的备案。截至 2012 年 12 月底，中小企业私募债共筹资 84.1 亿元。这种面对非上市中小企业，不设财务指标限制，不强制要求信用评级的新型融资方式，成为中小企业解决融资难问题的又一创新途径。

四、按信用形式分类，债务可分为信用债券、抵押债券和担保债券

（一）信用债券

信用债券是指没有抵押品，完全靠公司良好的信誉而发行的债券。通常只有经济实力雄厚、信誉较高的企业才有能力发行这种债券。

（二）抵押债券

抵押债券是指债券发行人为了保证债券的还本付息，以土地、设备、房屋等不动产作为

抵押品所发行的债券。如果发行人到期不能还本付息，债券持有人则有权处理抵押品作为抵偿。一般抵押品的价值要高于债券发行总额，发行人必须先到有关主管机构办理抵押权设定登记手续。

（三）担保债券

担保债券是指由一定保证人做担保而发行的债券。当企业没有足够的资金偿还债券时，债权人可要求保证人偿还。

五、按记名与否分类，债券可分为记名债券和无记名债券

（一）记名债券

记名债券是指债券上记载债权人的姓名或名称，并在发行单位或代理机构进行登记的债券。转让时原持有人要背书，办理相应的过户手续。通常记名债券可以挂失。

（二）无记名债券

无记名债券是指不需在债券上记载持有人的姓名或名称，也不需在发行单位代理机构登记造价的债券。此种债券可随意转让，不需办理过户手续。

六、按发行所在地分类，债券可分为国内债券和国际债券

（一）国内债券

国内债券是指本国政府、企业等机构在本国发行的、以本国货币为面额的债券。

（二）国际债券

1. 国际债券的定义与特点

国际债券是一国政府、金融机构、工商企业或国家组织为筹措和融通资金，在国外金融市场上发行的以外国货币为面值的债券。国际债券的重要特征是发行者和投资者属于不同的国家，筹集的资金来源于国外金融市场。国际债券的发行和交易，既可用来平衡发行国的国际收支，也可用来为发行国政府或企业引入资金从事开发和生产。

2. 国际债券的分类

（1）外国债券是指借款人在其本国以外的某一个国家发行的、以发行地所在国的货币为面值的债券。外国债券是传统的国际金融市场的业务，已存在几个世纪，它的发行必须经发行地所在国政府的批准，并受该国金融法令的管辖。在美国发行的外国债券（美元）称为扬基债券，在日本发行的外国债券（日元）称为武士债券。

（2）欧洲债券是借款人在债券票面货币发行国以外的国家或在该国的离岸国际金融市场发行的债券。欧洲债券是欧洲货币市场三种主要业务之一，因此它的发行无需任何国家金融法令的管辖。

第三节 债券的价值分析

【案例分析】

美国奥兰治县破产案

1994年12月6日，美国南加利福尼亚州（简称加州）的奥兰治县向圣地安那邦法院申请破产保护，所涉及亏损额高达16.9亿美元，是美国有史以来金额最大的县级地方政府破产案。

为增加财政收入，弥补财政资金的不足，奥兰治县以通过发行市政债券筹集的巨额资金、县公共机构和镇政府的行政基金、退休金及公积金等资金创建了县财政投资基金。基金管理人罗伯特·西纯管理的基金，其投资绩效一直居加州同类基金的前列，投资年收益率高达9%，比加州州政府基金高出50%。那么，奥兰治县财政基金的巨额亏损是如何造成的?

该基金的投资包括美国财政部和其他政府机构的债券。这些债券的期限大部分在5年或5年以下，购买债券的资金最初来源于市政债券发行收入，但西纯采用了不断地以购入的债券做抵押借入短期贷款，并以之再购入债券的策略。西纯以上述资产作为抵押，向华尔街经纪行借入130亿美元，使投资基金账面金额高达200亿美元。在中长期债券利率高于短期贷款利率的情况下，这种高杠杆率的投资策略能够产生巨额的盈利。但是，如果利率走向与预期相反，就会使基金的短期借贷成本提高，一旦超过其持有的投资收益率，投资基金就会遭受亏损。如1993年10月，西纯利用每6个月滚转一次的短期贷款，购买了面值为12 480万美元的5年期财政部债券，实际年收益率为4.61%。由于当初6个月期的短期贷款利率为3.31%，如果持有期间利率的期限结构不变，基金每年可以从这笔投资中获得1.3%的盈利，也就是160万美元。但实际情况却是，到了1994年年底时，6个月期的贷款利率猛升至6%左右，原预定的基金账面利润不但消失，反而仅此一项投资就使基金亏损150多万美元。

上述投资能够获利的前提是市场利率趋于下降，长期利率高于短期利率，并且长、短利率间的差额不变甚至能够扩大。西纯做出上述投资决策的基本理由是认为美国经济正在复苏，美联储理应放松利率以支持复苏过程。实际上，这也是当时经济界颇为流行的想法。

但是，1994年美国长短期利率的发展趋势正好与西纯的预料相反。从1993年第四季度起，美国经济出乎意料地强劲增长，1994年前三季度GDP增长率分别高达3.5%、4.1%和3.9%，大大超出美联储划定的经济增长安全区，使美国经济的通胀压力增大。为抑制通胀率上升，1994年美联储将短期贷款利率从年初的3%推至年末的5.5%。经济的强劲增长也促发了人们对通胀率上升的预期，使投资者不愿在中长期资本市场投资，从而造成了美国中期债券利率的急跌。美国长、短期利率的这种变化，使该财政基金短期借贷的融资成本提高，超过了其持有的投资组合的收益率；另一方面，市场利率的上升也使基金持有的固定利率债券的价格下跌，造成基金出现巨额的账面亏损。

问题分析：

1. 对债券价值进行合理估价是成功投资者必备的素质，结合本案例分析影响债券价值的因素。

2. 当前我国兴起发行地方政府债券的热潮，通过本案例警示，应采取什么样的风险防范措施?

提示：收集国债交易品种，分析影响其价格波动的因素，了解国债投资方法。

一、债券的价值评估

（一）债券价值的评估要素

总的来说，影响债券价值有两个层次的因素，一方面是内在因素，包括债券期限、票面利率、是否可赎回、税收待遇、流动性、二级市场的活跃程度、发债主体的信用度等（表3－1）；另一方面就是外在因素，包括供求状况、基础利率、市场利率风险波动程度、通货膨胀水平等（表3－2）。

表3－1　　债券内部因素对债券价值的影响变动方向（以其他因素不变为前提）

影响因素	变动方向	对债券价值的影响
票面利率	越高	内在价值越高
期限	越长	内在价值变化的可能性和幅度越大
税收待遇	税收越低甚至免税	内在价值越大
流动性	越好	内在价值越大
发债主体信用	等级越高	内在价值越大
若可赎回	提前赎回可能性越高	内在价值越小

表3－2　　债券外部因素对债券价值的影响

影响因素	变动方向	对债券价值的影响
供求状况	供大于求	整体价值越低
基础利率	提高	整体价值降低
市场利率风险	越大	整体价值越低
通胀水平	越高	整体价值越低

（二）债券价值的评估公式

1. 到期一次还本付息债券的价值

$$PV = \frac{A(1 + n \times i)}{(1 + R)^n}$$

式中，PV 为债券现值；A 为债券面值；i 为票面利率；N 为期限；R 为贴现率。

例如，某债券面值为 1 000 元，年利率为 10%，3 年到期一次还本付息，贴现率为 12%。则该债券价值应为：

$$PV = 1\ 000 \times (1 + 3 \times 10\%)/(1 + 12\%)^3 = 925\ (元)$$

即该证券的理论发行价格应为 925 元。对于非发行日购买的上市债券，由于债券的存续期减少，在计算债券的价值时应调整到期期限。如上例中债券已过了 1 年，即到期期限只剩 2

年，则其市场价值应为：

$$PV = 1\ 000 \times (1 + 3 \times 10\%)/(1 + 12\%)^2 = 1\ 036\ （元）$$

2. 分期付息到期还本债券的价值

$$PV = \sum_{t=1}^{n} \frac{Ai}{(1+R)^t} + \frac{A}{(1+R)^t}$$

例如，某债券面额为 1 000 元，年利率为 10%，3 年期限，每年年末付息，贴现率为 2%，该债券价值为：

$$PV = \frac{1\ 000 \times 10\%}{(1+0.12)} + \frac{1\ 000 \times 10\%}{(1+0.12)^2} + \frac{1\ 000 \times 10\%}{(1+0.12)^3} + \frac{1\ 000}{(1+0.12)^3} = 952\ （元）$$

3. 贴现债券的价值

贴现债券由于每期利率为零，其现值是到期面额的贴现值，因此，其计算公式为：

$$PV = \frac{A}{(1+R)^n}$$

例如，某贴现国债的面额为 1 000 元，期限为 3 年，贴现率为 12%，则此国债的价值为：

$$PV = \frac{1\ 000}{(1+0.12)^3} = 712\ （元）$$

二、债券的收益指标

（一）直接收益率

直接收益率又称为本期收益率，是根据债券利息和债券市场价格计算出来。其计算公式为：

$$r_d = C/P$$

式中，r_d、C、P 分别为直接收益率、债券年利息、债券市场价格。

例如，某债券面额为 1 000 元，3 年期，到期一次还本付息，票面利率为 10%，投资者以 1 020 元的发行价购入。则该债券的直接收益率为：

$$r_d = 1\ 000 \times 10\% / 1\ 020 = 9.8\%$$

（二）到期收益率

到期收益率又称最终收益率。其计算的条件须满足：债券持有人持有债券到期满；期间的利息再投资。

到期收益率的近似值为：

$$R_A = \left(C + \frac{A - P_0}{n}\right) \Big/ \frac{A - P_0}{2} \times 100\%$$

式中，R_A 为到期收益率；C 为债券利息；A 为债券面额；P_0 为债券市场价；n 为至债券到期日的期限。

例如，某债券面额为 1 000 元，距到期日为四年，利率为 10%，每年支付一次利息，债券市场价格为 900 元，则该债券到期收益率近似值为：

$$R_A = \left(1\ 000 \times 10\% + \frac{1\ 000 - 900}{4}\right) \Big/ \frac{1\ 000 - 900}{2} \times 100\% = 13.2\%$$

(三) 持有期收益率

持有期收益率是当债券未到期就卖出时的收益率指标。其计算公式为：

$$R_h = \left(\frac{P_1 - P_0 + i}{P_0}\right) \times \frac{360}{n} \times 100\%$$

式中，R_h 为持有期收益率；P_1 为债券卖出时的价格；P_0 为债券买入价格；i 为期间利息收入；n 为持有期限（天数）。

例如，某投资者购入 3 年期债券，该债券以面额 1 000 元发行，利率为 10%，每年付息一次，1 年后以 1 050 元价格售出。该投资者的持有期收益率为：

$$R_h = \left(\frac{1\ 050 - 1\ 000 + 1\ 000 \times 10\%}{1\ 000}\right) \times \frac{360}{360} \times 100\% = 15\%$$

三、债券价格指数

债券指数是反映债券市场价格总体走势的指标体系。和股票指数一样，债券指数是一个比值，其数值反映了当前市场的平均价格相对于基期市场平均价格的位置。国际上已有了成熟的债券指数，并且还在不断地发展。

(一) 债券指数的作用

1. 债券指数可以用来进行市场分析研究和市场预测

对于投资者而言，了解债券指数的编制方法并掌握其变化的意义，可以全面地把握债券市场的走势，为投资决策提供有力的帮助。投资人可以通过对静态与实时债券指数走势图线进行一定的技术分析，预测未来债券市场整体的变化趋势。

2. 作为衡量债券整体市场收益率水平的基础，是评估投资人业绩的标准

投资人可以选择一定的投资评估区间，在这段时间内计算出指数的回报率，然后再与自己的投资回报水平进行比较，评判投资业绩的优劣。这也为金融机构考核债券投资相关部门的业绩提供了依据。

3. 帮助投资人建立指数型债券投资组合

相当多的研究表明，整体而言，大多数投资人的长期收益并不会高于市场整体收益（马科维兹的市场组合理论也恰好说明了这一点，详见第十二章）。债券指数可以帮助投资人建立指数型债券投资组合，用以模拟和钉住债券市场整体收益水平，减少频繁市场操作的成本，同时也可以用来规避投资人收益低于市场整体收益的风险。

4. 帮助金融监管部门及时掌握债券市场的信息

债券指数作为债券市场整体的价格走势指标，可以帮助金融监管部门及时准确地掌握市场当前的情况，制定公开市场操作的策略。同时市场上反常的价格也会在指数上清晰地反映出来，可以帮助监管部门及时地发现违规的市场行为。

5. 帮助债券发行主体了解市场情况，确立发债计划

各类债券的发行主体可以通过债券指数了解债券市场的当前行情和历史情况，为其制定债券发行的期限和价格提供决策帮助。

(二) 我国债券指数

自 1981 年中国恢复国债发行，上海证交所、深圳证交所于 1990 年年底相继成立并陆续开始国债交易以来，中国债券市场的债券品种及市场规模都有了长足发展。为帮助投资者更

好地把握和分析债券市场走势，2000年以来，全国同业拆借中心等机构陆续推出了同业中心银债指数等一系列针对不同市场、券种的债券指数，这些指数设计各有侧重，从而为不同风格投资者调整投资组合、绩效评估提供了比较可靠、科学的决策依据，也为债券市场的金融创新奠定了良好基础。目前市场上应用较为广泛的指数主要有：

1. 中国债券指数

该指数由中央债券登记结算中心于2003年1月1日编制发布，为一指数系列。根据债券品种及所处市场的不同，该指数主要分为：国债券总指数（样本涵盖交易所、银行间市场记账式国债、金融债）；债总指数；融债总指数；业债指数。

其中，国债总指数又细分为银行间国债指数以及交易所国债指数，同时还根据债券付息方式的不同将债券总指数、国债、金融债总指数进一步细分为固定利率、浮动利率指数。

2. 上海证券交易所国债指数

该指数由上海证券交易所于2003年1月编制成功并发布。

3. 中信债券指数

该指数由中信集团于1999年年底编制并发布，主要包括：中信全债指数（样本涵盖交易所、银行间市场国债、金融债、企业债）；中信国债指数；中信企业债指数；中信银债指数。

4. 中国银行银债指数

该指数由中国银行于2002年5月编制发布，主要包括：中国银行银行间综合指数；中国银行银行间国债指数；中国银行银行间金融债指数。

5. 银行间同业拆借中心银债指数

该指数由全国银行间同业拆借中心于2000年1月编制发布，主要包括：同业中心综合指数（样本涵盖银行间市场国债、金融债、企业债）；同业中心国债指数。

四、利率期限结构

（一）资本风险和收入风险

在证券投资中，投资者经常遇到由于市场利率的变化所带来的资本风险和收入风险。资本风险是指在进行长期债券的投资中，由于未来的市场利率趋于上升，促使了原有长期债券价格的下跌，给长期债券持有者的资本造成损失的风险；收入风险是指在进行短期债券的滚动操作时，因利率下降使再投资收益减少的风险。例如，投资者在1994年购入5年期、利率为8%的债券，在1994年准备出售时却发现当时市场即期利率已在13%，5年期债券价格大幅下跌，于是他转而买进13%利率的一年期债券，一年后到收回本金时发现市场利率已下降到11%。在上述债券投资中，投资者分别遇上了在长期投资中因市场利率上升而导致的资本风险以及短期投资时利率下降所形成的再投资风险。因此对市场利率的分析及对未来利率变动趋势的预测分析，无论对投资者还是对发行者来说都相当重要。

课堂讨论

分析当经济繁荣、货币供应量增加、通货膨胀时的资本风险和收入风险。

（二）利率期限结构

1. 利率期限结构的定义

债券有长、中、短期之分，因为债券的期限越长，其所面临的风险越大，因此，不同期限的债券有着不同的利率水平。我们把不同期限资金所对应的相互联系的、相互制约的一组利率称作利率期限结构。对利率期限结构的分析一般局限于品质相同而期限不同的证券及其到期收益率与到期期限之间的关系。能满足这一条件的只能是政府债券。政府发行的众多品种的长、中、短期债券，因期限不同而利率不同，这便于分析整个债券体系的利率结构，从而对整个金融市场的利率走势的变化做出正确的预期。

2. 利率期限结构理论

解释利率的期限结构的理论有三种：市场预期理论、流动偏好理论和市场分割理论。

（1）市场预期理论。市场预期理论认为，利率期限结构产生于投资者对未来市场利率变动的预期，假设市场是有效的，投资者是有理性的，并对未来的利率预期是一致的。预期理论认为，长期利率是同一时期内各期利率的几何平均数，如一个 N 期限的债券在某时点的到期收益率等于这 N 年内全部 1 年期债券收益率的几何平均数。长期债券的年收益率用公式表示为：

$$R_n = [(1+R_1)(1+R_2)(1+R_3)\cdots(1+R_{n-1})]^{1/n} - 1$$

式中，R_n 为长期债券的年收益率；R_1、R_2、R_{n-1} 为 n 年内 1 年期债券的预期年收益率。

该公式揭示了在市场有效率的前提下，无论是进行债券的长期投资，还是进行短期滚动式投资，在某一时点上，其年收益率应是相同的，不存在套利机会。我们以某投资者两年的投资方案为例。

例如，市场上 1 年期债券的年收益率为 8%，2 年期债券的年收益率为 9%。该投资者可进行的投资选择：①购买 2 年期债券；②购买 1 年期债券，到期满取回本息后再进行 1 年期债券的投资。按照预期理论，不论投资者持有什么期限的债券组合，在某一时点上，其期望收益是相同的。按照上一公式，第二年的 1 年期债券利率应是：

$$\begin{aligned} R_2 &= [(1+R_n)^2/(1+R_1)] - 1 \\ &= [(1+0.09)^2/(1+0.08)] - 1 \\ &\approx 0.1 \end{aligned}$$

即为 10%。

因此，无论进行短期滚动式投资，还是长期投资，其年收益率相等，即：

$$(1+0.08) \times (1+0.1) = (1+0.09)^2$$

预期理论较好地解释了长期利率和短期利率的关系，其利率期限结构的上升趋势与下降趋势的时间跨度从预期理论的逻辑来看，应是基本对称的。但对利率期限结构的实证却发现，在大多数的时间里利率呈上升趋势。流动偏好理论对预期理论的不足之处进行了必要的修正和补充。

（2）流动偏好理论。流动偏好理论是由约翰·希克斯在 1932 年出版的《工资理论》中提出来的。流动偏好理论和市场预期理论相似，都认为利率期限结构是由人们对未来市场利率的预期决定的，但与市场预期理论不同，该理论认为短期债券的流动性较强。由于人们偏好于流动性，购买长期债券时就会要求得到流动性补偿，即对失去流动性的补偿。债券的期限越长，投资者要求得到的流动性补偿就越高。因此，按照流动偏好理论，长期债券的年收益率等于短期债券预期年收益率的算术平均数与流动性补偿之和。

流动偏好理论和市场预期理论的区别，可以用表 3－3 和表 3－4 说明。表 3－3 的各行表明，由于投资者对不同期限的债券没有不同的偏好，不同期限的债券在同一年的预期年收益率是相同的。例如，第一年不同期限的债券的预期年收益率都是 3%。第二年不同期限的债券的预期年收益率都是 7%，如此等等。另外，表 3－3 的第一栏表明，投资者对 1 年期限的债券在不同年份的年收益率的预期是先趋于上升再趋于下降。例如，1 年期债券的预期年收益率从第一年的 3% 上升到第四年的 12%，再下降到第五年的 10%。

表 3－3 市场预期理论

时 期	预期年收益率				
	1 年期债券	2 年期债券	3 年期债券	4 年期债券	5 年期债券
第一年开始	3%	3%	3%	3%	3%
第二年开始	7%	7%	7%	7%	7%
第三年开始	10%	10%	10%	10%	10%
第四年开始	12%	12%	12%	12%	12%
第五年开始	10%	10%	10%	10%	10%
算术平均数	3%	5%	6.67%	8%	8.40%

随着时间的推移，不同年限的债券都如表 3－3 中箭头所示向左下方移动。例如，在第一年结束和第二年开始时，2 年期限的债券变成 1 年期限的债券，3 年期限的债券变成 2 年期限的债券，如此等等。各种不同期限的债券的年收益率，等于它们从开始到期满的预期年收益率的算术平均数，也就是等于表 3－1 中用箭头联系起来的预期年收益率的算术平均数。例如，1 年期限的债券的年收益率等于其第一年的预期年收益率（3%），2 年期限的债券的年收益率等于其第一年预期年收益率（3%）和 1 年期限的债券第二年预期年收益率（7%）的算术平均数［＝（（3%＋7%）/2＝5%］，也就是 1 年期限的债券第一年预期年收益率（3%）和第二年预期年收益率（7%）的算术平均数，其余照此类推。这就是说，不同期限的债券的年收益率等于 1 年期限的债券在不同年份的预期年收益率的算术平均数。由此表明，利率的期限结构（相应表中第 6 行）是由人们对市场利率变化的预期（相应表中第 1 列）决定的。

与表 3－3 不同，表 3－4 中各行表明，由于投资者偏好于流动性，债券的年限越长，流动性补偿就越高，在同一期间里的预期年收益率就越高。例如，在第一年开始的时候，1 年期限的债券的预期年收益率是 3%，2 年期限的债券的预期年收益率是 3.5%，如此等等。另外，表 3－4 的第 1 列表明，投资者对 1 年期限的债券在不同年份的年收益率的预期是先上升，然后再趋于下降。例如，1 年期限的债券的预期年收益率从第一年开始的 3% 逐渐上升到第四年的 12%，然后又下降到第五年的 7%。

随着时间的推移，不同年限的债券都如表 3－4 中箭头所示的方向移动。各种不同期限的债券的年收益率等于它们从开始到期满的预期年收益率的算术平均数，也就是等于表 3－4 中用箭头联系起来的预期年收益率的算术平均数。例如，1 年期限的债券的年收益率等于其第一年的预期年收益率（3%），2 年期限的债券的年收益率等于其第一年预期年收益率

(3.5%）和1年期限的债券第二年预期年收益率（7%）的算术平均数 =（3.5% +7%）/2 =5.25%，其余照此类推。这就是说，利率的期限结构（相应表中第6行）是由人们对市场利率变化的预期（相应表中第1列）和流动性补偿（相应表中1—5行）决定的。当人们预期市场利率趋于上升时，利率的期限结构是上升的期限结构；当人们预期市场利率趋于下降时，利率的期限结构是下降的期限结构。

表3-4　　流动偏好理论

时　期	预期年收益率				
	1年期债券	2年期债券	3年期债券	4年期债券	5年期债券
第一年开始	3%	3.5%	4%	4.5%	5%
第二年开始	7%	7.5%	8%	8.5%	9%
第三年开始	10%	10.5%	11%	11.5%	12%
第四年开始	12%	12.5%	13%	13.5%	14%
第五年开始	7%	7.5%	8%	8.5%	9%
算术平均数	3%	5.25%	7.17%	8.75%	8.8%

和市场预期理论相比，流动偏好理论增加了流动性补偿的因素。因此，如果在以横轴表示期限、纵轴表示收益率的坐标系里描出利率期限结构曲线，在其他条件相同的情况下，流动偏好利率期限结构曲线通常位于市场预期利率期限结构曲线的上方。

（3）市场分割理论。市场分割理论是由卡伯特森（J. M. Culbertson）于1957年提出来的。市场分割理论认为，在通常的情况下，投资者不愿冒太大的风险，而是希望确保收益。投资者要做到确保收益，就要使自己的资产和负债的期限相一致。例如，商业银行的债务大部分是短期存款。如果商业银行投资长期债券，一方面它的资产的流动性不足，难以应付存款者提取存款；另一方面在短期利率上升的情况下，它支付短期存款的利息不断增加，而得到的长期债券的利息却保持不变，从而会遭受损失。因此，商业银行将选择投资与自己的债务的期限相一致的短期债券。又如，退休基金的债务大部分是定期定量支付的退休金。如果退休基金投资短期债券，在短期利率下降的情况下，它支付的退休金不变，但得到的短期债券的利息却不断减少，从而会遭受损失。所以，退休基金将选择投资与自己的债务期限相一致的长期债券。由于投资者总是努力使自己的资产和负债的期限相一致，不同期限的债券是不能相互替代的，债券市场将分割为期限不同的多个市场。

为方便起见，假定债券市场分割为短期债券市场和长期债券市场两个市场。在这两个债券市场上，债券的发行者是资金的需求者，其所需资金的数量是随着债券收益率的上升而下降的。债券收益率越高，其所需的资金越少。债券的购买者是资金的供给者，其提供资金的数量是随着债券收益率的上升而增加的。债券收益率越高，其所提供的资金越多。因此，在横轴表示资金数量、纵轴表示债券收益率的坐标系里，资金需求曲线（D）是一条向右下方倾斜的曲线，资金供给曲线（S）是一条向右上方倾斜的曲线。当资金需求量和资金供给量相等时，也就是当资金需求曲线和资金供给曲线相交时，形成了均衡的收益率，如图3-1的（a）和（b）所示。

如果资金需求者从短期资金转向长期资金，如厂商从投资存货转向投资厂房，那么短期

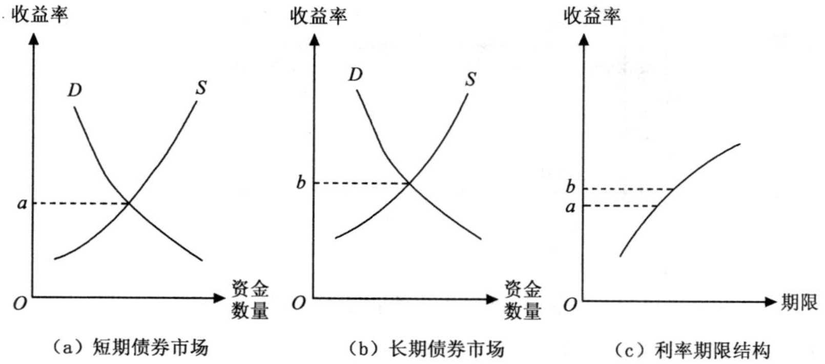

图 3－1 市场分割理论

资金的需求减少，短期资金需求曲线向左方移动；长期资金需求增加，长期资金需求曲线向右方移动。这样，短期债券市场的收益率将会下降，长期债券市场的收益率将会上升。另外，如果资金供给者从短期市场转向长期市场，如银行因长期存款增加而转向投资长期债券，那么短期资金供给减少，短期资金供给曲线向左方移动；长期资金供给增加，长期资金供给曲线向右方移动。结果，短期债券市场的收益率将会上升，长期债券市场的收益率将会下降。

因为债券市场被分割为多个期限不同的市场，而每个市场的收益率是由该市场上资金的供给和需求决定的，所以就形成了水平的利率期限结构、上升的利率期限结构或下降的利率期限结构。例如，在图 3－1 中，短期债券市场的收益率较低，长期债券市场的收益率较高，形成了上升的利率期限结构，如图 3－1 的（c）所示。

（三）到期收益率曲线

收益率曲线是一种标明各种不同剩余期限债券的到期收益率的曲线图，横坐标是期限，纵坐标为到期收益率。收益率曲线可以提供对债券市场利率期限结构的估计值。常见的收益率曲线有三种基本类型：上升型、水平型和下降型（见图 3－2、图 3－3 和图 3－4）。

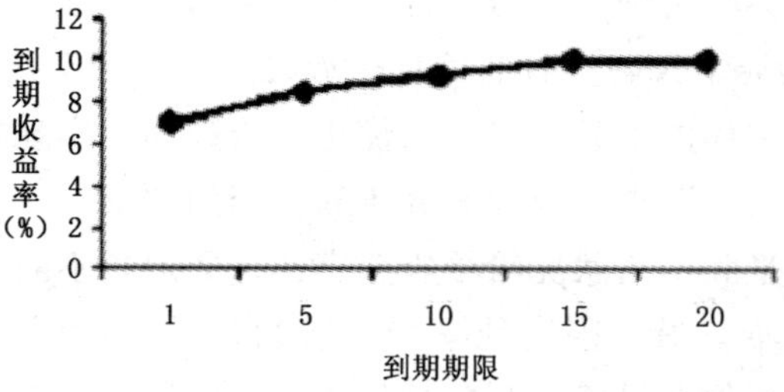

图 3－2 上升型收益率曲线

上升型收益率曲线表示在正常情况下短期债券的收益率低于长期债券，债券期限越长，收益率越高。

水平型收益率曲线则反映了在上升、下降收益率曲线相互转换的过程中出现的过渡阶段。

下降型收益率曲线表示一种反常的利率期限结构现象，即短期债券收益率较高，长期债券收益率较低。这反映了市场对经济发展预期变坏，对长期资金需求下降，从而造成长期利

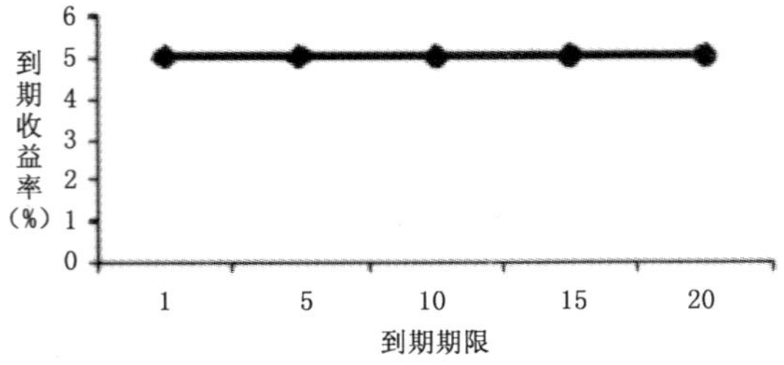

图 3-3　水平型收益率曲线

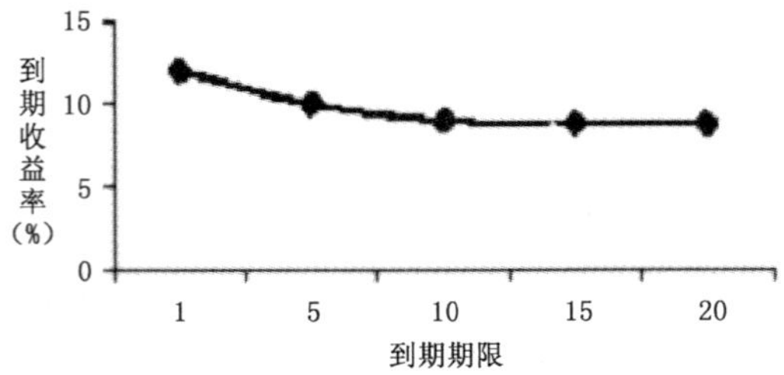

图 3-4　下降型收益率曲线

率的下降。

这三种收益率曲线中最常见的是上升型收益率曲线，因为长期债券的收益在正常情况下要比短期债券的收益高。

五、债券的信用评级

（一）债券的信用评级的意义

1. 债券的信用评级有利于证券市场健康发展

随着金融市场的发展，债券市场品种繁多，良莠不齐。信用评级可以对不同质量的债券进行等级区分，有助于债券的合理定价与正常流动，从而保证债市的健康发展。

2. 债券的信用评级沟通了投融资者的信息交流渠道，有利于社会投融资机制顺利运转

投资者需要了解发行主体的信息情况，以优化投资选择，实现投资安全性，取得可靠收益。企业则希望自己的经营状况得到合理的分析和恰当的评价，以利于银行和社会公众投资者按照自己的经营管理水平和信用状况给予资金支持，并通过不断改善经营管理，提高自己的资信级别，降低筹资成本，最大限度地享受相应的权益。信用评级可以为投资者提供公正、客观的信息，从而起到保护投资者利益的作用，进而满足企业的资金需求。

3. 债券的信用评级有利于提高市场监管者的管理质量

信用评级能为政府部门间接控制市场提供强有力的手段，可加强对企业的指导和监督。政府监管部门采用评级结果可以作为资本市场管理部门审查决策的依据，提高信息透明度，有效防范市场风险。这是因为信用等级是政府主管部门审批债券发行的前提条件，它可以使发行主体限制在偿债能力较强、信用程度较高的企业。

（二）债券评级

1. 评级机构

目前国际上公认的最具权威性的信用评级机构，主要有美国标准普尔公司、穆迪投资服务公司和惠誉国际。上述三家公司负责评级的债券很广泛，包括地方政府债券、公司债券、外国债券等。由于它们占有详尽的资料，采用先进科学的分析技术，又有丰富的实践经验和大量专门人才，因此它们所做出的信用评级具有很高的权威性。

标准普尔公司、穆迪投资服务公司及惠誉国际都是独立的私人企业，不受政府的控制，也独立于证券交易所和证券公司。它们所做出的信用评级不具有向投资者推荐这些债券的含义，只供投资者决策时参考，因此，它们对投资者负有道义上的义务，但并不承担任何法律上的责任。

2．债券的评级程序

从时间顺序来看，评级业务可以分为三个阶段，第一阶段为前期准备，第二阶段为评级实施，第三阶段为评级跟踪。

（1）前期准备阶段要完成下列工作内容：①评级对象与评级机构签订协议，明确双方权利及义务，在银行间交易商协会备案。②评级机构与债券发行人、承销商等就项目制定进程表。同时，完成评级资料的收集，这些资料包括：公司章程、协议、营业执照、验资报告、近三年财务报表及审计报告、近三年工作总结、远景规划、董事会记录以及其他评估相关资料。

在这一阶段工作的初期，评级公司会由资深评级分析师对项目进行综合评价，做出一个初步评级，即预评。预评有着重要的作用。首先，预评要确定企业的性质及行业是否满足发行要求，比如集合票据对中小企业的认定条件，国家规定的行业限制等。其次，预评结果的高低对企业发行能否成功有一定预判功能，一般而言，发行人的级别应不低于 BBB－才可能发行成功。第三，市场部根据预评结果预判企业最终实际评级结果的可能的区间，与企业沟通，以免企业期望过高，导致双方产生矛盾。

（2）评级实施阶段。评级实施阶段包括企业访谈、报告撰写、审核（二审、三审和评审委员会审核）、报告出具、评级结果公布等内容。

企业访谈属于信息收集的部分。评级分析师首先要在第一阶段收集的资料基础上，列出访谈提纲，包括对企业股权结构、制度设置、历史沿革、公司业务、上下游客户关系、技术研发、财务状况等各个方面进行考察，然后与企业职能部门进行交流。根据需要，还可向第三方机构进行了解、核实。

在报告撰写过程中，评级分析师要对已有资料进行整理分析、归纳，对财务数据进行处理，形成工作底稿。然后，按照信用评级标准的要求，将定性资料与定量资料结合起来，加以综合评价，形成初步的评级结果。

审核指的是对项目信用级别的确定。首先，由评级报告撰写人与二级审核人员沟通，汲取二审意见，进一步确定级别；在二审认可的基础上，进入三审阶段，撰写人、二审以及三审人员反复沟通，形成最终级别；完成上述步骤后，项目负责人向公司评审委员会递交评级报告。评级委员会在审阅评估分析依据后，以投票方式进行表决，确定信用等级，并向撰写人员反馈评审意见。撰写人根据反馈意见修改，形成最终的信用评级报告。

报告出具指的是公司向评级对象发出信用评级报告，征求意见。评级对象在接到报告后应于 5 日内提出意见，如无意见，评级结果以此为准。若评级对象有意见，提出复评要求，须提供复评理由，并附必要资料。公司评级委员会审核后给予复评，复评一般以一次为限，复评结果即为最终结果。评级结果公布阶段，公司视评级对象要求，决定是否在公开刊物上刊登评级结果。

（3）跟踪评级阶段。为了控制后续风险，评判企业信用稳定性，满足政府主管部门监管要求以及评级机构的业务操作规范，在信用等级有效期内，评级机构将持续关注发行人外部经营环境的变化、影响发行人经营或财务状况的重大事件、发行人履行债务的情况等因素，并出具跟踪评级报告，以动态地反映发行人及其债券的信用状况。持续跟踪评级包括持续定期跟踪评级与不定期跟踪评级。

评级机构根据信用等级有效期的长短，每隔一段时间（半年或一年）将出具一次正式的定期跟踪评级报告。不定期跟踪评级自首次信用评级报告出具之日起进行，如果发行人发生了影响前次评级报告结论的重大事项（如发行人受突发、重大事项的影响），评级机构有权决定是否对原有信用级别进行调整，出具不定期跟踪评级报告。

（三）债券的等级

国际上流行的债券等级是 3 等 9 级。AAA 级为最高级，AA 级为高级，A 级为上中级，BBB 级为中级，BB 级为中下级，B 级为投机级，CCC 级为完全投机级，CC 级为最大投机级，C 级为最低级。

1. A 级债券

A 级债券是最高级别的债券，其特点是：

（1）本金和收益的安全性最大；

（2）债券价格受经济形势影响的程度较小；

（3）收益水平较低，筹资成本也低。

对于 A 级债券来说，利率的变化比经济状况的变化更为重要。因此，一般人们把 A 级债券称为信誉良好的“金边债券”，其对特别注重利息收入的投资者或保值者是较好的选择。

2. B 级债券

B 级债券对那些熟练的证券投资者来说特别有吸引力，因为这些投资者不情愿只购买收益较低的 A 级债券，而甘愿冒一定风险购买收益较高的 B 级债券。B 级债券的特点是：

（1）债券的安全性、稳定性以及利息收益会受到经济中不稳定因素的影响；

（2）经济形势的变化对这类债券的价值影响很大；

（3）投资者冒一定风险，但收益水平较高，筹资成本与费用也较高。因此，对 B 级债券的投资，投资者必须具有选择与管理证券的良好能力。对愿意承担一定风险，又想取得较高收益的投资者，投资 B 级债券是较好的选择。

3. C 级和 D 级债券

这两类债券是投机性或赌博性的债券。从正常投资角度来看，没有多大的经济意义。但对于敢于承担风险，试图从差价变动中取得巨大收益的投资者来说，C 级和 D 级债券也是一种可供选择的投资对象。

（四）我国的信用评级

我国信用评级最初产生于银行系统内部。银行出于对贷款安全的考虑，组织专门人员对贷款企业的履约能力和信用状况进行分析和评价。随着债券市场的发展，独立于银行系统的专门评级机构开始出现。1987 年 2 月，国务院出台了《企业债券管理暂行办法》，各省市纷纷开始组建资信评级机构。第一家评级机构是1988年3月成立的上海远东资信评估有限公司。目前，国内活跃的有资质的评级公司包括上海新世纪、中诚信、联合、大公、鹏元。此外，国外著名的评级机构也已进入我国评级市场，参股本土评级机构或与之展开合作，如穆迪参股中诚信（穆迪49%），惠誉参股联合（惠誉49%），新世纪与标准普尔在研发、评级方法等方面展开了合作。在上述评级机构中，大公是唯一纯本土的全国性评级机构，上海新世纪是唯一具有“学院派”背景的评级机构（原财大三产）。从牌照角度来看，在证券市场拥有评级资质（证监会认定）的公司为大公、上海新世纪、联合、中诚信、鹏元和东方金城6家；在银行间债券市场拥有信用评级资质（中国人民银行认定）的公司则为大公、上海新世纪、联合、中诚信和东方金城5家；取得全牌照的目前只有大公、上海新世纪以及东方金城这三家。

目前，我国评级机构呈现多头监管模式，不同的发行主体对应的监管机构不一样。在证券市场从事公司债评级的机构归属于证监会监管；在银行间债券市场和信贷市场从事信用评级的机构归属于人民银行监管；而从事投标、企业债等信用评级的机构由发改委监管。另外，银监会、保监会也曾发出相关文件，对评级机构做出特定要求。这种多头监管的模式，导致我国缺乏一个统一、明确的信用评级机构认定标准，这也是导致我国信用评级机构缺乏公信力的一个原因。

本章小结

内容摘要：本章主要介绍债券的主要种类、债券的估值方法、债券的评级，并对我国企业债现存问题和相应的改进思路加以介绍。

关键概念：国债　凭证式国债　记账式国债　地方政府债券　央行票据　金融债券　商业银行次级债　商业银行混合资本债　企业债券　中期票据　短期融资券　公募债券　私募债券　外国债券　欧洲债券

思考题

1. 按面值出售的债券，息票率为8%，半年付息一次。如果想一年付息一次，并且仍按面值出售，则息票率应为多少？

2. 假定有一种债券的售价为953.10美元，三年到期，每年付息，此后三年内的利率依次为 $r_1=8\%$、$r_2=10\%$、$r_3=12\%$，计算到期收益率与债券的实际复利率。

3. 简要说明期限不同的债券如何因预期、流动性和市场分割假说而有不同的收益。简述当收益率曲线在向上倾斜和向下倾斜时以上三种假说的含义。

4. 自2003年12月9日中国银监会发布《关于将次级定期债务计入附属资本的通知》以来，商业银行发行次级债持续升温。商业银行将发行次级债券作为其经常性、可持续的资本补充渠道，可以增强市场对商业银行的约束功能，有利于完善我国商业银行的治理机制。这一功能是如何实现的？

5. 目前我国四家全国性的信用评级机构，除大公始终坚持民族品牌国际化发展外，其余已经或正在被美国公司控股。根据这一现象，结合欧洲主权债务危机，分析其对我国未来债券评级和信息安全的影响。

案例分析

俄罗斯金融危机

1998年，俄罗斯金融市场的动荡愈演愈烈，俄金融市场投资者的心理崩溃，一场自俄罗斯独立以来最为严重的金融危机爆发了。

1998年8月17日，俄政府及中央银行发表了“联合声明”，对国内出现的金融危机采取“三大措施”：（1）扩大卢布汇率浮动幅度；（2）延期清偿内债；（3）冻结部分外债。俄商业银行和公司在国外银行和投资公司的贷款、用有价证券作担保的贷款的保险金，以及定期外汇契约，其支付期冻结90天。同时禁止国外投资者将资金投入偿还期在一年内的卢布资产。俄政府强调，“冻结”不涉及政府借的外债。

“三大措施”出台后，俄国内金融危机并未得到缓解，相反，金融市场上一片混乱，对国家的政治、经济和社会产生了巨大的负面影响。就金融市场来看，汇市混乱、股市暴跌、债市停滞。俄债市停业近4个月，政府债券在国际债市上的市值仅为面值的6%。

这是一场起源于债市崩溃，进而牵动股市、汇市，并殃及整个银行体系的金融业全面危机。俄罗斯金融市场的建构和发展一直是以债市为中心，债市的主体又是自1993年以来由俄财政部发行的期限在1年以内的短期国债。同时，外资在短期国债市场上的份额约为50%，正是这一特点决定了其历次危机大都起源于债市，此次也不例外。1990年以来，由于税收不力导致财政赤字日益严重，每周一次的短期国债拍卖发行就成了弥补赤字的主渠道。由于债券本身的偿还期短，在缺乏其他“非发行”资金来源的情况下，借新还旧也就逐渐成为一种必需，而这无形中已为铸造“金融金字塔”埋下了伏笔。1998年，在持续的危机下，外资在债市上一直是出多入少，外贸出口收入、私有化收入及税收来源的减少导致财政收支严重失衡，更加重了投资者对政府偿债能力的怀疑。当年5月份，1年期国债的二级市场收益率曾突破80%，到7月初，1个月期以上债券的年收益率均超过100%。与此同时，投资者在一级市场上所提出的收益率要求越来越高，最终迫使俄财政部在7月中旬以后接连3周放弃拍卖发行，仅仅靠“储备”和从欧洲市场上紧急筹资勉强偿债。1998年8月17日，俄财政部及央行宣布“停止1999年年底前到期国债的交易和偿付”，成为“金融金字塔”坍塌的标志。债市的崩溃不仅造成了投资者资产的巨额缩水，更带来了卢布资产的严重贬值，因此，股市上即刻掀起一片抛售狂潮。为保值，从债市、股市撤离的资金涌向汇市，造成外汇供求关系的严重失衡，俄央行无力依靠微薄的储备去满足巨额需求，因此只有“贬值”。与以往历次金融市场动荡相比，此次危机对俄罗斯银行体系造成了毁坏性的严重打击：一方面，由于银行业对金融市场尤其是债市的高度参与，债市的持续下跌乃至最后崩溃使其资产损失惨重；另一方面，债市持续下滑导致银行盈利严重减退，银行无力清偿庞大的对外到期债务。此外，在市场危机日益加重情况下，储户的大规模挤提和银行间同业市场的实际停滞，使银行包括一些大银行濒临破产的边缘。

问题：

1. 俄罗斯的这场金融危机的起源是什么？分析背后深层次原因。

2. 俄罗斯金融市场结构存在的问题及原因有哪些？

提示：(1) 健全和发达的金融市场对促进一国经济与金融的发展有积极的意义。如果金融市场的组成结构不合理，或是缺乏必要的调控和管理让其自由地运作和发展，或是采取的管理方式不合理，那么金融市场对经济发展会产生消极影响甚至破坏作用。(2) 俄当时债市的发行总额为650亿美元，其中居民法人持有近450亿美元的各种债券，并且在各种债券中，短期国债占3/4以上，其中又以6个月和3个月的为主。

应用训练

1. 到和讯债券、东方财富网站收集债券投资信息，寻找值得投资的国债、企业债，利用所学知识分析其投资价值。

2. 查阅资料，分析信用债、中小企业私募债风险，同时提出投资建议。

第四章

股　　票

【案例导读】

股票融资——微软公司成长的助推器

微软公司成立于1975年，成立之初年收入只有2万美元。1985年微软公司发行股票并上市交易，其后迅速发展成为全世界科技含量最高、发展速度最快的IT公司。1986年3月13日，微软公司股票上市第一天，共成交360万股，收盘价为29.25美元，比开盘价涨了3.855美元，比微软公司上市前约定的21美元的价位高出8.25美元。1987年，微软公司股票已涨至每股90.75美元，并继续向上攀升。微软公司因为成为上市公司，获得了巨额的公众投资。掌握了充裕的资金使微软公司能够开发更多更好的计算机软件。巨额的研发费用支出给微软带来了巨大的技术优势。微软公司亦成为计算机领域的“巨人”。

早在一个多世纪以前，马克思就指出：“假如必须等待积累去使某些单个资本增长到能够修建铁路的程度，那么恐怕直到今天世界上还没有铁路。但是，通过股份公司的资本聚集转瞬之间就把这件事完成了。”股票市场的发展有利于资本流动性及融资能力的提高，有利于公司治理和便利投资，加速了资本的形成，从而促进了经济增长。

第一节　股份有限公司

股份公司（Stock Corporation）是指以公司资本为股份所组成的，股东以其认购的股份为限对公司承担责任的企业法人。设立股份有限公司，应当有2人以上200以下为发起人，注册资本的最低限额为人民币500万元。由于所有股份公司均须是负担有限责任的有限公司（但并非所有有限公司都是股份公司），所以一般合称“股份有限公司”。

一、股份有限公司的特征

（一）公司是法人企业

股份有限公司按照一定的章程、法律程序设立，它以自己独立的法人资格取得资产，承担债务，自主运营，独立地履行民事权利和义务。

（二）公司通过发行股票筹资且全部资本分为等额股份

股份公司通过发行股票筹集资本，股东按持股比例拥有相应的权利和义务。一股一权、一权一利一责，股权平等。在这里，股东的个人身份、名誉、地位不再具有意义，任何人持有公司的股票，就是公司的股东，享有相应的权利和义务。

（三）股东的责任是有限的

股东对公司的债务仅以自己股本额为限承负有限责任。公司法人也仅以公司本身的全部资产为限对债务承负有限责任。股东的其他财产与公司债务无关。

（四）股东不能中途退股，但股票可在证券市场上自由买卖

股份有限公司的股票不可退回，但可自由转让，具有充分的流通性。这一特征是公司经营的稳定性、连续性的需要，只有保证法人资产的完整性、稳定性，公司运营才能连续和稳定。但股东可转让和买卖股票，股票的转让和买卖，事实上就是股权的转让和买卖，股票一旦转让或卖出，相应的权利和义务也随之转让和卖出。

（五）公司的账目必须公开

各国公司法一般都规定股份有限公司必须定期公布其财务状况和经营状况，定期将年度报告和有关的财务报表，如经营报告书、资产负债表、损益表、盈利分配表、财产目录等公之于众，以便加强社会公众对公司的了解和监督，保护股东和债权人利益。

（六）公司实行专业管理

股份公司有严密科学的管理体制。董事会、股东代表大会、由董事会聘用的总经理（有的还设有监事会），权、责、利明确，形成了相互制衡的高效运转的机制，从而保证了企业具有长期行为，保证了所有者、经营者、劳动者各方面的利益。

股份公司的这些特征使它具有许多优势，成为现代市场经济中规模经营的最佳组织方式。在市场经济国家，大中型企业通常采取股份有限公司的形式，这些大的公司占企业总数比例不大，但它们的产值、利润、就业人数却占比很大，在国民经济中具有重要的地位。

二、股份有限公司的组织结构

（一）股东大会

股东大会是公司的最高权力机关，它由全体股东组成，对公司重大事项进行决策，有权选任和解除董事，并对公司的经营管理有广泛的决定权。股东大会既是一种定期或临时举行的由全体股东出席的会议，又是一种非常设的由全体股东所组成的公司制企业的最高权力机关。它是股东作为企业财产的所有者，对企业行使财产管理权的组织。企业一切重大的人事任免和重大的经营决策一般都得股东会认可和批准方才有效。

（二）董事会

它是公司对内执行业务、对外代表公司的常设理事机构，向股东大会负责。董事会的职权主要有：代表公司对各种业务事项做出意见表示或决策，以及组织实施和执行这些决策。除股东大会决议的事项外，公司日常业务活动中的具体事项，均由董事会决定。

（三）总经理

总经理（General Manager）是公司的业务执行的最高负责人。但实际上，总经理所在的层级，还是会因公司的规模而有所不同。例如在一般的中小企业，总经理通常就是整个组织里职务最高的管理者与负责人。而若是在规模较大的组织里（如跨国企业），总经理所扮演的角色，通常是旗下某个事业体或分支机构的最高负责人。

股份公司的总经理是董事会聘任的，对董事会负责，在董事会的授权下，执行董事会的

战略决策，实现董事会制定的企业经营目标。并且，通过组建必要的职能部门，组聘管理人员，形成一个以总经理为中心的组织、管理、领导体系，实施对公司的有效管理。总经理的主要职责是负责公司日常业务的经营管理，经董事会授权，对外签订合同和处理业务；组织经营管理班子，提出任免副总经理、总经济师、总工程师及部门经理等高级职员的人选，并报董事会批准；定期向董事会报告业务情况，向董事会提交年度报告及各种报表、计划、方案，包括经营计划、利润分配方案、弥补亏损方案等。

（四）监事会

监事会是指对董事会执行的业务活动实行监督的机构。它是公司的常设机构，由股东大会从股东中选任，不得由董事或经理兼任。监事会的职权主要有：列席董事会会议，监督董事会的活动，定期和随时听取董事会的报告，阻止董事会违反法律和章程的行为；随时调查公司业务和财务情况，查阅账簿和其他文件；审核公司的结算表册和清算时的清算表册；召集股东大会；代表公司与董事交涉或对董事起诉。

第二节　股票的基本特征及其分类

一、股票的基本特征

（一）股票的定义

股票是股份公司在筹集资本时向出资人公开或私下发行的，用以证明出资人的股本身份和权利，并根据持有人所持有的股份数享有权益和承担义务的凭证。股票是一种有价证券，代表着其持有人（股东）对股份公司的所有权，每一股同类型股票所代表的公司所有权是相等的，即“同股同权”。股票可以公开上市，也可以不上市。在股票市场上，股票也是投资和投机的对象。

（二）股票的基本特征

1. 权责性

股东凭其持有的股票，享有其股份数相应的权利，同时也承担相应的责任。权利主要表现为：参加股东大会，投票表决，参与公司的经营决策，领取股息或红利，获取投资收益。责任主要是承担公司的经营风险，对公司的经营决策承担责任，责任的限度为其认购股票的全部的投资额。

2. 无期性

股票是一种无偿还期限的有价证券，投资者认购了股票后，就不能再要求退股，只能到二级市场卖给第三者。股票的转让只意味着公司股东的改变，并不减少公司资本。从期限上看，只要公司存在，它所发行的股票就存在，股票的期限等于公司存续的期限。

3. 流通性

股票的流通性是指股票在不同投资者之间的可交易性。流通性通常以可流通的股票数量、股票成交量以及股价对交易量的敏感程度来衡量。可流通股数越多，成交量越大，价格对成交量越不敏感（价格不会随着成交量一同变化），股票的流通性就越好，反之就越差。

通过股票的流通和股价的变动，可以看出人们对于相关行业和上市公司的发展前景和盈利潜力的判断。那些在流通市场上吸引大量投资者、股价不断上涨的行业和公司，可以通过增发股票不断吸收大量资本进入生产经营活动，收到了优化资源配置的效果。

4. 收益性

股东凭其持有的股票，有权从公司领取股息或红利，获取投资的收益。股息或红利的大小，主要取决于公司的盈利水平和公司的盈利分配政策。股票的收益性还表现在股票投资者可以获得价差收入，即通过低买高卖获利。

5. 风险性

股票在交易市场上作为交易对象，同商品一样，有自己的市场行情和市场价格。由于股票价格要受到诸如公司经营状况、供求关系、银行利率、大众心理等多种因素的影响，其波动有很大的不确定性。正是这种不确定性，有可能使股票投资者遭受损失。价格波动的不确定性越大，投资风险也越大。因此，股票是一种高风险的金融产品。

二、股票的分类

（一）按股东所享有的权益和承担的风险不同，可分为普通股和优先股

1. 普通股

普通股是指在公司的经营管理和盈利及财产的分配上享有普通权利的股份，代表满足所有债权偿付要求及优先股东的收益权与求偿权要求后对企业盈利和剩余财产的索取权。它构成公司资本的基础，是股票的一种基本形式，也是发行量最大、最为重要的股票。目前在上海和深圳证券交易所上市交易的股票，都是普通股。

普通股股票持有者按其所持有股份比例享有以下基本权利：

（1）参与公司经营的表决权。普通股股东一般有出席股东大会的权利，有表决权和选举权、被选举权，可以间接地参与公司的经营。

（2）参与股息红利的分配权。普通股的股利收益没有上下限，视公司经营状况好坏、利润大小而定，公司税后利润在按一定的比例提取了公积金并支付优先股股息后，再按股份比例分配给普通股股东。但如果公司亏损，则得不到股息。

（3）优先认购新股的权利。当公司资产增值，增发新股时，普通股股东有按其原有持股比例认购新股的优先权。

（4）请求召开临时股东大会的权利。

（5）公司破产后依法分配剩余财产的权利。不过这种权利要等债权人和优先股股东权利满足后才轮到普通股。

2. 优先股

优先股是相对于普通股（Ordinary Share）而言的，主要指在利润分红及剩余财产分配的权利方面，优先于普通股。

优先股股票持有者按其所持有股份比例享有以下基本权利：

（1）在公司分配盈利时，拥有优先股的股东比持有普通股的股东，分配在先，而且享受固定数额的股息，即优先股的股息率都是固定的。普通股的红利却不固定，视公司盈利情况而定。

（2）在公司解散、分配剩余财产时，优先股在普通股之前分配。优先股一般不上市流

通，也无权干涉企业经营，不具有表决权。优先股的种类很多，为了适应一些专门想获取某些优先收益的投资者的需要，优先股有各种各样的分类方式。

（3）有限表决权，对于优先股股东的表决权限财务管理中有严格限制，优先股东在一般股东大会中无表决权，但当召开会议讨论与优先股股东利益有关的事项时，优先股东具有表决权。

（二）我国现行的股票类型

1. 国家股

国家股是指以国有资产向有限公司投资形成的股权。国家股股权，也包含国有企业向股份有限公司形式改制变更时，现有国有资产折成的股份。

由于我国大部分股份制企业都是由原国有大中型企业改制而来的，因此，国有股在公司股份中占有较大的比重，通过改制，多种经济成分可以并存于同一企业。国家则通过控股方式，用较少的资金控制更多的资源，巩固公有制的主体地位。

2. 法人股

法人股是指企业法人或具有法人资格的事业单位和社会团体，以其依法可支配的资产，向股份有限公司投资所形成的股份。如果该法人是国有企业、事业及其他单位，那么该法人股为国有法人股；如果是非国有法人资产投资于上市公司形成的股份，则为社会法人股。

目前，在我国上市公司的股权结构中，法人股平均占 20% 左右。根据法人股认购的对象，可将法人股进一步分为境内发起法人股、外资法人股和募集法人股三个部分。

3. 公众股

公众股也称个人股，是指社会个人或股份公司内部职工以个人合法财产投入公司形成的股份。公众股有两种基本形式，公司职工股和社会公众股。

公司职工股是指股份公司职工在本公司公开向社会发行股票时按发行价格所认购的股份。社会公众股是指股份公司采用募集设立方式设立时向社会公众募集的股份。

4. 外资股

外资股是指国外和中国香港、澳门、台湾地区的投资者，以购买人民币特种股票形式向股份有限公司投资形成的股份。外资股包括境内上市外资股和境外上市外资股、法人外资股和个人外资股。

（1）境内上市外资股（B 股）。境内上市外资股原来是指股份有限公司向境外投资者募集并在我国境内上市的股份，投资者限于外国和我国香港、澳门、台湾地区的投资者。这类股票称为 B 股，B 股以人民币标明股票面值，以外币认购、买卖。

经国务院批准，中国证监会决定自 2001 年 2 月下旬起，允许境内居民以合法持有的外汇开立 B 股账户，交易 B 股股票。自从 B 股市场对境内投资者开放之后，境内投资者逐渐取代境外投资者成为投资主体，B 股由“外资股”演变为“内资股”。

（2）境外上市外资股（H、N、S、L 股）。境外上市外资股是指股份有限公司向境外投资者募集并在境外上市的股份。它也采取记名股票形式，以人民币标明面值，以外币认购。

H 股，即注册地在内地、上市地在香港的外资股。香港的英文是 Hong Kong，取其首字母，在港上市外资股就叫作 H 股。依此类推，纽约的第一个英文字母是 N，新加坡的第一个英文字母是 S，伦敦第一个英文字母是 L，在纽约和新加坡、伦敦上市的股票就分别叫作 N 股、S 股和 L 股。

在境外上市时，可以采取境外存股凭证形式或者股票的其他派生形式。在境外上市的外资股除了应符合我国的有关法规外，还须符合上市所在地国家或者地区证券交易所制定的上市条件。我国境外上市外资股主要采取美国存托凭证 ADRs、全球存托凭证 GDRs 等。

相关链接

蓝筹股与红筹股

在海外股票市场上，投资者把那些在其所属行业内占有重要支配性地位、业绩优良、成交活跃、红利优厚的大公司股票称为蓝筹股。“蓝筹”一词源于西方赌场。在西方赌场中，蓝色筹码最为值钱，红色筹码次之，白色筹码最差。投资者也把这些行话套用到股票上。美国通用汽车公司、埃克森石油公司和杜邦化学公司等股票，都属于“蓝筹股”。

红筹股是指最大控股权直接或间接隶属于中国内地有关部门或企业，并在香港联合交易所上市的公司所发行的股份，即在港上市的中资企业。由于人们形容中国是红色，且中国国旗又是五星红旗，故把与中国相联系的上市公司发行的股票称为红筹股。

三、股票的基本要素

（一）面额

股票票面价值的最初目的，是保证股票持有者在退股之时能够收回票面所标明的资产。随着股票的发展，购买股票后将不能再退股，所以股票面值现在的作用主要是：（1）表明股票的认购者在股份公司投资中所占的比例，作为确认股东权利的根据。比如，某上市公司的总股本为一千万元，持有一股股票就表示在该股份公司所占的股份为千万分之一。（2）在首次发行股票时，将股票的面值作为发行定价的一个依据。如果一股股票被拆成十股，那么新股每股价格也相应地变成此前的十分之一。此时在票面上看是 1 元拆成 10 股 0.1 元，同样为等价的换算关系，反之亦然。随着市场发展，也出现了无面额的股票。

（二）市场价格

股票的市场价格一般是指股票在二级市场上交易的价格。股票的市场价格由股票的价值决定，但同时受到许多其他因素的影响。其中，供求关系是直接的影响因素，其他因素都是通过作用于供求关系而影响股票价格的。由于影响股票价格的因素复杂多变，所以股票的市场价格呈现出高低起伏的波动性特征。

（三）股息与分红

1. 股息

股息就是股票的利息，是指公司按照票面金额的一个固定比率向股东支付的利息。股息不同于红利，股息与红利合起来称为股利。

2. 分红

分红是在上市公司分派股息之后按持股比例向股东分配的剩余利润，也称红利。红利虽然也是公司分配给股东的回报，但它与股息的区别在于，股息的利率是固定的（特别是对优先股而言），而红利数额通常是不确定的，它随着公司每年可分配盈余的多少而上下浮动。因此，有人把普通股的收益称为红利，而股息则专指优先股的收益。

一般地说来，股东可以以三种形式实现分红权：（1）以上市公司当年利润派发现金；（2）以公司当年利润派发新股；（3）以公司盈余公积金转增股本。这三种形式俗称“派”、

“送”、“转”。我国股民通常将“送”、“转”分红形式当作利好炒作，而实际上“送”、“转”分红后投资者股票市值没有变化。

（四）除息与除权

1. 除息

股票发行企业在发放股息或红利时，需要事先进行核对股东名册、召开股东会议等多种准备工作，于是规定以某日（股权登记日）在册股东名单为准，并公告在此日以后的一段时期为停止股东过户期。停止过户期内，股息红利仍发给登记在册的旧股东，新买进股票的持有者因没有过户就不能享有领取股息红利的权利，这就称为除息。同时股票买卖价格就应扣除这段时期内应发放股息红利数，这就是除息交易。

2. 除权

除权即新的股票持有人在停止过户期内不能享有该种股票的增资配股权利，就是把流通股东（在全流通市场中，其实只有股东这个概念）获得的权益从股票市值中扣除。当上市公司发生送股、转增股、配股时都要除权。

除权实质是由于公司股本增加，每股股票所代表的企业实际价值（每股净资产）有所减少，需要在发生该事实之后从股票市场价格中剔除这部分因素，而形成的剔除行为。

3. 除息与除权价计算方法

除息价＝股息登记日的收盘价－每股所分红利现金额

例如，某股票股息登记日的收盘价是4.17元，每股送红利现金0.03元，则其次日股价为4.17－0.03＝4.14（元）。

送红股后的除权价＝股权登记日的收盘价÷（1＋每股送红股数）

例如，某股票股权登记日的收盘价是24.75元，每10股送3股，即每股送红股数为0.3，则次日股价为24.75÷（1＋0.3）＝19.04（元）。

配股后的除权价＝（股权登记日的收盘价＋配股价×每股配股数）÷（1＋每股配股数）

例如，某股票股权登记日的收盘价为18.00元，10股配3股，即每股配股数为0.3，配股价为每股6.00元，则次日股价为（18.00＋6.00×0.3）÷（1＋0.3）＝15.23（元）

除权除息价＝（股权登记日的收盘价－每股所分红利现金额＋配股价×每股配股数）÷（1＋每股送红股数＋每股配股数）

例如，某股票股权登记日的收盘价为20.35元，每10股派发现金红利4.00元，送1股，配2股，配股价为5.50元/股，即每股分红0.4元，送0.1股，配0.2股，则次日除权除息价为（20.35－0.4＋5.50×0.2）÷（1＋0.1＋0.2）＝16.19（元）。

第三节　股票价格指数

一、股价指数的概念与作用

（一）股价指数的概念

股价指数亦称股票价格指数，是动态地反映某个时期股市总价格水平的一种相对指标。

它是由金融服务公司根据市场上一些有代表性的公司股票的价格加权平均后计算的平均数值编制而成的。具体地说，就是以某一个基期的总价格水平为100，用各个时期的股票总价格水平相比得出的一个相对数，即各个时期的股票价格指数。股票价格指数一般是用百分比表示的，简称“点”。

（二）股价指数的作用

（1）股价指数是反映一国国民经济发展状况和趋势的“晴雨表”。股票价格指数由专门的金融机构编制后，在报刊、电台、电视上登载和播放，投资者可以根据指数的升降看出股票市场的变化趋势。由众多股票构成的股票价格指数，体现了一个国家经济建设的健康状况，它的变化大致反映了该国经济结构和经济活动的宏观变化趋势。从这点上讲，股票价格指数比股票价格重要得多。股票价格只对股市，至多是证券金融具有直接衡量作用和分析功能；股票价格指数则不仅对股市，而且对整个经济都具有衡量作用和分析功能。

（2）股价指数能够综合反映股市价格变动及其发展趋势，为投资者投资决策提供重要依据。

（3）股价指数是分析、观察企业的主要技术指标。股指变动与企业经营好坏密切相关。

二、股价指数的编制步骤与计算方法

（一）股价指数的编制步骤

1. 确定样本股

根据上市公司的行业分布、经济实力、资信等级等因素，选择适当数量的有代表性的股票。作为编制指数的样本股票可随时变换或做数量上的增减，以保持良好的代表性。

2. 确定基期和基期指数

按期到股票市场上采集样本股票的价格，简称采样。采取的时间间隔取决于股价指数的编制周期。以往的股价指数较多为按天编制，采样价格即为每一交易日结束时的收盘价。近年来，股价指数的编制周期日益缩短，由“天”到“时”直至“分”，采样频率由一天一次变为全天随时连续采样。采样价格也从单一的收盘价发展为每时每刻的最新成交价或一定时间周期内的平均价。一般来说，编制周期越短，股价指数的灵敏性越强，越能及时体现股价的涨落变化。

3. 确定计算方法及指数化

股价指数的计算方法主要有简单算术平均法和加权平均法两种。计算机技术增强了股价指数的准确性和灵敏性。为保持股价指数的连续性，使各个时期计算出来的股价指数相互可比，有时还需要对指数值做相应的调整。指数化是将股价平均数换算成以“点”数为计算单位的股价指数。

（二）股价指数的计算方法

1. 简单算术平均股价指数

算术平均法，是将组成指数的每只股票价格进行简单平均，计算得出一个平均值。

例如，如果所计算的股票指数包括A、B、C、D四种股票，其价格分别为10元、16元、24元、30元，则其股价算术平均值为（10+16+24+30）/4=20（元）。

2. 加权股价指数

加权平均法，就是在计算股价平均值时，不仅考虑到每只股票的价格，还要根据每只股票对市场影响的大小，对平均值进行调整。实践中，一般是以股票的发行数量或成交量作为市场影响参考因素，纳入指数计算，称为权数。

例如，上例中四种股票的发行数量分别为 1 亿股、2 亿股、3 亿股、4 亿股，以此为权数进行加权计算，则价格加权平均值为（10 ×1 +16 ×2 +24 ×3 +30 ×4）/（1 +2 +3 +4）=23.4（元）。

由于以股票实际平均价格作为指数不便于人们计算和使用，一般很少直接用平均价来表示指数水平，而是以某一基准日的平均价格为基准，将以后各个时期的平均价格与基准日平均价格相比较。计算得出各期的比价后，再转换为百分值或千分值，以此作为股价指数的值。例如，上海证券交易所和深圳证券交易所发布的综合指数基准日指数均为 100 点，而这两个交易所发布的成分指数基准日指数都为 1000 点。

3. 修正股价指数

修正股价平均数的方法有两种：（1）除数修正法；（2）股价修正法。

（1）除数修正法，又称道式修正法，是美国的道·琼斯在 1928 年创造的一种计算股价平均数的方法。该法的核心是求出一个常数除数，以修正因股票分割、增资、发放红股等因素造成的股价平均数的变化，以保持股份平均数的连续性和可比性。具体做法是以新股价总额除以旧股价平均数，求出新的除数，再以计算期的股价总额除以新除数，这就得出修正的股价平均数，即：

新除数 = 变动后的新股价总额/旧的股价平均数

修正的股价平均数 = 报告期股价总额/新除数

例如，上述 D 股票发生以 1 股分割为 3 股时，股价势必从 30 元下调为 10 元，这时平均数就不是按上面计算得出的 20 元，而是（10 + 16 + 24 + 10）/4 = 15（元）。这就是说，由于 D 股分割技术上的变化，导致股价平均数从 20 元下跌为 15 元（这还未考虑其他影响股价变动的因素），显然不符合以平均数作为反映股价变动指标的要求。

在前面的例子中除数是 4，经调整后的新的除数 = （10 + 16 + 24 + 10）/20 = 3 元，将新的除数代入下列式中，则：

修正的股价平均数 = （10 + 16 + 24 + 10）/3 ≒20（元）

得出的平均数与未分割时计算的一样，股价水平也不会因股票分割而变动。

（2）股价修正法就是将因拆股、送配股等原因发生变动的股价还原为变动前的股价，使股价平均数不会因此发生变动的方法。

例如，在样本股中第 t 种股票发生拆分，1 股拆为 $1+r$ 股，拆股前的股价为 P_t，拆股后的股价为 P_t'。那么，修正的股价平均数计算公式为：

$$P = [P_1 + P_2 + \cdots + (1+r)P_t' + \cdots P_n]/n$$

因为 $P_t = (1+r)P_t'$，所以股价平均数与拆股前一样。

上面的例子中，$P = [10 + 16 + 24 + (1+2) \times 10]/4 = 20$（元）

这样虽然 D 股票 1 股拆为 3 股，股价从 30 元下调为 10 元，但是经过股价修正法，股价平均数依然等于拆股前的 20 元，从而剔除了由于拆股造成的股价不合理下跌，因此该股价平均数不会受股票分割等的影响。

三、我国和世界上主要股价指数

（一）上证综合指数与深圳综合指数

1. 上证综合指数

上海证券综合指数是上海证券交易所编制的，以上海证券交易所挂牌上市的全部股票为计算范围，以发行量为权数的加权综合股价指数。上证综指反映了上交所股票的总体走势。

上证股价指数最初是中国工商银行上海分行信托投资公司静安证券业务部根据上海股市的实际情况，参考国外股价指标的生成方法编制而成。上证指数以 1990 年 12 月 19 日为基期，1991 年 7 月 15 日开始公布。上证股价指数以上海股市的全部股票为计算对象，计算公式如下：

股票指数 = （当日股票市价总值 ÷ 基期股票市价总值）×100

由于采取全部股票进行计算，因此，上证指数可以较为贴切地反映上海股价的变化情况。

2. 深圳综合指数

深证综合指数是深圳证券交易所从 1991 年 4 月 3 日开始编制并公开发表的一种股价指数，该指数规定 1991 年 4 月 3 日为基期，基期指数为 100 点。深证综合指数是以在深圳证交所上市的所有股票为计算范围，以发行量为权数的加权综合股价指数。

（二）全世界主要股价指数

1. 道·琼斯指数

又称道氏指数，它采用简单算术平均法计算。道氏指数包括：道氏工业平均指数，由 30 家工业公司的股票价格平均数构成；道氏公用事业平均指数，由 15 家公用事业公司的股票价格平均数构成；道氏运输业平均指数，由 20 家运输公司的股票价格平均数构成；道氏 65 种股票价格平均数，由上述工业、运输业、公用事业的 65 家公司的股票价格混合构成。

道·琼斯股票价格平均指数以 1928 年 10 月 1 日为基期，在纽约交易所每 30 分钟公布一次，用当日当时的股票价格算术平均数与基期的比值求得，是被西方新闻媒介引用最多的股票指数。

2. 标准普尔股价指数

标准普尔指数由美国标准普尔公司于 1923 年开始编制发表。当时主要编制两种指数，一种是包括 90 种股票每日发表一次的指数，另一种是包括 480 种股票每月发表一次的指数。1957 年扩展为现行的，以 500 种采样股票通过加权平均综合计算得出的指数，在开市时间每半小时公布一次。

标准普尔指数以 1941—1943 年为基数，用每种股票的价格乘以已发行的数量的总和为分子，以基期的股价乘以股票发行数量的总和为分母相除后的百分数来表示。由于该指数是根据纽约证券交易所上市股票的绝大多数普通股票的价格计算而得，能够灵活地对认购新股权、股份分红和股票分割等引起的价格变动做出调节，指数数值较精确，并且具有很好的连续性，故比道·琼斯指数具有更好的代表性。

3. 金融时报指数

金融时报指数的采样股票是根据英国伦敦国际证券交易所上市的 100 家主要的大公司的股票选定的，并以每分钟一次的频率更新。该指数采用加权平均法计算。

4. 日经 225 股价指数

日经 225 指数由日本经济新闻有限公司（NKS）编制于 1949 年，它由东京股票交易所第一组挂牌的 225 种股票的价格所组成，是考察日本股票市场最常用和最可靠的指标。日经 225 指数选取的股票虽然只占东京证券交易所第一类股中的 20%，但该股指指数却代表着第一类股中近 60% 的交易量，以及近 50% 的总市值，涵盖了金融、运输、公共、消费等各行业的高流通性股票。

5. 香港恒生指数

恒生指数是香港股市历史最久的一种股价指数，由香港恒生银行于 1969 年 11 月 24 日公布使用。现行恒生指数以 1996 年 7 月 31 日为基期，根据各行业在港上市股票中的 33 种具有代表性的股票价格加权计算编制而成。因为这 33 家公司的股票总值占全部在港上市股票总值的 65% 以上，所以恒生指数是目前香港股票市场最具权威性和代表性的股票价格指数。

6. 股指期货标的指数

2010 年 4 月 16 日沪深 300 股指期货合约上市交易，意味着我国股指期货交易的诞生。沪深 300 指数是沪深证券交易所于 2005 年 4 月 8 日联合发布的反映 A 股市场整体走势的指数。沪深 300 指数的编制目标是反映中国证券市场股票价格变动的概貌和运行状况，并能够作为投资业绩的评价标准，为指数化投资和指数衍生产品创新提供基础条件。它的推出也有利于投资者全面把握中国股票市场总体运行状况。

第四节　股票的价值分析

一、影响股票价格的主要因素

（一）经济增长

一般而言，一国的经济增长与其证券市场的股价上涨是同步的，因为国民经济增长是平均增长率，对作为企业代表的上市公司来说，其增长率应高于国民经济的平均增长率，其给投资者发放的股息、红利也应更高，从而支撑股价上升。据美国学者对美国 1874—1955 年国民生产总值变化和同期 425 种工业股标准普尔指数变化的分析，得出的结论是：从长期趋势来看，股价增长率为同期国民经济增长率的 2/3。而对不同样本的调查得出的结论几乎一致，即经济增长可以促使股价上扬。

（二）经济周期

经济周期有衰退、危机、复苏和繁荣四个阶段。一般说来，在衰退时期，股票价格逐步下跌，到危机时，股价跌至最低点。在经济复苏开始时，股价又逐步上升，到繁荣时，股价上涨至最高点。这种变动的具体原因是：当经济开始衰退之后，公司的产品滞销，促使公司生产减少，利润相应减少，从而导致股息、红利分配也随之不断下降，股东因收益下降开始抛售，导致股票价格下跌。经济衰退到达危机程度时，整个经济处于瘫痪状态，公司纷纷倒闭，股票持有者由于对形势的悲观而纷纷卖出手中的股票，从而使整个股市价格大跌，市场处于萧条和混乱之中。当经济从低谷徘徊，缓慢回升，产品销量逐步增加，又可以股东分发一些股息红利，股东慢慢觉得持有这类股票会有收益，于是纷纷购买，使股价回升。当经济由复苏达到繁荣阶段时，工业生产快速增长，产品畅销，公司盈利大增，股息、红利增高，股票价格往往上涨至最高点。

应当看到，经济周期影响股价变动，但两者的变动又不是同步的。通常的情况是，不管在周期的哪一阶段，股价的变化总是比实际的周期变动要领先一步。即在衰退以前，股价已开始下跌，而在复苏之前，股价已经回升。经济未步入高峰期前，股市已经见顶；经济仍处于衰退期间，股市已开始从谷底回升。这是因为股市价格的涨落包含着投资者对经济变动预期和心理反应的因素。

根据经济循环周期来进行股票投资的策略选择是：衰退期的投资策略以保本为主，此阶段多采取持有现金、储蓄存款和短期存款证券等形式。而在经济繁荣期，大部分产业及公司经营状况改善和盈利增加时，即使是不懂股市分析而盲目跟进的散户，往往也能赚钱。当然也会有例外现象发生。例如，一般情况是景气时期资金会大量流入股市，但也会出现萧条时期资金流进股市。尤其在滞胀时期，政府为了促进景气而扩大财政支付，公司则因生产过剩，不会进行新的投资，因而拥有闲置货币资本。一旦这些资本流入股市，则股票的买卖和价格上升就与企业收益无关，而是带有一定的投机性。此外，还要了解不同类的股票在不同市场状况下的表现：有的股票在上涨趋势初期有优异的表现，如低价、小盘、题材股；有的却能在下跌趋势的末期有较强的抗跌能力，如公用事业股、消费弹性较小的日常消费品部门的股票。投资者可以根据不同股票的特性，在不同市况下做出选择。实战而言，涨时重势，跌时重质。

（三）经济政策

政府在财政政策、税收政策、产业政策、货币政策、外贸政策等方面的变化，也会影响股价变动。

国家财政资金的来源，主要来自于企业的纯收入。财政支出主要用于经济建设、公共事业、教育、国防以及社会福利。国家通过调节企业税负影响企业利润，从而导致企业股价变动；另一方面，国家通过加大或缩小生产性财政支出，调节经济发展速度，进而影响企业发展，并最终影响企业股价。

此外，产业政策的执行，受到政策扶持的相关企业股价上涨明显，如近几年的节能环保行业；政府对产品和劳务的限价会导致相应股票的价格下跌；税收制度的改变，如调高个人所得税，则可能影响社会消费水平下降，引起商品滞销，进而影响公司盈利并导致股价下跌。

中央银行利用公开市场业务、准备金增减、调整再贴现利率、央票回购等工具，调节货币流通量，会影响市场利率的变动，进而影响企业股价的变动。例如，2010 年以来，在美国政府量化宽松货币政策支持下，美国股市创出历史新高，尽管美国经济复苏依旧缓慢。

（四）通货膨胀

通货膨胀是影响股市价格的一个重要宏观经济因素。通货膨胀主要是由于过多地增加货币供应量造成的。货币供应量与股票价格一般呈正相关关系，但有时呈相反的关系。

（1）货币供应量增加，一方面可以支持生产，扶持物价，阻止利润下降，另一方面对股票的需求增加，又成为股价止跌回升的重要因素。

（2）货币供应量增加引起社会商品的价格上涨，股份公司的销售收入相应增加，从而使得以货币数量表现的股利（即股票的名义收益）会有一定幅度的上升，使股票需求增加，股票价格也相应提高。

（3）货币供应量的剧增引起通胀率上升，通胀背后往往是虚假的市场繁荣，最终出现企业利润上升的假象，保值意识使人们倾向于将货币投到贵金属、不动产，股票需求也会有所增加，从而使股价也相应提高。但是，通货膨胀到一定程度，甚至超过了两位数，将会推动利率上涨，导致企业生产成本提高，从而促使股票价格下跌。

可见，货币供应量的增减是影响股价升降的重要原因之一，货币供应量增加，扩大的社会购买力就会投资于股票，从而推高股价；反之，如果货币供应量减少，社会购买力降低，投资减少，失业增加，股价下跌。股市中一般将通胀视为利空，尤其是通胀预期增强时，股价往往都会下跌。

（五）企业因素

1. 公司的经营业绩

股票发行公司的盈利水平是影响股票市场价格的主要因素之一。由于股票价值是未来各期股息收益的折现值，而股息又来自公司利润，故利润的增减变化就成为影响股票价值以及价格的最主要因素。在一般情况下，公司的盈利水平上升，其所发行的股票的市场价格必将上升；反之，股票的市价将下跌。如今在欧美证券市场，多以净盈利为标准衡量股价的高低。

通常的情况是，股票价格的变化往往是在公司盈利的变动之前发生，其变动的幅度也大于公司盈利的变动幅度。原因在于股票投资者的心理预期。股票发行公司盈利水平的上升或者下降往往事前会有一些征兆易被投资者观测到。通常，投资者对公司有关盈利情况进行的分析，包括以下几个方面：

（1）由于公司的盈利额是由收入总额减去支出总额而得出的，在核算公司的盈利时，要把那些一次性或临时性影响盈利增减的因素剔除，以便正确地估计公司的正常盈利。

（2）对公司的盈利能力，可以从各个不同的角度进行衡量。例如，在销售上，计算业务经营上获得盈利的能力；在资产的使用上，计算资产产生收入的能力；在投入的资本上，计算资本的净盈利能力。此外，还应与其他公司，特别是领先的公司进行比较，以准确地评定出公司盈利能力的强弱。

（3）要对公司未来的盈利进行预测。盈利的多寡，是表现一个公司经营好坏的主要标志，但过去的盈利额只能表示公司过去的经营成果，因此，应进一步对公司今后盈利的变动趋势进行预测。预测未来盈利的一般方法是根据过去的资料来推算未来的增长，或根据过去销售额与盈利之间的关联进行推测，或根据利润和预测的销售量进行计算。

此外，对公司新项目的投资前景、建设期、投资回报率的预测有助于把握未来企业利润增长情况，公司在技术方面的突破也将带动公司未来利润的增长。这是挖掘成长性企业应考虑的因素。

2. 公司的股息政策

股份公司的股息派发政策对股票价格的影响最直接。通常情况是：股利高，股价涨；股利低，股价降。但是，公司盈利的增加并不一定就意味着股利同时能够增加。盈利的增加只是提供了增加股利派发的可能性。公司盈利增加后，可能不增加股利，而是将其用于扩大投资，使利润资本化。也可能在盈利增加后增加股利派发，这取决于公司实行的股利政策。

不同的股利政策将对股票价格产生不同的影响，而且股利政策比公司盈利对股价的影响更为直接和迅速。一般的情况是，公司宣布增加股利时，股价上升；减少股利，则股价下降。

另外，公司有时采用股票分割政策，也会刺激股票价格上升。虽然股票分割后股票持有者保持的股权份额没有发生变化，但却能够给股票持有人带来更高收益的希望，故股票分割政策往往比公司宣布增加股利派发更具吸引力。

3. 公司增资

股份公司最初资本来自于发售股票。若公司继续扩大经营，还可能增发股票以增加资本额。增发对股价影响表现在两方面：一方面，增发使公司资金量增大，增资投向新项目产生利润增加预期，促使股价上涨；另一方面，新股发行方式及发行价格会影响股价短期走势。如果采取社会公开发行，由于不考虑原有股东利益，公司股价在发行前后往往出现下跌走势。若采取向原股东配售的方式，配售价大大高于每股净资产且接近市价，则可能导致股价下跌；反之，配售价略高于每股净资产且明显低于市价，则股价一般会上升。股价变动较为充分地反映了投资者对公司增资的公正与合理与否的态度。

4. 公司股票拆细

股票分割。股票分割又称拆股、拆细，是将1股股票均等地拆成若干股。股票分割一般在年度决算月份进行，通常会刺激股价上升。股票分割给投资者带来的不是现实的利益，但是投资者持有的股票数增加了，给投资者带来了今后可多分股息和获得更高收益的希望，因此股票分割往往会刺激股价上涨。

5. 公司并购

并购是指收购上市公司的股份，来达到控制公司这一目的的市场行为。并购行为总是能引起公司股价的剧烈变动。从并购方来说，如果斥巨资购入的公司物有所值，且能改善公司目前经营状况的话，将促使其股价上升。对被购者来说，通过被并购活动总能使其股价上升，其原因是：一方面，被购企业经营状况往往不太好，投资者期望公司管理层更换后，企业有新的起色；另一方面，通过市场来收购，由于受到法定收购程序的制约，完成收购的过程将持续相当长一段时间，其间股价会发生极大的变化。并购与资产重组是中外股市永恒的炒作题材。

我国资本市场尚不成熟，并购重组往往当作炒作的题材，以期谋取短期利益而非看中长期回报。统计显示，市场对资产重组有一定的反应，但不同类型的重组市场反应不同，股权转让、资产剥离、资产置换类公司的股价在公告前后都经历了先升后降的过程，而兼并收购类公司的股价没有出现明显波动。

【案例分析】

万科转股与上柴回购

2013 年 1 月 20 日上交所发布了鼓励上市公司以集中竞价的方式回购股份的文件，鼓励符合下列情形之一且回购股份不影响其持续经营能力的上市公司回购股份：（1）股价持续低于每股净资产的；（2）经营活动产生的现金流量持续为正，或有大量闲置资金的；（3）资产负债率大幅低于行业平均水平的；（4）因实施重大资产重组后存在未弥补亏损，而长期无法向股东进行现金分红的；(5) 具有分红能力但现金分红水平较低的；(6) 发行的 A 股、B 股或 H 股股票市场定价存在较大差异，其中某类股票股价偏低，未能合理反映公司价值的；(7) 为适应证券市场发展变化和保护投资者合法权益的需要而认定的其他情形。

指引出台后，万科公布 B 转 H 方案，拟将 B 股以介绍方式转换至港交所主板上市。全体 B 股股东还将享有现金选择权，行权价较停牌前股价高 5%。与此同时，上柴股份成为首家提出回购方案的沪市 B 股公司，根据方案，公司拟在股东大会通过本次回购股份决议之日起 9 个月内，以不高于 0.748 美元/股的价格至多回购 8 680 万股，回购上限价格较停牌前股价高 12%，上限数量相当于 B 股股本的 25%。

问题分析：

1. 股份回购对公司股价有何影响？这则消息对股票市场意味着什么？

2. 结合万科和上柴股份转股和回购方案分析其动机。

提示：(1) 股份回购是指公司按一定的程序购回发行或流通在外的本公司股份的行为，是通过买回本公司发行在外的股份来改变资本结构的防御方法，由目标公司或其董事、监事回购目标公司的股份。(2) 通过收集相关资料了解股份转换和回购的目的、形式、功能及意义。

二、股票的估价模型

(一) 基本估价模型

基本估价模型的公式为：

$$股票价值 = \sum_{t=1}^{n} \frac{D_t}{(1+R)^t}$$

其中，R 为投资者要求的必要收益率；D_t 为第 t 期的预计股利；n 为预计股票的持有期数。

(二) 股息固定增长估价模型

设最近一期支付的股利为 D_0，预计第一期支付的股利为 D_1，股利增长率为 g，投资者要求的必要收益率为 R_S，则：

$$\begin{aligned} 股票价值 &= \sum_{t=1}^{\infty} \frac{D_t}{(1+R_S)^t} \\ &= \frac{D_1}{(1+R_S)^1} + \frac{D_2}{(1+R_S)^2} + \cdots + \frac{D_n}{(1+R_S)^n} + \cdots \\ &= \frac{D_0(1+g)^1}{(1+R_S)^1} + \frac{D_0(1+g)^2}{(1+R_S)^2} + \cdots + \frac{D_0(1+g)^n}{(1+R_S)^n} + \cdots \\ &= \frac{D_0(1+g)}{R_S - g} \\ &= \frac{D_1}{R_S - g} \end{aligned}$$

例如，某公司发行的股票，经分析属于固定成长型，预计获得的报酬率为 10%，最近一年的每股股利为 2 元，预计股利增长率为 6%，则该种股票的价值为：

$$股票价值 = \frac{2 \times (1+6\%)}{10\% - 6\%} = 53（元）$$

若购入价格为 46 元，在不考虑风险的前提下，投资该股票是可行的。

（三）每股盈利估价法

每股盈利估价法是将公司的未来每股盈利和该公司股票市盈率的乘积作为股票的预计价格，是评估股票市场价格时常用的方法。这种评估方式认为，公司股价主要受公司未来盈利能力的影响，而与股息关系不大。

1. 评估模型

每股盈余估价法的公式为：

$$P_t = P/E \cdot E_t$$

式中，P_t 为第 t 期股票的预计价格；P/E 为预估市盈率；E_t 为第 t 期每股预计盈利。

评估模型以预估市盈率和每股预计盈利作为股价的计算基础。由于有多种预估方法，因此，采用不同方法计算出的股价也略有不同。

2. 每股盈利预测方法

每股盈利预测的方法很多，这里介绍两种简易实用的方法。

（1）每股盈利的增长率法。该方法运用历史数据来确定平均增长率，以此来推算以后各期的每股盈利。计算公式为：

$$g = \left(\frac{e_2 - e_1}{e_1} + \frac{e_3 - e_2}{e_2} + \cdots + \frac{e_n - e_{n-1}}{e_{n-1}}\right)\Big/(n-1) = (g_1 + g_2 + \cdots + g_{n-1})/(n-1)$$

式中，g 为平均年增长率；g_1、g_2……g_{n-1}为各年增长率；e_1、e_2……e_{n-1}为各年的盈利。

例如，B 公司前 4 年的每股盈利如表 4－1 所示，试预测第 5 年的每股盈利。

根据上式，B 公司平均年增长率为：

$$g = \left(\frac{0.38 - 0.32}{0.32} + \frac{0.27 - 0.38}{0.38} + \frac{0.44 - 0.27}{0.27}\right)\Big/3 = 0.18$$

$$E_5 = E_4(1 + g) = 0.44 \times (1 + 0.18) = 0.52 \text{（元）}$$

表 4－1　　B 公司前 4 年每股盈利、市盈率一览表

项目＼年份	1	2	3	4
市场平均价（元）	10.08	9.99	4.16	7.39
每股盈利（元）	0.32	0.38	0.27	0.44
市盈率（倍）	31.5	26.3	15.4	16.8

（2）前后年度同期资料对比法。该方法是以本年度已公布的，按季计算的每股盈利之和，除以上年度同期每股盈利之和，计算出同期比率，再以此比率乘以去年每股盈利，得出本年预估盈利。这种方法相当实用，在公司经营稳定时，准确度也较高。

例如，某公司 2003 年每季度的每股盈利为 0.13 元、0.09 元、0.08 元，0.15 元，全年合计为 0.45 元，2004 年中期每股盈利为 0.33 元。根据资料，该公司 2004 年预测盈利为：

$$E = 0.45 \times \frac{0.33}{0.13 + 0.09} = 0.68 \text{（元）}$$

3. 市盈率预测方法

市盈率又称价格盈利比，是每股价格与每股盈利的比率，即市盈率 = 每股价格/每股盈利。市盈率表示价格对盈利的倍率，通常10倍左右的市盈率被认为是安全投资区域。但是，如果以市盈率作为选股标准，可能将导致投资失败。一般而言，大凡市盈率低的公司股票，大多成长性极差。因此，对不同股票，市盈率的判断标准不同。下面，我们选择一种简易实用的预估市盈率的方法——平均数法。平均数法是根据最近时期的市盈率，计算出平均值来作为未来年度市盈率的预估值。平均数法较适用于历年来市盈率变化稳定的股票，在取样时，应把一些变化不正常的年份剔除出去。计算公式为：

P/E 平均值 $= \sum (P/E)i/n$

根据上表的数据进行计算，B公司的预估市盈率为：

P/E 平均值 $= (31.5 + 26.3 + 15.4 + 16.8)/4 = 22.5$（倍）

根据前述第5年的预测利润和本例中的预估市盈率，B公司第5年的股票市场价格为：

$P_5 = P/E \times E_t = 22.5 \times 0.52 = 11.70$（元）

根据计算结果，在B公司股价高于11.70元时可卖出，低于11.70元时则可买入。

第五节　股票的交易方式

一、现货交易

股票现货交易是指股票买卖成交后，交易双方于当天或两个交易日内办理交割手续的交易方式，即卖出者交出股票，买入者付款，钱货两清。

二、信用交易

股票信用交易，又叫保证金交易或垫头交易，也是通常所说的买空卖空。这就是当投资者在看好后市但资金又不充足时，以购入的股票为担保向经纪人借入一定的款项来购买股票，或在看空后市但没有股票时，以一定数额的资金为担保向经纪人融通股票而卖出股票的行为。

（一）保证金买空交易

亦称多头交易。当投资人预料股票行情将上涨时，想立即买入而后在合适的时机以更高的价格卖出，但手中现金不够，于是通过股票信用交易方式，按照规定比例预交一部分价款，其余的差额部分由经纪人设法垫付，这就是保证金多头交易。在保证金多头交易中，投资人可以以少许的现款买入价值较大的股票。当股票行情上涨后，投资者可将股票抛出，再将借款本息偿还与经纪人，从而获得较多的盈利。

在股票的信用交易中，做保证金多头交易的前提是投资者预测行情上涨，如股票后市不像投资者预测的那样乐观，则投资者的损失也将扩大。

如某投资者认为某种股票的价格将上涨，其市价为每股100元，但其手中只有1万元资金，只能购入1手。该投资者想大量买进然后在上涨时抛出以获取高额价差，于是决定做保证金多头交易。该投资者与券商签订信用交易协议，言明保证金比例为25%。这样，该投资者便以每股100元的价格购得股票4手。不久之后，股票价格上涨到每股120元，该投资者便抛出股票并与经纪人清算，在扣除各种费用后，该投资者每手股票赚得价差1 700元，4手股票累计赚取利润6 800元。如果不采取信用交易方式，该投资者用自己的资金只能买1手股票，能赚得的利润只有1 700多元。

如果投资者的预测错误，其损失将比不做信用交易要大得多。如果上例中，投资者购入股票后价格不涨反而急剧下跌，为了避免股价进一步下跌造成更大的损失，该投资者决定以每股80元的价格将股票抛出，这样每手股票就造成亏损2 300元。如果投资者仅用自有资金购入股票，其亏损就为2 300元，但由于采取了信用交易，该投资者累计将损失9 200元，几乎将把自己的本钱都赔了进去。

（二）保证金空头交易

保证金空头交易也称卖空交易。投资者预期股票价格将下降，想从股票的下跌中得到好处，但其手中股票不多甚至一点都没有。在这种情况下，该投资者也可借助于信用交易方式，向经纪人缴纳一定比例的保证金，而后由该经纪人垫付股票，同时将股票出售，这就是保证金空头交易。当一段时间股价下跌后，该投资者再以市价买进同等数额的股票归还经纪人，扣除佣金和垫款的利息后，其余额就是该投资者卖出买进差价利润。

保证金空头交易成功的前提条件是投资者预测行情下跌并被证实，如股票后市不像投资者预测的那样下跌，则投资者的损失也将加倍。

如某种股票的市价为每股100元，投资者认为它的价格已处高位，不久将下跌，但其手中只有1万元资金且不持有该种股票。该投资者想大量抛售此种股票，然后在价格下跌后补进以获取高额价差，于是决定做保证金空头交易。该投资者与券商签订信用交易协议，言明保证金比例为25%，这样，该投资者便从券商处借得股票4手并以市价抛出。其后不久，该股票价格果然跌至每股80元，该投资者便将股票买回交与券商并与其结算。在扣除各种费用后，该投资者每手股票赚得价差1 700元，4手股票累计赚取利润6 800元。

如果预测错误，投资者将因股票价格的上涨而遭受损失。

假设投资者抛出股票后价格不跌反涨，为了避免股价进一步上涨带来更大的损失，该投资者决定以每股120元的价格将股票买回，这样每手股票就造成亏损2 300元，4手就一共造成亏损9 200元。

三、期货交易

例如，某投资者从股票现货市场上以每股10元的价格买进N手A种股票，由于银行利率存在着上调的可能性，未来几个月里股市行情就可能下跌。为了避免股票价格因利率调整而贬值，该投资者便在期货交易市场上与某投机者签订了一份期货合约，在3个月后将股票以每股10元的价格全部转让给投机者。在期货合约到期后将会有两种结果，其一是利率果真上调而导致股票价格的大幅下跌，如股票价格跌至每股8元。由于投资者已约定此时将股票以每股10元的价格转让与投机者，而市场上的现货价格只有8元，投资者可将以10元卖出的股票在市场上补回，除了保持原有的股票数量外，每股还能盈利2元。由于投机者在3个月前对行情预测的错误，此时其将以高于现货市场的价格将投资者的股票全部买入，每股股票将损失2元。其二是在这一时段中利率没有调整，在期货合约到期时，股票的价格不跌而反涨至每股 12 元，此时投资者仍将履行期货合约所规定的义务，将股票以每股 10 元的价格交与投机者。而投机者由于事先预测正确，可将以 10 元买入的股票立即以市价卖出，在每股股票的期货交易中便获取了 2 元的利润。在上面的期货交易中，合约到期后投资者与投机者之间也不一定非要进行实物的交割，而只要按照市场价格将其价差补齐即可。例如，当股票价格涨至每股 12 元时，投资者也不一定非要将股票以每股 10 元的价格交出，其只需将每股 2 元的价差补给投机者就可以了。而对手中的股票，投资者愿意继续持有就保留下来，愿意卖出则以每股 12 元的价格在现货市场抛售即可。

四、期权交易

股票期权交易（Stock Options Trading）是指期权交易的买方与卖方经过协商之后以支付一定的期权费为代价，取得一种在一定期限内按协定价格购买或出售一定数额股票的权利，超过期限，合约义务自动解除。

（一）看涨期权

看涨期权即购买者可以在规定期内按协定价格购买若干单位的股票（芝加哥期权交易所规定一个合同为 100 股，伦敦证券交易所规定为 1 000 股）。当股票价格上涨时，可按合约规定的低价买进，再以市场高价卖出，从而获利；反之，若股票价格下跌，低于合约价格，就要承担损失。由于买方盈利大小视涨价程度高低而定，故称看涨期权。

例如，某期权买方与卖方签订一个 6 个月期的合约，买卖 100 股某公司股票，股票面值为每股 10 美元，每份合同 100 股，期权费每股 l 美元共 100 美元，协定价格每股 11 美元。

如果在合约期内股价上涨，为每股 13.5 美元，这时买方有两种选择：

第一种，执行期权。按 11 美元买入 100 股，支付 1 100 美元，然后再将这 100 股在交易所以每股 13.5 美元卖出，收入 1 350 美元，利润为 250 美元，扣除期权费后，净利达 150 美元。

第二种，转让期权。如果在股价上涨时，期权费也上升，如本例升为每股 3 美元，则买方可出让该看涨期权，收入 300 美元，净赚 200 美元，收益率高达 200%。以较小的代价就能获取极大的利润，正是期权的魅力所在。

如果股市走势与买方预测相反，买方就要承担损失。这时也可有两种选择：

第一种，不执行期权，亦即使期权自动到期，买方损失 100 美元期权费。

第二种，削价出售期权，亦即买方在合约有效期内对行情上涨已失去信心，于是中途就削价出售期权，以每股 0.5 美元出售，损失 50 美元。

（二）看跌期权

看跌期权是指在规定期内按协定价格出售若干单位的股票。当股票价格下跌时，期权买方就按合约规定价格把期权卖给卖方，然后再在交易所低价购进股票从中获利。由于此时买方盈利大小视股价下跌程度而定，故称看跌期权。

例如，期权买方与卖方签订一份 6 个月期的合约，协定价格每份股票 14 元，出售股数 100 股，期权费每股 1.5 美元，共 150 美元，股票面值每股 15 美元。买方在这个交易中有两种选择：

第一种，执行期权。如果在规定期内股价果然下降，降为每股 12 美元，这时买方就执行期权，即按协定价格卖给卖方 100 股，收进 1 400 美元。然后在交易所按市场价买入 100

股，支付1 200美元，获利200美元，扣除期权费150美元，净利50美元。

第二种，出卖期权。当股价下跌，同时看跌期权费也升高，如涨至每股3.5美元，则买方就出售期权，收进350美元，净利200美元。反之，如果股价走势与预测相反，买方则会遭受损失，损失程度即为其所付的期权费。

（三）双重期权

它是指期权买方既有权买也有权卖，买卖看价格走势而定。由于这种买卖都会获利，因此期权费会高于看涨或看跌期权。

本章小结

内容摘要：本章主要介绍股票及其种类；股价指数的编制；影响股票价格主要因素，如经济增长与经济周期、经济政策、通货膨胀及企业因素；股票价值评估和股票交易方式。

关键概念：股票　普通股　优先股　国家股　法人股　外资股　公众股　股价指数　除息与除权　公司并购　股票分割　信用交易　期货交易

思考题

1. 近年来，国内不少上市公司（如宁波银行、隆平高科）对公司经营管理人员实施了股权激励方案，股权激励有哪些具体方式？与其他激励方式相比有哪些优缺点？在我国目前市场经济环境下实行股权激励应该注意哪些问题？

2. 多年以来，在股利分配政策上，采取现金分红的国内上市公司寥寥无几，大部分采取送股形式分红，甚至有公司常年盈利也不分红。请分析这种现象背后的深层次原因。

3. 2009年，为有效地促进经济复苏和经济增长，国务院出台四万亿投资计划，旨在扩大内需，拉动经济增长。分析这一政策对股票市场价格走势的影响。

4. 某股票股息登记日的收盘价是4.17元，每股送红利现金0.03元，则其次日股价为多少？某股票股权登记日的收盘价是24.75元，每10股送3股，即每股送红股数为0.3，其次日股价为多少？某股票股权登记日的收盘价为18.00元，10股配3股，即每股配股数为0.3，配股价为每股6.00元，其次日股价为多少？

5. 截至2012年4月5日，沪深两市融资融券余额总量达到472.57亿，相对于业务试点之初的0.07亿元，实现了数千倍的增长。然而，两市融资业务和融券业务发展比例严重失调，融资余额高达97.73%，而融券业务余额仅为2.27%。相对于全部A股高达17.6万亿的流通市值，沪深两市融资融券业务市值占比仅为0.26%。通过以上数据分析我国融资融券业务存在的问题并提出解决方案。

案例分析

五粮液股份公司股票股利分配

一、五粮液历年利润分配简况

五粮液自上市后，一直维持了较高的利润水平。但是，这样一支绩优股，在1998年高派现后，就只采用送红股的方式分配股利，或者干脆不分配（2000 年和 2004 年均未分配）。

上市公司股东获取回报主要有两种方式：经由上市公司分配股利以及所持有股票价格上涨的资本利得。理论上，一个业绩优良的上市公司所能给股东的回报，既包括稳定的股利分配，也包括股票价格的稳定增长。

五粮液的第一大股东是宜宾市国有资产经营有限公司，持有五粮液 75% 的股份，属于国有非流通股。由于非流通股不能上市进行交易，股东不能通过股价增长获得收益，因此理论上非流通股股东偏好发放现金股利。五粮液在 1998 年的分配方案是，每 10 股派现 12.5 元，扣税后实际每 10 股派 10 元。通过这种方式，非流通股股东分得 2.4 亿元。但在以后的分配中，五粮液却将派现方式改为高比例送红股和公积金转增股份。经过若干年的送股和转赠，五粮液从最初的 3.2 亿股，到 2004 年已经变为约 27 亿股。2012 年其总股本约 38 亿股。

从历年市场对五粮液分配方案的反应来看，除 1998 年市场对高派现表现出认可的态度外，在其余送红股的年份中，市场交易量仅在除权日有较大幅度上升，但很快就回落到原先的水平。说明中小股东选择“用脚投票”，通过出售股票来表达自己对分配方案的不满。

二、五粮液分配股票股利的分析

通过送红股和转赠股，无论是流通股还是非流通股股东，虽然手中的股票数翻了数倍，但实际财富并没有增加。因为从五粮液股价的反应可以看到，除权引起股价下跌后，并没有回升产生填权效应。那么，五粮液的利润到哪里去了呢？在中国，大股东通过各种方式转移上市公司资金的现象普遍存在。要转移资金，需要先把资金留在企业内。分发股票股利而不派现，就是留住资金的一种方式。红股的发放，并不会像派发现金那样导致控股股东实际控制公司现金的减少，而仅仅把当年利润从公司的“利润”科目调整到“股本”科目的会计账目。虽然五粮液的大股东是宜宾市国有资产经营有限公司，但其实际控制人却是宜宾五粮液集团有限公司。对五粮液集团来说，设立五粮液股份公司，并将最具市场价值的品牌“五粮液”注入上市公司，一定会要求有所回报。五粮液集团公司通过各种方式从上市公司获得了大量的利益输送，其中包括：

1. 商标和标识使用费。这是集团公司利用其影响力向上市公司收取费用的一种典型方式。集团公司通过这些项目，自上市起至 2003 年度累计从上市公司获取现金约 5.4 亿元。

2. 服务费及设备使用费。由于五粮液改制上市时，只是将主要经营性资产及供销公司划入上市公司。这样，五粮液上市公司其余所有服务都需要由集团公司提供。集团公司可以相应地收取综合服务费、货物运输、资产租赁费等费用。

3. 资产往来。我国资本市场一个常见的现象就是公司改制上市后，集团公司或控股公司通过各种方式，将手中的各项实物资产陆续卖给上市公司，而上市公司通常支付的都是现金。上市公司通过这种方式共向集团公司支付超过 20 亿元的现金。五粮液 2001 年 2 月 20 日的股东大会上，面对小投资者和机构投资者关于五粮液盈利高，账面现金充足但不分配、不转赠的不满质询时，所回应的理由就是公司要预留现金进行资产置换。

4. 产品往来。即由集团公司或其所属企业向五粮液提供各类产品。在生产基酒的车间于 2001 年完全置换进上市公司后，又新增向集团公司购买伏特加、葡萄酒等产品。五粮液向集团公司提供的产品主要是成品酒销售，两者现金流相抵后，五粮液支付给集团公司的净现金流出约为 28 亿元。

尽管五粮液公司业绩优良，但小股东却没有取得相应的回报，相反，五粮液集团在五粮液上市后的6年里从上市公司获得超过90亿元的现金。

问题：

1. 简述上市公司选择发放股票股利的原因。

2. 虽然送红股这种形式为上市公司控股股东留存了一定规模的资金，但送股导致公司股本短期快速扩张，在利润规模没有相应扩张的同时不可避免地引起盈利能力的下降，每股盈余、净资产收益率等指标都会出现下降。这些会对公司造成什么影响？

3. 在2000年证监会出台将再融资资格与派现捆绑在一起的硬性规定后，上市公司选择分配股票股利的公司数急剧减少。因为对于上市公司控股股东而言，一旦公司丧失了配股、增发等后续融资资格，就将无法再获得外部资源以扩大企业经营。为什么五粮液集团却对此规定置之不理？

应用训练

1. 到中国人民银行、新浪财经等网站收集2013年央行货币政策信息。利用所学知识，分析其对2013年股市价格走势的影响。

2. 查阅资料，分析新疆德隆系并购融资失败案例，简述从中可吸取哪些经验教训。

第五章

基　　金

【案例导读】

明星基金经理王亚伟离职转投私募

2005 年 12 月王亚伟接手华夏大盘精选基金。2006 年，华夏大盘以 154.49% 的业绩在 118 只基金中排名第 12。对应的上证综指涨幅达到了 130%，而同期净值增长超过这一数字的基金有 19 只。

2007 年，华夏大盘基金气势如虹，以 226% 的净值增长率高居国内各类型基金之首，比第二名高出 35 个百分点，其净值增长率是同期上证综指涨幅的 2.33 倍。该年，王亚伟获得“中国最赚钱的基金经理”的殊荣，同时将多个奖项收入囊中。

真正确立王亚伟业界地位的，则是2008 年的大熊市。“熊市跌得比别人少，牛市涨得比别人快”，2008 年华夏大盘在股市暴跌中成为基金抗跌亚军。辉煌业绩，让许多基金经理和基民对王亚伟的崇拜之情油然而生。

2009 年，王亚伟当选 2009 年年度“股基王”。

2010 年 7 月 1 日，《福布斯》中文版发布了 2010 年中国十佳基金经理榜。华夏大盘精选基金经理王亚伟以 48.17% 的超越基准几何年化收益率，连续两年夺冠。

2011 年，《福布斯》中文版发布了 2011 中国最佳基金经理 50 强榜单，华夏基金王亚伟以最近 5 年 748.90% 的总回报毫无悬念名列第一。

2012 年 5 月 7 日，华夏基金管理有限公司发布公告称，王亚伟因个人原因离职。2012 年 9 月，王亚伟复出，在深圳成立“深圳千合资本管理有限公司”，消息一经曝光，市场就解读为其正式投身私募领域。

王亚伟为何离开华夏基金管理公司，我国公募基金经理人为何频繁跳槽？

资料来源：作者根据相关资料整理。

证券投资基金是一种实行组合投资、专业管理、利益共享、风险共担的集合投资方式。与股票、债券不同，证券投资基金是一种间接投资工具。一方面，证券投资基金以股票、债券等金融有价证券为投资对象；另一方面，基金投资者通过购买基金份额的方式间接地进行证券投资。基金投资者、基金管理人和基金托管人是基金运作中的主要当事人。基金所募集的资金在法律上具有独立性，由选定的基金托管人保管，并委托基金管理人进行股票、债券的分散化组合投资。基金投资收益在扣除基金管理人和托管人所承担费用后的盈余全部归基金投资者所有，并依据各个投资者所购买基金份额多少在投资者之间进行分配。

第一节 投资基金概述

一、投资基金的定义

投资基金是一种利益共存、风险共担的集合证券投资方式，即通过发行基金份额，集中投资者的资金，由基金托管人托管，由基金管理人管理和运用资金，从事股票、债券等金融工具投资，并将投资收益按基金投资者的投资比例进行分配的一种间接投资方式。

投资基金起源于1868年的英国，是在18世纪末、19世纪初产业革命的推动后产生的，而后兴盛于美国，现在已风靡全世界。在不同的国家，投资基金的称谓有所区别，英国称之为“单位信托投资基金”，美国称为“共同基金”，日本则称为“证券投资信托基金”。这些不同的称谓在内涵和运作上无太大区别。投资基金在西方国家早已成为一种重要的融资、投资手段，并在当代得到了进一步发展。20世纪60年代以来，一些发展中国家积极仿效，运用投资基金这一形式吸收国内外资金，促进本国经济的发展。我国也在20世纪80年代末出现了投资基金形式，并在20世纪90年代后得到了较快的发展。这不仅支持了我国经济建设和改革开放事业，而且也为广大投资者提供了一种新型的金融投资选择，活跃了金融市场，丰富了金融市场的内容，促进了金融市场的发展和完善。

二、投资基金的基本要素

（一）管理公司

基金管理公司指依据有关法律法规设立的对基金的募集、基金份额的申购和赎回、基金财产的投资、收益分配等基金运作活动进行管理的公司。基金管理公司成立以后主要的任务就是发行、管理基金。

基金管理公司在不同国家有不同的名称。例如，在英国称投资管理公司，在美国称基金管理公司，在日本大多称投资信托公司，但其职责都是基本一致的，即运用和管理基金。

（二）投资顾问

投资顾问是指专门从事于提供投资建议而获薪酬的人士，它是专户理财服务中非常重要的角色。客户在接受专项理财服务的过程中，第一个遇到的服务者就是投资顾问，并且投资顾问与客户的沟通与交流将贯穿服务的始终。投资顾问的任务是帮助客户达成财务目标，为此其需要与客户保持全面深入的交流。

（三）托管人或受托人

基金托管人是依据基金运行中“管理与保管分开”的原则对基金管理人进行监督和对基金资产进行保管的机构。基金托管人与基金管理人签订托管协议，在托管协议规定的范围内履行自己的职责并收取一定的报酬。概括地说，基金托管人应该是完全独立于基金管理机构，具有一定的经济实力，实收资本达到一定规模，具有行业信誉的金融机构。我国《证券投资基金法》规定，基金托管人由依法设立并取得基金托管资格的商业银行担任。

（四）投资者

投资者是基金的出资人、基金资产的所有者和基金投资收益的受益人。其享有的权利包括：分享基金财产收益；分配清算剩余财产；依法转让或申请赎回持有份额；按规定要求召开基金份额持有人大会；大会上的表决权；查阅或复制公开披露信息资料；对管理人、托管人、销售机构提出诉讼。

三、投资基金的特点

（一）集合理财、专业管理

基金是这样一种投资方式：它将零散的资金巧妙地汇集起来，交给专业机构投资于各种金融工具，以谋取资产的增值。基金对投资的最低限额要求不高，投资者可以根据自己的经济能力决定购买数量，有些基金甚至不限制投资额大小，完全按份额计算收益的分配。因此，基金可以最广泛地吸收社会闲散资金，汇成规模较大的投资资金。在参与证券投资时，可能享有大额投资在降低成本上的相对优势，从而获得规模效益。

基金实行专家管理制度，这些专业管理人员都经过专门训练，具有丰富的证券投资和其他项目投资经验。其运用先进的技术手段分析各种信息资料，能对金融市场上各种品种的价格变动趋势做出比较正确的预测，从而最大限度地避免投资决策的失误，提高投资成功率。对于那些没有时间，或对市场不太熟悉，没有能力专门研究投资决策的中小投资者来说，投资于基金，实际上就可以获得专家们在市场信息、投资经验、金融知识和操作技术等方面所拥有的优势，从而避免盲目投资带来的失败。

（二）组合投资、分散风险

以科学的投资组合降低风险、提高收益是基金的另一大特点。在投资活动中，风险和收益总是并存的，但是，要实现投资资产的多样化，需要一定的资金实力，小额投资者资金有限，很难做到这一点。基金可以凭借其雄厚的资金，在法律规定的范围内进行科学的投资组合，分散投资于多种证券品种或其他项目，利用不同的投资对象之间的互补性，真正做到分散风险，提高了投资的安全性和收益性。

（三）利益共享、风险共担

基金投资者是基金的所有者，基金投资人共担风险共享收益。基金投资收益在扣除由基金承担的费用后的盈余全部归基金投资者所有，并依据各投资者所持有的基金份额比例进行分配。为基金提供服务的基金托管人、基金管理人只能按规定收取一定的托管费、管理费，并不参与基金收益的分配。

（四）独立托管、保证安全

基金管理人负责基金的投资运作，本身并不经手基金财产的保管。基金财产的保管由独立于基金管理人的基金托管人负责。这种相互制约、相互监督的制衡机制对投资者的利益提供了相应的保护。

（五）严格监管、信息透明

为切实保护投资者的利益，增强投资者对基金投资的信心，各国基金监管机构都对基金业实行严格的监管，对各种有损投资者利益的行为进行严厉的打击，并强制基金进行较为充分的信息披露。

第二节　投资基金的分类

一、投资基金的基本分类

（一）按投资基金的组织形态不同，可分为契约型基金和公司型基金

1. 契约型基金

契约型基金又称为单位信托基金，是指把投资者、管理人、托管人三者作为基金的当事人，通过签订基金契约的形式，发行受益凭证而设立的一种基金。契约型基金起源于英国，后在新加坡、印度尼西亚、香港等国家和地区十分流行。

契约型基金是基于契约原理而组织起来的代理投资行为，没有基金章程，也没有董事会，而是通过基金契约来规范三方当事人的行为。基金管理人负责基金的管理操作。基金托管人作为基金资产的名义持有人，负责基金资产的保管和处置，对基金管理人的运作实行监督。

2. 公司型基金

公司型基金是按照公司法以公司形态组成的，该基金公司以发行股份的方式募集资金。一般投资者则为认购基金而购买该公司的股份，也就成为该公司的股东，凭其持有的股份依法享有投资收益。这种基金要设立董事会，重大事项由董事会讨论决定。

公司型基金的特点是：基金公司的设立程序类似于一般股份公司，基金公司本身依法注册为法人。但不同于一般股份公司的是，它是委托专业的财务顾问或管理公司来经营与管理。基金公司的组织结构也与一般股份公司类似，设有董事会和持有人大会，基金资产由公司所有，投资者则是这家公司的股东，承担风险并通过股东大会行使权利。

契约型基金与公司型基金的不同点有以下几个方面：

（1）法律依据不同。契约型基金依照基金契约组建，信托法是其设立的依据，基金本身不具有法律资格。公司型基金是按照公司法组建的，具有法人资格。

（2）资金的性质不同。契约型基金的资金是通过发行基金份额筹集起来的信托财产；公司型基金的资金是通过发行普通股票筹集的公司法人的资本。

（3）投资者的地位不同。契约型基金的投资者购买基金份额后成为基金契约的当事人之一，投资者既是基金的委托人（即基于对基金管理人的信任，将自己的资金委托给基金管理人管理和营运），又是基金的受益人（即享有基金的受益权）；公司型基金的投资者购买基金的股票后成为该公司的股东。因此，契约型基金的投资者没有管理基金资产的权力，而公司型基金的股东通过股东大会享有管理基金公司的权力。

（4）基金的营运依据不同。契约型基金依据基金契约营运基金；公司型基金依据基金公司章程营运基金。

由此可见，契约型基金和公司型基金在法律依据、组织形态以及有关当事人扮演角色上是不同的。但对投资者来说，投资于公司型基金和契约型基金并无多大区别，它们的投资方式都是把投资者的资金集中起来，按照基金设立时所规定的投资目标和策略，将基金资产分

散投资于众多的金融产品上，获取收益后再分配给投资者。

从世界基金业的发展趋势看，公司型基金除了比契约型基金多了一层基金公司组织外，其他各方面都与契约型基金有趋同化的倾向。

（二）按受益凭证可否赎回以及买卖方式的不同，可分为封闭式基金和开放式基金

1. 封闭式基金

封闭式基金是指基金的发起人在设立基金时，限定了基金单位的发行总额，筹集到这个总额后，基金即宣告成立，并进行封闭，在一定时期内不再接受新的投资。其又称为固定型投资基金。基金单位的流通采取在证券交易所上市的办法，投资者日后买卖基金单位都必须通过证券经纪商在二级市场上进行竞价交易。

封闭式基金的期限是指基金的存续期，即基金从成立起到终止之间的时间。决定基金期限长短的因素主要有两个：一是基金本身投资期限的长短，一般如果基金目的是进行中长期投资（如创业基金）的，其存续期就可长一些，如果基金目的是进行短期投资（如货币市场基金），其存续期就可短一些。二是宏观经济形势，一般经济稳定增长，基金存续期可长一些，若经济波浪起伏，则应相对短一些。当然，在现实中，存续期还应考虑基金发起人和众多投资者的要求来确定。基金期限届满即为基金终止，管理人应组织清算小组对基金资金进行清产核资，并将清产核资后的基金净资产按照投资者的出资比例进行公正合理的分配。

如果基金在运行过程中，因为某些特殊的情况，使得基金的运作无法进行，报经主管部门批准，可以提前终止。提前终止的一般情况有：

（1）国家法律和政策的改变使得该基金的继续存在为非法或者不适宜；

（2）管理人因故退任或被撤换，无新的管理人承继的；

（3）托管人因故退任或被撤换，无新的托管人承继的；

（4）基金持有人大会上通过提前终止基金的决议。

2. 开放式基金

开放式基金是指基金管理公司在设立基金时，发行基金单位的总份额不固定，可视投资者的需求追加发行。投资者也可根据市场状况和各自的投资决策，或者要求发行机构按现期净资产值扣除手续费后赎回股份或受益凭证，或者再买入股份或受益凭证，增持基金单位份额。为了应付投资者中途抽回资金，实现变现的要求，开放式基金一般都从所筹资金中拨出一定比例，以现金形式保持这部分资产。这虽然会影响基金的盈利水平，但作为开放式基金来说，这是必需的。

3. 封闭式基金和开放式基金的区别

（1）期限不同。封闭式基金通常有固定的封闭期，通常在5年以上，一般为10年或15年，经受益人大会通过并经主管机关同意可以适当延长期限。而开放式基金没有固定期限，投资者可随时向基金管理人赎回基金单位。

（2）发行规模限制不同，封闭式基金在招募说明书中列明其基金规模，在封闭期限内未经法定程序认可不能再增加发行。开放式基金没有发行规模限制，投资者可随时提出认购或赎回申请，基金规模就随之增加或减少。

（3）基金单位交易方式不同。封闭式基金的基金单位在封闭期限内不能赎回，持有人只能寻求在证券交易场所出售给第三者。开放式基金的投资者则可以在首次发行结束一段时间（多为3个月）后，随时向基金管理人或中介机构提出购买或赎回申请，买卖方式灵活。

除极少数开放式基金在交易所做名义上市外，通常不上市交易。

（4）基金单位的交易价格计算标准不同。封闭式基金与开放式基金的基金单位除了首次发行价都是按面值加一定百分比的购买费计算外，以后的交易计价方式均不相同。封闭式基金的买卖价格受市场供求关系的影响，常出现溢价或折价现象，并不必然反映基金的净资产值。开放式基金的交易价格则取决于基金每单位净资产值的大小，其申购价一般是基金单位资产值加一定的购买费，赎回价是基金单位净资产值减去一定的赎回费，不直接受市场供求影响。

（5）投资策略不同。封闭式基金的基金单位数不变，资本不会减少，因此基金可进行长期投资，基金资产的投资组合能有效在预定计划内进行。开放式基金因基金单位可随时赎回，为应付投资者随时赎回兑现，基金资产不能全部用来投资，更不能把全部资本用于长线投资，在投资组合上需保留一部分现金和高流动性的金融商品，以保持基金资产的流动性。

（6）基金份额资产净值公布的时间不同。封闭式基金一般每周或更长时间公布一次，开放式基金一般在每个交易日连续公布。

（7）交易费用不同。投资者在买卖封闭式基金时，在基金价格之外要支付手续费；投资者在买卖开放式基金时，则要支付申购费和赎回费。

从发达国家金融市场来看，开放式基金已成为世界投资基金的主流。世界基金发展史从某种意义上说就是从封闭式基金走向开放式基金的历史。

（三）按投资策略不同，可分为成长型基金、收入型基金、平衡型基金、指数型基金

1. 成长型基金

成长型基金是基金中最常见的一种，它追求的是基金资产的长期增值。为了达到这一目标，基金管理人通常将基金资产投资于信誉度较高、有长期成长前景或长期盈余的所谓成长公司的股票。成长型基金又可分为稳健成长型基金和积极成长型基金。

2. 收入型基金

收入型基金主要投资于可带来现金收入的有价证券，以获取当期的最大收入为目的。收入型基金资产成长的潜力较小，损失本金的风险相对也较低，一般可分为固定收入型基金和股票收入型基金。固定收入型基金的主要投资对象是债券和优先股，因而尽管收益率较高，但长期成长的潜力很小，而且当市场利率波动时，基金净值容易受到影响。股票收入型基金的成长潜力比较大，但易受股市波动的影响。

3. 平衡型基金

平衡型基金将资产分别投资于两种不同特性的证券上，并在以取得收入为目的的债券及优先股和以资本增值为目的的普通股之间进行平衡。这种基金一般将 25% ~50% 的资产投资于债券及优先股，其余的投资于普通股。平衡型基金的主要目的是从其投资组合的债券中得到适当的利息收益，与此同时又可以获得普通股的升值收益。平衡型基金的特点是风险比较低，缺点是成长的潜力不大。

4. 指数型基金

指数型基金是指基金的操作按所选定指数（如美国标准普尔 500 指数、日本日经 225 指数、台湾加权股价指数等）的成分股在指数所占的比重，选择同样的资产配置模式投资，以获取和大盘同步的获利。

根据银河证券基金研究中心的数据显示，截至 2012 年 4 月底，境内基金市场上有标准

指数基金133只，增强型指数基金24只。不同指数覆盖的市场范围不同，其风险收益特征也不同。例如，上证180和深证100指数分别反映沪深两市的情况；中证100和中小板指数则分别反映沪深两市大盘蓝筹企业与中小企业的情况。随着跨境ETF的推出，同时选择沪深300指数基金与投资于海外市场指数的基金，也是很好的资产配置方向，能够在一定程度上起到分散投资、分散风险的作用。

投资者在选择指数基金时最需要重视的有两点：一方面是选择跟踪成长性较好的指数的基金（找到这样的指数的难度不亚于选股票）；另一方面是选择投资跟踪误差较小的指数基金，跟踪误差越小的基金，表明基金经理的管理能力越强，投资者更能实现获得指数收益率的目标。

此外，按基金的投资计划所设定的证券投资内容是否可以变更，可分为固定型基金、半固定型基金、融通型基金；按基金的资金来源不同，可分为国内基金和海外基金；按基金的投资地区不同，可分为区域基金和环球基金。

二、投资基金的业务品种

（一）股票基金

股票基金是指以股票为主要投资对象的证券投资基金。股票基金的投资目标侧重于追求资本利得和长期资本增值。基金管理人拟定投资组合，将资金投放到一个或几个国家，甚至是全球的股票市场，以达到分散投资、降低风险的目的。

投资者之所以选择股票基金，原因在于可以有不同的风险类型供选择，而且可以克服股票市场普遍存在的区域性投资限制的弱点。此外，股票基金还具有变现性强、流动性强等优点。由于聚集了巨额资金，几只甚至一只基金就可以引发股市动荡，所以各国政府对股票基金的监管都十分严格，不同程度地规定了基金购买某一家上市公司的股票总额不得超过基金资产净值的一定比例，防止基金过度投机和操纵股市。

（二）债券基金

债券基金是一种以债券为主要投资对象的证券投资基金。由于债券的年利率固定，因而这类基金的风险较低，适合于稳健型投资者。

通常债券基金收益会受货币市场利率的影响，当市场利率下调时，其收益就会上升；若市场利率上调，则基金收益率下降。除此以外，汇率也会影响基金的收益，管理人在购买非本国货币的债券时，往往还在外汇市场上做套期保值。

（三）货币基金

货币市场基金是以货币性资产为投资对象的一种基金，其投资工具期限在一年内，包括银行短期存款、国库券、公司债券、银行承兑票据及商业票据等。通常，货币基金的收益会随着市场利率的下跌而降低，与债券基金正好相反。货币市场基金通常被认为是无风险或低风险的投资。

（四）期货基金

期货基金（CTA Fund），或商品基金，是指广大投资者将资金集中起来，委托给专业的期货投资机构，并通过商品交易顾问（CTA）进行期货投资交易，投资者承担投资风险并享有投资利润的一种集合投资方式。

（五）对冲基金

对冲基金（Hedge Fund），也称避险基金或套利基金，是指由金融期货（Financial Futures）和金融期权（Financial Option）等金融衍生工具（Financial Derivatives）与金融组织结合后以高风险投机为手段并以盈利为目的的金融基金。它是投资基金的一种形式，属于免责市场（Exempt Market）产品，意为“风险对冲过的基金”，对冲基金名为基金，实际与互惠基金安全、收益、增值的投资理念有本质区别。

对冲基金通过采用各种交易手段（如卖空、杠杆操作、程序交易、互换交易、套利交易、衍生品种等）进行对冲、换位、套头、套期来赚取巨额利润。这些概念已经超出了传统的防止风险、保障收益的操作范畴。加之发起和设立对冲基金的法律门槛远低于互惠基金，使之风险进一步加大。为了保护投资者，北美的证券管理机构将其列入高风险投资品种行列，严格限制普通投资者介入，如规定每个对冲基金的投资者应少于 100 人，最低投资额为 100 万美元等。

例如，基金管理人在购入一种股票后，同时购入这种股票的一定价位和时效的看跌期权（Put Option）。看跌期权的效用在于当股票价位跌破期权限定的价格时，卖方期权的持有者可将手中持有的股票以期权限定的价格卖出，从而使股票跌价的风险得到对冲。

再如，在另一类对冲操作中，基金管理人首先选定某类行情看涨的行业，买进该行业中看好的几只优质股，同时以一定比率卖出该行业中较差的几只劣质股。如此组合的结果是，如果该行业预期表现良好，优质股涨幅必超过其他同行业的劣质股，买入优质股的收益将大于卖空劣质股而产生的损失；如果预期错误，此行业股票不涨反跌，那么劣质股跌幅必大于优质股，则卖空盘口所获利润必高于买入优质股下跌造成的损失。正因为如此的操作手段，早期的对冲基金可以说是一种基于避险保值的保守投资策略的基金管理形式。

经过几十年的演变，对冲基金已失去其初始的风险对冲的内涵。对冲基金已成为一种新的投资模式的代名词，即基于最新的投资理论和极其复杂的金融市场操作技巧，充分利用各种金融衍生产品的杠杆效用，承担高风险，追求高收益的投资模式。

（六）伞形基金与基金中的基金

伞形基金，也称“伞子基金”或“伞子结构基金”，是基金的一种组织形式。伞形基金的发起人根据一份总的基金招募书，设立多只相互之间可以根据规定的程序及费率水平进行转换的基金，即一个母基金之下再设立若干子基金，各个子基金依据不同的投资方针和投资目标进行独立的投资决策。其最大特点是在母基金内部可以为投资者提供多种投资选择，费用较低或者不收转换费用，能够方便投资者根据市场行情的变化选择和转换不同的子基金。伞形基金是与目前中国流行的单一结构的基金相对应的一种基金模式。

FoF（Fund of Fund）是一种专门投资于其他证券投资基金的基金。FoF 并不直接投资股票或债券，其投资范围仅限于其他基金，通过持有其他证券投资基金而间接持有股票、债券等证券资产。FoF 是结合基金产品创新和销售渠道创新的基金新品种。一方面，FoF 将多只基金捆绑在一起，投资 FoF 等于同时投资多只基金，但比分别投资的成本大大降低了；另一方面，与基金超市和基金捆绑销售等纯销售计划不同的是，FoF 完全采用基金的法律形式，按照基金的运作模式进行操作。FoF 中包含对基金市场的长期投资策略，与其他基金一样，是一种可长期投资的金融工具。

FoF 的优势在于收益较高并有补偿机制。目前在中国，FoF 属于银行、券商理财产品。

（七）交易所交易基金（ETFs）和上市开放式基金（LOF）

交易所交易基金（ETFs，Exchange - Traded Funds）指的是可以在交易所交易的基金。交易所交易基金从法律结构上说仍然属于开放式基金，但它主要是在二级市场上以竞价方式交易，并且通常不准许现金申购及赎回，而是以一篮子股票来创设和赎回基金单位。对一般投资者而言，交易所交易基金主要还是在二级市场上进行买卖。

上市开放式基金（Listed Open - ended Funds，简称"LOF"）是一种既可以在场外市场进行基金份额申购赎回，又可以在交易所（场内市场）进行基金份额交易、申购或赎回的开放式基金，它是我国对证券投资基金的一种本土化创新。

（八）**QFII 和 QDII**

QFII（Qualified Foreign Institutional Investors）是合格境外机构投资者的英文首字母缩写，QFII 机制是指外国专业投资机构到境内投资的资格认定制度。

作为一种过渡性制度安排，QFII 制度是在资本项目尚未完全开放的国家和地区，实现有序、稳妥开放证券市场的特殊通道。包括韩国、印度和巴西等市场的经验表明，在货币未自由兑换时，QFII 不失为一种通过资本市场稳健引进外资的方式。在该制度下，QFII 将被允许把一定额度的外汇资金汇入并兑换为当地货币，通过严格监督管理的专门账户投资当地证券市场，包括股息及买卖价差等在内的各种资本所得经审核后可转换为外汇汇出。实际上这就是对外资有限度地开放本国的证券市场。

QDII（Qualified Domestic Institutional Investors）是合格境内机构投资者的英文首字母缩写。它是指在本币资本项下不可兑换、资本市场未开放条件下，在一国境内设立，经该国有关部门批准，有控制地允许境内机构投资境外资本市场的股票、债券等有价证券的一项制度安排。

基金公司开展 QDII 业务，主要是直接投资境外证券市场不同风险层次的产品。与此前银行同类产品主要投资单一市场或结构性产品以及多数实施投资外包不同，基金公司的 QDII 产品投向更为广泛，把目标锁定全球股票市场，具有专业性强、投资更为积极主动的特点。与第二代银行 QDII 允许直接投资海外股市的比例达 50% 相比，基金 QDII 产品投资比例理论上可达到 100%。在投资管理过程中，除了借助境外投资顾问的力量外，国内基金公司组成专门的投资团队参与境外投资的整个过程，享有完全的主动决策权。此外，基金 QDII 产品的门槛较低，适合更为广泛的投资者参与。大部分银行 QDII 产品认购门槛为几万甚至几十万人民币，而基金 QDII 产品起点仅为 1 000 元人民币。

QDII 产品目前主要可分为保险系 QDII、银行系 QDII 及基金系 QDII，三个系列各有不同，三者的主要特征如下：

保险系 QDII 运作的是保险公司自己在海外的资产，一般不对个人投资者开放。

银行系 QDII 以前只能投资境外的固定收益类产品，但据银监会新的规定，现在其也可以投资境外股票，于是收益率有了显著上升。总体而言，属于风险居中、收益也居中的 QDII。认购门槛较高。

基金系 QDII 的投资不受限制，可以将 100% 的资金投资于境外股票，因此其风险和收益都比银行系 QDII 高得多。由于采用基金的形式发行，因此其认购门槛比银行系低得多，往往 1 000 元即可起步。

QDII 和 QFII 的最大区别在于投资主体和参与资金的对立。从中国的角度来说，在中国以外国家发行，并以合法（Qualified）的渠道参与投资中国资本、债券或外汇等市场的资金管理人就是 QFII；在中国发行，并以合法的渠道参与投资中国以外的资本、债券或外汇等市场的资金管理人就是 QDII。

资料链接

读者可以登录中国基金网：http：//www.chinafund.cn/，了解更多有关基金实务内容。

第三节 基金的价值分析

【案例分析】

封闭式基金折价之谜

王女士在国内一家著名通信公司工作，每月薪水丰厚。2007 年 3 月 16 日，她本打算购买净值为 2.3719 元的一只开放式基金，忽略交易成本的话，投资成本为 2.3719 元/份。后来她听了一朋友的建议，最终决定购买当日折价率最大的封闭式基金——基金普惠。不计交易成本，她可以从二级市场上以 1.544 元的收盘价买入，而当日该基金的净值也是 2.3719 元，也就是说，其资产与成本相比的溢价程度高达：（2.3719 − 1.544）÷2.3719 × 100% = 34.90%。

就以上两种投资方案而言，王女士如果将这两只基金都持有到基金普惠到期日，由于封闭式基金在到期时普遍会转为开放式基金，届时两只基金均会按净值赎回。假设期间两只基金的净值都没有任何增长，开放式基金依旧按 2.3719 元赎回，忽略交易成本，她的收益为 0，而基金普惠按 2.3719 元赎回，她的收益率则为（2.3719 − 1.544）÷1.544 × 100% = 53.62%。

问题分析：

封闭式基金为什么一般会出现折价交易？封闭式基金存续期满期后的处理对持有人有什么影响？

提示：（1）从美国和我国封闭式基金运行来看，封闭式基金的交易价格在大部分时间内表现出折价，即基金的市场价格低于单位资产净值。（2）决定基金投资价值的因素有收益、费用、投资组合、基金净资产估值以及基金经理等，通过查阅相关资料，学习如何挑选有投资价值的基金。

一、基金的收益

基金收益是基金资产在运作过程中所产生的超过自身价值的部分。具体地说，基金收益包括基金投资所得红利、股息、债券利息、存款利息和其他收入。

（一）经常性收入

1. 红利

红利是指基金因购买公司股票而享有的对该公司净利润分配的所得。一般而言，公司对股东的红利分配有现金红利和股票红利两种形式。基金作为长线投资者，其主要目标在于为投资者获取长期、稳定的回报，红利是构成基金收益的一个重要部分。所投资股票的红利的多少，是基金管理人选择投资组合的一个重要标准。

2. 股息

股息是指基金因购买公司的优先股权而享有对该公司净利润分配的所得。股息通常是按一定的收益比例事先规定的，这是股息与红利的主要区别。与红利相同，股息也构成投资者回报的一个重要部分，股息高低也是基金管理人选择投资组合的重要标准。

3. 债券利息

债券利息是指基金资产因投资于不同种类的债券（国债、地方政府债券、企业债、金融债等）而定期取得的利息。我国《证券投资基金管理暂行办法》规定，一个基金投资于国债的比例不得低于该基金资产净值的20%，由此可见，债券利息也是构成投资回报的不可或缺的组成部分。

4. 存款利息

存款利息指基金资产的银行存款利息收入。这部分收益仅占基金收益很小的一个组成部分。开放式基金由于必须随时准备支付基金持有人的赎回申请，必须保留一部分现金存在银行。

（二）资本利得

基金资产投资于证券而形成的价差收益，通常也称资本利得。

二、基金费用

（一）销售赎回费用

1. 销售费用

（1）初次认购费，是指在基金第一次发行时的认购费用。例如，华安创新基金的初次认购费率根据不同的认购金额定，认购费率分为1.2%和1.5%两档：一次认购金额1万～1 000万元（含1万元，不含1 000万元）的，认购费率为认购金额的1.5%；一次认购金额高于1 000万元（含1 000万元）的，认购费率为认购金额的1.2%。

（2）申购费，是指在基金开始交易后的“日常申购”费用，《开放式证券投资基金试点办法》规定申购费不超过申购金额的5%。根据交易量大小有不同的费率标准。

2. 赎回费用

《开放式证券投资基金试点办法》规定赎回费用不超过申购金额的3%，具体由基金管理公司确定。

3. 转移费用

指投资人在同一基金管理人所管理的不同基金之间，由投资的一只基金转换成另一只基金所要支付的费用。

（二）管理费用

基金管理费是指基金管理人管理基金资产而向基金收取的费用，主要包括基金管理费、基金托管费和信息披露费等。它是固定比率的，没有业绩提成。这些费用由基金资产承担。对于不收取申购、赎回费的货币市场基金和部分债券基金，还可按不高于2.5‰的比例从基金资产中计提一定的费用，专门用于基金的销售和对基金持有人的服务。

1. 计提标准

基金管理费率通常与基金规模成反比，与风险成正比。基金规模越大，基金管理费率越低；基金风险程度越高，基金管理费率越高。不同类别不同国家或地区的基金，管理费率不完全相同。但从基金类型看，证券衍生工具基金管理费率最高。例如，认股权证基金的管理费率约为1.5%～2.5%；股票基金居中，约为1%～1.5%；债券基金约为0.5%～1.5%；货币市场基金最低，管理费率约为0.25%～1%。目前，我国基金大部分按照1.5%的比例计提基金管理费，债券型基金的管理费率一般低于1%，货币市场基金的管理费率为0.33%。

基金托管费收取的比例与基金规模、基金类型有一定关系。目前，我国封闭式基金按照0.25%的比例计提基金托管费，开放式基金根据基金合同的规定比例计提，通常低于0.25%；股票型基金的托管费率要高于债券型基金及货币市场基金的托管费率。

2. 计提方法和支付方式

目前，我国的基金管理费、托管费也均是按前一日基金资产净值的一定比例逐日计提，按月支付。

（三）基金运作费用

基金运作费用指保证基金正常运作而发生的应由基金承担的费用。发生的费用大于基金净值的十万分之一时，应采用预提或待摊的方法计入基金损益。发生的费用小于基金净值的十万分之一时，应于发生时直接计入基金损益。

三、影响基金价值的主要因素

（一）基金管理公司

投资基金的价值在很大程度上取决于基金管理公司。好的基金管理公司往往能给基金持有者极高的投资回报，但运营不佳的基金则会因投资失败而使净值大幅下降。

对基金管理公司可以从两方面去考察。一是对基金领导班子的整体专业水平、调研能力、实际运作经验的考核，尤其是要注意主要负责者的社会背景和决策能力。一个和社会各阶层人士有密切关系的主要负责人，更有可能及时获取投资决策所必需的信息，从而捕捉到投资良机，规避市场风险。二是考察基金管理公司的以往业绩。一般认为，基金的长期业绩是专业水平、信息量、决策能力等诸项要素的综合反映，不存在偶然因素，而以往的业绩则具体反映了基金管理公司的诸项能力的高低。因此，在人事上没有大变动的情况下，其将来也很可能会维持目前的获利水平。

（二）基金的发行制度

基金的发行规模与销售费用对基金价值的影响体现在如下方面：

1. 基金发行规模的影响

基金发行规模的大小将影响基金的收益水平，从而影响基金的价值。这是因为：

第一，基金规模大小影响着基金投资证券的持有期。小型基金由于进出容易，常进行短期投资，因此，回避系统性风险的能力较强，常可获得较高的投资收益率。大型基金则相反，因进出难的特点决定了其长期持有的投资策略，因此，在发生价格的不利波动时，不能有效地规避风险，从而影响基金的收益。

第二，基金规模大小影响着基金的单位费用率。小型基金在发行、运作时由于受其中的不变成本影响，使单位费率标准居高不下，影响了投资收益率；而大型基金由于规模大，易产生规模效应，从而摊低了单位费率。

第三，基金规模大小影响着基金持有证券品种的多寡。小型基金由于资金量小，投资分散程度不够，不能有效规避非系统性风险；大型基金规模大，为了达到有关法律要求的持有比例（如股票型基金持股比例一般最低 70%），往往投资于数十种证券，但增加了管理成本，同时，也不利于选择最佳的投资目标。

2. 基金销售费用的影响

基金销售费用是信托资产运行时必不可少的费用，但费用率的高低则影响着投资者的回报率。一项对美国投资基金的调查研究认为，销售费用收取的高低与基金的经营管理无关，即收费高的基金与收费低的基金业绩相差不大。在这种情况下，收费高的基金很明显地降低了基金的资产，少了一部分可以产生利润的基金资产。收费低或不收费的基金则可将大部分基金资产或全部基金资产用来投资，产生利润的基数要比前者大。

（三）基金的举债规模

封闭性投资基金由于受固定规模的约束，不能靠增发基金份额来扩充经营规模，但它有多种筹资渠道，其中之一就是向金融机构及民间举债。举债的目的一是解决日常运作费用，二是扩大经营规模。

举债投资也称作投资的财务杠杆，它具有成倍放大盈亏的功能。例如，净资产为 100 万元的基金拆入 100 万元资金进行证券投资，当市值上升 50% 时，基金将获利 100 万元，收益放大一倍。若市值下跌，则风险也相应放大，一些破产清盘的投资基金就属于这种情况。例如，1998 年宣布清盘的美国长期资本管理公司，其举债规模可为基金净资产值的几十倍，在如此高的举债规模下，只要稍有价格的不利波动，即可造成基金本金的全军覆没。

另外，分析举债规模时，不仅要分析债务占基金净资产的比重及对基金本金的影响程度，还要分析债务利率对基金经营的影响。一般来说，当利率低于基金投资收益率时，使用财务杠杆较为有利；反之，则应弃之不用。

四、投资基金的价值分析

（一）投资基金净资产的估值

1. 确定估值日

基金管理人应于每个交易日当天对基金资产进行估值。经基金资产估值后确定的基金资产净值而计算出的基金份额净值，是计算基金份额转让价格，尤其是计算开放式基金申购与赎回价格的基础。

2. 计算单位基金净资产

每份基金单位的净资产价值，等于基金的总资产减去总负债后的余额再除以基金全部发行的单位份额总数。开放式基金的申购和赎回都以这个价格进行。基金净值（Net Asset Value，简称 NAV）即基金份额资产净值，也叫每份基金份额的净值。

基金份额资产净值 =（总资产 - 总负债）/基金份额总数

其中，总资产是指基金拥有的所有资产，包括股票、债券、银行存款和其他有价证券等；总负债是指基金运作及融资时所形成的负债，包括应付给他人的各项费用、应付资金利息等；基金份额总数是指当时发行在外的基金份额的总量。开放式基金的份额总数每天都在变化，因此须以当日交易结束后的统计数为准。在每个营业日收市后，将当日基金资产净值除以当日交易截止时的基金份额总数，就得出当日的份额资产净值。

份额基金净值是反映基金绩效表现的一个重要指标，开放式基金的交易价格就是以每基金份额的净值为依据确定的。由于基金所拥有的资产的价值总是随市场的波动而变动，所以基金净值也会不断变化。

（二）开放式基金的价格决定

开放式基金可以随时进行申购或者赎回。其认购和赎回价格每天由基金管理人根据一定的计价方式对外公布。认购价又称卖出价，是投资者认购基金单位的价格；赎回价又称买入价，是投资者向基金公司卖出基金单位的价格。开放式基金的价格以基金资产净值为基础进行计算。一般基金的卖出价包括首次认购费用，或者为了吸引投资者，在报价时免掉销售费用；而买入价则除了包括销售费用外，有时还包括一定比例的赎回费用，这增加了赎回基金的成本。具体用公式表示为：

卖出价 = 基金单位资产净值 + 首次购买费

买入价 = 基金单位资产净值 – 赎回费

基金的首次购买费一般在3% ~7%之间，有些新创立的基金为了吸引投资者，在首次推出时，不收首次购买费。

（三）封闭式基金的价格决定

封闭式基金的定价是在证券交易所（即二级市场）投资者的买卖过程中，根据供求关系形成的。封闭式基金的净值是根据基金的投资情况，按照基金总资产除以基金总份额算出的，是每一份基金份额实际代表的基金资产额。价格与净值不符是由供求关系决定的。

目前封闭式基金的价格大多低于净值，即主要是折价交易，而在封闭式基金成立之初也曾出现过溢价交易的情况。开放式基金的申购赎回是根据净值计算的，而封闭式由于是投资者之间的买卖，所以价格受到供求关系的影响。封闭式基金在二级市场上的交易价格低于实际净值的情况被称为“折价”。

折价率 =（单位份额净值 – 单位市价）/单位份额净值

根据此公式，折价率大于0（即净值大于市价）时为折价，折价率小于0（即净值小于市价）时为溢价。除了投资目标和管理水平外，折价率是评估封闭式基金的一个重要因素。由于规模限制、流动性影响，封闭式基金普遍存在折价率。高折价率是目前引发投资的重要因素。

例如，某一封闭式基金某日净值为2.23元，当天的收盘价为1.76元，那么，这只基金的折价值就是：

2.23 – 1.76 = 0.47（元）

折价率就是：

(2.23 – 1.76）/2.23 = 21.08%

以后封转开的时候就算这只基金不涨也不跌，也能获得21%的收益。

五、我国基金投资绩效评价与选择

（一）我国投资基金现状与发展趋势

中国的证券投资基金初创于20世纪90年代初期，规范于90年代末期。在短短的十余年里，中国证券投资基金从无到有，经历了初创到规范、规范与发展并重的历程。

1998年3月，“基金开元”和“基金金泰”两只封闭式基金的成功发行拉开了中国证券投资基金试点的序幕。随着规模的增加，证券投资基金在居民的资产配置中的地位逐步提高，为广大中小投资者拓展了投资渠道。我国基金业的发展呈现出如下特点：

（1）开放式基金逐渐成为基金设立的主流形式。从2001年8月至今，我国总共发行了786只开放式基金，发行总规模达23 708.9814亿份；封闭基金则发行了59只，首次发行和扩募配售的总规模则达到964亿份。开放式基金占全部基金净值总额的95%。

（2）基金业对外开放的步伐加快。一方面，中外合资基金管理公司从无到有，数量逐渐增加。截至2010年年底，我国已有基金管理公司62家，其中中外合资基金管理公司36家，占全部基金管理公司的58%。另一方面，2006年中国基金业也开始国际化进程，目前获得合格境内机构投资者（QDII）资格的国内基金管理公司可以通过募集外币基金投资国际市场。各家基金公司的基金通过在全球范围内科学配置资产，来获得风险尽可能分散的高额回报。

（3）证券投资基金产品的类型和种类正不断丰富。基金产品线日益全面，产品差异化明显，基金的投资风格也趋于多样化。目前的产品除传统的成长型基金、混合型基金、债券基金、收益型基金、价值型基金外，指数基金、行业基金、保本基金、货币市场基金、QDII基金纷纷问世，各种基金创新产品不断推出。

经过十余年快速成长，目前中国基金业管理的资产规模已达2.5万亿元。继续坚持“规范、专业、创新”将仍然是中国基金业未来成长的必由之路。以下是我国证券投资基金的未来发展趋势：

第一，基金业将长期保持稳定增长。我国的潜在的个人投资需求巨大，可以预见，社会公众的投资理财需求将为证券投资基金提供持续的资金来源，保证基金业的发展。

第二，股票型基金的占比将有所下降，股票在所有基金产品中的配比也将有所下降。一方面，市场中的投资工具逐步丰富，又增加了各种衍生金融工具，扩大了基金的投资范围；另一方面，为满足不同投资者的不同风险偏好和收益率的组合，各种创新基金产品纷纷问世，如近期发展很快的结构分级基金，投资于海外的QDII基金，以及满足人们稳健投资需求的混合基金和债券基金。这些基金的快速发展相对减少了股票型基金占全部基金的比重。

第三，随着人才竞争的加剧，公募基金业的股权激励问题将有望得到根本解决。建立良好的互相制约的公司治理制度，有助于保证基金公司长期、可持续地发展。海外市场的实证分析也显示，公募基金和对冲基金长期业绩表现的差距有限，我国基金业现存问题主要是由于制度不完善，公募优秀人才流失所导致。从资产管理的规模来看，海外成熟市场上也始终是公募基金占据主体地位，而私募基金更多的是一种补充和完善。随着基金业内部治理制度的不断健全，今后，公募和私募基金将保持均衡稳定、互相促进的发展态势。

（二）我国基金投资绩效评价

从20世纪50年代起，国外就开始了对证券投资基金绩效评价的研究，随着半个多世纪的发展，西方国家对证券投资基金的绩效评价方法日趋成熟，评价体系也日趋完善。

而在我国，从1992年第一家比较规范的投资基金“淄博乡镇企业投资基金”成立到现在，基金业发展时间较短，对基金的绩效评价也大多建立在国外的评级模型基础上。

基金的绩效评价具有非常重要的意义。基金绩效评价是对基金经理投资能力的量化，目的是将具有较高投资能力的基金经理鉴别出来，从而指导投资者投资基金。基金投资组合的投资回报并不能准确反映各类基金所面临的不同情况，严格的业绩评价研究需要考虑投资目标、投资标的，投资风险和投资风格等许多不同因素。另外，对数据不同的处理方法也会对基金的绩效评价产生重大影响。

由于国内基金起步较晚，国内学者对基金的绩效研究较少，并且多停留在使用国外模型对国内基金进行业绩评价的阶段。我国最早的基金业绩分析都是针对封闭式基金的，最近几年开放式基金的研究才逐渐多起来。

（三）投资基金评级

目前世界上有两大主要基金评级机构——晨星公司和理柏公司。

晨星把每只具备1年以上业绩数据的基金归类，在同类基金中，基金按照“晨星风险调整后收益”指标由大到小进行排序：前10%被评为5星；接下来22.5%被评为4星；中间35%被评为3星；随后22.5%被评为2星；最后10%被评为1星。晨星提供基金一年、两年、三年、五年和十年评级，并将推出综合评级。晨星星级评价以基金的过往业绩为基础，进行客观分析，旨在帮助投资人找出值得进一步研究的基金，而并非代表买卖基金的建议。

理柏是汤森路透旗下的公司。“理柏基金评级”在中国所推出的评估标准有四种，包括总回报、稳定回报、保本能力和费用。所有属于股票型、债券型或混合资产型的开放式基金，且具有至少一年的价格数据的，就符合评级资格。

国内基金评级，如银河、中信评级，与晨星的经营模式并不相同。银河和中信的基金评级机构都不是独立的，而是由其证券研究部门兼任，其基金评级报告与其他研究报告一起打包给机构客户。

目前，银河、中信和晨星对基金的评级从方法论上来讲基本是一致的，只是在具体细节上有一些差异。

首先从排名指标上看，三家机构基本都是采用收益评价指标、风险评价指标和风险调整后收益指标这三项来衡量，只是在具体方法上有一些差异。

第一，收益评价指标。晨星采用的是风险调整后回报率指标，中信采用了分红和再投资的时间加权几何收益率作为基金收益评价指标，银河则综合考虑基金在评价期内的净值增长率、平均季度净值增长率以及平均月度净值增长率，并将基金在每个阶段的净值增长率转换为标准分，合计标准分越高，基金的收益越好。

第二，风险评价指标。晨星采用的是标准差和晨星风险系数。中信采用最近三年的年化标准差，银河则采用将月度净值增长率的标准差转化为标准分的形式进行评价。

第三，风险调整后收益指标。晨星和中信的评级标准建立在投资者风险偏好的基础上，不考虑收益和风险的结合方式。而银河考虑基金的收益评价和风险评价，收益评价的得分减去风险评价的得分，即为风险调整后收益标准分。标准分越高，基金整体表现越好。

其次从基金分类来看，三家机构基本是按投资标的来划分，具体分类方法上的差异，导致划分结果稍有不同。目前，各机构采用的基金分类方法大致可分事前和事后两种，晨星采用事后分类法，用已公布的投资组合为依据进行分类；银河则采用事前分类法，按照基金契约中“资产配置比例”，再加上业绩比较基准和投资目标等来进行分类；中信则是事前和事后分类法相结合。

最后从基金的评级标准上，三家机构都采用五星级的评价标准，星级越高排名越好，但在星级的评定标准上略有差异。

（四）投资者选择购买基金时应注意的问题

1. 评估基金业绩

只要知道了基金的净值增长率和分红比率，就可以知道基金的投资收益率。但要注意的是，单单一个简单的收益率数字，并不能用来完全表达基金的业绩。还需要考虑其他因素对收益率的影响以及收益率长期的变化趋势，才能客观地判断基金的真实业绩表现。具体做法如下：

一是将基金收益与该基金的业绩比较基准做比较。每个基金都有其自身约定的业绩比较基准，可以在基金契约和招募说明书中查得。但这个业绩比较基准，很少被个人投资者重视。

二是对主动管理的股票型基金，其收益可以与股票大盘走势做比较。如果一只基金在大多数时间内的业绩表现都比大盘指数好，那么，可以说这只基金的管理是有效的，管理这只基金的管理公司拥有出色的研究和投资能力。

三是将基金收益与其他同类基金的收益进行比较。不同类别的基金应该区别对待，不能把不同类别基金的业绩进行直接比较。

四是将基金收益与投资者自己的预期收益做比较。根据基金的投资原则和基金经理的操作理念，看看基金的表现是否符合预期。当基金表现与预期极不相符时，应该确认基金经理是否违反了基金契约上承诺的投资原则和理念。

五是将基金的当期收益与历史收益比较。稳定的业绩才是真正的业绩，偶尔的成功可能只是运气。故应从较长的时间段来综合评判基金的业绩表现。

六是借助专业基金研究机构的评判结果。对于初入市场的投资者来说，自己做比较可以增强对基金的直观认识，结合专业基金研究机构对基金的评价和研究，则可以充分地、全方位地了解基金，并迅速提高自己的基金投资能力。

2. 正确看待基金排名

权威评级机构的基金排行榜，是对基金的业绩表现和收益情况的整理和排序。排名前列的基金确实在过去的一段时间里通过自己的优异表现，证明了自己的投资价值。但仅凭基金排名信息，不能作为投资某只基金的全部理由。基金的过往收益完全不能代表其未来收益，其基金经理或投研团队等在未来都可能发生变化。另外，每只基金都有自己的风险收益特征，投资者购买基金之前要仔细分析排名在前的基金风格是否适合自己。

3. 设计好投资组合

构建投资组合分散投资，通俗地讲就是不能把鸡蛋搁在一个篮子里。投资者可根据自身情况来选择基金品种，进而构建投资组合。投资者可以将个人投资分成两部分，第一部分侧重收益，投资于股票型基金或平衡型基金；第二部分则侧重安全，投资于货币市场基金、短债基金和活期存款。持有一大堆基金不能算作基金组合，任何投资都应该遵循一定的思路。基金的选择和组合构建是比较专业和复杂的事情，投资者可以考虑借助专业理财顾问帮助做好这部分工作。

4. 选择好投资时间

从长期看来，只要股市仍旧处于上升期，无论什么时候买入基金都是正确的。不过从短期看来，最好选择低位入市，也就是在股市出现震荡，或者较大幅度下跌的时候。在实际投资时，对上涨和下跌很难准确把握，所以在投资时应“适度择时”，选择一个相对低的时点买进，做中长期投资。在需要使用现金时，也应该提前做好规划，预留出一段时间，可以选择一个相对高的时点赎回。

5. 投资基金的省钱方法

（1）后端申购，长期持有。基金发行时就收取认购/申购费的方式叫前端收费，后端收费是指认购新基金时暂不收费，而在赎回时补交费用的发行方式。一般而言，后端收费会随持有基金时间的延长而减少，而且在持有一定年限后，就可免后端认/申费，相当于零成本买基金。而对于投资期限较短的投资者来说，后端收费就不太划算了。

（2）看好基金，尽早出手。同一只基金，发行时认购和之后申购的费率是不一样的，认购费普遍比申购费便宜。若单从节省手续费的角度考虑，若看好某只基金，可选择在发行时认购。

（3）红利投资，滚动生利。基金投资者可以选择两种分红方式，一种是现金红利，另一种是红利再投资。红利再投资既可免掉再投资的申购费，而且再投资所获得的基金份额还可以享受下次分红。若投资期限较长，建议可以选择红利转投。通常默认分红方式是现金分红，需要在购买基金时或购买基金后，主动将红利分配方式修改为“红利再投资”。

（4）巧用转换，节省成本。如果想转换投资风格，可以灵活运用基金转换，能节省交易时间，也能降低交易成本。投资基金时，若先赎回再申购，一般需要五个工作日，而选择基金转换，则只要 2 个工作日。此外，基金转换费率大多低于申购费率，故省钱、省时。

（5）网上购买，省钱省时。现在各大银行、基金公司都推出了“网上基金交易”业务，因为通过网上渠道进行的交易实际不用投入太多的人力物力，因此网上基金交易有一定的优惠。

本章小结

内容摘要：本章主要介绍证券投资基金的含义、种类、基金的价格决定基础（如开放式基金与封闭式基金的价格决定），我国基金业发展过程和基本状况，并预测了基金业发展趋势，也对我国基金投资业绩加以评价。

关键概念：契约型基金　公司型基金　开放式基金　封闭式基金　指数型基金　基金净值　QFII

思考题

1. 什么原因刺激了证券投资基金业在各国的快速发展？

2. 基金的收益分配有现金和基金份额分配两种形式，当市场处于牛市和熊市时，何种收益分配形式更有利于增加投资收益？

3. 历经牛熊市洗礼，指数基金作为一种重要的长期资产配置和短期波段操作的工具，得到越来越多投资者的认同。市场上可以选择的指数基金也越来越多。怎么样选择指数基金才适合你的投资？

4. 基金定投是定期定额投资基金的简称，是指在固定的时间（如每月8日）以固定的金额投资到指定的开放式基金中，类似于银行的零存整取方式。这种投资方式可以平均成本、分散风险，比较适合进行长期投资。在现实中，如果你要进行基金定投，该注意哪些事项？

5. 近年来，公募基金经理跳槽频繁，尤其是前段时间明星基金经理王亚伟的离职，使得公众对本已业绩惨淡的基金行业再度深切关注。请你谈谈对这一现象的看法和今后进行基金投资的启示，以及对公募基金管理制度的思考和建议。

案例分析

QDII投资之惑

国内首只公募QDII基金——华安国际配置基金于2006年11月成立，同时聘请了雷曼兄弟作为海外投资顾问。2007年6月中国证监会颁布了《合格境内机构投资者境外证券投资管理试行办法》及相关通知，标志着国内基金公司QDII产品的正式启航。同年9~10月，首批4只QDII基金（即南方全球精选配置、华夏全球精选、嘉实海外中国股票、上投摩根亚太优势）正式成立。当时A股市场人气爆棚，加之QDII新鲜的投资噱头加强了投资者的高收益预期，四只QDII产品发行募集资金均在300亿元左右，是当年开放式基金平均募资规模的3.1倍，这充分说明国内投资者对海外投资需求的增加和对差异化理财产品的热情。

首批QDII匆匆建仓后便遭遇百年一遇的金融危机，加之国内QDII基金严重缺乏海外投资经验，使得这几只QDII风光未过便前赴后继，跌破单位净值。这严重打击了投资者对QDII基金的投资信心。尽管2008年以来均有新的QDII基金发行，但基于首批QDII基金的接连破发、对全球经济的悲观预期和当时A股市场仍处下降通道的市况，投资者的认购热情不高，新QDII基金的募集规模大不如前。随着在2007年、2008年成立的QDII基金在2009年市场反弹后的净值的回升，被套牢的资金大量赎回。鉴于2008年投资QDII基金的惨痛教训，个人和机构投资者、基金公司行为均较为谨慎，故在2009年QDII基金表现回暖的背景下，QDII基金的整体规模和份额却没有实现有效增长。同时由于监管机构为控制风险而增加了QDII基金在产品审批和外汇额度申请方面的障碍，2009年没有一只QDII基金发行。

进入2010年后，全球市场出现了震荡局面，QDII增长率也随之波动。随着2009年QDII基金业绩的回升和全球基金的回暖，2010年国内QDII基金的发行数量激增，全年共成立16只QDII基金，数量超过前三年成立的QDII基金的数量总和。然而由于投资者已有教训及理性，QDII基金整体规模和份额都不大，大部分份额都在5亿份左右。同时QDII在产品设计上出现些许创新，指数化投资开始被采用，且出现了债券类QDII。2010年，得益于海外市场的普遍上涨和部分货币对人民币升值，在已成立的22只基金中，共有16只获得正收益，占比约73%。这22只QDII基金的涨跌幅分布在-9.96%到21.9%之间。

问题：

1. 中国QDII发展的制约因素有哪些？

2. 分析QDII的投资风险。

提示：（1）QDII基金设立的初衷在于分散单一市场风险，提高投资组合收益。

(2) QDII 的设立有利于推动内地基金公司走向国际市场，增强其在投资策略、风险管理、公司治理以及信息披露等方面的专业知识，使有实力的基金公司具有更大的发展空间和积累国际业务经验的机会。

应用训练

1. 登录金融界、中国基金网等网站收集分级基金投资和交易信息，学会认购和交易分级基金。利用所学知识，借鉴券商研究成果，选择一只开放式或封闭式分级基金分析其投资价值。

2. 查阅资料，分析我国公募基金管理费提取方式存在哪些问题，同时提出改进建议。

第六章

衍　生　工　具

【案例导读】

中航油石油期权交易案

中航油（新加坡）股份有限公司于1993年5月在新加坡注册成立，2001年12月6日在新加坡交易所主板挂牌上市，成为首家完全利用自有资产在海外上市的中资企业。中航油（新加坡）自上市后，一直受到投资者的青睐，股票价格翻升近6倍。其资本市值也迅速攀升，由上市时的3.22亿新元上升到之后的5.5亿新元（约合78亿元人民币）。高速的增长、显著的投资回报，使其一度入选新加坡国立大学MBA课程教学案例，入选道·琼斯新加坡蓝筹股，并成为英国金融时报全球亚太指数股。

2003年下半年，中航油（新加坡）时任总裁陈久霖擅自扩大业务范围，开始进入石油期权交易市场。陈久霖和日本三井住友银行、法国兴业银行、英国巴克莱银行、新加坡发展银行和新加坡麦格理银行等在衍生品市场外市场签订期权合约，进行场外期权交易。2003年年底，中航油（新加坡）的仓位是空头200万桶，因为石油价格的短暂下跌，公司有所盈利。然而，进入2004年之后，石油价格就一路上涨，中航油（新加坡）逐渐由盈利变为亏损。为了掩盖账面亏损，陈久霖决定对合约进行展期，致使交易仓位放大。至2004年6月，公司因期权交易导致的账面亏损已扩大至3 500万美元。此时，受赌徒心理的影响，陈久霖不仅没有止损，反而将期权合约展期至2005年及2006年，并且在新价位继续卖空。到2004年10月，公司持有的期权总交易量已达到5 200万桶之巨，超过公司每年实际进口量的3倍以上，账面亏损已达1.8亿美元，公司现金全部消耗殆尽。其后，石油价格不但未降反而继续一路走高，陈久霖不得不向母公司中航油集团请求援助，而中航油集团不仅没有责令新加坡公司迅速斩仓，反而决定对其实施救助。当年10月20日，中航油集团以私募方式卖出手中所持15%的股份，获资1.08亿美元，立即交给新加坡公司补仓。此举愈发使新加坡公司泥潭深陷。10月26日和28日，公司因无法补加一些合约的保证金而强行平仓，从而蒙受1.32亿美元实际亏损。接着，2004年11月8日到25日，公司的期权合约继续遭逼仓，截至25日的实际亏损达3.81亿美元。2004年12月1日，在亏损5.5亿美元后，中航油（新加坡）宣布向法庭申请破产保护。

2004年12月10日，国务院国资委正式表态：中航油（新加坡）开展的石油指数期货业务属违规越权炒作行为。2006年3月3日，中航油召开特别股东大会，其重组方案以99%的赞成票获得通过。其后，陈久霖因涉嫌6项指控被处以33.5万新元的罚款、4年3个月监禁。

与本案例类似，金融衍生工具是交易双方通过对利率、汇率、股价等因素变动趋势的预测，约定在未来某一时间按照一定条件进行交易或选择是否交易的合约。金融衍生工具具有以下特性：跨期性、杠杆性（只需要支付少量的保证金或权利金就可签订远期大额合约或互换不同的金融工具）、联动性（指金融衍生工具的价值与基础产品或基础变量紧密联系，规则变动）、不确定性或高风险性。此外，金融衍生工具还伴随有信用风险、市场风险、流动性风险、运作风险、法律风险等。

起源于20世纪的全球金融创新是金融领域一次全方位的变革，而表现最突出的是金融工具的创新。金融衍生工具是指在原有证券（如股票、债券）价格中衍生出自身价值的金融产品，即基于或衍生于基础产品的金融工具。从其性质上看，它只有对原有证券的要求买卖权，而无原有证券所拥有的特定的股权、债权等其他权利。在国际金融市场上最为普遍运用的衍生金融工具有金融期货、金融期权与互换。

第一节 金 融 期 货

一、金融期货的基本特征与功能

金融期货（Financial Futures）是指交易双方在金融市场上，以约定的时间和价格买卖某种金融工具的具有约束力的标准化合约，是以金融工具为标的物的期货合约。金融期货一般分为三类：货币期货、利率期货和指数期货。金融期货作为期货中的一种，具有期货的一般特点，但与商品期货相比较，其合约标的物不是实物商品，而是传统的金融商品，如证券、货币、利率等。目前，金融期货占整个期货市场交易量的80%。

（一）金融期货的基本特征

1. 金融期货交易的特点

（1）交易对象是金融工具的标准化合约，即金融期货合约是由期货交易所为进行期货交易而设计的对指定金融工具（如外汇、债券、股票、股票价格指数）的种类、价格、数量、交收月份、交收地点等做出统一规定，具有固定格式和内容的标准化书面协议书。即实行标准化管理，只有合约的交易价格是可变的，因而便于市场流通转让，又可避免发生纠纷。所以，就期货合约而言，它具有标准化和流动性强的特点。

（2）对冲交易多，实物交割少，具有明显的投机性。金融工具现货交易的目的之一是为了筹资或投资，或为暂时闲置的货币资金寻找生息获利的投资机会。另一个主要目的是套期保值，即为不愿承担价格风险的生产经营者提供稳定成本的条件，从而保证生产经营活动的正常进行。因此，在金融期货交易中，金融工具的销售者不一定卖出金融工具，金融工具的购买者也不一定真的要买入金融工具，真正需要履约进行现货交割的是极少数（约占合约的1%~2%）。绝大部分交易都在合约到期前通过做相反交易进行对冲，只进行现金差额结算，减少或免除金融工具实物的交换。

（3）依托有形市场交易，实行保证金交易制度，交易安全可靠。期货交易所采用会员制，只有交易所会员才有资格进场交易。且为防止交易者毁约，实行保证金制度，一般按成交金额的10%缴纳。每天收盘时，要按市价重新核算需缴纳的保证金数额，实行多退少补。投资者只需支付少量的保证金，就可以买卖大额证券。

（4）交易者众多，交易活跃，流动性好。参与金融期货的交易者不仅有套期保值者，更有跨期套利者，使交易趋于活跃，风险得以分散。

2. 金融期货源于商品期货，但与商品期货有所不同

（1）金融期货没有实际的标的资产，如股指期货等，而商品期货交易的对象是具有实物形态的商品，如农产品、金属等。

（2）金融期货的交割具有极大的便利性。商品期货的交割比较复杂，除了对交割时间、地点、交割方式都有严格的规定以外，对交割等级也要进行严格划分。而金融期货的交割一般采取现金结算，即使有些金融期货（如外汇期货和债券期货）发生实物交割，但由于这些产品具有同质性以及基本上不存在运输成本，交割也较为简便。

（3）有些金融期货适用的到期日比商品期货要长，美国政府长期国库券的期货合约有效期限可长达数年。商品期货价格，尤其是农产品期货价格，受季节性因素的影响非常明显。

（4）持有成本不同。将期货合约持有到期满日所需的成本费用即持有成本，包括贮存成本、运输成本、融资成本。各种商品需要仓储存放，产生仓储费用。金融期货合约不需要贮存费用。如果金融期货的标的物存放在金融机构，则还有利息，如股票的股利、债券与外汇的利息等。有时这些利息会超出存放成本，产生持有收益（即负持有成本）。

（5）金融期货的交割价格盲区大大缩小。在商品期货中，存在较大的交割成本，从而给多空双方均带来一定的损耗。金融期货不存在运输成本和费用，价格盲区大大缩小了。

（6）金融期货中逼仓行情难以发生。在商品期货中，有时会出现逼仓行情，它通常表现为期现价格存在较大的差异，并且超过了合理的范围。更严重的逼仓是操纵者同时控制现货和期货。金融现货市场是一个庞大的市场，庄家不易操纵；其次，因为强大的期现套利力量的存在，发动逼仓行情的庄家面临极大风险；最后，一些实行现金交割的金融期货，期货合约最后的交割价就是当时的现货价，这等于是建立了一个强制收敛的保证制度。

（二）金融期货的功能

金融期货市场有多方面的经济功能，其中最基本的功能是规避风险和发现价格。

1. 规避价格变动风险功能

20世纪70年代以来，由于汇率、利率的频繁、大幅波动，广大投资者客观上要求规避这一系列金融风险。金融期货市场正是顺应这种需求而建立和发展起来的。因此，规避风险是金融期货市场的首要功能。投资者通过购买相关的金融期货合约，在金融期货市场上建立与其现货市场相反的头寸，并根据市场的不同情况采取在期货合约到期前对冲平仓或到期履约交割的方式，实现其规避风险的目的。比如，期货套期保值就是通过期货市场与现货市场的盈亏对抵得以实现，因为期货交易大多不会到期交割。金融期货市场具有风险转移的功能，是因为期货价格与现货价格存在着平行性和收敛性的关系。所谓平行性是指期货价格与现货价格同方向变化；收敛性是指期货价格到期收敛于当时的现货价格。

此外，金融期货市场通过规范化的场内交易，集中了众多愿意承担风险而获利的投机

者。他们通过频繁、迅速地买卖对冲，转移了实物金融商品持有者的价格风险，从而使金融期货市场的规避风险功能得以实现。

2. 价格发现功能

金融期货市场的发现价格功能，是指金融期货市场能够提供各种金融商品的有效价格信息。在金融期货市场上，各种金融期货合约都有着众多的买者和卖者，他们通过类似于拍卖的方式来确定交易价格。这种情况接近于完全竞争市场，能够在相当程度上反映出投资者对金融商品价格走势的预期和金融商品的供求状况。因此，某一金融期货合约的成交价格，可以综合反映金融市场各种因素对合约标的商品的影响程度，具有公开、透明的特征。由于现代电子通信技术的发展，主要金融期货品种的价格一般都能够即时播发至全球各地。因此，金融期货市场上所形成的价格不仅对该市场的各类投资者产生了直接的指引作用，也为金融期货市场以外的其他相关市场提供了有用的参考信息。各相关市场的职业投资者、实物金融商品持有者通过参考金融期货市场的成交价格，可以形成对金融商品价格的合理预期，进而有计划地安排投资决策和生产经营决策，从而有助于减少信息搜寻成本，提高交易效率，实现公平合理、机会均等的竞争。

3. 套利功能

套利的理论基础在于经济学中的“一价定律”。严格意义上的期货套利是指利用同一合约在不同市场上可能存在的短暂价格差异进行买卖，赚取差价，成为“跨市场套利”。行业内通常也根据不同品种、不同期限合约之间的比价关系进行双向操作，分别称为“跨品种套利”和“跨期限套利”。对于股价指数等品种，还有“指数套利”等。期货套利机制的存在对于提高金融市场的有效性具有重要意义。

影响金融期货的因素主要有：国家经济增长情况，货币供应量，通货膨胀率，国际收支差额，国家货币、财政、外汇政策，国际储备，市场参与者心理因素等。

二、金融期货市场

金融期货市场是进行金融期货交易的场所。期货交易者委托经纪公司在期货交易所内依照一定的交易规则，通过公开竞价方式，达成期货合约的交易。之后，通过结算所的确认，在合约到期时进行交割。因此，金融期货市场的要素包括期货交易所、结算所、保证金、经纪公司、金融期货交易者、金融期货合约。

（一）期货交易所

期货交易所是买卖标准化期货合约的场所，它的组织机制和运行机制类似于股票交易所。公司制是期货交易所最常见的一种形式，董事会是最高权力机构，下设各个业务部门来处理交易所的日常事务。交易所的经纪人采用会员制，有一般会员和全权会员。一般会员只能自营，全权会员拥有自营和经纪的双重身份。

期货交易所的主要职能：（1）提供交易场所、设施及相关服务；（2）制定并实施业务规则；（3）设计合约，安排上市；（4）组织和监督期货交易；（5）监控市场风险；（6）保证合约履行；（7）发布市场信息；（8）监管会员的交易行为；（9）监管指定交割仓库。

（二）结算所

结算所是负责期货交易中票据交换和钱货两清的专职机构，其主要功能是结算合约，并保证履约。在每一笔期货交易中，合约的买卖方都以结算所作为对象并与之结算。结算所在期货交易中担当了第三方的角色，负有清偿的连带责任，从而有效地保证了期货交易的安全进行。结算所的另一功能是简化结算手续。在期货交易中，由于结算所是买卖双方的交易对象，这使得每个合约持有者在不愿意进行实物交割时，都可以随时平仓出局，并结清买卖的价格差异。因此，每一张合约，由于中间不断地转手且随时结算价差，到交割时，只涉及两个合约的持有者。

期货结算所大部分实行会员制。结算会员须缴纳全额保证金并存放在结算所，以保证结算所对期货市场的风险控制。期货结算所的最高权力机构是董事会（理事会）。

（三）保证金

期货合约的保证金是为了防范结算风险、保证合约的履行而建立的准备金。结算所为了保证期货交易的清算工作能够正常进行，从交易所收取的费用里建立一笔基金，来保证每一笔交易的履行。此外，结算所还规定每个会员经纪公司必须向结算所缴纳一定数量的履约保证金，每个交易者则向其经纪人（结算所会员）缴纳合约保证金。保证金分为原始保证金和维持保证金。原始保证金是指在每笔期货交易时按标的金额的一定百分比所缴纳的保证金。通常，原始保证金比率在10%以下。维持保证金是指要继续持有每张未平仓合约所要达到的最低保证金的水平。期货交易者按照规定缴纳保证金并完成期货交易（开仓），结算所采取不负债的原则，每天计算合约持有者的保证金账面余额，并不断调整交易双方的保证金账户，账面余额根据原始保证金加减浮动盈亏计算而来（浮动盈亏 = 开仓价 - 每日结算价，做多时负数为盈，做空时正数为盈）。当期货合约的价格出现了不利波动，保证金水平低于维持保证金时，结算所将要求经纪人追加账户中的保证金，而经纪人则要求其客户再存入资金，使保证金账户的资产达到原始保证金的水平，即追加保证金。一旦合约持有者没有在规定期限内补交保证金，经纪人有权强行平仓，由此造成的损失由合约持有者自负。

（四）期货经纪公司

按照期货交易所的规定，只有交易所会员才有资格入场交易，也只能是具有会员资格的经纪人才可代客交易，并按交易金额收取佣金。期货交易所把所有客户的交易都归并在各自经纪人的账户上，这意味着经纪人必须为其代理过的各笔交易承担责任。因此，经纪人除了接受委托、收取保证金并下单之外，还要实时监控手中客户合约的价格变动，并计算其持仓风险，以便及时向客户提出追加保证金的要求。当经纪人手中的客户增多时，为了使经纪事务能有效进行，便产生了经纪公司。经纪公司都是股份制或合伙制，是介于客户和交易所之间的中介机构，负责处置诸如客户资金管理、期货交易结算、委托、交割及实物交收等业务。根据业务需要，期货经纪公司内部机构设置一般有结算部、按金部、信贷部、落盘部、信息部、现货交收部、研究部等职能部门。

（五）金融期货交易者

参与金融期货交易的交易者可以分为四种类型：套期保值者、投机者、套利者和做市商。

套期保值者是指利用期货交易来对冲其在现货市场上的证券和货币价格风险的交易者。套期保值者是金融期货市场的中坚，也是金融期货得以生存和发展的基本条件。

投机者是指愿意承担风险，并根据各自对金融期货价格的预测，对期货合约进行买卖，从中获利的个人和机构。投机者的特征是单向开仓且无现货供需，收益和风险较大。

套利者是指利用金融期货的同种商品在不同市场、不同交收月份，或不同商品在同一市场、相同交收月份间出现的不合理的价格差异，进行低买高卖，希望价格回归合理后再进行对冲平仓来获取价差的个人或机构。套利者的特征就是同时进行数量相等、方向相反的交易。由于相对锁定了价格变动，其收益和风险较小。

做市商是指期货交易所的自营商在金融期货交易期内，不断主持期货合约的买卖，通过买入低价合约、卖出高价合约，从中赚取价差。做市商的存在，对平衡市场供需关系、活跃期货合约的交易起着积极的影响。

一个健全的期货市场需要有各种成分的交易者，其中最主要的是有足够的套期保值者、投机者和套利者。没有套期保值者，期货市场就失去了生存的条件；没有投机者，套期保值者的价格风险就无从转移；没有套利者，不合理的价差不会很快消失，期货和现货的价格不能联动和趋向一致，套期保值就可能失效。因此，这些不同成分的交易者是相互依存的，成功的金融期货产品又是以各种成分的相对平衡为前提的。套期保值不足，期货品种会被市场所淘汰；投机成分不够，市场会交易清淡；投机成分太多，则会造成投机过度而酿成清算风险。

（六）金融期货合约

金融期货合约是指在期货交易所达成的，约定在将来某一时点按成交价和标的数量交割某一金融商品的，受法律约束的标准化合约。所谓标准化，是指同一品种、同一交收月份的期货合约的交易条件，除了成交价格（到期履约价格）不同外，其他都相同。标准化合约的内容一般包括下列基本要素：

（1）合约单位（合约数量单位）。合约单位是指期货交易所规定的每一种金融期货合约应包括的金融商品交易数量。通常 1 张合约称为“1 手”，如国际货币市场（芝加哥商品交易所）中美元期货合约的交易单位为 25 000 美元，“1 手”合约就是 25 000 美元。

（2）单位报价。单位报价是指金融期货的报价单位，通常以“点”来表示，如股指期货以“指数点”表示，利率期货以合约面额的“百分点”表示，货币期货以汇率的最后一位“小数点”表示。

（3）最小浮动价位。最小浮动价位是指单位报价的货币变动幅度。

（4）价格波动幅度。价格波动幅度是指每日交易价格的最高限度和最低限度，通常也以“点数”表示。不同种类的金融期货的限价幅度各有不同。

（5）其他条件。标准化合约的其他条件包括：①交收月份。交收月份是指合约到期的月份，大多数金融期货 1 年有 3、6、9、12 月共 4 个交收月份。②交易时间。交易时间是指每天正常的交易时间。③最后交易日。最后交易日是指到期合约交易的最后时间。④交收日期。交收日期是指进行实物交收的期限。

期货合约由期货交易所自行制定交易内容和规格，不同交易所有不同的制定标准，同种商品在各个交易所也有可能条件不同。投资者应注意了解相关信息。

三、金融期货的种类

目前已经开发出来的品种主要有三大类：

1. 利率期货

利率期货是指以利率为标的物的期货合约。世界上最先推出的利率期货是于 1975 年由美国芝加哥商业交易所推出的美国国民抵押协会的抵押证期货。利率期货主要包括以长期国债为标的物的长期利率期货和以两个月短期存款利率为标的物的短期利率期货。

利率期货套期保值实例：某银行在5月1日计划将8月份收回的100万美元贷款用于购买3月期国库券。该银行预计利率将会下降，短期国库券价格将会上升。为避免损失，它按93.25的指数价格买入1份短期国库券期货。8月1日，它买入面值100万美元的短期国库券，其收益率为5.7%；同时，它按94.16的指数价格对利率期货进行平仓。在不考虑交易成本的情况下，套期保值后的国库券实际收益率是多少？

解：（100－93.25）－（100－94.16）＝0.91，在利率期货交易中，收益率差额为0.91%。5.7%＋0.91%＝6.61%，经过多头利率期货套期保值，它所购买的国库券的实际收益率6.61%。

多头利率期货套期保值指人们通过买入利率期货合约以避免利率变动可能带来的损失，即在期货市场先买后卖，反之，空头利率期货套期保值者则是先卖后买。

2. 货币期货

货币期货又称外汇期货，是金融期货中最先产生的品种，指以汇率为标的物的期货合约。货币期货是适应各国从事对外贸易和金融业务的需要而产生的，目的是借此规避汇率风险。1972年美国芝加哥商业交易所的国际货币市场推出第一张货币期货合约并获得成功。其后，英国、澳大利亚等国相继建立货币期货的交易市场，货币期货交易成为一种世界性的交易品种。目前国际上货币期货合约交易所涉及的货币主要有英镑、美元、欧元、日元、瑞士法郎、加拿大元、澳大利亚元等。

外汇市场套期保值实例：美国一制造商在瑞士有一家工厂，该厂面临短期财务困境，急需瑞士法郎以支付即期费用。6个月后该厂财务状况好转。该制造商正好有美元（$）资金可兑换瑞士法郎（SF）30万，但又担心汇率波动风险，故进行如下操作（见表6－1）：

表6－1　货币期货套期保值实例

现货市场	期货市场
6月1日：以$4.05/SF，买入30万SF，价值$1 215 000，汇给瑞士工厂。	6月1日：以$4.06/SF，卖出2张12月份期满的SF期货合约（2×125 000SF）＝250 000SF，价值$1 015 000。
12月1日：以$4.06/SF，卖出30万SF，价值$1 218 000，汇回美国。	12月1日：以$4.065/SF，买回2张12月份期满的SF期货合约，价值$1 016 250（＝$250 000×4.065）。
现货市场盈利： $1 218 000－$1 215 000＝$3 000	期货市场损失： $1 015 000－$1 016 250＝－$1 250

注：一份SF期货合约数量单位为125 000，故买卖二或三份合约均可（与30万SF大致相当）。

相抵之后盈余：$3 000－$1 250＝$1 750（不含交易费用）。同理，现货市场出现亏损，则期货市场的盈余将可以弥补。该制造商通过套期保值交易有效回避了汇率波动风险。

3. 股票指数期货

股票指数期货是指以股票指数为标的物的期货合约。股票指数期货是目前金融期货市场最热门和发展最快的期货交易品种。股票指数期货不涉及股票本身的交割，其价格根据股票指数计算，合约以现金清算形式进行交割。股指期货最早产生于1982年美国堪萨斯农产品交易所的股指期货交易，以股票价格指数为标的物和交易对象进行交易，采用现金结算的方式，合约的价值以股票价格指数值乘以一个固定的金额来计算。

现有的股指期货主要有：CME的标准普尔500股票价格综合指数期货，NSE的综合指数期货，堪萨斯农产品交易所的价值综合指数期货，悉尼期货交易所股指期货，伦敦国际金融期货交易所的金融时报100股指期货，香港恒生价格指数期货。

沪深300指数由中证指数有限公司编制与维护，成分股票有300只。该指数借鉴了国际市场成熟的编制理念，采用调整股本加权、分级靠档、样本调整缓冲区等先进技术编制而成（见表6-2）。中金所首个股指期货合约以沪深300指数为标的物。沪深300股指期货以2004年12月31日为基日，基日点位1 000点。成分股每半年定期调整一次。

表6-2　　沪深300指数期货合约

合约标的	沪深300指数
合约乘数	每点300元
报价单位	指数点
最小变动价位	0.2点
合约月份	当月、下月及随后两个季月
交易时间	上午：9:15~11:30，下午：13:00~15:15
最后交易日交易时间	上午：9:15~11:30，下午：13:00~15:00
每日价格最大波动限制	上一个交易日结算价的±10%
最低交易保证金	合约价值的12%
最后交易日	合约到期月份的第三个周五，遇法定假日顺延
交割日期	同最后交易日
交割方式	现金交割
交易代码	IF
上市交易所	中国金融期货交易所

据统计，2013年年底，沪深两市总市值约22万亿元。台湾地区股指期货成交额前三年均值约占现货市值的30%，而沪深300指数期货的年成交金额已经超过现货市场成交额。股指期货交易的发展也将为外汇期货、外汇期权、股指期权等金融衍生产品的推出积累运作经验。

股指期货交易实例：某投资者预期沪深股市股价下跌，做空股指期货。2014年3月5日，售出一份股指期货合约，沪深300指数2 500点，价值2 500×300=750 000（元）。3月9日，补进期货合约，沪深300指数为2 450点，合约价值2 450×300=735 000（元），获利：750 000－735 000=15 000（元）。若指数未下跌而是上升至2550点，则亏损：750 000－765 000=－15 000（元）。

同理，如果预期股指上涨，则可以做多股指期货，但也要承担指数可能下跌的损失。由于指数涨跌一个点就值300元，也称300倍杠杆率，可见股指期货收益大风险亦大（股指期货实行保证金交易。若股指期货的保证金是15%，沪深300指数是5 000点，则买一手股指期货的保证金需要5 000×15%×300＝225 000（元），即最少要付出225 000元来操作一手股指期货。故股指期货门槛较高，一般投资者介入不易）。

第二节　金融期权

一、金融期权的含义与性质

（一）含义

金融期权是指在特定的时间，按协议价格及规定数量买卖某个指定金融商品的权利。早期的金融期权交易主要是股票期权，由于交易分散在场外，经常是有行无市。1973年4月，芝加哥期权交易所成立后，期权交易步入了集中交易的时代，世界各地的交易所纷纷引入金融期权业务，使金融期权迅速发展，交易品种不断增加，交易范围也从原来的股票期权扩展到股指期货期权、货币现货和期货的期权、利率现货和期货的期权等。金融期权已成为当今金融创新的主要手段。

（二）金融期权的性质

金融期权是在商品期货交易的原理上发展起来的，和期货有着很多相似之处，但又有着自己独特的性质。

（1）金融期权的交易对象是买卖商品的权利，而不是商品本身。

（2）该项买卖商品的权利是可以选择的。持有这项权利的投资者可以选择执行这项买卖商品的权利（行权），或是转让这项权利予他人，也可以选择放弃执行这项权利。

（3）该项买卖商品的选择权是单方面拥有的。在所有期权交易中，只有期权的买入方因交纳给对手一定费用后才享有这项权利，而期权的卖出方只能被动地履行其义务。

（4）该项买卖商品的权利是有时效的。在期权规定的期限内，买入者可以执行期权或转让期权，期限一过，期权合约自动失效，买入方只能放弃该项权利。

二、金融期权的要素

（一）期权买入方和卖出方

期权买入方通过支付一笔期权费，获得在一特定时间内以双方协定的价格买卖一定数量指定金融商品的权利。在期权合约所规定的有效期内，买入方可以行权或弃权，无论其是否行使期权。卖出方通过提供期权合约（出售权利），获得买入方所支付的期权费，为此需要承担期权有效期内履行合约的义务。只要期权买入方决定行使权力，卖出方只能履约。由于有违约的可能性，通常卖出方要支付标的金额30%以上的保证金。

（二）协议价格

协议价格又称履约价格，是由期权交易双方在买卖期权时所议定的某项实际金融商品执行时的买卖价格。在集中性的交易所里，这项价格是由交易所制定的，即交易所根据标的物的价格走势、现有的交易价格等来确定当前的协议价。当标的物的价格发生较大变化时，交易所会适时调整后推出新的期权协议价。期权合约的协议价一经确定，合约期内就不再变动。

（三）期权费

期权费是期权买入方购买期权所赋予的权利时支付给期权卖出方的代价，又称期权价格。期权费是由市场供需所决定的。通常，标的物的市场价格、协议价格、到期期限、价格的波动率、市场的无风险利率，以及预期标的物商品的收益等都会影响期权费。一般来说，标的物价格越高，看涨期权的期权费越大；而协议的价格越高，看涨期权的期权费越小。看跌期权正好相反。从期权的执行期来看，有欧式期权和美式期权之分，欧式期权的执行期在期权合约规定的到期日后若干个工作日内，美式期权则在期权有效期内任何一天都可执行。这两种不同执行期的期权，其期权费也不同。在其他条件相同时，期限较长的美式期权的期权费要比同期的欧式期权的期权费高得多，因为有效期长的美式期权执行期权的机会更多。

（四）合约标的物和数量单位

期权标的物是指期权合约中买卖的指定金融商品。合约的标的物可以是股票、债券等实际金融商品，也可以是金融期货等衍生产品。期权的数量单位即合约单位。期权合约是标准化合约，每张合约数量相同，如美国的股票期权每张的合约数量是100股股票。不同标的物的期权合约，合约数量单位不同，如美国长期国债期权合约每张的合约单位为10万美元。

（五）合约期限和到期日

合约期限是指合约签约至失效日止的有效期限，合约期限大多为3个月。在合约有限期内，持有者可随时转让合约，美式期权则可任意行权。期权到期日也称失效日，是执行期权合约进行实物交收的最后一天，过期则期权失效。如要执行期权，就应在到期日前的一两个交易日通知经纪人，以便经纪人可在到期日前通知期权结算公司进行实物交收。

三、金融期权的基本种类及盈亏特征

金融期权从行权的方向来分类，可分为看涨期权（买入期权）和看跌期权（卖出期权）两种基本类型。

（一）看涨期权

看涨期权是指投资者买入期权后，等待期权标的物价格上涨时行权的一种期权合约。看涨期权对买入方来说，其最大的损失是买卖期权合约时支付给卖出方的期权费。也就是说当期权标的物的市场价格下跌时，买入式可以放弃执行期权，损失的只是期权费。当期权标的物的市场价格超过执行价格和期权费之和时开始获利，获利的多少要看价格上涨幅度。由于股票价格的上升没有最高价，故其理论上的收益是无限的。执行期权时，按协议价买入标的金融商品，在现货市场出售即可获利。看涨期权对卖出方来说，其最大收益是期权费，即对方弃权；其理论上的亏损是无限的，亏损多少仍要看标的物价格的上涨幅度。

例如，3个月期的欧式D股票看涨期权，执行价为10元，市场价为9元，期权费2元。对看涨期权的买入方来说，若到期市场价格低于10元，其将弃权，损失为2元；若股价上升至10元以上，其损失逐渐减少；12元处是执行价格和所支付的期权费之和，即盈亏平衡点；12元以上开始获利。因此，D股的股价超过10元后，为减少损失，其也将执行期权（不考虑交易费用）。

对看涨期权的卖出方而言，如股价下跌，因对手弃权而稳获期权费，最大收益为2元；

股价上升到10～12元间，是盈利减少区域；12元处盈亏平衡；当股价超过12元后，其损失逐步扩大。

（二）看跌期权

看跌期权是指投资者买入期权后，等待标的物价格下跌时行权的一种期权合约。对期权买入方来说，期权费是其最大损失，即标的物价格上升，放弃行权。而一旦价格下跌，买入方就可获利，获利的程度要看标的物价格的下跌程度。届时，看跌期权买入方只要在现市买入现货交割即可实现盈利。对看跌期权卖出方而言，最大盈利仍然是期权费，而一旦标的物的市场价格下跌，其将因买入方要执行期权而遭受损失。一般来说，因金融商品价格不会跌至零以下，所以看跌期权卖出方的损失不可能是无限的。

例如，3个月期的D股票欧式看跌期权，执行价格为10元，市场价格为9元，期权费3元。对看跌期权买入方来说，到期D股市场价在10元以上时，其将弃权，损失为期权费3元；股价在7元到10元之间是减亏区域；7元为盈亏平衡点；7元下方是盈利区域。毫无疑问，股价在10元以下时，买入方都将行权。

对看跌期权的卖出方而言，对方的亏损就是其盈利，当对方弃权时其将获得最大的收益——全部的期权费；在7～10元之间，盈利逐渐消失；7元为盈亏平衡点；7元以下出现亏损。

四、金融期权的价值分析

期权交易在很长一段时间内交易量稀少，其主要原因是期权的定价处于一种猜测状态。1973年5月，布莱克—斯科尔斯公式解决了期权定价问题，从而推进了期权市场的发展。

期权的价值由其内在价值和时间价值所组成。期权的内在价值是指立即执行该期权所能得到的收益，即标的物市场价格与期权执行价之间正值的差额。对看涨期权来说，市场价格大于执行价格时其具有内在价值，而看跌期权是市场价格小于执行价格时具有内在价值。我们把有着内在价值的期权称为实值期权，无内在价值的期权称为虚值期权，执行价格与市场价格持平的期权称为平价期权。具体划分见表6－3。

表6－3　　按内在价值区分的期权类型

标的物市价	看涨期权	执行价	期权类型	看跌期权	执行价	期权类型
20	甲	18	实值	A	21	实值
20	乙	20	平价	B	20	平价
20	丙	23	虚值	C	17	虚值

在期权交易的实践中，人们发现，大多数期权是以高于其内在价值的价格进行交易的。也就是说，期权价格除了受其内在价值影响外，还受到其他因素的影响，这就是期权的时间价值。期权的时间价值是指投资者为买期权所支付的期权费大于内在价值的那部分价值。它可通过期权价格减去内在价值而得到，如表6－3中，丙看涨期权在实际交易中期权价格为1元，则其时间价值为1－（－3）＝4（元）。

五、金融期货与金融期权的区别

（1）标的物不同。一般地说，凡可做期货交易的金融商品都可做期权交易，但可做期权交易的金融商品却未必可做期货交易。在实践中，只有金融期货期权，而没有金融期权期货。一般而言，金融期权的标的物多于金融期货的标的物。随着金融期权的发展，其标的物有日益增多的趋势，甚至连金融期权合约本身也成了金融期权的标的物，即所谓复合期权。

（2）投资者权利与义务的对称性不同。金融期货交易的双方权利与义务对称，即对任何一方而言，都既有要求对方履约的权利，又有自己对对方履约的义务。而金融期权交易双方的权利与义务明显不对称，期权的买方只有权利而没有义务，而期权的卖方只有义务而没有权利。

（3）履约保证不同。金融期货交易双方均需开立保证金账户，并按规定缴纳履约保证金。而在金融期权交易中，只有期权出售者，尤其是无担保期权的出售者才需开立保证金账户，并按规定缴纳保证金，以保证其履约的义务。至于期权购买者，因期权合约未规定其义务，故无需开立保证金账户和缴纳任何保证金。

（4）现金流转不同。金融期货交易双方在成交时不发生现金收付关系，但在成交后，由于实行逐日结算制度，交易双方将因价格的变动而发生现金流转，即盈利一方的保证金账户余额将增加，而亏损一方的保证金账户余额将减少。当亏损方保证金账户余额低于规定的维持保证金时，必须按规定及时缴纳追加保证金。因此，金融期货交易双方都必须保有一定的流动性较高的资产，以备不时之需。而在金融期权交易中，在成交时，期权购买者为取得期权合约所赋予的权利，必须向期权出售者支付一定的期权费；但在成交后，除了到期履约外，交易双方不发生任何现金流转。

（5）盈亏的特点不同。金融期货交易双方都无权违约也无权要求提前交割或推迟交割，而只能在到期前的任一时间通过反向交易实现对冲或到期进行实物交割。而在对冲或到期交割前，价格的变动必然使其中一方盈利而另一方亏损，其盈利或亏损的程度决定于价格变动的幅度。因此，从理论上说，金融期货交易中双方潜在的盈利和亏损都是无限的。

相反，在金融期权交易中，由于期权购买者与出售者在权利和义务上的不对称性，双方在交易中的盈利和亏损也具有不对称性。从理论上说，期权购买者在交易中的潜在亏损是有限的，仅限于所支付的期权费，而可能取得的盈利却是无限的；相反，期权出售者在交易中所取得的盈利是有限的，仅限于所收取的期权费，而可能遭受的损失却是无限的。当然，在现实的期权交易中，由于成交的期权合约事实上很少被执行，因此，期权出售者未必总是处于不利地位。

（6）套期保值的作用与效果不同。利用金融期货进行套期保值，在避免价格不利变动造成的损失的同时也必须放弃若价格出现有利变动可能获得的利益。利用金融期权进行套期保值，若价格发生不利变动，套期保值者可通过执行期权来避免损失；若价格发生有利变动，套期保值者又可通过放弃期权来保护利益。这样，通过金融期权交易，既可避免价格不利变动造成的损失，又可在一定程度上保住价格有利变动而带来的利益。

但是，这并不是说金融期权比金融期货更为有利。只是从保值角度来说，金融期货通常比金融期权更为有效，也更为便宜，而且要在金融期权交易中真正做到既保值又获利，事实上也并非易事。所以，金融期权与金融期货各有优劣，现实交易活动中，一般将两者结合起来，通过一定的组合或搭配来实现某一特定目标。

世界范围内期权交易量数倍于期货，例如韩国的指数期权就是全世界交易最大的品种。

第三节 金融互换

金融互换交易，主要指对相同货币的债务和不同货币的债务通过金融中介进行互换的一种行为。金融互换交易是继20世纪70年代初出现金融期货后，又一典型的金融市场创新业务。

一、金融互换的主要功能

（1）通过金融互换可在全球各市场之间进行套利，从而一方面降低筹资者的融资成本或提高投资者的资产收益，另一方面促进全球金融市场的一体化。

（2）利用金融互换，可以管理资产负债组合中的利率风险和汇率风险。

（3）金融互换为表外业务，可以逃避外汇管制、利率管制及税收限制。

二、种类

金融互换虽然历史较短，但品种创新却日新月异。除了传统的利率互换和货币互换外，一大批新的金融互换品种不断涌现。

（一）利率互换

利率互换是指双方同意在未来的一定期限内根据同种货币的同样的名义本金交换现金流，其中一方的现金流根据浮动利率计算，而另一方的现金流根据固定利率计算。互换的期限通常在2年以上，有时甚至在15年以上。

（二）货币互换

货币互换是将一种货币的本金和固定利息与另一货币的等价本金和固定利息进行交换。其产生的主要原因是交易双方在各自国家中的金融市场上具有比较优势。

（三）其他互换

（1）交叉货币利率互换：是利率互换和货币互换的结合，是以一种货币的固定利率交换另一种货币的浮动利率。

（2）基点互换：交换的利息支付额以两种不同的浮动利率指数进行核算，如3个月期的美元伦敦银行同业拆借利率对美国商业票据利率的互换交易。

（3）零息互换：固定利息的多次支付流量被一次性的支付所代替，该一次性支付可发生在期初或在期末。

（4）远期互换：互换生效日是在未来某一确定时间开始的互换。

（5）互换期权：本质上是期权而不是互换，该期权的标的物为互换。

（6）股票互换：以股票指数产生的红利和资本利得与固定利率或浮动利率交换。

此外还有增长型互换、减少型互换和滑道型互换，后期确定互换，差额互换，可延长互换和可赎回互换等等。我国的企业与金融机构仅是近几年才开始涉足金融互换交易业务，而且目前主要局限于一些简单的利率互换与货币互换等形式。

三、互换实例

根据以下资料设计一个利率互换，并收取10个基点作为手续费。说明通过利率互换两家公司可分别节省多少利息成本。

信用等级：甲：AAA，乙：A；

固定利率借款成本：甲：10%，乙：10.7%；

浮动利率借款成本：甲：LIBOR－0.10%，乙：LIBOR＋0.30%；

财务需求：甲：需要浮动利率资金，乙：需要固定利率资金。

分析：由于两者的信用程度不一样，借款利率不同。在借固定利率款中，甲比乙利率低0.7%，而借浮动利率款，乙利率比甲高0.40%，显然乙贷浮动利率款有相对优势，甲借固定利率款有相对优势。

现在，甲需要浮动利率资金，乙需要固定利率资金。进行利率互换，即甲借固定利率款，乙借浮动利率款，共可省下利率为：

（LIBOR－0.10%＋10.7%）－（10%＋LIBOR＋0.30%）＝0.3%；手续费10个基点，即0.1%，两者通过互换各省下0.1%的利率水平。

互换后，甲贷固定利率款，利率10%，由乙承担；乙借浮动利率款，利率LIBOR＋0.30%，其中LIBOR－0.25%由甲承担。

这样，甲需要浮动利率资金，支付浮动利率LIBOR－0.25%；乙需要固定利率资金，支付固定利率10%＋0.55%＝10.55%。甲、乙各支付0.05%的利息费给中介。

最终，甲承担利率LIBOR－0.20%，乙承担利率10.6%。

第四节 其他衍生工具

一、权证

（一）权证的含义及其要素内容

1. 权证的含义

权证，就是认购或出售特定资产的权利证明。权证持有人在约定的时间内，有权按照约定价格要求发行人出售（或者认购）权证对应的资产。通俗地说，权证就是一种权利，一种可以以某个事先约定的价格买入或者卖出特定资产（某只股票或某种指数等）的权利。

权证的本质就是期权。按照执行权利的不同，分为认购权证和认沽权证。认购权证是一种买进权利，权证持有人有权在约定的时间，以约定的价格向发行人购买约定数量的标的资产；认沽权证是一种卖出权利，权证持有人有权在约定时间，以约定价格向发行人出售约定数量的标的资产。

2. 权证的要素内容

权证的各要素会在发行公告书中得到反映。

例如，A公司发行以该公司股票为标的证券的权证，假定发行时股票市场价格为15元，发行公告书列举的发行条件为：①发行日期：2014年3月8日；②存续期间：6个月；③权证种类：欧式认购权证；④发行数量：50 000 000份；⑤发行价格：0.50元；⑥行权价格：17.00元；⑦行权期限：到期日；⑧行权结算方式：证券给付结算；⑨行权比例：1∶1。

以上条款告诉投资者，由A公司发行的权证是一种股本认购权证，该权证每份权利金是0.50元，发行总额为5 000万份，权证可以在6个月内买卖，但行权则必须在6个月后的到期日进行。如果到期时A公司股票市场价格为19元，高于权证的行权价17元，投资者可以17元/股的价格向发行人认购市价19元的A公司股票，每股净赚2元；若到期时A公司股价为15元，低于行权价17元，投资者可以不行权，从而仅损失权利金0.66元/股。

（二）权证的分类

权证根据不同的划分标准有不同的分类。

（1）按买卖方向分为认购权证和认沽权证。认购权证持有人有权按约定价格在特定期限内或到期日向发行人买入标的证券；认沽权证持有人则有权按约定价格在特定期限内或到期日向发行人卖出标的证券。认购权证与认沽权证的区别见表6－4。

表6－4　认购权证与认沽权证的区别

	认购权证	认沽权证
持有人的权利	持有人有权利（但没有义务）在某段期间内以预先约定的价格向发行人购买特定数量的标的证券。	持有人有权利（但没有义务）在某段期间内以预先约定的价格向发行人出售特定数量的标的证券。
到期可得的回报	（权证结算价格－行权价）×行权比例 （注：未考虑行权相关费用）	（行权价－权证结算价格）×行权比例 （注：未考虑行权相关费用）

（2）按权利行使期限分为欧式权证和美式权证。美式权证的持有人在权证到期日前的任何交易时间均可行使其权利，欧式权证持有人只可以在权证到期日当日行使其权利。

（3）按发行人不同可分为股本权证和备兑权证。股本权证一般由上市公司发行，备兑权证一般由证券公司等金融机构发行。股本权证与备兑权证的区别见表6－5。

表6－5　股本权证与备兑权证的区别

比较项目	股本权证	备兑权证（衍生）
发行人	标的证券发行人	标的证券发行人以外的第三方
标的证券	需要发行新股	已在交易所挂牌交易的证券
发行目的	为筹资或高管人员激励用	为投资者提供避险、套利工具
行权结果	公司股份增加，每股净值被稀释	不造成股本增加或权益稀释

（4）按权证行使价格是否高于标的证券价格，分为价内权证、价平权证和价外权证，见表6－6。

表 6－6　　价内权证、价平权证和价外权证

价格关系	认购权证	认沽权证
行使价格 > 标的证券收盘价格	价外	价内
行使价格 = 标的证券收盘价格	价平	价平
行使价格 < 标的证券收盘价格	价内	价外

（5）按结算方式可分为证券给付结算型权证和现金结算型权证。权证如果采用证券给付方式进行结算，其标的证券的所有权发生转移；如采用现金结算方式，则仅按照结算差价进行现金兑付，标的证券所有权不发生转移。

（三）权证价值及其影响因素

认购（沽）权证是使持有人具有在约定时间内以事先约定的价格认购或沽出一定数量标的证券的权利的凭证，即允许持有人在有效期内，按某一既定比率，以某一既定价格认购或沽出一定数量的标的证券。因此，权证票面本身是没有价值的，但它在市场上却有价格。作为一种衍生产品，权证的价值主要受其标的证券的影响。具体说来，认购或认沽权证的价格走势主要受以下几个因素的影响：

（1）标的证券的现价；

（2）权证的执行价格；

（3）标的证券预期的未来价格；

（4）距离权证到期日的时间；

（5）标的证券预计派发的股息。

在其他因素不变的情况下，每项因素对认购和认沽权证的影响概括如表 6－7 所示。

表 6－7　　认购权证与认沽权证的影响因素及影响情况

	认购权证价值	认沽权证价值
标的证券价格越高	越高	越低
行权价格越高	越低	越高
标的证券价格波动性越高	越高	越高
距离权证到期日时间越长	越高	越高
现金红利派发越多	越低	越高

这些因素不但分别影响着权证价值，而且它们之间也相互关联，形成综合效应。除这几个主要因素之外，可能存在的每股盈利的“稀释”、权证的发行数量、权证是否在交易所上市等因素也会影响权证的价值。

一般说来，权证的价值可分为内在价值和时间价值两部分。内在价值是权证的底价，由下面公式决定：

$$V = (P - EP) \cdot N$$

式中，V 为权证内在价值；P 为标的证券现价；EP 为行权价；N 为一份权证可认购（沽）的标的证券份数。

权证的市价不会低于内在价值（底价），否则，市场上就会出现无风险套利。权证的市场价格和内在价值之差为时间价值。

例如，某公司发行的权证是一种股本认购权证，权证的行权价为 20 元，行权比例为 1∶1，权证的市场价格为 3 元。如果 A 公司股票市场价格为 20 元，则权证的内在价值为 0 元。而市场上权证的价格为 3 元，高于内在价值的部分就是时间价值的体现。如果 A 公司股票市场价格为 22 元，则权证的内在价值为 2 元；如果 A 公司股票市场价格为 18 元，投资者是不会行权的，权证的内在价值还为 0 元，不会出现负数。

（四）权证的特征与风险

（1）权证一般具有便利融资、对冲风险、高杠杆等特点。

一是权证的持有者有权利而无义务，具有期权的特征。在资金不足、股市形势不明朗的情况下，投资者可以购买权证而推迟购买股票，减少决策失误所造成的损失。

二是风险有限，可控性强。从投资风险看，认股权证的最大损失是权证买入价，其风险被锁定，便于投资者控制。

三是权证为投资者提供了杠杆效应。投资人可用少量资金购买备兑权证，取得认购一定数量股份的权利，可能得到股份的价差，具有以小搏大的特性。

四是结构简单、交易方式单一。认股权证是一种个性化的最简单的期权。它的认购机理简单，交易方式与股票相同，产品创新的运作成本相对较低。大部分衍生产品都是以现金进行交割，而认股权证可以用实券交割，更符合衍生产品发展初期投资者的交易习惯。

五是权证的发行不涉及发行新股或配股。它的发行是因为发行人已拥有大量已发行的股票，或通过市场吸纳了现有的股票，以备各备兑权证持有者行使权利。因此发行备兑权证具有套现的目的，它并不增加证券的总量，不会摊薄正股的每股盈利。而一般认购证因涉及发行新股或配股，所以在发行时都伴随着股本的扩张，具有集资的目的。

（2）权证是一种高风险高收益的投资品种，投资者参与权证交易应充分树立风险意识。

第一，价格剧烈波动的风险。由于权证的高杠杆性，其价格只占标的证券价格的较小比例，可能出现权证价格剧烈波动，涨跌幅均超过股票的情况。同理，权证的涨跌停板幅度是变化的，不同于股票的涨跌停板幅度（10%）。

第二，时效性风险。权证是有一定期限的，持有者应及时在到期日或此之前对价内权证行权，因为期满后权证就没有任何价值了。

第三，履约风险。权证实质是发行人和持有人之间的一种契约，存在权证发行人违约的风险。目前设计的权证方案，对发行人的履约安排了充分的担保，违约风险较低。

第四，计算权证的价值并不是简单等于“股价减去行权价”。决定权证价值的因素很多，包括正股股价、正股的波动率、权证的剩余期限、无风险利率、行权价格、红利收益率等。

（五）权证产生的必然性

认股权证能够成为新的投资工具有其必然性。认股权证实质是一种远期的集资方式，它不仅对公司现时财务状况有好处，而且可在较长的有效期限内一直为公司带来灵活集资的机会，使公司的资金周转更灵活。最初推出的认股权证，是一些发展速度较快的成长型小公司采用发行优先股或债券方式筹集资金时，为了使这些优先股或债券更具有吸引力，又为了降低筹资成本，在发行优先股或债券的同时向投资者发行的一种认购股份权利证明书。例如，某公司发行优先股，股息率为7%。为减轻优先股股息负担，减少股息支付对公司利润的影响，将7%的股息率改为5%，并发行认股权证。该证书规定，只要购买优先股股票1 000股，该公司就配给优先股持有人在10年内的任何时间以每股10元的价格购买该公司100股普通股股票的认股权利。当然，认股价格的制订要高于发行时的市场价格，目的是当公司发展壮大时，股票市场价格会高于认股价格，从而使认股权证持有者可以择机行权，认股获利，也可以将认股权证售出，赚取价差收益。假如公司普通股股票从每股10元上涨到15元，认股权证持有人就可以向发行公司以每股10元的价格认购股票100股，然后到流通市场以每股15元价格卖出股票，从而获利500元。可见，认股权证具有期权性质。其次，在公司急用资金时，发行认股权证集资较于发售新股集资更容易为证券市场所接受。再次，如果遇到股市低迷或公司经营不景气、公司派息有困难的情况，公司还可以利用认股权证代替派息，使公司的现金或流动资金得以保留，有助于公司渡过难关。故认股权证受到各类股份公司的欢迎。随着金融市场的不断发展，在认股权证基础上又出现了买卖方向相反的认沽权证等金融工具。

【案例分析】

宝钢认股权证爆炒案

2005年8月22日，宝钢股份股改支付的3.88亿认购权证JTB1（580000）上市流通，开出价1.263元，几乎是市场预测价的2倍。开盘即封涨停，共计成交1.39亿份，收盘以1.27亿份的买单封死涨停。宝钢股票价格开盘短暂摸高4.74元后，立即又回到原价，最终收在4.63元，未随宝钢权证大涨而走高。

随着宝钢权证炒作的升温，价格一度达到2.38元，此时的市值超过了9.22亿元。按照宝钢4.32元/股的净资产计算，相当于2.13亿股股票。但这只是纸上财富，由于宝钢的股价在权证上市以后不久就跌破了权证行权价，随着时间的推移，权证的实际价值也在逐渐趋向于0。2006年8月26日是宝钢权证的最后一个交易日。而在结束交易时，市值仅0.12亿元，几乎缩水98%。4.77亿元资产（如果加上交易成本就更大）化为乌有。

宝钢权证上市之前，多家券商的研发部门对该权证理论价和首日开盘价进行了估计和预测，价格水平在0.45元至1.0元不等。根据宝钢正股当日的最高价4.74元计算，宝钢权证的溢价比率为22%，隐含波动率高达58.45%，宝钢权证的投资风险明显太高。

1.263元的权证价格如果换算到行权日，以宝钢股票的资本成本11%来计算，相当于投资者预测宝钢股票在行权日的价格将达到6.2元，预期上涨34%。从宝钢正股与认购权证执行价值之间的套利关系来说，当宝钢权证行权日股价达到6.2元时，是以当前价格买入宝钢权证的期末行权收益率与以当前价格买入宝钢股份正股的收益率相等的平衡点。如果预期权证到期宝钢股份股价会超过6.2元，则以当前价格买入宝钢权证会有超过股票的超额收益率。如果到期宝钢股份的价格低于6.2元，则收益率还不如股票。而从当时宝钢股份的基本面状况而言，一年后达到6.2元以上的价位是有可能的，但风险已经很大。因为根据宝钢股票的历史纪录，宝钢股份2005年股价下跌17.8%，2004年全年下跌11.6%，2003年上涨78%，显然当时权证价格的溢价中隐含的宝钢股份年上涨幅度预期是过高了。

那么，市场上宝钢权证的炒家为什么会如此疯狂呢？

第一，该投机品种在市场上获得了各种交易上的便利，如很大的涨跌幅范围及T+0回转交易等等。这些在正常的股票交易中无从得到的倾斜，使得大量短线资金云集在权证之上，以击鼓传花的心态进行投机操作。业内一些人士也认为，宝钢权证的交易价远远高于理论价是合理的，权证毕竟有着投机属性。作为新的、规模不大的、单一的权证投资品种，它具备被热炒的充分理由，1~2元的价格仍属正常。

第二，有人认为宝钢权证首日价格的隐含波动率超过国际权证市场的通常状况（国际市场上，流动性好的股票权证隐含波动率一般是历史波动率的1.5~1.8倍），这种情况在国际市场上也不是没有先例。另外，宝钢权证首日全天涨停与上证所制定权证开盘参考价按历史波动率计算导致权证价值有所低估有关。

第三，部分投机者认为，首先应看宝钢的到期价格。行情的发展没有人能算得精准，毕竟宝钢2003年股价出现过大涨。当时的宝钢价格是4.63元，假如378天（权证有效期）后宝钢在行情中最大涨幅为60%，宝钢的价格是7.41元，那么权证的实际收益就是7.41－4.6＝2.81（元）。加上权证短线炒作品种的特性，其价格可能会远远超过这个数字。至于实际操作，大可不必过分关注权证的价值高低，而应重点关注盘中表现。

说明：(1) 从长期看，权证交易最主要的影响因素是正股的价格波动。(2) 目前国内已经没有权证交易。

二、优先认股权

(一) 优先认股权及其特征

优先认股权也叫优先认缴权或股票先买权，是公司增发新股时为保护老股东的利益而赋予老股东的一种特权，在我国习惯称为配股权证。这种权利可以分为两类：一是股东在转让股份时，其他股东有优先购买的权利；二是当公司增资发行新股票时，公司现有股东有优先根据其持有的股票在已发行股票中所占比例购买相应新股票的权利。

优先认股权是普通股股东的优惠权，拥有优先认股权的老股东可以按低于股票市价的特定价格购买公司新发行的一定数量的股票。其做法是给每个股东一份证书，写明有权购买新股票的数量，数量多少根据股东现有股数乘以规定比例求得。一般来说，新股票的定价低于股票市价，从而使优先认股权具有价值。股东可以行使该权利，也可以转让他人。优先认股权是一种选择权，其实质是一种短期的看涨期权。

(二) 优先认股权的要素

公司在增资发行前，由公司股东大会通过并公布本次增资发行的认股期限、认股价格、认股数量等情况。

(1) 认股期限。优先认股权的认股期限一般都较短，通常在2周至3个月。较短的认股期限，是为了保证公司在短期内完成筹资任务。享有优先认股权的股东在认股期限内可做下列选择：一是放弃权利，让其作废；二是出售优先认股权，在股权宣布日至除权日之前，优先认股权就附于股票上进行交易；三是按照规定的认股价，在到期日前购入股票。

(2) 认股价格。优先认股权的认股价格比公司普通股的市价低，其作用主要是弥补原有股东因股本扩大使每股收益稀释所造成的损失。

(3) 认股数量。一般而言，每一股股票都拥有一份优先认股权。优先认股权的认股数量可通过每一股股票可认购新股的数量来表示，也可通过认购一股新股所需的股权数来表示。

（4）赎回权。发行认股权证的股份有限公司大都制定了赎回权条款，即规定在特定情况下，公司有权赎回其发行的认股权证。

（5）认股权证的交易。认股权证的交易既可以在交易所内进行，也可以在场外交易市场上进行，其具体交易方式与股票类似。

（三）优先认股权的价值

（1）附权优先认股权的价值。在股权除权日前，优先认股是附于股票上进行交易的，称附权股票。优先认股权的价值依附于股票的市场价格，其理论价值如下式所示：

$$V = (P - P_t)/(1 + N)$$

式中，V 为附权优先认股权价值；P 为附权股票市价；P_t 为新股认购价；N 为买一股新股所需股权数。

（2）除权优先认股权的价值。股票除权后，优先认股权与股票价格剥离。从理论上讲，股票除权后，投资者买入一股股票的价格应等于买入一股股票所需的优先股股权的数量和认购价格之乘积。因此，除权优先认股权的价值如下式表示：

$$V_1 = (P_1 - P_t)/N$$

式中，V_1 为除权优先认股权价值；P_1 为除权股票市价。

（四）认股权证与股票优先认股权的区别与联系

1. 优先认股权与认股权证的区别

（1）认股权证是由公司发行的，能够按照特定的价格在特定的时间内购买一定数量该公司股票的选择权凭证，其实质是一种有价证券；而优先认股权则是公司在增发新股时为保护老股东的利益而赋予老股东的一种特权。老股东可以凭此权利按特定的价格购买新股。

（2）认股权证是与股票同时发行的，但发行后则可与股票独立，形成自己的市场和价格；优先认股权则是在配股登记日前要附着在股票上进行交易，登记日之后，优先认股权才脱离股票可以在市场上独立交易。

（3）两者的目的不同。优先认股权是赋予老股东的特权，允许老股东按其原来的持股比例购买新股；认股权证的发行则主要是为了更多地筹措资金，培养潜在的增资来源。

2. 优先认股权与认股权证的联系

优先认股权和认股权证都是一种凭据，凭此可以在规定的时间内按照特定的价格购买一定数量的股票，都是由股票发行公司推出的，与股票直接相关。优先认股权和认股权证都可以进行交易，并在交易中形成自己的价格。

三、可转换证券

（一）可转换证券的定义及分类

1. 定义

可转换证券是指在规定时间内可以按固定的转换比例和转换价格转换成公司普通股的固定收益证券，通常包括可转换债券和可转换优先股。公司之所以在其所发行的有价证券上附加可转换的条件，主要有以下两个原因：一是增强所发证券的吸引力或降低筹资成本。对公司可转换债券而言，到时可换成普通股，使投资者增加一种选择。因为普通股的市场价格有较大的想象空间，这使得可转换债券受到投资者的青睐。同样原因，在发行债券时，可转换成普通股这一选择权可降低付息利率；而一旦到期转成普通股，又可免除还本付息的压力。

二是可吸引大额资本。大多数国家都禁止金融机构直接投资普通股，而债券和优先股则不在禁止之列。公司发行可转换证券，可使金融机构名正言顺地购入可转换证券，到时自然转换成普通股，从而合法地拥有普通股，享有公司快速发展所带来的投资收益。

2. 分类

可转换证券一般分为可转换债券与可转换优先股票。

可转换债券是债券的一种，它可以转换为债券发行公司的股票，通常具有较低的票面利率。从本质上讲，可转换债券是在发行公司债券的基础上，附加了一份期权，并允许购买人在规定的时间范围内将其购买的债券转换成指定公司的股票。

可转换优先股票是指发行后在一定条件下允许持有者将其转换成其他种类股票的优先股票。在大多数情况下，股份公司的转换股票是由优先股票转换成普通股票，或者由某种优先股票转换成另一种优先股票。

（二）可转换证券的要素

1. 转换期限

转换期限是指可转换证券换成普通股的起止日期。在转换有效期内，持有者可按公司规定的转换条件转换成普通股，过期则失效。为鼓励投资者不放弃转换权，一些公司在发行时还附有赎回条款，其主要内容是在公司普通股的市场价格高于转换价较多时，公司行使赎回权。这将迫使持有者执行转换权，把可转换证券换成普通股。

2. 转换价格

转换价格是指可转换证券转换成普通股时每股的价格，其公式如下：

转换价格 = 可转换证券面额/转换比例

式中，转换比例是指一单位可转换证券可转成普通股的数量。转换价格是指在发行可转换债券时即已确定的，将可转换债券转换为股票的价格。例如，某公司 2004 年年初发行每张票面价值为 1 000 元的债券，规定 20 年内的任何时间，公司债券持有者可用每一债券调换成 20 股普通股，则转换价格 = 公司债券面值/转换率 = 100/20 = 50（元）。有时，公司在发行公告中规定了可转换证券的转股初始价格，在遇到公司派息及送股或增发股票时，转换的初始价格也随之调整。调整方法如同除息除权。

例如，某公司 2009 年 8 月发行 3 年期的可转换债券，面额 100 元，初始转换价格为 10 元。2010 年 4 月，公司实施利润分配方案，每 10 股派发现金股息 4 元，股票股息 6 股。该公司调整后的转股价格为：

转股价格 = （10 − 0.4）/（1 + 0.6） = 6（元）

3. 可转换证券的价值

可转换证券有两种价值，即理论价值和转换价值。

（1）理论价值。可转换证券的理论价值是指可转换证券失去转换特性时的价值，其价值由未来各期的收益及到期本金的贴现值构成。

（2）转换价值。可转换证券的转换价值是指转换成普通股的市场价值，即：

转换价值 = 普通股市价 × 转换成普通股的数量

4. 可转换证券的市场价格

可转换证券的市场价格受市场供需状况的影响。一般而言，要高于其理论价值。即使在普通股股价大幅下跌导致失去可转换特性时，理论价值作为证券的内在价值来说，仍可成为可转换证券的价格底线。可转换证券的市场价格在转换期间也高于转换价值。当其市场价格低于转换价值时，买入可转换证券立即转股并兑现，可实现无风险收益。随着转股到期日的临近，可转换证券的市场价格逐渐收敛于转换价值。

例如，某公司的可转换债券，年利率为10.25%，2000年12月31日到期。其转换价格为30元，其股票基准价格（普通股当期市价）为20元，该债券价格为1 200元。

转换率 = 1 200/30 = 40

转换升水 = 30 - 20 = 10

转换升水比率 = 10/20 = 50%

本章小结

内容摘要：本章主要介绍金融衍生工具及其交易原理，具体涉及金融期货、金融期权、金融互换、权证及可转换证券等。

关键概念：金融衍生工具　金融期货　金融互换　金融期权　股票指数期货　利率期货　外汇期货　权证　优先认股权　可转换证券

思 考 题

1. 金融衍生工具有哪些基本特征？
2. 金融衍生工具产生的原因是什么？
3. 为什么金融期货具有化解和转移风险的功能？
4. 金融期货和金融期权的主要区别是什么？
5. 金融期权有何特点？
6. 期权价格的决定因素是什么？
7. 权证交易的风险何在，我国为何停止了权证交易？

案例分析

宝安可转债转股失败案

中国宝安企业（集团）股份有限公司1992年年底向社会发行5亿元可转换债券，并于1993年2月10日在深圳证券交易所挂牌交易。宝安可转换债券是我国资本市场首个A股上市可转换债券。

宝安可转换债券的主要发行条件是：发行总额为5亿元人民币，按债券面值每张5 000元发行，期限是3年（1992年12月至1995年12月），票面利率为年息3%，每年付息一次。债券载明两项限制性条款，其中可转换条款规定债券持有人自1993年6月1日起至债券到期日前可选择以每股25元的转换价格转换为宝安公司的人民币普通股1股；推迟可赎回条款规定宝安公司有权利但没有义务在可转换债券到期前半年内以每张5 150元的赎回价格赎回可转换债券。债券同时规定，若在1993年6月1日前该公司增加新的人民币普通股股本，按给定公式调整转换价格。

宝安可转换债券发行时的有关情况是：由中国人民银行规定的三年期银行储蓄存款利率为8.28%，三年期企业债券利率为9.94%，1992年发行的三年期国库券的票面利率为9.5%，并享有规定的保值贴补。根据发行说明书，可转换债券所募集的5亿元资金主要用于房地产开发业和工业投资项目。

宝安公司可转债的设计是基于当时股票市场持续的大牛市行情和房地产项目开发的热潮及公司可转债设计者对转股形势和公司经营业绩过于乐观的估计。但从1993年下半年起，由于宏观经济紧缩，大规模的股市扩容及由此引发的长时间低迷行情、房地产业进入调整阶段等一系列的形势变化，宝安公司的可转换债券在转股中遇到了困难。宝安可转换债券从上市到摘牌（1995年底可转换公司债券到期，深宝安股价在2.8元，1996年一月为到期支付日），转换为股票的共计1 350.75万股。按每股19.392元的转换价格计算，转换为宝安A股691 584股，实现转换部分占发行总额的2.7%。如此低的比率大大出乎当初宝安可转换债券发行决策者的意料，亦与宝安公司经营者的意图和最初愿望背道而驰，可以说，宝安可转换债券的转股结果是彻底的失败。

转换失败以及由此带来的巨额资金的偿还给公司经营带来极大压力。在短时期内拿出5亿多元的现金，是相当困难的。据宝安公司1995年度的财务报告反映，为这笔巨资的偿还，该公司不得不提前一年着手准备，确保资金到位，其间不得不放弃许多的投资获利机会。宝安公司在经营上也被迫做出了很大的调整。这些都成为公司该年度利润下降的直接原因。但宝安公司最终还是顺利完成了可换券的还本付息工作，按期将现金兑付给了宝安可转债的持有人，避免了债务违约纠纷的出现。

问题：

1. 宝安公司为何发行可转债，发行可转债失败的原因是什么？

2. 企业基于何种考虑会发行可转债？

应用训练

1. 登录百度，了解我国可转债发行及相关案例。

2. 阅读《证券从业人员资格考试》丛书并通过网络收索，了解我国配股权证的基本知识与交易情况。

第七章

证　券　市　场

【案例导读】

湖北蓝田股份公司造假案

1996年6月18日，“蓝田股份”在上交所上市，为农业部首家推荐上市的企业。

资料显示，作为一家主要从事水产品开发的农业企业，蓝田股份1996年股本为9 696万股，2000年年底扩张到4.46亿股，股本扩张了360%；主营业务收入从4.68亿元大幅增长到18.4亿元，净利润从0.593亿元快速增长到令人难以置信的4.32亿元。历年年报的业绩都在每股0.60元以上，最高达到1.15元。即使遭遇了1998年特大洪灾后，其每股收益也达到了不可思议的0.81元，这被当时的媒体称为“蓝田神话”。但农业专家、农业管理官员对蓝田的经营和业绩却没有太多异议。

蓝田造假案被曝光，源自当年中央财经大学研究员刘姝威的题为《应立即停止对蓝田股份发放贷款》的金融内参研究文章，首次揭开蓝田股份财务造假丑闻，此后蓝田股份资金链断裂。

2002年1月12日，蓝田总公司总裁瞿兆玉、总会计师黎洪福、董秘王意玲等11名中高层管理人员被公安机关拘传，随后进入司法程序。2004年11月，湖北省高院做出判决：瞿兆玉犯提供虚假财务报告和提供虚假注册资本罪，判处有期徒刑两年。中共中央组织部研究室原主任兼政策法规局局长王法雄、农业部财务司原司长孙鹤龄亦因此案被追究法律责任。

我国上市公司各种造假问题屡禁不止，原因何在？

资料来源：作者根据相关资料整理。

第一节　证券市场概述

一、证券市场的含义

证券市场是指有价证券发行与流通以及与此相适应的组织和管理方式的总称。证券市场是市场经济发展到一定阶段的产物，是社会为解决资本供求的矛盾和资本流动性而产生的市场。证券市场作为资本市场，是整个金融市场体系中的重要组成部分，是金融市场的核心和精华。它一方面对社会资本的运动进行调节，另一方面通过这种调节对社会经济资源进行配置与再配置。

二、证券市场的特征

各类市场均有其特点，正因为特点的不同形成了不同种类的市场，进而组成社会市场体系。相比于其他市场，证券市场的自身特点包括：

（1）证券市场的交易对象是各种设定权利证书的有价证券，如股票、债券、基金、衍生品证券。这些有价证券与其他市场的交易对象区别明显。

（2）证券市场的有价证券主要是用来进行投融资、保值或投机。而其他市场上的交易对象则通常只能满足人的某一特定使用需要。

（3）有价证券价格反映的是投资者与融资者对未来的预期收益，它与社会利率水平升降关系密切。而其他市场的商品价格则取决于供求关系、生产商品社会必要劳动时间，是其内在价值的货币表现。

（4）有价证券的价格形成中，影响因素较多，风险性较大，表现出前景的不可预测性。而其他市场一般实行的是等价交换，价格风险相对固定，市场价格前景大致可预测。

三、证券市场基本功能

证券市场是市场经济发展到一定阶段后的产物，是一种高级的市场组合形态，它对一个经济体的经济资源合理配置与再配置起着重要的作用。

（一）投融资功能

证券市场的投融资功能是指证券市场为社会投资人提供了一个投资平台和投资对象（各类证券），为社会资金需求者提供了一个筹资场所和工具。

由于在证券市场交易的对象是各种有价证券，这些有价证券本身具有两面性，其既是筹资工具也是投资工具，因而筹资者需要资金时就可发行证券筹资，在筹资者看来，其发行的证券是当筹资工具用的。而对于投资者来说，其购买的证券代表了一定的权益，是其实现投资的工具。投融资双方通过有价证券这一媒介各得其所，实现了社会资金的融通与再配置。

（二）资本资产定价功能

证券市场中，资本的表现形式为证券，资本的价格表现为证券的市场价格，这一价格的形成是证券投资者和筹资者间、各类投资者间的自由竞争博弈的结果，且处于不断变化中。这种价格的自由竞争与博弈，使最终能产生高回报的资本证券获得较高定价，而低回报的资本证券就只能是低定价，因而可以说证券市场对资本资产的定价源于证券投资人和证券筹资者间的自由选择和竞争。

（三）社会经济资源的配置与再配置功能

证券市场的有价证券背后是实体经济中的企业产权和债权，这些产权与债权因为采取有价证券形式进行了细分和明晰，可以自由买卖，打破和扫除了实物资产的凝固和封闭状态，使其具备了流动性。这样，那些有发展前景、效益好的企业即可通过在证券市场发行证券筹资，广泛吸纳社会资金，开辟新的经营领域，兼并重组一些资产效益低的企业，实现优胜劣汰。同时因为发行有价证券可短期内筹措巨额资金，打破了少量资金难以进入一些部门的数量限制，迅速进入到规模经济。证券市场这种为资本需求者短期内提供巨额资金和灵活兼并重组落后产能的作用，为资本所有者提供投资对象和自由选择投资方向与数量的作用，促成了社会经济资源优化配置和再配置，增进了社会经济资源的利用效率，增加了社会的总福利。它对于生产要素在社会各产业部门间的合理配置起着极为重要的作用。

相关链接

证券化率是指一国各类证券总市值与该国国内生产总值的比率（股市总市值与GDP总量的比值）。证券化率越高，意味着证券市场在国民经济中的地位越重要。2013年我国证券化率约50%。

第二节 证券市场结构与发展趋势

一、证券市场参与者

（一）证券发行人

证券发行人是指通过发行证券筹措资金的社会各类经济主体和政府，具体包括：

1. 公司法人

公司作为独立运营的经济法人，发行股票和债券筹资已成为当今趋势和主要渠道，其中通过发行股票新筹资金属于股本，而通过发债筹集资金属于借入资本。为把握市场商机和获得规模经济，公司法人在证券市场上的发行人主体地位已成为一种必然。只有股份有限责任公司才能发行股票，而有限责任公司、股份公司在理论上均可发行债券。

2. 政府和政府机构

政府也是一种社会经济主体。政府新发证券仅限于债券，中央政府或中央财政直属机构为弥补财政赤字或筹措经济建设资金，通常在债券市场上发行国库券、财政债券、国家建设公债等政府债券。地方政府为筹措本地公用事业建设资金，亦可发行地方政府债券，亦称市政债券，特殊时期（如战争时期）政府还可发行政府特别公债。

3. 金融机构

欧美等西方国家将金融机构发行的证券归入公司证券。在我国把金融机构发行的债券定义为金融债券。实际上随着我国大型商业银行和其他金融机构的股份制改制，金融机构公司化已成现实，它们亦成为证券市场的股票和债券发行主体。

（二）证券投资人

1. 机构投资者

（1）政府和政府机构。政府和政府机构最初都是资金的需求者，但为干预经济运行和调剂资金余缺，有时也会通过购买债券投资于资本市场。更为经常的是各国央行均负有维护资本市场稳定的责任，它们通过公开市场买卖有价证券，调节货币供应量，从而影响证券市场的资金供求和价格。

（2）金融机构。

①证券经营机构。这是经证券监管机构批准成立的，在证券市场上以其自有资本和受托投资资金进行证券投资的非银行金融机构。

②商业银行。商业银行在我国不允许直接进行股票证券投资，但若有超额储备，可以进行债券类证券的投资。在全能制商业银行的西方国家，各类有价证券均可构成商业银行的投资对象。

③保险公司。保险公司在其日常经营中有大量的保险资金结余，为追求其资金结余的保值增值和保持资金流动性，通常都大量进行证券投资，各类有价证券均可构成其投资对象。

（3）企业和事业法人。企业可以通过委托专业机构进行证券投资，也可直接自营进行有价证券投资。事业单位法人在有预算外资金结余时亦有权进行证券投资。

（4）各类基金。

①证券投资基金。这是一种经批准设立的专门进行证券投资的专业性金融机构，它是一种投资集合形式，可投资于各类有价证券品种。

②社保基金。国外的社保基金通常由两部分构成，一是国家以社会保障税形式征收的全国性基金，主要用于失业救济金和退休金的支付，故对资金的安全性和流动性要求很高，其投资方向主要为政府债券。二是企业定期向员工支付并委托基金管理公司管理的企业年金，其对资产增值有较高要求，投资范围无过多限制。

国内的社保基金也有两个方面：一是社会保险基金，二是社会保障基金。由于基金来源和用途有所不同，这两种社保基金的管理方式亦不同。

③企业年金。企业年金是在依法参加基本养老保险的基础上，企业及其职工自愿建立的补充养老保险基金。我国现行法规规定，企业年金可由年金受托人或受托人指定的专业投资机构进行证券投资。

④社会公益基金。社会公益基金主要包括福利基金、科技发展基金、教育发展基金、文学奖励基金等。我国现有法规与政策规定，各种社会公益基金可用于证券投资。

2. 个人投资者

个人投资者是指以其自有资金的消费节余后金额进行证券投资的自然人。个人投资者数量众多，投资金额较少，对投资证券的主要期望是获得较高收益，其投资一般通过证券中介进行。

（三）证券市场中介

1. 证券公司

证券公司是指依照《中华人民共和国公司法》和《中华人民共和国证券法》设立的，经营证券业务的有限责任公司或股份有限公司。证券公司的主营业务是进行各类证券的发行承销和证券经纪。世界各国对专营证券业务的机构称谓各种各样，有投资银行、商人银行、证券公司等多种称谓。

2. 证券服务机构

证券服务机构是指依法设立的，为证券发行和交易提供相关服务业务的社会法人，一般有证券登记结算公司、证券投资咨询公司、会计师事务所、律师事务所、资产评级机构、信用评级机构。

（四）证券监管机构和自律性组织

中国证券市场监管机构是中国证券监督管理委员会及其派出机构，隶属于国务院。中国证监会作为国务院直属事业单位，是全国证券、期货市场的主管部门，按照国务院授权并依据相关法律法规对证券、期货监管机构实行垂直管理和对证券市场进行集中统一监管。

证券市场自律性组织是证券业协会，证券业协会是由会员组成的社会团体法人，其最高权力机构为全体会员组成的会员大会。

（五）证券交易所（或证券交易中心）

证券交易所是指依法设立的，为证券发行和交易提供固定场所和设施，组织严密、制度完备的证券集中交易的证券交易市场，它是实行自律管理的事业（或企业）法人。

二、证券市场分类

按一定标准对证券市场构成及其之间的量比关系进行种类归并，常见的分类有四种：

（一）按交易对象不同分类（见表7-1）

表7-1

交易对象	价格	收益	风险	流动性
股票市场	波动大，因素多	不确定	较大	较强
债券市场	较稳定	固定	较小	较差
基金市场	随投资对象价格波动	不确定	较小	一般
衍生混合证券市场	波动大	不确定	极大	较强

（二）按组织形式不同分类（见表7-2）

表7-2

组织形式	交易场所	交易时间	交易资格	交易对象	交易制度
有形市场	制度化固定、有组织	有规定	会员	证券公开上市	公开、拍卖制度或做市商制度
无形市场	场外，不固定	无规定	无规定	未上市证券	随机随时

（三）按证券进入市场先后不同分类（见表7-3）

表7-3

证券入市顺序	市场功能	市场形式	价格	市场参与人
发行市场 （一级市场）	投融资	无形	溢价 面值式	服务中介 发行人，投资人，监管人
交易市场 （二级市场）	证券流通	有形	供求决定	投资人，中介人，监管人

（四）按市场结构不同分类（见表7-4）

表7-4

市场类别	市场功能	参与人	交易对象
证券产品市场	投融资	投资者，筹资者	证券与资金
证券服务市场	中介服务	筹资人，中介人，投资人	中介服务
证券信用市场	转融资融券	投资人，筹资人，金融机构	证券和资金

三、证券市场的产生及发展趋势

（一）证券市场产生的三大动因

1. 社会化大生产和商品经济的发展是证券市场形成的客观基础

自然经济社会中，生产力较低，生产所需资本有限。自然经济过渡到商品经济的初期，生产所需资本仍可以通过自身积累和向他人借贷（商业银行）得到满足。然而随着社会化大生产规模的日益扩大，分工的越来越复杂，商品经济范围的越来越广泛，单个资本的自身积累与向他人借贷越来越难以满足大规模生产和经营的资本需求。证券市场作为一种直接融资方式应运而生，客观上适应了社会化大生产和商品经济发展的需要，因而可以说证券市场的产生是社会化大生产和商品经济发展的产物。

2. 股份经济的发展为证券市场的形成提供了催化剂

企业作为社会经济生产经营的基本单位，在商品经济发展初期采用的是独资经营或合伙制经营的组织形式。当生产规模进一步扩大，其经营组织形式也演变成相应的有限责任公司制与股份有限公司制。特别是股份有限公司制通过股份化资产，发行股票筹资，使企业生产经营资产证券化、财产证券化，从而加速了全社会的经济证券化过程，证券市场的形成也就成为必然。

3. 信用制度的发展使证券市场的形成成为现实

商品经济的发展是建立在社会信用制度发展前提下的，商业信用、政府信用、银行信用、消费信用等多种信用制度，对促进商品经济的生产、交换、消费等环节的加速进行和量能放大起着至关重要的作用。而作为信用载体和工具的债券、股票、票据等也大量涌现。通常，信用工具都有流通兑现的客观要求，这就客观上要求有专门提供这些信用工具流通变现的场所，于是证券市场的形成也就成为现实。

（二）世界主要证券市场产生发展简介

世界证券市场产生发展历史，其过程大概可分为如下阶段：

1. 证券市场的萌芽阶段

（1）世界上第一个股票交易所——1602 年成立于荷兰的阿姆斯特丹。

（2）伦敦证券交易所的前身——乔那森咖啡馆（1773 年）。

（3）美国最早的证券市场——费城证券交易所（1790 年）。

2. 证券市场的初步发展阶段

20 世纪初，资本主义从自由竞争阶段过渡到垄断阶段，证券市场以其独特的形式有力地促进了资本的积聚和集中，同时其自身也获得了高速发展。

3. 证券市场的停滞阶段

1929—1933 年，主要资本主义国家爆发了严重的经济危机，危机的先兆表现为股市的暴跌，随之而来的经济大萧条使证券市场遭受了严重打击，危机过后证券市场仍一蹶不振。

4. 证券市场的恢复元气阶段

第二次世界大战后至 20 世纪 60 年代，因欧美与日本经济的恢复和发展以及各国经济的恢复增长，大大地促进了证券市场的恢复和发展，公司证券发行量增加，证券交易开始复苏，证券市场规模不断扩大，买卖越来越活跃。

5. 证券市场的加速发展阶段

20世纪70年代始至今，世界各国的证券市场出现了高度繁荣的局面，不仅发达国家的证券市场牛市连连，在发展中国家也不断地出现新兴证券市场，证券市场的规模日益庞大，证券交易活跃，证券化率已成为衡量一国经济发展水平的重要指标之一。

（三）我国证券市场发展史简述

我国最早出现的是外商股票，最早出现的证券交易机构也是由外商开办的上海股份公所和上海众业公所。上市证券主要是外国公司股票和债券。1872年设立的轮船招商局是我国第一家股份制企业。1914年，北洋政府颁布的《证券交易所法》推动了证券交易所的建立。1917年，北洋政府批准上海证券交易所开设证券业务。1918年夏天成立的北平证券交易所是中国人自己创办的第一家证券交易所。1920年7月，上海证券物品交易所得到批准成立，是当时规模最大的证券交易所。此后，相继出现了上海华商证券交易所、青岛市物品证券交易所、天津市企业交易所等，逐渐形成了旧中国的证券市场。

新中国成立后，证券市场一度处于停滞状态。改革开放以来我国资本市场的发展大致可分为三个阶段。

第一阶段，新中国资本市场的萌生（1979—1992年）。这一阶段中，我国资本市场的萌生源于中国经济转轨过程中企业和大众的内生需求。发展初期，市场处于一种自我演进、缺乏规范和监管的状态，且多以试点为主，市场发展及对市场的认识均处于混乱无序状态。

第二阶段，全国性资本市场的形成和初步发展（1993—1998年）。1992年10月，国务院证券管理委员会和中国证监会成立，标志着中国资本市场开始纳入全国统一监管框架，区域性试点推向全国，全国性市场由此形成和开始发展。

第三阶段，资本市场的逐步规范和发展（1999年至今）。1999年1月1日《中华人民共和国证券法》正式实施，以此为标志我国资本市场的发展逐步走向法制化、规范化。随着市场经济体制改革的持续深入，国有与非国有股份公司不断进入证券市场。2001年12月，中国加入WTO，中国经济全面对外开放，金融改革深化，资本市场的深度和广度日益扩大。2004年1月31日，国务院发布《关于推进资本市场改革开放和稳步发展的若干意见》，肯定了中国资本市场建设的重大成就，明确了中国资本市场的指导思想和任务，提出了支持中国资本市场发展的若干政策。2004年8月和2005年11月，全国人大常委会两次修订《中华人民共和国证券法》，夯实了中国证券市场发展的法律基础。2005年4月，中国证监会《关于上市公司股权分置改革试点有关问题的通知》启动了中国资本市场股权分置改革试点工作，至今这项改革已基本完成。另外，为使我国证券市场与国际市场接轨，中国证监会先后于2003年和2007年颁布了《合格境外机构投资者管理试行办法》（简称QFII）和《合格境内机构投资者境外证券投资管理试行办法》（简称QDII），使我国的证券市场逐步向国际开放。

（四）证券市场发展现状及发展趋势

1. 证券市场一体化

随着经济发展的全球化日益加深，投融资的全球化亦成常态。异地上市发行股票、发行债券、“两地”或“三地”同时发行上市、投资者跨国投资、借助互联网跨境投资等，使得资产配置的全球化成为趋势。全球各地的证券交易所市场之间联动性和相关性日益显著，跨境与跨国间的合作与合并、跨国并购事件亦常有发生。

2. 证券投资法人化

当前国际证券市场的一个突出特点是各种类型的机构投资者占据了市场的大部分投资额，发挥着市场的主导作用。有关数据显示，至2001年年底，28个OECD成员国的机构投资者共管理超过35万亿美元的总资产，其中美国有19万亿美元，欧洲有12万亿美元，日本有3.6万亿美元，韩国0.31万亿美元，其他成员国约为4.2万亿美元。

3. 金融创新深化

创新是永恒的动力与源泉。21世纪以来，在金融新理论和新技术的支持下，金融产品、金融组织和金融监管方面的创新，极大地丰富了“金融帝国”的活动内容。在有组织的金融市场中，金融新产品层出不穷：结构化票据、交易所交易基金、证券化资产和权证、混合型衍生工具、天气衍生金融产品、能源风险管理工具、巨灾衍生产品、信贷衍生产品甚至是政治风险管理工具等；在场外市场和新兴市场，衍生金融产品快速发展，以各类奇异型期权为代表的非标准化交易大量涌现。

4. 金融机构混业化

1999年11月4日，美国国会通过的《金融服务现代化法案》取消了银行、证券、保险公司相互渗透业务的障碍，标志着金融业分业制度的终结。而在欧洲由于一直保持的全能型银行体系，金融业务的混业经营早就存在。

混业经营使金融机构间的经营范围变得模糊，金融机构间的竞争与并购推动了其资产规模的高速增长，形成了一批各类金融业务紧密结合、相互渗透的大型跨国金融控股集团。

5. 交易所重组与公司化

为应对市场竞争，全球证券交易所之间展开了战略性合作，各交易所之间通过产品交叉上市，共享交易平台，共享交易代码进行合作，甚至进行重组与合并。2000年成立的“新泛欧交易所”就是一典型案例，它通过兼并伦敦国际金融期货交易所、葡萄牙交易所成为拥有金融现货和衍生品交易的全球最大的交易所之一。除了交易所间的合作外，另一突出表现是交易所的改制，自20世纪90年代以来的20年间，全球已有30多家交易所实现了公司化改制。甚至于全球最大的纽约证券交易所在收购美国群岛电子交易所后成立纽交所集团并于2006年3月8日在纽约证券交易所挂牌上市，结束了其会员制生涯而变身为盈利性上市公司。

6. 证券市场网络化

随着电子交易系统和金融信息交换应用程序界面技术的普遍应用，通信卫星的网络覆盖全球，全球各国证券市场已打破了时间和空间上的限制，证券市场的交易效率得到了空前的提高。

7. 金融风险复杂化

随着全球证券市场一体化，网络化、金融创新不断，竞争越来越复杂和激烈，资本在国际间的快速流动，各国经济发展间的矛盾与失误均可诱导引发一国或多国的金融危机和动荡，而只要有一国存在金融风险，通常都会直接而迅速地传播至周边及世界各国。这使得一国的金融风险不仅存在国内因素，还存在国际因素，金融风险的控制和应对越来越复杂。近几十年来，国际金融风险事件频频发生充分说明了这一点。比如，1992年英镑危机，导致英镑和意大利里拉退出欧洲汇率机制；1997年东南亚金融危机，泰铢贬值，泰政府放弃多年的固定汇率，最终演变成一场严重的地区性经济危机；2008年始于美国的“次贷危机”及至今仍在继续的“欧债危机”已演绎成一场全球性的经济危机，世界各国无不深受其害，世界经济复苏仍步履沉重。

第三节 证券发行市场

证券发行市场又称为一级市场或初级市场，它是社会为解决以证券形式直接投融资而产生的市场，是证券从无到有的市场，是一种具间歇性交易特征、无固定场所的无形市场。它涉及的问题通常有：为什么要发行证券，谁有资格和条件发行证券，社会如何管理证券发行，证券发行的程序、发行方式、发行价格如何确定，如何保证证券发行的成功等。

一、证券发行与证券发行市场

（一）证券发行的含义

证券发行是指社会经济主体（除个人外）为筹措资金，依法律规定条件和程序向社会投资人出售有价证券的行为。

（二）证券发行的特点

证券发行从形式上看是一种售卖有价证券的行为，但与售卖商品、技术或服务的其他行为相比，具有明显不同的特点。

（1）证券发行具有严格的法律法规限制。为保护社会投资者的利益，维护社会信用制度，世界各国政府均对筹资者发行证券应具备的条件和发行程序做了严格的法律规定，只有那些具备资格和条件的经济主体依照合法的程序方能发行证券筹资，才有权利制造出证券并售卖给投资者。

（2）证券发行的实质是投资者出让资金相关权利而获取以收益权为核心的相关权利的过程。股票投资者出让资金所有权购得发行股票后就取得了发行公司的股权；债权投资者购得债券后就获得了债权；基金投资者购得基金份额后就有相应的收益权。这些行为与其他市场的商品、技术、服务交易行为区别明显。

（3）证券发行具有间断性，而证券发行市场亦表现为间歇性市场。一方面，证券发行人出售完证券筹得资金后，通常做法是将新筹措资金投资于实体经济项目，退出发行市场，只有在实体经济规模发展需要时，才会返回证券市场发行证券再融资，而这当中时间间隔通常以年计，这就使证券发行在时间上出现了间断期；另一方面，虽然一个国家的证券筹资者成千上万，但符合资格与条件的筹资者是有限的，且筹资人总是期望在市场条件好时筹资，故筹资性的证券发行无论是证券筹资品种、证券筹资次数均表现为有限，证券发行市场的间歇性特征从另一侧面表露出来。

（三）证券发行市场的概念

证券发行市场是证券发行人为筹资而向投资人出售证券的市场，它是一个无固定场所、间歇性的无形市场。通常由证券发行人、投资人和证券中介与服务机构组成。

二、证券发行管理的基本原则和制度

（一）证券发行管理的基本原则

1. 公开原则

公开原则也称为信息公开制度。由于证券的虚拟资本特性，投资者在不能充分了解有关证券背后的发行者财务与经营状况下是无法判断其价值的，所以对证券发行者实行强制性的信息披露规定。强制性的信息披露规定实际上是对筹资者的一种外部法律约束，通过这种约束避免发行人在发行过程中不当行为的发生（如欺诈、造假、投机等），让投资人对于其购买的证券有一个全面、充分、完整的了解。信息公开制度通常包括证券信息的首次披露和持续性披露两大方面。

（1）证券信息的首次披露。所谓信息的首次披露是指证券发行人在首次发行证券时应披露出与发行证券有关的所有信息和情况，这是证券发行人的基本法律责任和义务。

（2）证券信息的持续披露。所谓信息的持续披露是指在证券发行后，发行人应定期向社会公众就公司的经营情况和财务状况做出报告，同时还应对任何一种可能对发行公司证券价格产生重大影响的信息（如公司的业务前景，股权变更，重大投资项目，重要人员变更，公司内部人员拥有或代表公司控制的公司证券所有权的重大变化情况等）进行及时、全面、真实的披露，否则相关当事人应承担相应的法律责任。

2. 公平原则

公平原则是指在证券市场上，各市场参与者的法律地位平等，参与机会均等。它要求证券发行和交易在平等、自愿、等价有偿、诚实信用的基础上进行，不允许因资金、信息、机构与个人差异等因素而导致市场投资者当事人出现一方优势或压制另一方现象的存在。需要指出的是理论上这种公平原则在目前我国的证券市场实践中还难以体现，所以更应该强调公平原则在市场中的实现和坚持。

3. 公正原则

公正原则是对证券监管层的管理行为要求，它要求代表社会管理证券行业的政府机构及其工作人员行为必须公正，禁止欺诈、操纵以及内幕交易等一切不正当的证券违法犯罪行为，遵循证券市场的内在规律，保护正当的市场行为与运作。公正原则要求做到：

（1）反欺诈。严禁证券发行人制造、散布虚假或使人迷惑的信息欺诈投资者。各国政府对欺诈行为均规定了详细而具体的处罚细则。我国的《中华人民共和国刑法》、《中华人民共和国证券法》、《股票发行与交易管理暂行条例》、《禁止证券欺诈行为暂行办法》等都规定了欺诈行为的当事人，其中包括因欺诈给投资人造成损失的，应依法承担赔偿责任和刑事责任的条款。

（2）反操纵。操纵行为较多发生在证券交易市场，在发行市场的操纵主要通过集中资金、虚报价格而不申购，以及虚假评估资产价值来影响证券的发行价格以从中获利。操纵行为大多数与欺诈行为联系在一起。我国股市价格的大起大落，市场的投机操纵行为难辞其咎。

（3）反内幕交易。内幕交易是指内幕人员利用内幕信息买卖证券或者根据内幕信息使他人利用该信息进行内幕交易，非内幕人员通过不正当手段或者其他方式获得内幕信息，并根据信息买卖证券或者建议他人买卖证券以及其他的内幕行为。内幕人员是指由于持有发行人的证券或者是在与发行人有密切关联的公司中担任董事、监事、高级管理人员或者由于其会员地位、管理地位、监管地位和职业地位，或者作为雇员、专业顾问履行职务，能够接触或者获得内幕信息的人员。内幕信息是指为内幕人员所知悉的，尚未公开的，可能影响证券市场价格的重要信息。

我国的《证券法》、《刑法》对内幕交易行为进行了相关界定和处罚规定，从国际发展的趋势看，对证券内幕交易的处罚规定有向重罚化方向发展的趋势。

"三公"原则不仅是指导证券发行的原则，也贯穿于整个证券市场的监管始终，三者间密切联系形成一个有机的整体，它是设计和修正证券发行与交易制度的基石。

（二）证券发行管理制度

证券发行管理制度是为贯彻证券发行原则而设计出的一种"门槛"制度，它摒弃了那些不符合条件与资格的证券发行人，将其挡在证券直接投融资的门外。事实上，由于各国经济发展程度各异，历史、文化、政治等背景的差异，各国政府对证券发行的管理制度表现出较大的差别，但大体上可分为两种基本的发行管理制度，即证券发行登记制和证券发行核准制。

1. 证券发行登记制

证券发行登记制又称注册制、注册登记制。其主要内容是：证券发行人在准备发行证券时，必须将依法公开的各种资料完全准确地向主管机关呈报并申请注册，证券监管部门要求发行人提供的资料不得包含任何不真实的陈述和事项。这种发行制度实行公开管理原则，可以说是一种发行公司的财务公开制度，它强调市场对证券发行的决定权。证券发行登记的内容主要包括以下几个方面：

（1）公司的经营情况：包括开始营业日期，过去若干年的发展情况，主要顾客情况，重要的国内外市场，同业竞争情况，未来发展趋势。

（2）公司财务信息，包括公司若干年（一般为3～5年）内的经营情况和财务状况，具体包括营业收入（尤其是主营业务收入），利息支付情况，资产负债及其构成情况和变化趋势，其他需说明的财务资料。

（3）资产状况，资产总额及其构成情况。

（4）证券持有者的名单，即三个月内持有公司10%以上的证券者的名单。

（5）公司主要成员及其报酬情况，具体包括董事、监管人员，高级管理人员及其报酬情况。

2. 证券发行核准制

证券发行核准制是指证券发行人不但必须公开其发行证券的真实情况，而且须经证监会对若干实际条件审查，经批准后才能发行证券的制度。在审核发行过程中，证监会有权否决不符合规定条件的证券发行申请。

核准制吸收了注册制的强制性信息披露原则，同时要求申请发行证券的公司必须符合有关法律和证监会规定的必要条件。证监会发行审核委员会除进行注册制所要求的形式审查外，还关注发行人的法人治理结构、营业性质、资本结构、发展前景、管理人素质、公司竞争力等，并据此做出发行人是否符合发行条件的判断。

3. 证券发行登记制和核准制的区别

证券发行登记制假定投资者是理性与成熟的，能够对拟发行证券的情况说明做出正确的判断，且有较健全的法律法规，行业自律性较好。在证券发行登记制下，投资者有能力辨别证券质量高低，有能力自我保护。而证券发行核准制是由政府主管部门代理投资人对拟发行证券进行实质条件的审查，并做出批准与否的判断，从而保护市场投资者利益。它通常是在证券市场发展初期，投资者结构不合理、投资人不成熟时常用的一种发行管理制度。相较于登记制，核准制存在着较明显的“越俎代庖”现象，政府监管者把本应由投资者自己承担的责任分担了一部分，会导致投资者对政府担责的依赖，且因证券能否发行的权力被政府垄断，易滋生发行过程中的权力寻租腐败。

4. 我国证券发行的现行管理制度

现行我国证券市场管理制度是核准制下的保荐人制，即任何准备发行证券的筹资者，首先须聘请具有保荐人资格的证券公司和其指定的保荐代表履行保荐职责，并签订保荐协议，明确双方的权利和义务，按照保荐协议协商确定履行保荐职责的相关费用，并报证监会派出机构备案。其次，保荐人在与发行人签订保荐协议后，应当尽职推荐发行人证券发行上市，并持续督导发行人履行规范运作、信守承诺、信息披露等义务，出具并向证监会提交发行保荐书及其相关文件资料，向证券交易所提交上市保荐书及其相关文件，并报证监会备案，配合证监会进行审核，持续督导证券发行上市后发行人应履行的诸多义务，直至其保荐期满（首次发行股票证券的保荐期为证券上市后的两个会计年度）。最后，发行人应与保荐人、其他证券发行服务机构一道，共同做好证券发行与上市的申报材料文件的制作工作，并报证监会审批。

从以上描述可看出，保荐人制度下的核准制，实质上是政府监管部门对拟发行证券筹资者可能存在的一些问题责任，落实责任追究制的一种尝试，它加大和增强了保荐人的责任与义务，同时政府证券监管部门仍握有最终的证券发行与否的决定权。

三、证券的发行方式与承销方式

由于证券发行是证券筹资者用来短期内聚集巨额社会资金，并投资于实体经济项目的活动。为确保顺利筹资，如何划分证券发行人和保荐人、承销商及其他证券服务机构间的权、责、利关系，证券销售环节如何设计，证券的发行方式和承销方式问题就显得十分重要。

（一）证券发行方式

证券发行方式是指一次性证券销售活动中证券产品、证券销售主体、销售渠道和途径、销售对象、销售技术与形式的总称。根据证券销售活动中的不同标准可对证券的发行方式进行如下分类：

1. 公募发行与私募发行（定向发行）

这是根据证券销售对象的确定与不确定标准所做的发行分类。凡是证券销售给一些事前确定的特定投资者（如增发新股给公司老股东中的前十名持股人），称之为非公开发行、定向发行，定性为私募发行。上市证券所在公司的私募发行目前在我国按证监会要求应披露信息，批准发行后亦可上市交易。凡是证券公开销售给不确定的社会投资者，对销售对象无特别要求的称之为公募发行或公开发行。公开发行要求证券发行者有较高的社会信用、社会声望，符合证监会的各项要求，公开披露证券发行的所有相关信息，并经证监会批准。

2. 直接发行与间接发行

这是根据证券销售主体和销售渠道不同所做的分类。直接发行又称为自办发行，是指证券筹资者直接向社会投资人售卖证券，证券中介不参与或只参与一些辅导工作的发行方式。由于证券发行人的销售途径和渠道限制，直接发行可能面临不能按时全额筹资的窘境，世界各国较大金额的证券发行基本都摒弃这种做法。间接发行是指证券发行人委托投行或商业银行等金融机构代理发行证券，并支付一定费用的发行方式。这种做法利用了金融机构的销售渠道和社会信用，同时转移了证券售卖过程中的风险，能保证及时全额地筹集所需资金，虽然成本较高，但仍是现在各国证券发行的主流做法。

3. 股票发行、债券发行和基金发行

即按证券产品本身属性所做的分类。股票发行是指股份公司为筹资而出售股权代表的股票。债券发行是指符合发行条件的政府、金融机构或企业按法定程序向投资者出售债权代表的债券。根据发行人的不同，债券发行又可分为政府债券发行、金融债券发行和企业债券发行三类。基金发行是指基金发起人按法定程序向投资者出售基金单位份额，基金投资人获得相应份额受益权的基金。

4. 议价发行与招标发行

即按证券产品价格形成机制不同而做的分类。凡证券产品按市场需求及价值评估通过证券中介、投资者的询价最终确定发行价的证券发行方式称为议价发行。议价发行可能溢价，也可能折价，常见于风险类证券的发行（如股票）。凡证券产品以招投标形式进行价格确定的证券发行方式称之为招标发行，招投标方式确定的发行价格一般高于或等于证券的标底价。

5. 信用担保发行、实物资产抵押发行、收益担保发行

这是以证券发行背后的实体经济与资产的保证程度差异而做的分类。常见的信用担保发行证券是政府债券和金融债券，因其发行人较高的社会地位所带来的信用足以使投资人相信其偿还能力。当然，大型的信誉卓越的公司亦能凭借其社会信用担保发行公司债。而那些信用度不高的企业发行债券类证券则只能以其固定资产或其产品、实物资产作抵押。至于收益担保发行是近年来新出现的事物，主要是指资产支持类证券发行。该类证券是指由银行金融机构作为发起机构将信贷资产信托给受托机构，由受托机构发行的，以该资产所产生的现金流支付其收益的受益证券。至于由企业发行的短期融资券和中期票据本质上是一种中短期的商业票据融资，其发行操作方式基本上均采用承购包销方式，在全国银行间债券市场发行注册，由交易商协会设注册委员会行使职责。

（二）我国证券市场的证券发行具体操作方式简介

1. 股票发行的具体操作方式

我国股票发行的具体操作方式经历了一个历史的演变过程，按时间顺序有：自办发行方式，有限量发售认购证方式，无限量发售认购证方式，无限量发售申请表方式，与银行储蓄存款挂钩方式，上网竞价方式，“全额预缴款、按比例配售、余款即退”方式，上网定价发行方式，基金及法人配售方式，向二级市场投资者配售方式，上网发行、资金申购方式等十几种。随着互联网技术的普及，电子网络交易技术的成熟，现行的股票发行具体操作方式为“上网定价或竞价发行、资金申购、向战略投资者网下配售、向网下参与配售的询价对象配售（通过证券交易所网下申购电子化平台进行）”。

现行的股票发行具体操作方式以成熟的电子网络交易技术为支撑，以网上、网下及特定战略投资者三方面为对象，现代高效的通信网络与资金划转系统为工具，极大地提高了发行效率，确保了证券发行的成功。

2. 债券发行的具体操作方式

由于债券按发行主体不同可分为政府债券、金融债券和企业债券三种，同时债券在我国发行与上市有三个市场，即交易所债券市场、全国银行间债券市场和商业银行柜台市场，故其具体发行操作方式各有不同。

（1）政府债券发行的具体操作方式。目前我国政府债券发行实际在三个市场进行，即全国银行间债券市场、证券交易所市场、商业银行柜台市场。前两个市场主要发行承销无纸化的记账式政府债券，商业银行柜台市场发行承销凭证式国债。政府债券发行的绝大部分在证券交易所市场和全国银行间债券市场，其发行操作方式为公开招标方式。公开招标方式是通过投标人的直接竞价来确定发行价格（或利率）水平，发行人将投标人的标价由高价向低价排列，或自低利率排到高利率，发行人从高价（或低利率）选起直至达到需要发行的数额为止，因此所确定的价格恰好是由供求决定的市场价格。具体的招标操作方式有荷兰式招标、美国式招标与混合式招标三种。商业银行网点发行国债的方式是承购包销方式。

（2）金融债券发行的操作方式。金融债券发行在全国银行间债券市场进行，具体操作方式有招标发行和定向发行两种。招标发行方式与国债招标发行等同，定向发行方式通常选择协议承销。

（3）企业债券发行（公司债券）的操作方式。我国企业债券（公司债券）在证券交易所与全国银行间债券市场发行，且有些非上市公司的公司债券在银行间债券市场发行与上市。企业债券分为纯企业债券（公司债券）和可转换债券两类，可转换债券的发行操作方式与股票发行操作方式相同，而纯企业债券通常以招标发行方式、承购包销方式进行操作，由于企业债券的信用声誉不如国债和金融债券，故企业债券发行时通常须有债券信用评级和保荐人保荐发行，并经证监会核准。

3. 基金份额发行的具体操作方式

公募基金和私募基金两种基金份额的发行操作方式存有差异。公募的封闭式基金份额发售一般由基金管理人负责，选择投行组成承销团代理发售，通过证交所的交易系统联网和特定的金融机构营业网点，面向全国公众投资者进行。公募开放式基金份额发售一般由基金管理人委托商业银行、投行或经证券监管部门认定有资格代理发售的其他机构代理销售，一般不通过证交所的网上交易系统发售，同样面向公众投资者进行。而私募基金只能采取非公开的发行方式，面向某些特定投资者发售其份额。

（三）证券承销方式

证券承销方式是指具有证券承销业务资格的证券公司或投行，接受证券发行人的委托，在法律规定与约定的时间范围内利用自己的良好信誉和销售渠道将拟发行的证券发售出去，并收取一定比例承销费用的经济活动。证券承销方式按照法律规定有两种，即包销和代销。若证券发行人自己销售，则称为自销方式。

1. 包销方式

证券包销方式是指证券承销机构将发行人的证券按协议全部购入，或在承销结束时将售后剩余证券全部购入的方式，前者通常称之为全额包销，后者则称为余额包销或余额承购。

证券发行的包销方式下，证券能否及时发售完的风险完全由证券承销人（投行或证券公司）承担，所以要求证券承销人具备相当的经济实力，以确保证券发行人能按协议发行价获得全款。按照权责利对等原则，证券发行人在采取包销方式下必须支付证券承销人较高比例的承销费用（如我国股票发行的包销费率为发行总额的1.5%～3%）。

2. 代销方式

证券代销方式是指证券承销机构代发行人发售证券到截止日，将证券预定发行总额的剩余部分退还给发行人的承销方式。代销方式下，证券承销人不承担及时全额发售完证券的责任，只是代理发行人尽职推销证券，因而只能获得较低比例的承销费用。

四、证券发行定价机制与证券发行条件

（一）证券发行的价格确定机制

由于有价证券内含权益的差异，其价格形式与确定机制就有区别。理论上有证券发行价格的平价发行、溢价发行和折价发行之分，而折价、溢价发行常见于权益类的股票，平价发行多用于债券和基金类证券。

1. 股票发行价格确定机制

股票发行价格确定机制的基本点在于股票内在投资价值，股票的内在投资价值通过证券发行人和承销人的研究分析报告和评估报告给出基本情况，但市场发行的股票内在投资价值还必须得到市场投资人的认可，于是就有了发行人和承销人与投资人之间沟通交流、协商、询价、投标等确定股票内在价值和价格的一系列定价活动。因而股票发行价格的确定机制就包含了估值及其方法、投资价值研究报告、询价与协商、投资市场定价这几个方面。实践中，各个国家和地区根据其社会、历史、经济市场情况和特点的不同，对股票发行定价逐渐形成了几种通行的发行承销定价方式，如美国的“累积订单方式”、香港的“固定价格方式”、中国的“询价定价方式”，下面简要介绍我国的“询价定价方式”。

（1）股票内在价值评估和发行价格预测（参见第四章）。

（2）证券发行人和承销商的询价。在股票发行申请经证监会核准后，发行人公告招股意向书，开始进行路演和询价，询价分为初步询价和累计投标询价两阶段。初步询价阶段，发行人与承销商在回答完询价对象提问并与之交流后，统计询价对象的报价，确定价格发行区间。累计投标询价阶段，通过一定的统计投标价格计算方法，确定发行价格。

（3）在中小企业板及创业板上市的股票发行，发行人及其承销商可据初步询价、报价结果直接确定发行价格，不再进行累计投标询价。

通过市场化定价方式产生的股票发行价格理论上可能会高于或低于股票的面值，但在我国，根据《证券法》规定，股票发行价格可以等于或超过票面金额，但不得低于票面金额，这实际上否定了股票可以折价发行。

2. 债券发行价格确定机制

由于债券本质上是一种债权与债务关系的凭证，按照等价交换原则，债券的价值等于其未来值与时间价值之和，因而其总现金流分为时间价值的利息现金流与到期日的债券面值现金流之和，故债券发行价可能等于面值亦可能大于面值或小于面值，发行价等于面值的称为平价发行，小于面值的称为折价发行，大于面值的称为溢价发行。这些差异的形成取决于债券发行时体现时间价值的利息率的高低及支付方式的差异。实践中，无论是政府债、金融债

还是公司债，其发行定价均引入了三方博弈的市场化方法，即由债券发行人、中介人及投资者三方通过一定的方式进行协商，最终确定债券的发行价格，其中以公开招标定价方式最为典型和普通。在招标方式下又有价格招标和收益率招标两类之分。

以债券发行价格为标的的公开招标定价方式中，又有荷兰式招标和美式招标之分。荷兰式招标是以募满发行额为止的所有投资者的最低中标价格作为最终中标价，全体中标投资者按此价认购。美式招标是以募满发行额为止的中标者各自的投标价作为最终标价，各投资者的认购价格各不相同。

以债券发行收益率为标的的公开招标定价方式中，同样也有荷兰式招标与美式招标之分。荷兰式招标是以募满发行额为止的中标最高收益率为全体中标者的最终收益率（所有中标者认购成本等同），而美式招标是以募满发行额为止的中标者所投标的各个价位上的中标收益率作为中标者各自的最终中标收益率（各中标者的认购成本各不相同）。

3. 基金券发行定价机制

由于基金券本质上是一种受益证券，体现了法律上的信托代理关系，但基金管理与操作会产生一定的费用，这些费用必须由信托人承担，故基金券发售时通常采用平价面值发行另外再加一定比例的认购费用的方式，无论是封闭式基金还是开放式基金，公募基金还是私募基金均不例外。唯一区别是公募式基金认购成本公开且较低（如我国公募开放式基金认购费率为1% ~1.5%）。而私募基金认购费率则由信托人（基金投资者）与代理人（基金管理者）之间协议确定（根据我国《证券投资基金销售管理办法》规定，开放式基金的认购费率不得超过认购金额的5%。）。

（二）证券发行上市条件

各国政府对证券市场证券发行上市的条件均有规定，虽然因历史、文化、经济发展程度和阶段、政治体制等差别较大，而对不同证券的具体发行条件表现出较大的差异，但都对证券依法发行、依程序发行表现出一致性，从而使证券发行在一个限定的框架内有序进行，免致失控。现以我国沪深两市为例，简要介绍我国证券市场股票、债券的发行上市条件。

1. 股票的发行上市条件

股票的发行上市包括首次发行（IPO）和上市后再发行两种形式，相应的其发行上市条件略有区别。

（1）首次发行（IPO）股票的基本条件。根据证监会2008年发布的《证券发行上市保荐业务管理办法》、2006年发布的《证券发行承销管理办法》及《首次公开发行股票并上市管理办法》、《中华人民共和国证券法》、《中华人民共和国公司法》、《证券期货法律适用意见第1号》、《证券期货法律适用意见第3号》等相关条款规定，首发股票并在上海证交所主板上市的基本条件如下：首次公开发行的发行人应当是依法设立并合法存续的股份有限公司；持续经营时间应当在3年以上；注册资本已足额缴纳；生产经营合法；最近3年内主营业务、高级管理人员、实际控制人没有重大变化；股权清晰；发行人应具备资产完整、人员独立、财务独立、机构独立、业务独立的独立性；发行人应规范运行；其财务指标应满足以下要求：

①最近三个会计年度净利润均为正数且累计超过人民币3 000万元，净利润以扣除非经常性损益后较低者为计算依据；

②最近三个会计年度经营活动产生的现金流量净额累计超过人民币5 000万元，或者最

近三个会计年度营业收入累计超过人民币3亿元；

③发行前股本总额不少于人民币3 000万元；

④最近1期末无形资产（扣除土地使用权，水面和采矿权等后）占净资产的比例不高于20%；

⑤最近一期末不存在未弥补亏损。

在中小板首次公开发行股票也须符合《首次公开发行股票并上市管理办法》规定的发行条件。

在创业板首次公开发行股票须符合中国证监会2010年3月发布的《首次公开发行股票并在创业板上市管理暂行办法》规定的发行条件，主要包括如下几个方面：

①发行人应具备一定的盈利能力；

②发行人应具备一定的规模和存续时间；

③发行人应当主营业务突出；

④发行人的公司治理应参照主板上市公司执行。

（2）上市公司再发行股票的基本条件。上市公司再发行包括配股、公开增发、发行可转换债券、认股权证及定向增发股票，其发行基本条件相比于首发略有放松，且对不同类型的证券发行条件分别做了规定。按照中国证监会2006年5月制定并发布的《上市公司证券发行管理办法》规定，公开发行公司证券的一般规定条件有：上市公司组织机构建全、运行良好；盈利能力具有可持续性，财务状况良好，最近36个月内财务会计文件无虚假记载，不存在重大违法行为，上市公司募集资金的数额和使用符合规定；上市公司不存在严重损害投资者的合法权益和社会公共利益的违法行为。

①向老股东配股的条件。除应符合一般规定外，上市公司配股还有以下条件：拟配售股份数量不超过本次配售股份前股本总额的30%；控股股东应当在股东大会召开前公开承诺认配股份的数量；采用《证券法》规定的代销方式发行。

②公开增发的条件。除一般规定的条件外，还有以下条件：最近三个会计年度平均净资产收益率平均不低于6%；扣除非经常性损益后的净利润与扣除前的净利润相比以低者为计算依据；除金融类企业外，最近1期末不存在持有金额较大的交易性金融资产和可供出售的金融资产、借予他人款项、委托理财等财务性投资的情形；发行价格应不低于公告招股意向书前20个交易日公司股票均价或前一交易日的均价。

③定向增发股票（非公开发行）的条件。除一般规定外，尚有如下条件：发行价格不低于定价基准日前20个交易日公司股票均价的90%；本次发行的股份自发行之日起，12个月内不得转让；控股股东、实际控制人及其控制的企业认购的股份，36个月内不得转让；募集资金使用符合规定；本次发行导致上市公司控股权发生变化的，还应当符合中国证监会的其他规定，非公开发行股票的发行对象不得超过10名，发行对象为境外战略投资者的应当经国务院相关部门事先批准。

2. 债券的发行上市条件

政府债（国债）是政府为平衡预算，调节平衡经济运行而发行，以政府为后盾，所以通常发行时以政府预算为限制，亦无需进行信用评级，发行上市时通常由政府代表——财政部直接安排发行上市。

金融债的发行主体是各类政策性银行与商业银行、其他非银行类金融机构与企业集团财务公司，由于这些经济主体有别于一般的公司和企业，社会影响大，所以我国对其债券的发行进行了特别监管，具体种类有政策性金融债券，包括股票、商业银行债券、证券公司债券，保险公司债券、财务公司债券、证券公司次级债券等。从其发行上市条件看基本可划分为两大类。第一类是政策性银行（包括央行自身）、商业银行发行的金融债券，这类金融债发行时实行核准制，无特别限制条件，类似于政府债券发行。第二类是其他非银行机构金融债，这类金融债发行时发行条件要求较严，不仅要由央行核准审批，还要有央行要求报送的一系列发行文件，有一些类似于公司债和企业债发行的条件。

根据《公司法》、《证券法》、《企业债券管理条例》、《公司债券发行试点办法》的规定，企业债券发行的基本条件如下：

（1）股份有限公司的净资产额不低于人民币 3 000 万元，有限责任公司和其他类型企业的净资产额不低于人民币 6 000 万元。

（2）累计债券余额不超过发行人净资产（不包括股东权益）的 40%。

（3）最近三年平均可分配利润（净利润）足以支付债券一年的利息。

（4）筹集的资金投向符合国家产业政策，所需相关手续齐全。用于固定资产项目的，应符合固定资产投资项目资本金制度的要求，原则上累计发行额不得超过该项目总投资的 60%；用于收购产权（股权）的，比照该比例执行；用于调整债务结构的，不受该比例限制，但企业应提供银行同意的以债还贷的证明；用于补充营运资金的，不超过发债总额的 20%。

（5）债券的利率由企业根据市场情况确定，但不得超过国务院限定的利率水平。

（6）已发行的企业债券或者其他债务未处于违约或者延迟支付本息的状态。

（7）最近三年没有重大违法违规行为。

企业债经审批核准发行完成后，经核准在证券交易所和银行间债券市场上市流通。

公司债发行上市的基本条件：

（1）公司的生产经营符合法律行政法规和公司章程的规定，符合国家产业政策。

（2）公司内控制度健全，内控制度的完整性、合理性、有效性不存在重大缺陷。

（3）经资信评级机构评级，债券信用级别良好。

（4）公司最近一期末经审计的净资产额应符合法律行政法规和中国证监会的有关规定。

（5）最近三个会计年度实现的年均可分配利润不少于公司债券一年的利息。

（6）本次发行后累计公司债券余额不超过最近一期期末净资产额的 40%，金融类公司的累计公司债券余额按金融企业的有关规定计算。

公司债券发行完成后经核准可在证券交易所、银行间债券市场上市流通。

第四节　证券交易市场

证券交易市场又称为二级市场或流通市场，是为已经公开发行的证券提供流通转让机会与场所的市场，它与证券发行市场紧密相连，是证券发行市场能够持续的基础，是社会为更广泛吸纳游资、便利证券投资人的变现、分散转移风险与收益而产生的市场。该市场所要解决的问题是：如何组织证券的流通与转让；如何保证证券流通与转让中的公平和高效；如何降低交易成本、分散投资风险、保持市场稳定性。

一、证券交易所市场（场内市场）

（一）证券交易所的含义、特征与职能

1. 证券交易所的含义

证券交易所是证券买卖双方公开交易的场所，是一个高度组织化、集中进行证券交易的市场，它是证券市场的核心。证券交易所本身不进行证券买卖，也不决定证券价格，而是为证券交易提供场所和设施，配备必要的管理和服务人员，并对证券交易进行周密组织和严格管理，使证券交易顺利进行且有一个稳定、公开、高效的系统。我国《证券法》规定，证券交易所是为证券集中交易提供场所和设施、组织和监督证券交易，实行自律管理的法人。

2. 证券交易所的特征

一是有固定的交易场所和交易时间；二是参加交易者为具备会员资格的证券经营机构，交易采取经纪制，即一般投资人不能直接进入交易所买卖证券，只能委托会员作为经纪人中介进行交易；三是交易的对象限于合乎一定标准的上市证券；四是通过公开定价的方式决定交易价格；五是集中了证券的供求双方，具有较高的成交率和成交速度；六是实行“三公”原则，对证券交易进行管理。

3. 证券交易所的职能

包括：提供证券交易的场所和设施；制定证券交易所的业务规则；接受上市申请并安排证券上市；组织监督证券交易；对会员进行监管；对上市公司进行监管；设立证券登记结算机构；管理和公布市场信息；证监会许可的其他职能等。

（二）证券交易所的组织形式

证券交易所本身的组织形式有两类，即会员制证券交易所和公司制证券交易所。

会员制证券交易所是一个由会员自愿组成的不以营利为目的的社会团体法人，交易所设会员大会、理事会和监察委员会。

公司制证券交易所是以股份有限公司形式组织并以营利为目的的法人团体，一般由各类民营公司和金融机构组建，交易所章程中明确规定作为股东的证券经纪商和证券自营商的名额、资格和公司存续期限。

公司制的证券交易所必须遵守本国公司法的规定，在政府证券主管机构的管理和监督下，吸收各类证券挂牌上市，同时，任何成员公司的股东、高级职员、雇员均不能担任证券交易所的高级职员，以保证交易的公正性。

我国内地两家交易所——上海证券交易所和深圳证券交易所，均实行会员制，是非营利性的法人，组织机构由会员大会、理事会、监察委员会和其他专门委员会、总经理及其他职能部门组成，证券交易所的设立与解散、证券交易新章程的制定与修改，均须由国务院及其证券监督管理机构批准决定。

（三）证券交易所的作用

证券交易所作为有组织的证券交易市场，以其特有的运营机制对证券投资者和社会经济运行发挥多种作用，主要表现在以下几个方面：

（1）保证市场的连续性。在证券交易所里，交易时间固定，大量交易者在此集中交易，

供求的高度集中使交易所在开市期间内投资者的证券买卖能够持续不断进行，迅速成交。证券交易所交易规则的统一性有利于发挥供求机制、竞争机制和价格机制的自动调节作用，使其价格能充分反映供求关系；大量的持续不断的证券成交，使证券价格充分反映供求关系。因而证券交易所便成了一个具有高度流动性、高效率和连续性的市场。

（2）为证券买卖双方提供了较为公平合理的价格。证券交易所内的证券交易价格，是在充分竞争条件下由证券买卖双方共同集中竞价形成的，是一种市场均衡价，也是一种相对公平合理的价格。

（3）促进资金资源的优化配置，改善社会产业结构。证券交易所的证券价格反映了实体经济中公司与行业的景气程度、盈利趋势，若某行业与某公司的经营状况良好，前景光明，盈利呈上升趋势，则该行业与公司的证券势必受到投资者追捧，造成供不应求，价格上涨。反之则该行业与公司的证券必会被投资者抛售，价格下降。证券价格的涨跌引导了社会投资者资金的流动，引导了社会资金、资源的配置与再配置，促进了社会产业结构的调整与改善。

（4）提供了有效的经济信息。证券交易所规定上市公司必须定期与不定期地进行公司经营财务方面的信息披露，证券投资者可以及时了解上市证券背后的公司情况，进行相应决策。

（四）证券交易所的运行系统

现代证券交易所的运作普遍实现了高级的无形化和电脑化，建立起了安全、高效的电子网络运行系统。该系统通常包括交易系统、结算系统、信息系统和监察系统。我国的沪深证券交易所还包括了大宗交易系统、固定收益证券综合电子平台和综合协议平台。

1. 交易系统

电子化交易是世界各国证券交易的发展方向，现代证券交易所均不同程度地建立起高度自动化的计算机网络交易系统，该系统通常由撮合主机、通信网络和柜台终端三部分组成。

（1）撮合主机。整个交易系统的核心，交易指令经由通信网络传入撮合主机后由撮合主机按既定的交易规则进行撮合成交，并将成交结果和交易行情通过通信网络传回证券商柜台。

（2）通信网络。通信网络是连接证券商柜台终端、交易席位和撮合主机的通信设备及通信线路、单向卫星、双向卫星和地面数据专线等，用于传递交易信息。

（3）柜台终端。证券商柜台终端系统用于证券商管理客户证券账户和资金账户，传递指令，接收成交信息、交易行情等。

2. 结算系统

结算系统是指对证券交易进行结算、交收和过户的系统。世界各国的证券交易所均有专门机构进行证券的存管和结算，在每个交易日结束后对证券和资金进行清算、交收和过户，使买入者得到证券，卖出者得到相应的资金。

3. 信息系统

信息系统负责对每日证券交易的行情信息和市场信息进行实时的发布。信息系统的发布网络由以下几部分组成：（1）通过卫星、地面通信线路等交易系统的通信网络发布证券交易的实时行情、股价指数和重大信息公告等；（2）向新闻媒介、会员、咨询机构等发布收市行情、成交统计和非实时信息公告等；（3）通过证券监管机构指定的信息披露报刊发布收市行情，成交统计及上市公司公告和信息等；（4）通过因特网向国内外提供证券市场信息、资料和数据等。

4. 监察系统

监察系统是证券交易所依法设立的证券交易监控系统，集成了交易、登记、计算数据和上市公司、证券公司等相关信息，通过综合使用电子预警统计分析、数据挖掘等信息分析技术，及时发现涉嫌内幕交易、市场操控等违法违规行为，是证交所履行一线监管职能，维护市场交易秩序的重要技术平台。

5. 大宗交易系统

大宗交易是指一笔数额较大的证券交易，通常在机构投资者之间进行。在交易所市场进行的证券单笔买卖达到交易所规定的最低限额时，可采用大宗交易方式。大宗交易在交易所正常交易收盘后的限定时间内进行，申报方式有意向申报和成交申报。有涨跌幅限制的证券大宗交易须在当日涨跌幅价格限制范围内，无涨跌幅限制的证券大宗交易须在前一日收盘价的正负30%内或当日竞价时间内已经成交的最高和最低成交价格之间，由买卖双方采用议价协商方式确定成交价，并经证券交易所确认后成交。大宗交易的成交价格不作为该证券当日的收盘价，也不纳入指数计算，不计入当日行情，成交量在收盘后计入该证券的成交总量。

6. 固定收益证券综合电子平台

固定收益证券综合电子平台是我国上海证券交易所设置的，与集中竞价交易系统平行的，独立的固定收益证券市场体系。该体系为国债、企业债、资产证券化债券等固定收益证券产品提供交易商之间批发交易和为机构投资人提供投资和流动性管理的交易平台。固定收益平台所交易的固定收益证券包括国债、公司债、企业债、分离债等。固定收益平台设立交易商制度，符合条件的上海证券交易所会员和其他合格投资者可以申请交易商资格。交易商是经上海证券交易所核准，取得资格的证券公司、基金管理公司、财务公司、保险资产管理公司及其他交易参与人。符合条件的交易商可以申请一级交易商资格。一级交易商是指经上海证券交易所核准在平台交易中持续提供双边报价及对询价提供成交报价的交易商。固定收益平台提供交易商之间的报价交易和交易商与客户之间的交易。一级交易商必须对上交所指定的关键期限国债进行做市，一级交易商对选定做市的特定固定收益证券进行连续双边报价，并接受其他交易商的询价。一级交易商履行做市义务的，可在交易所规定的额度内申报卖出固定收益证券。固定收益平台交易采用报价交易和询价交易两种方式。

7. 综合协议交易平台

综合协议交易平台是指我国深圳证券交易所为会员和合格投资者进行各类证券大宗交易或协议交易提供的交易系统。综合协议交易平台在大宗交易平台各项业务集中整合的基础上发展而来，主要服务于机构投资者。符合法律法规和《深圳证券交易所交易规则》规定的证券大宗交易以及专项资产管理计划收益权份额等证券的协议交易，可以通过综合协议交易平台进行。具体包括：权益类证券大宗交易（A股、B股、基金等），债券大宗交易（国债、企业债、公司债、分离债、可持续性公司债、债券回购），专项资产管理计划收益权份额协议交易和深圳证券交易所规定的其他交易。深圳证券交易所会员可以申请成为综合协议交易平台交易用户，符合条件的合格投资者经深圳证券交易所批准，可以申请成为交易用户，综合协议交易平台接受交易用户的申报类型有：意向申报，定价申报，双边报价成交申报，其他申报。综合协议交易平台按不同业务类型分别确认成交，并有回转交易和跨系统交易安排。

（五）我国证券交易所市场的层次结构

根据社会经济发展对资本市场的需求和建设多层次资本市场的部署，我国在以上海、深圳证券交易所作为证券市场主板市场的基础上，又在深圳交易所内设置中小企业板块市场和创业板市场，从而形成了交易所内的不同市场层次。

1. 主板市场

主板市场是一个国家或地区证券发行、上市及交易的主要场所与系统，主板市场代表着国家或地区的证券交易。主板市场对证券发行人的要求标准较高，上市证券的盈利能力、资本规模均较好较大，很大程度上能代表一国的经济发展状况。我国的主板市场由上海证券交易所和深圳证券交易所的主板、中小企业板块组成，分别营运于 1990 年 12 月 19 日和 1991 年 7 月 3 日。其中深圳证券交易所的中小企业板设立营运于 2004 年 5 月 27 日。

与原交易所主板上市证券相比，中小企业板上市证券的总体设计思路可以概括为：“两个相同”和“四个独立”。“两个相同”是指中小企业板运行所遵守的法律、法规和部门规章与主板市场相同；中小企业板块的上市公司同主板市场的发行上市条件和信息披露要求相同。“四个独立”是指中小企业板块作为主板市场的组成部分，同时实行运行独立、监管独立、代码独立、指数独立。

中小企业板市场设立的宗旨是为主业突出、具有成长性和科技含量的中小企业提供直接投融资平台，是我国多层次资本市场建设的重要内容，也是为推进创业板市场建设而采取的一个重要步骤。

2. 创业板市场

创业板市场又被称为“二板市场”，是为具有高成长性的中小企业和高科技企业提供融资服务的资本市场，创业板市场是不同于主板市场的独特资本市场，具有前瞻性、高风险、监管要求严格、高技术产业导向的特征。

创业板市场按照不同的标准可有多种分类。目前我国的创业板市场属于由原证券交易所直接设立的附属市场模式，由深圳证券交易所于 2009 年 10 月正式成立启动挂牌运行，主要面向成长型创业企业，重点支持自主创新企业，支持市场前景好，带动能力强，就业机会多的成长型创业企业，特别是支持新能源、新材料、电子信息、生物医药、环保节能、现代服务等新兴产业的发展。

创业板市场的开办，标志着我国的交易所市场初步形成了由主板（含中小企业板）创业板构成的多层次交易市场体系框架。

（六）证券交易所证券上市制度

证券上市是指公开发行的证券经过交易所批准作为交易对象在交易所里取得挂牌买卖资格的过程。证券上市是公司自愿行为，不具有强制性。上市公司是指向证券交易所提出上市申请，由交易所批准后其发行的证券在该交易所自由买卖并挂牌显示的股份有限公司。并非所有公开发行的证券都是上市证券，也并非所有符合上市条件的公司都愿意成为上市公司，只有当公开发行的证券经证券发行人向证券交易所提出申请上市且符合上市条件时才会成为上市证券。

1. 证券上市条件

各国不同的证券交易所对证券上市的具体条件和标准有不同的规定，影响力越大的证券交易所，其上市条件一般来说越严格。我国沪深证券交易所根据《证券法》及交易所上市规则，对不同类的证券上市条件分别规定如下：

（1）交易所主板上市的股票条件。

①股票经证监会核准并已公开发行。

②公司股本总额不少于人民币 5 000 万元。

③公开发行的股份达到公司股份总额的 25% 以上。公司股本总额超过人民币 4 亿元的，公开发行股份的比例为 10% 以上。

④公司在最近三年无重大违法行为，财务会计报告无虚假记载。

（2）交易所内创业板上市股票的条件。

①股票已公开发行。

②公司股本总额不少于 3 000 万元。

③公开发行的股份达到公司股份总数的 25% 以上。公司股本总额超过人民币 4 亿元的，公开发行股份的比例为 10% 以上。

④公司股东人数不少于 200 人。

⑤公司在最近三年无重大违法行为，财务会计报告无虚假记载。

⑥深圳证券交易所要求的其他条件。

（3）公司债券交易所内的上市条件。

①经有权部门批准并发行。

②债券期限在 1 年以上。

③债券实际发行额不少于人民币 5 000 万元。

④债券经资产评级机构评级，信用级别良好。

⑤债券上市时仍符合法定的公司债券的发行条件。

证券上市后，上市公司应遵守我国《证券法》、《公司法》、《证券交易所股票上市规则》等法律法规的规定，履行信息披露的义务。

2. 证券上市的一般程序

证券上市步骤因种类不同和交易所规则不同而略有差异，但一般来说如下步骤是共同的。

（1）证券发行人的提出上市申请步骤。证券发行人申请证券上市时经呈交书面申请书于交易所，并附送交易所要求提交的其他书面文件资料（如上市保荐书、上市公告等）。

（2）证券交易所的审批与批准步骤。证券交易所在收到证券发行人的上市申请有关材料后，按上市证券须达到的标准和条件进行审查，合格者即可获得上市许可。

（3）订立上市协议步骤。在经有权政府部门核准无异议后，证券交易所与证券发行人之间签订上市协议书及其他协议文件，明确双方应履行的义务和责任。

（4）上市挂牌交易步骤。证券交易所与证券发行人之间签订上市协议后，具体协商安排证券上市日期及相关挂牌交易公告等。

3. 上市证券的特别处理、暂停上市和终止上市

公司证券的上市资格并不是永久的，当不能满足证券交易所关于证券上市的条件时，证券监管部门或证交所将对该证券做出特别处理、暂停上市、终止上市的决定。

当上市公司出现财务状况异常或者其他异常情况，导致其股票存在被终止上市的风险，

或者投资者难以判断公司前景，投资者权益可能受到损害的，证券交易所为警示投资者，防范化解证券市场风险，在公司股票简称前冠以“ST”字样，且限定其日涨跌幅为5%。我国沪深证券交易所对在主板市场、中小企业板市场、创业板市场上市公司股票做出特别处理的情形与条件要求各异，但核心条件有：一是连续两年亏损；二是存在重大会计差错或虚假记载；三是受到证券监管部门谴责并责令改正；四是公司股权分布不符合上市规定；五是净资产值为负数；六是证监会或交易所认定的其他情形。存在上述情形之一者均将受到特别处理警示。

暂停股票上市。暂停股票上市是指证券交易所依据《证券法》的规定情形及交易所自己的上市规则规定，对股票暂停挂牌、停止交易。我国《证券法》规定，上市公司有下列情形之一的，由证券交易所决定暂停其股票上市交易：一是公司股本总额、股权分布等发生变化不再具备上市条件；二是公司不按规定公开财务状况，或者对财务会计报告做虚假记载，可能误导投资者；三是公司有重大违法行为；四是公司最近3年连续亏损；五是证券交易所上市规则规定的其他情形。

终止股票上市交易。终止股票上市交易是指证券交易所依据《证券法》和交易所自己的上市规则规定，对股票做出的永久停止交易、摘除其股票名称和代码、清理出证券存托管系统的决定。我国《证券法》规定上市公司有下列情形之一的，由证券交易所决定其终止股票上市交易：一是公司股本总额、股权分布等发生变化不再符合上市条件，在证券交易所规定的整改期限内仍不能达到上市条件；二是公司不按照规定公开其财务状况，或者对财务会计报告做虚假记载，且拒绝纠正；三是公司最近三年连续亏损，在其后一年度内未能恢复盈利；四是公司解散或者宣告破产；五是证券交易所上市规则规定的其他情形。

（七）证券交易所的证券交易制度

证券交易所的证券交易采用证券经纪制交易，即投资者必须委托具有会员资格的证券经纪商在交易所内代理买卖证券。《证券法》规定，证券在证券交易所内上市交易，应采用集中地公开交易方式交易，证券交易以现券交易、回购交易、融资融券交易（信用交易）和经证监会批准的其他交易方式进行，遵循公开、公平、公正的原则，证券交易所应为组织公平的集中交易提供保障，公布证券交易即时行情，并按交易日制作证券行情表，予以公布。

1. 交易原则

（1）时间优先原则。同价位申报，依据申报时序，决定优先顺序，即买卖方向、价格相同的先申报者优于后申报者。

（2）价格优先原则。价格较高的买入申报优先于价格较低的买入申报，价格较低的卖出申报优先于价格较高的卖出申报。

2. 交易规则

为保证交易原则的落实与交易的高效和有序，交易所均规定有严格的交易规则，现以我国沪深交易所为例加以说明。

（1）交易时间：我国交易所的交易时间规定为，每周一至周五开市，每日分前后时间段，上午9:30~11:30为前市交易时间段，下午13:00~15:00为后市交易时间段。

（2）交易单位：交易单位是交易所规定每次申报和成交的交易数量，一个交易单位俗称“一手”，委托买卖数量通常是一手或一手的整数倍，数量不够一手的为零股，通常零股可卖出但不允许买入。股票、基金的一手为100股或100份，债券的一手为1 000元。

（3）价位：交易所规定报价的最小变动单位。上海、深圳证券交易所规定的 A 股、债券价位为 0.01 元人民币，基金权证为 0.001 元人民币；对于 B 股，上海证券交易所规定为 0.001 美元，深圳证券交易所为 0.01 港元，国债回购为 0.01%。

（4）报价方式：证券交易所采用电脑报价方式，接受会员的限价申报或市价申报。

（5）价格决定：证券交易所按连续、公开竞价方式形成证券价格，当买卖双方在价格和交易数量上一致时，便立即成交形成成交价格。我国的沪深证券交易所采用集合竞价和连续竞价方式形成价格。集合竞价是每个交易日开始前，电脑撮合系统对接受的全部有效委托进行一次集中撮合配对处理过程。连续竞价是集合竞价后，电脑撮合系统对买卖双方的委托指令进行逐笔撮合处理的竞价方式。

（6）涨跌幅限制及涨跌停板制。为保护投资者利益，防止股价暴涨暴跌和过度投机，证券交易所可根据需要对每日股票价格的涨跌幅度予以限制，若当日价格升至或降至规定的上限和下限时，限制指令生效，当日市价的最高上限为涨停板，最低下限为跌停板，涨跌停板制指一种股价或整个股价指数涨跌一定幅度就该暂停该种股票或整个股市的交易。目前，我国沪深证券交易所对交易的股票（A 股和 B 股）、基金实行交易价格涨跌停板制，除上市首日证券外，每只股票基金的涨跌幅度相对上一交易日收盘价为正负 10%，ST 类股票涨跌幅为正负 5%。

（八）证券交易所的证券交易程序

由于证券交易采用的是证券经纪制交易，一般投资者买卖的证券均须委托证券经纪商代理，故其交易过程有别于其他的商品买卖交易过程。证券交易所通常规定有一整套的证券交易程序，包括开户、委托、竞价成交、清算交割和过户几个环节，以保证证券交易活动有序进行。

1. 开户

投资者在证券交易市场上进行证券投资，必须首先开设相关的账户。在证券交易过程中，证券和资金之间的转移是通过投资者、证券商及证券交易所下设的证券登记结算公司三者间的账户来实现的，我国的证券交易账户主要包括如下三类：

（1）证券经纪商的一级账户。该账户包括证券账户和资金账户，是证券经纪商作为证券交易所会员必须开设的一级账户，各证券经纪商的一级账户即为其在证券交易所的交易席位号。

（2）证券账户。个人与机构投资者从事证券投资必须在证券交易所下设的证券登记结算公司开设证券账户，开设账户时需持有效证件并填写相关资料文件，缴纳工本费用。

（3）资金账户。该账户是投资者为了买卖证券而在证券经纪商处开立的账户。我国《证券法》规定，证券公司客户的交易结算资金应当存放在商业银行，以每个客户的名义单独立户管理，即证券行业全面推行第三方托管制度。第三方托管制度的核心内容是“券商托管证券，银行存管资金”。投资者作为证券公司客户，其资金账户与证券账户严格分离，证券公司负责客户证券交易以及根据交易所和证券登记结算公司的交易结算数据清算客户的资金和证券，由存管银行负责管理客户交易结算资金账号、客户交易结算资金汇总账户和交收账户，向客户提供交易结算资金存取服务。故在我国资金账户开立及托管是在商业银行处。

2. 委托

投资者开设了证券账户及资金账户后，即可委托买卖。委托买卖有两层含义，一是指投资者通过其指定的证券经纪商代理买卖；二是指证券经纪商接受委托后按投资者的指令以证券商的名义在证券交易所内进行买卖的行为。

（1）委托形式。在我国，投资者为买卖证券而向经纪商发出的委托指令目前有多种形式。最常见的有当面委托、自助委托两种。当面委托是投资者亲自或由其代理人到证券经纪商营业部柜台，通过书面形式向证券经纪商发出买卖委托指令。自助委托是投资者利用现代发达的通信技术终端电话、电脑、网络直接下单发出买卖委托指令，常见的自助委托形式有磁卡自助委托、电话委托、网上委托三种。

（2）委托内容。委托指令通常的内容有：证券名称及代码、买卖方向、买卖数量、出价方式、委托价格、交易方式、委托时效。

3. 竞价成交

投资者的委托买卖指令发出后，按照证券交易所的交易制度和交易规则参与交易市场内集合竞价和连续竞价，形成三种可能的结果：全部成交，部分成交，不成交。全部成交，证券经纪商应及时通知委托人，并按规定的时间办理清算交割过户手续。部分成交，证券经纪商在委托有效期内应继续执行委托，直到有效期结束，就部分成交的证券或资金办理清算交割过户手续，并及时交付资金或证券。不成交，在委托有效期内应该继续执行，有效期结束，指令失效。

4. 清算交割与过户

证券买卖成交后，买卖双方须进行证券与资金的清算交割和过户手续。清算是指证券买卖双方结清价格的过程，交割是指买卖双方交付实际成交的证券的过程，过户是指证券交易成交后办理所有者变更登记的手续。只有交割并过户后，证券交易过程才算全部完成。

目前我国沪深证券交易所的证券登记结算公司负责证券的清算交割过户登记工作。清算交割采用两级交割清算方式，即证券登记结算公司与各证券经纪商实行一级交割清算，券商再与投资者实行二级交割清算，交割时间是：A 股、基金、债券为 T+1 日交割，B 股 T+3 日交割，权证 T+0 交割。证券的交收采用无纸化方式，过户登记在清算交割时一并由电脑系统办理。

（九）证券交易所的证券交易方式

理论上的证券交易方式有现货交易、信用交易（融资融券交易）、期货交易和期权交易四种。目前我国的沪深证券交易所仅有现货交易、信用交易两种，下面对这两种交易方式逐一介绍。

1. 现货交易

现货交易是指证券买卖成交后，按成交价格在规定时间内（通常不超过两个交易日）进行现金与证券清算交割的交易方式。这是一种钱货两清的交易方式，成交和交割基本同时完成，买方向卖方支付现金，卖方向买方交割证券。现货交易是我国沪深证券交易所的主要交易形式。

2. 信用交易

信用交易又称保证金交易、融资融券交易、垫头交易，是指投资者在经纪商处开立保证金账户，从而取得经纪商提供的融资或融券，即由经纪人垫付一定的资金或证券，并以此进行证券交易的一种交易方式。具体信用交易有保证金卖空和买空两种形式。

保证金买空是指投资者预期证券行市将上涨并准备在当前价格较低时买进一定数量证

券，但因资金不足，通过向证券经纪商交付一定比率保证金从而取得经纪商贷款并委托经纪商代理买入这种证券的交易方式。如果证券经纪商资金不足，可用代理客户买入的证券作为抵押品向商业银行贷款（这成为转融资）。若证券价格在一定期限后正如投资者预期的上升，投资者可委托证券经纪商卖出该证券，证券商扣除买卖手续费和对投资者的贷款及利息后，将余额划归投资者账户，该余额即为投资者的本金和投资收益。做保证金买空的投资者叫“多头”。反之，若证券价格未按投资者预期的上升，到经纪商贷款到期时，经纪商仍会督促投资者卖出该证券，以归还经纪商贷款和利息。投资者此时卖出证券，则可能承受较大亏损。

保证金卖空则是指投资者预期证券行市将下跌，准备做某一证券的卖出投机，但由于手中没有该证券，通过向证券经纪商支付一定比率保证金后借入一定数量的该证券卖出的交易方式。若日后该证券价格果然下跌，再按市价买入相同种类相同数量的证券归还给证券经纪商并支付利息和手续费，投资者通过高卖低买获取价差，在扣除利息和手续费后即为净收益。做保证金卖空的投资者叫“空头”。反之，若证券价格日后未下跌，则经纪商在融券到期时仍会督促投资人归还借入的证券。投资人将不得不以市价购入该证券，实现不了高卖低买，有价差损失，同时还要支付融券期间的利息和买卖手续费，从而蒙受较大损失。

根据中国证监会公告，沪深证券交易所自 2006 年 8 月起试行了证券融资融券交易方式，制定并公布了《证券公司融资融券管理办法》和《实施细则》。其对参与融资融券交易的投资者资格、证券经纪商资格、融资融券期限、融资融券标的证券、保证金比例、保证金账户最低维持比例、交易规模限制等均做了详细的可操作性规定。从 2008 年 10 月中国证监会宣布启动融资融券试点后，我国证券交易所的信用交易方式已成了常规的交易方式之一。

二、场外交易市场

广义的场外交易市场是指除证券交易所以外的一切有关证券交易的系统与场所。这些市场因无集中统一的交易制度，故被统称为“场外交易市场”。

（一）场外交易市场的类型

根据场外交易市场方式、交易对象和交易主体不同，场外交易市场可以分为如下几类：

1. 柜台市场（店头市场）

柜台市场是指证券经纪商不通过有组织的证券交易所直接在自家柜台与顾客进行证券买卖和交易的市场，又称 OTC 市场（Over – the – Counter Market）。它实际上是由千万家证券商组成的抽象证券买卖市场。

2. 第三市场

第三市场是指在场外交易市场上从事已在交易所挂牌上市证券的交易。近年来，由于这部分交易量增大，特别是其中债券交易量增加更多，其地位日益提高。严格说，第三市场既是场外交易市场的一部分，又是证券交易所市场上的一部分。第三市场的出现是与证券交易所的固定佣金制密切相关的，固定佣金制使证券交易的成本非常昂贵，而交易所之外的证券商则不受证券交易所佣金制的约束，因而导致大量的证券交易都在交易所之外的第三市场上进行。

3. 第四市场

第四市场是指投资者和筹资者不经过证券商直接进行证券交易的市场。第四市场目前只在美国有，其他国家尚无。其交易流程大致如下：用电子计算机将各大公司股票的买进和卖出价格输入储存系统，交易双方通过通信网络与储存系统的中央主机联系，当任何会员将拟买进或卖出的委托储存在计算机储存系统后，在委托有效期内，如有其他会员卖出或买进的委托与之相匹配，交易即可成交，并由主机发出成交证实，在交易双方的终端上显示并打印出来。

（二）场外交易市场的特征

场外交易市场是一个分散无固定场所的无形市场。场外交易主要在各证券商的店头或柜台，而各证券商又散布于全国各地，所以它是分散的。场外交易时，可在直接的柜台当面交易，但更多的是通过发达的通信网络进行，所以，相对于证券交易所而言，场外交易无形的特征更为明显。

场外交易市场是一个“开放性”市场。场外交易市场区别于证券交易所市场的最大特征在于它可以不采用经纪人代理交易，其交易形式是直接的。

场外交易市场证券交易的品种较多、风险较高。场外交易的证券可以是在证券交易所上市的，也可以是未上市的证券。未上市登记的证券未经过系统评价，信息披露不对称，不符合证券交易所上市标准，其风险未定，故参与场外市场交易的投资者买卖证券的风险也较证券交易所内证券买卖的风险要高。

场外交易市场的价格形成通常采用做市商制度。做市商制度也叫报价驱动制度，是指做市商向市场提供双向报价，投资者根据报价选择是否与做市商交易。相对于交易所市场常用的竞价交易制度，场外交易市场的投资者无论是买入还是卖出证券，都只能与做市商交易，即在一笔交易中，买卖双方必然有一方是做市商。近年来，随着计算机和网络通信等电子技术的应用，场外交易市场和交易所市场在交易方式上日趋相同，场外交易市场也已采用了竞价交易制度，计算机自动撮合，单纯的做市商报价成交模式已逐渐被取代。

（三）场外交易市场的功能

场外交易市场是证券发行的重要场所。新发证券往往时间集中、数量较大，需要众多的营销渠道和灵活的交易时间，场外交易市场的广泛性和无形性，能满足新发证券的要求，方便投资者认购，减少承销商风险。故新发证券现已不仅在证券交易所市场内进行，也有大量的新发证券选择在场外市场发行。我国的凭证式债券发行认购就基本在垫头市场进行。

场外交易市场为特殊证券提供交易机会。场外交易市场为已发行未上市的证券提供流通转让的机会，为国债、地方政府债券、公司债券提供转手交易场所，为那些被交易所终止上市交易的股票提供变现的机会，为开放型投资基金提供认购、申购、赎回的途径。

提供风险分层的金融资产管理渠道。资本市场是风险投资市场，不同的投资人具有不同的风险偏好，场外交易市场是多层次资本市场体系的组成部分，它提供了不同于交易所市场证券风险等级的金融产品工具，满足了不同风险偏好的投资者对金融资产管理渠道多样化的要求。

（四）我国的场外交易市场

1. 全国银行间债券市场

全国银行间债券市场是指依托于中国外汇交易中心暨全国银行间同业拆借中心（简称交易中心）和中央国债登记结算有限责任公司（简称中央登记公司）的面向商业银行、农村信用联社、保险公司、证券公司等金融机构进行债券买卖和回购的市场。全国银行间债券市场成立于1997年6月，经过15年的发展，目前已成为我国债券市场的主体部分。

（1）组织机构。全国银行间债券市场的交易中心总部设在上海，目前各分中心建在北京、广州、深圳、天津、济南、大连、南京、厦门、青岛、武汉、重庆、成都、珠海、汕头、福州、宁波、西安、沈阳、海口18个中心城市。

（2）主要业务。交易中心是中国人民银行直属事业单位，由人民银行领导管理。主要业务是：提供银行间外汇交易，人民币同业拆借，债券交易系统并组织市场交易；办理外汇交易的资金清算、交割，负责人民币同业拆借及债券交易的清算监督；提供网上票据报价系统，提供外汇市场、债券市场和货币市场的信息服务；开展中国人民银行批准的其他业务。

（3）人民币债券交易。交易中心的人民币债券交易有现券交易和回购交易两种，交易对象为国债、金融债券、央行票据。交易时间为每周一至周五的上午9:00～12:00，下午13:30～16:30。能申请到参与全国银行间债券交易中心的成员资格有：国内商业银行及其授权分支行，信托投资公司，企业集团财务公司，金融租赁公司，农村信用社，城市信用社，证券公司，基金公司及其管理的各类基金，保险公司，外资金融机构以及金融监管当局批准可投资于债券资产的其他金融机构。

2. 代办股份转让系统

（1）性质。代办股份转让系统又称为三板市场，是以证券公司和相关当事人的契约为基础，依托证券交易所和登记结算公司的技术系统，以证券公司代理买卖挂牌公司股份为核心业务的股份转让平台。证券公司以其自有或租用的业务设施，为非上市股份公司提供股份转让服务，并依据契约对股份转让公司信息披露行为进行监管和指导；中国证券业协会委托证券交易所对股份转让行为进行实时监控；代办股份转让系统由证券业协会负责自律性管理。

（2）功能。代办股份转让系统主要是为解决原STAQ、NET系统历史遗留问题公司的股份流通问题于2001年设立的。2002年开始，退市公司的股份转让也通过代办股份转让系统进行。目前在代办股份转让系统交易的公司由两部分组成：一是在原STAQ系统挂牌和在原NET系统挂牌的和沪深交易所退市的上市公司；二是非上市股份有限公司的股份报价转让。根据有关规定，股份公司在终止上市时必须确定一家代办机构，为公司提供终止上市后的股份转让代办服务。一家退市的上市公司只能委托一家证券公司作为主办券商代办其股份转让业务，股份转让公司的股份必须重新确认、登记和托管后方可进行股份转让。

（3）股份转让方式。根据股份转让公司的质量差异，股份转让分为每周1次、3次和5次转让三种，采用定期非连续方式，以集合竞价方式配对撮合，转让价格不设指数，设5%的涨跌幅限制。

股份转让公司必须是合法存续的股份有限公司并具有健全的公司组织结构，主办证券公司在征得股份转让公司所在地省级人民政府确认后，方可代办其股份转让业务，持有股份转让公司股份的投资者应该依据公司的《确权报告》办理有关手续。

2009年6月，中国证券业协会公布新修订的《证券公司代办股份转让系统中关村科技园区非上市股份有限公司股份报价转让试点办法》（简称《试点办法》）。新修订的《试点办法》从投资者适当性、公司挂牌条件、转让结算制度、信息披露制度、股份限售制度等方面做出了具体安排。

资料链接

登录百度，了解全球几大主要证券交易所情况。

【案例分析】

董正青内幕交易案

2009年1月9日，广州市天河区人民法院对董正青、董德伟、赵书亚内幕交易案做出宣判。公诉人广州市天河区人民检察院指控为：董正青在任广发证券总裁期间，从2006年2月至5月，多次将“广发证券借壳延边公路上市”的内幕信息透露给董德伟，并指使董德伟买卖延边公路股票。董德伟利用该内幕信息，于2006年2月23日至10月18日，通过其控制的股票资金账户，共投入资金7 000余万元买入延边公路股票1 457万多股，卖出获利5 000多万元，并将本金和账面盈利全部提取现金，共计1亿多元。其中，董正青、董德伟在中国证监会认定的2006年5月10日至6月5日价格敏感期内，买卖延边公路获利人民币2 284.67万元。2006年5月，董正青又将该内幕信息透露给赵书亚，赵书亚即利用该内幕信息，在价格敏感期内买卖延边公路股票获利101.73万元。

最后，根据《刑法》第180条的规定，法院判处：一、被告人董正青犯泄露内幕信息罪，判处有期徒刑四年，并处罚金人民币300万元。二、被告人董德伟犯内幕交易罪，判处有期徒刑四年，并处罚金人民币2 500万元。三、被告人赵书亚犯内幕交易罪，判处有期徒刑一年九个月，并处罚金人民币100万元。

3月27日，广州中院二审驳回董正青等人的上诉，维持原判。

资料来源：《中国证券报》，2010年3月15日。

问题分析：

1. 被告董正青等三人各犯了何罪？

2. 如何有效防止内幕交易违法行为的发生？

第五节　证券中介与服务

在证券市场运行中，各类证券中介机构既是市场的参与者，又起着组织市场证券发行、交易的重要作用，故站在市场业务的角度，有必要了解证券中介机构到底提供了哪些服务，它们的存在对证券市场的意义何在。

一、证券公司

证券公司是指依据《公司法》和《证券法》设立的经营证券业务的有限责任公司和股份有限公司。世界各国对证券公司的称呼不尽相同，美国称“投资银行”，英国称“商人银行”，日本称证券公司。证券公司是证券市场重要的中介机构，一方面为证券发行上市、保荐、经纪买卖提供专业服务，另一方面也直接自营证券投资，此外还为投资者提供资产管理、投资咨询等服务。

（一）证券公司的设立与监管

按我国《公司法》和《证券法》的要求，设立证券公司的门槛条件较高，限制较多。公司组织形式必须是有限责任公司或股份有限公司形式，注册资本、实缴资本最低限额为5 000万元、1亿元和5亿元三个标准等级，且与新从事的业务种类直接挂钩。公司出资人股东应符合各行政监管部门和证监会规定的一系列条件，证券公司设立时就应建立健全风险管理和内部控制制度，设立申请由中国证监会进行审批，未经中国证监会批准，任何单位和个人不得经营证券业务。

证券公司设立后证监会对证券公司的经营进行全方位的监管，其监管制度包括业务许可制度、合规管理制度、分类监管制度、以净资本为核心的风险监控与预警制度、客户交易结算资金第三方存管制度、信息报送与披露制度等，以预防证券公司运营中的舞弊和风险传递放大。

（二）证券公司的主要业务

按照《证券法》规定，我国证券公司的业务范围包括证券经纪，证券投资咨询，证券承销与保荐，与证券交易、证券投资活动有关的财务顾问，证券自营，证券资产管理，经批准的融资融券业务及转融通业务，其他证券业务，这些证券业务与证券市场运行紧密相关。

1. 证券经纪业务

证券经纪业务又称为“代理证券买卖业务”，是指证券公司接受客户委托代理客户买卖证券的业务，证券公司收取一定比例的佣金作为业务收入。证券经纪业务有柜台代理买卖证券业务和通过证券交易所代理买卖证券业务之分。证券公司可以委托具有证券业务资格公司以外的人员作为证券经纪人代理进行客户招揽、客户服务及产品销售等活动，并给予其一定报酬。

2. 证券投资咨询业务

证券公司可以经营证券投资咨询业务，按照2010年10月中国证监会公布的《证券投资顾问业务暂行规定》和《发布证券研究报告暂行规定》，证券投资咨询业务分为证券投资顾问业务和发布证券研究报告业务两种。证券投资顾问业务是指证券公司或证券投资咨询机构接受客户委托，按照约定向客户提供设计证券及证券相关产品的投资建议服务，辅助客户做出投资决策，并直接或者间接获取经济利益的经营活动。发布证券研究报告是指证券公司或证券投资咨询机构对证券及证券相关产品的价值、市场走势或者相关影响因素进行分析，形成证券估值投资评级等投资分析意见，制作证券研究报告，并向客户发布的行为。

3. 证券承销与保荐业务

证券承销是指证券公司代理证券发行人发行证券的行为。证券发行人向不特定对象公开发行的证券，法律、行政法规规定应当由证券公司承销的，发行人应同证券公司签订证券承销协议。证券承销方式有包销和代销两种。证券发行人申请公开发行股票、可转换为股票的公司债券，应依法采取承销方式，证券发行人公开发行法律、法规规定实行保荐制度的其他证券，应当聘请具有保荐资格的证券机构担任保荐人履行保荐职责。证券公司履行保荐职责，应按规定注册登记为保荐机构。保荐机构负责证券发行的主承销工作，负有对发行人进行尽职调查的义务，对公司发行募集文件的真实性、准确性、完整性进行核查并向中国证监会出具保荐意见，并据市场情况与发行人协商确定发行价格。

4. 与证券交易、证券投资活动有关的财务顾问业务

财务顾问业务是指与证券交易、证券投资活动有关的咨询、建议、策划业务，具体包括：为企业申请证券发行和上市提供改制改组、资产重组、前期辅导等方面的咨询；为法人、自然人及其他组织收购上市公司及相关的资产重组、债务重组等提供咨询服务；为上市公司完善法人治理结构设计经理层股票期权、职工持股计划、投资者关系管理等提供咨询服务；为上市公司再融资、资产重组、债务重组等资本营运提供融资策划、方案设计、推介路演等方面的咨询服务；为上市公司的债权人对上市公司进行债务重组、资产重组、相关的股权重组等提供咨询服务以及中国证监会认定的其他业务形式。

5. 证券自营业务

证券自营业务是指证券公司以自己的名义，以自有资产或者依法筹集的资金，为本公司买卖依法公开发行的股票、债券、权证、证券投资基金及中国证监会认可的其他证券，以获取盈利的行为。证券公司开展自营业务，需要取得证券监管部门的业务许可，从事证券自营业务、资产管理业务等两种业务以上的证券公司注册资本，最低限额为5亿元，净资本最低限额为2亿元，同时要求公司治理结构健全，内部管理有效，能有效控制业务风险，有财务的高级管理人员及适当数量的从业人员、安全平稳运行的信息系统，建立有完备的业务管理制度、投资决策机制、操作流程和风险监控体系。

6. 证券资产管理业务

证券资产管理业务是指证券公司作为资产管理方，根据有关法律法规和与投资者签订的资产管理合同，按照合同约定的方式、条件要求和限制，为投资者提供证券及其他金融产品的投资管理服务，以实现资产收益最大化的行为。经证监会批准，证券公司可以从事为单一客户办理定向资产管理业务（俗称“一对一”），为多个客户办理集合资产管理业务，为客户办理特定目的的专项资产管理业务。证券公司为单一客户办理定向资产管理业务，特点是证券公司与客户必须是“一对一”的投资管理服务，具体投资方向在资产管理的合同中约定，必须在单一客户的专用证券账户中封闭运行。证券公司为多个客户办理集合资产管理业务的特点是设立集合资产管理计划并担任集合资产管理计划的管理人，与客户签订集合资产管理合同，将客户资产交由具有客户交易结算资金法人存管业务资格的商业银行或者证监会认可的其他机构进行托管，通过专门账户为客户提供资产管理服务。证券公司为客户办理特定目的的专项资产管理业务的特点是业务设定特定目标，通过专门账户经营运作，既可是证券公司与客户“一对一”，也可是“一对多”。

7. 融资融券业务（信用交易）

融资融券业务是指证券公司向客户出借资金供其买入上市证券或者出借上市证券供其卖出，并收取担保金及利息的经营活动。根据中国证监会最新公布的《证券公司融资融券业务管理办法》和证券交易所制订的《实施细则》规定，证券公司开展融资融券业务必须经证监会批准。证券公司申请融资融券资格应具备条件如下：经营证券经纪业务满3年；公司治理健全，内控有效，能有效识别控制和防范风险；公司高级管理人员最近两年内无违规违法记录，财务状况良好；注册资本和净资产符合规定；客户资产安全、完整，客户资料完整真实；建有完善的客户投诉处理机制，能及时妥善处理与客户之间的纠纷；信息系统安全稳定运行；有拟负责融资融券业务的高级管理人员和适当数量的专业人员，融资融券业务方案和内部管理制度应通过证券业协会组织的专业评价；证监会规定的其他条件。

8. 证券公司中间介绍业务，又称 IB 业务

证券公司中间介绍业务是指由证券公司接受期货经纪商的委托，为期货经纪商介绍客户参与期货交易并提供相关服务的业务活动，IB（Introducing Broker）即介绍商。IB 制度起源于美国，目前在金融期货交易发达的国家和地区得到普遍推广，并取得了成功。根据我国现行制度规定，证券公司不能直接代理客户进行期货买卖，但可以从事期货交易的中间介绍业务，中国证监会于 2007 年 4 月 20 日发布了《证券公司为期货公司提供中间介绍业务试行办法》，规范了证券公司为期货公司提供中间介绍业务活动，防范和隔离风险，促进了期货市场积极稳妥地发展。由于目前现阶段我国金融期货市场尚处于起步阶段，这方面业务较少，证券公司的 IB 业务也只是偶尔发生。

二、证券服务机构

在证券市场运行中，除了证券公司这一中介结构外，尚有证券登记结算公司、证券期货投资咨询机构、财务顾问机构、资信评级机构、资产评级机构、会计师事务所、律师事务所等从事证券服务业务的法人机构。这些证券服务机构以其自身所提供的业务服务，为证券市场的规范、平稳运行创造了条件，对投融资双方的交易起到了不可替代的作用。

（一）证券登记结算公司

证券登记结算公司是为证券发行和交易提供集中登记、存管与结算服务，不以营利为目的的法人。中国证监登记结算公司由中国证监会批准设立，总部设在北京，下设上海、深圳两个分公司，是证券市场运行中极其重要的服务机构之一。

（二）证券期货咨询机构

证券期货投资咨询机构是指从事证券期货投资咨询业务的投资咨询人员为证券期货投资人或客户提供证券期货投资分析、预测或建议等直接或间接有偿咨询服务活动的法人机构。证券期货投资咨询机构设立及开展业务必须具备证监会规定的相关条件和从业资格许可，接受证监会或其授权的地方监管机构的业务监管。

（三）律师事务所

律师事务所的律师可接受当事人委托，为其证券发行上市和交易等证券业务活动提供制作、出具法律意见书等文件的服务活动。律师及律师事务所从事证券法律业务活动必须按照中国证监会与司法部门于 2007 年 3 月发布的《律师事务所从事证券法律业务管理办法》及 2010 年 12 月发布的《律师事务所证券法律业务执业规则》进行管理。

（四）会计师事务所

会计师事务所及其注册会计师所提供的证券业务服务包括对证券、期货相关机构的财务报表审计，净资产验证，实收资本（股本）的审验，盈利预测审核，内部控制制度审核，以及前期募集资金使用情况专项审核等。证监会与财政部对会计师事务所及其注册会计师从事证券业务服务实行许可证管理。注册会计师、会计师事务所执业证券、期货相关业务必须取得证券期货相关业务许可证。

（五）证券资信评级机构

证券资信评级机构是指已获得中国证监会评级业务许可证，可对证监会规定的证券及其背后的实体经济法人开展资信评级的社会法人。资信评级机构以其证券资信评级业务为投资者、融资者提供服务，并收取有关费用。评级时应遵循独立、客观、公正的原则，接受证监

会和证券业协会对其监督管理与自律管理。

（六）资产评估机构

资产评估机构是指已取得证券业务资产评估许可证，依法成立的社会法人。资产评估机构以其对证券业务涉及的资产进行价值评估活动，出具资产评估报告书，为证券市场的投资者和融资者提供服务。资产评估机构及其资产评估师必须接受财政部、证监会的日常监管，以其诚信按公正、公平、公开的原则对接受委托的证券资产进行价值评估，勤勉尽责，并对报告文件的真实性、准确性、完整性负责。

本章小结

内容摘要：本章以我国沪深两市为例较为详尽地介绍了证券市场的相关知识，包括证券市场的概念、特征，证券市场的结构、功能，证券市场的产生、发展及当前的发展趋势，证券发行市场与流通市场的各种制度安排，证券市场的中介服务及其主要业务。

关键概念：证券市场　证券发行　证券发行登记制　证券发行核准制　证券发行方式　证券承销方式　荷兰式招标与美式招标　证券交易所　证券公司　现货交易　买空卖空（信用交易）

思考题

1. 证券市场的特征有哪些？
2. 证券市场有几种分类？
3. 证券市场的基本功能体现在哪几个方面？
4. 证券市场产生的三大动因是什么？
5. 当前的世界证券市场有哪些发展趋势？
6. 证券发行的特点有哪些？
7. 现行的我国证券发行管理制度是什么？
8. 证券交易所有什么作用？
9. 证券交易所的证券交易程序是怎样规定的？
10. 证券上市的一般程序有哪些？
11. 场外交易市场一般有哪些特征？
12. 证券公司主要业务有哪些？

案例分析

首批7家券商启动柜台交易试点

2012年12月21日，中国证券业协会发布了《证券公司柜台交易业务规范》，同时通报海通证券、国泰君安证券、国信证券、申银万国证券、中信建投证券、广发证券、兴业证券等7家证券公司开始启动柜台交易业务试点。

中国证券业协会有关部门负责人介绍，柜台交易业务在证券公司柜台市场开展，该市场明确定位于私募市场，是证券公司发行、转让、交易私募产品的平台。柜台交易客户以机构客户为主，各证券公司制定了相应的柜台交易适当性管理制度。柜台交易业务将以协议交易为主，同时尝试开展报价交易或做市商交易机制。柜台交易产品定位为私募产品，市场建设初期配合资产管理业务创新，以销售和转让证券公司理财产品、代销金融产品为主。交易产品种类遵循先易后难的原则，且多为券商自己创设、开发、管理的金融产品。

据了解，从成熟市场发展经验来看，国际一流投行的主要业务大多集中在销售交易业务领域。而我国证券公司长期以来产品单一，缺乏服务手段，其重要原因之一在于柜台交易业务没有发展起来，不能满足客户多元化的投资需求。通过柜台交易，证券公司可以发挥风险识别与风险定价能力，将自主创设产品、代销产品或者各类组合产品销售给自己的客户。当客户需要转让时，证券公司也可以通过柜台交易，为产品提供流动性。柜台交易业务能够提供更多的非标准化投资工具，丰富投资者的选择，满足投资者个性化的资产配置和综合财富管理需求，有助于证券公司更专业、更灵活、更贴身地服务客户。证券公司也可以依托柜台交易市场建设，积极探索并推进证券公司交易、托管结算、支付、融资和投资等五大基础功能的再造和整合，提升核心竞争力。

上述负责人还表示，试点启动后，证券业协会将密切跟踪各公司柜台交易业务的开展情况。目前，协会正在研究制定《证券公司金融衍生产品交易主协议》以及投资者适当性制度等自律规则。

资料来源：《证券时报》，2012 年 12 月 22 日。

问题：

1. 七家证券公司的柜台交易业务试点会不会全面铺开？
2. 柜台交易业务以后能否交易证券交易所内上市的证券？
3. 个人投资者能否现在参与柜台交易业务？

应用训练

1. 请一家证券营业部主管给同学们做一次业务专题讲座。
2. 组织学生实地参观与参与各种证券业务实习。

第八章

证券投资基本分析

【案例导读】

中国股市与经济运行背离，连续六年疲软不堪

西方经济界观点认为股市是经济的晴雨表。2001—2005 年中国经济高增长低通胀，国内外政治形势也较为稳定，但上证综指却从 2 245 点跌至 998 点；类似情况，2008 年至今西方经济、金融危机严重，但各大股指经过下跌后又创历史高点，反观中国股市，尽管管理层也采取了不少政策措施稳定股市，但指数从 6 124 点下跌至今，五年来仍在 2 000 点徘徊，绝大多数投资者严重亏损。值得一提的是中国并没有发生经济危机，充其量只是经济增速下滑，CPI 也在可控范围之内，但股指却大幅下跌。不少媒体撰文说是经济不景气导致悲观预期或担心西方经济危机扩散影响中国经济造成股指下跌，若真如此，为何危机发源地的美国股市连创新高而我国股市却“熊”冠全球？调查显示，80、90 后年轻人多数对股票不感兴趣，甚至有股民倡议——“远离毒品、远离股市”。究竟问题的症结何在，中国股市运行为何与经济运行基本面不相关甚至是负相关？

资料来源：作者根据相关资料整理。

证券投资分析是证券投资管理中的重要内容，也直接影响证券投资的成败。传统的证券投资分析方法可分为基本因素分析法（也称基本面分析）和技术分析法两大体系。但在实际投资分析时，需要把两者有机地结合起来，以提高分析的准确性及投资收益。

基本面分析就是通过对影响证券市场供求关系的基本因素进行分析，从而确定证券的内在价值，为证券投资制定投资依据。其分析方法的一般思路是：利用丰富的统计资料，运用多种多样的经济指标，采用比例、动态的分析方法，首先研究宏观政治经济形势，其次进行中观层面的行业分析，然后从微观角度分析企业的经营现状和发展前景，从而对证券做出接近现实的评价，并尽可能预测其未来变化，作为投资者的依据。因此，基本面分析对于预测整个证券价格变动的中长期趋势，选择具体的投资对象具有重要的作用。

第一节　证券投资分析的信息

证券市场信息是投资者进行证券投资分析与决策的重要依据。对信息的掌握程度及解读能力，在很大程度上决定了投资的成败。由于目前中国证券市场信息披露制度存在明显漏洞，普通投资者处于信息滞后、信息不完全、信息不对称的被动地位，如何利用有限的信息并甄别其真伪十分困难，但又是投资时必须正视的问题。

广义上来说，证券市场信息包括一切直接或间接影响证券价格变动的信息。因此，凡是影响到证券价格变动的政治、经济、行业、公司以及市场等方面的信息，都应列入投资者搜集和分析的范围。一般而言，证券市场信息主要包括宏观经济信息、微观经济信息、交易信息。

一、宏观经济信息

（一）经济周期信息

其主要在于判断当前经济运行是处于复苏、繁荣、衰退、萧条中的哪一阶段，以及今后一段时期经济运行的走势等。经常关注的指标有：GDP 增速、PMI（采购经理人指数）、CPI、PPI、固定资产投资增速、居民消费水平变动率、进出口总额变动率、财政收支变动率、工业用电量变动等。

（二）金融信息

其包括银行利率、汇率水平及变动，货币政策导向及变动，货币供应量与发行量的大小，央行票据回购，市场游资的充裕程度，通货膨胀水平及变化等。应当注意的是，未来一段时间，我国利率市场化进程加快，长期负利率的格局将会改变，利率将真正反映资金的价格，利率变动对于以利差为主要利润来源的四大银行及整个银行业的影响极大。

（三）产业信息

其包括国家产业政策的导向，鼓励与限制发展产业、行业、产品的目录，垄断性行业的禁入限制及其变动，外商投资的行业开放程度及其变动等。

（四）财税信息

其包括国家财政收支总量、结构与平衡状况，国债发行总量、期限与利率状况，税种、税目、税率、减免税政策及其变化状况等。一般而言，国债大规模发行，会造成市场资金分流，利空股市；而作为证券交易费用最高的股市之一，降低证券交易税则利好我国股市。

（五）国内外经贸信息

其包括国际国内市场的供求信息、价格信息（尤其是大宗商品价格变动）、关税水平及变动信息等。

（六）改革信息

经济体制转轨之时，经济体制改革的内容与重点、改革的推进力度、改革的发展态势（尤其是企业改革及关联信息），都会不同程度地影响证券市场。比如，2012 年初国务院批准“温州金融改革实验区”，标志着我国民间金融机构合法化问题的解决，民间金融机构的发展有利于打破目前金融垄断格局、加强行业竞争，从而促进地方或区域经济的发展。再如，2013 年以来，以上海为首的各地自贸区的设立，对我国经济金融运行将产生重大影响。

二、微观经济信息

微观经济信息即公司信息，它是影响单一证券价格变动的最直接的信息。主要包括以下几方面。

（一）招股说明书

招股说明书是反映公司股票发行的初步文件，也是希望社会公众认购其股份的邀请。投资者从招股说明书中一般可以了解以下信息：一是公司名称、法定地址；二是公司沿革及主要业务、经营业绩、资产规模及构成；三是公司募股资金的运用、风险及对策；四是公司的组织结构及董事、监事、高级管理人员简历；五是公司本次发行股票的总额、类型、数量、每股面额及发行价；六是股票发行的方式、发行对象；七是证券承销商的名称、承销总数及承销方式；八是盈利预测。

除此之外，从招股说明书中还可以了解到公司的资本形成过程、主要产品及种类、生产过程、质量状况、销售状况、财务状况、物业设备，以及拥有的权益、主要利害关系人、发行股票所筹集资金的运用计划及效益、风险分析等。另外，投资者还可以了解到具有专业资格的机构对公司的资产评估报告和确认书、财务报告及其附注说明、重大合约及法律诉讼等事项。

投资者阅读招股说明书，重点应注意：

（1）募集资金的投向、建设期、投资回报率。对公司成长性的研判与此有密切关系，同时对公司盈利前景判断、炒作题材的挖掘亦多出自于此。

（2）历年股利分配情况。看公司上市前是否坚持分红、派现或是不分配。

（3）防止被“盈利预测”忽悠。事实证明，绝大多数机构的盈利预测都不可靠。机构对其预测也并不承担任何相关法律责任。

（二）上市公告书

公司股票获准上市后，应在有关报刊上披露上市公告书。上市公告书除与招股说明书部分相同外，投资者还可以了解到以下信息：公司上市的日期和获准上市的批准文号；公司股票发行情况和股权结构；公司创立大会或股东大会有关上市决议的主要事项；公司董事、监事及高级管理人员简况及持股状况；持股一定比例以上股东的情况；招股后资金运用状况、财务状况以及最近一年的预测报告；董事会的承诺；社会公众随时查询公司资料的联络人、联络地址、联络电话及图文传真号码；特别事项。

投资者阅读上市公告书，重点应注意：

（1）股本结构。前三大股东持股比例较为接近，有可能产生股权之争，也是炒作题材之一。

（2）公司董事、监事及高级管理人员简况。尤其是董事长、总经理个人履历及人脉关系。

（3）持股一定比例以上的股东股票解禁时间及数量。由于原始股股东持股成本较低，股票一旦解禁一些小股东一般都会卖出套现，导致股价下跌，故应及早回避这类个股。

（三）定期报告

定期报告是指公司股票正式上市后，依公司法和证券法规的规定必须定期制作和公告的报告。定期报告主要是公司的财务报告，包括季度报告、半年度和年度报告，其主要披露公司财务状况和经营业绩情况。投资者从公司定期报告中可以了解到的信息包括以下几个方面：

（1）公司基本状况。包括资本结构、组织系统、所属权益状况、从业人员状况等。

（2）业务状况。包括主要产品生产及销售状况，新产品开发及重大事项状况等。

（3）财务状况。包括经会计事务所验证的资产负债表、损益表、现金流量表及利润分配表；各项财务指标与上年同期的比较。

（4）负债状况。包括银行贷款、企业债券状况、公司债务担保情况及分项数额、有关当事人、主要内容、起止时间等。

（5）业务展望。包括公司各类业务及各项投资方向的近期拓展与未来预期，影响公司前景的重大因素的预测等。

（6）分红派息状况。

（7）会计事务所的查账报告。

投资者阅读季度报告、半年度和年度报告，重点应注意：

第一，会计数据与业务数据摘要。通过主要财务指标了解公司经营基本情况，如每股收益及摊薄后每股收益、每股净资产、每股公积金（公积金越高，转增股本的可能性越大）、每股未分配利润（未分配利润越高，红利送股的可能性越大）、每股经营现金流、销售利润率、净资产收益率、股东权益等。

第二，股东人数情况。一是股东人数变动情况：股东人数减少、人均持股数量增加，表明筹码趋于集中，存在机构控盘可能；反之，筹码分散机构可能出逃。由于报表信息滞后（一般都是在一个月后才能看到前一季度的报表，且报表只反映年末或季末时点状态的情况），故应观察股价走势，综合判断机构真实动向。二是前十大股东的情况及变化：机构较多且重仓、股价不高，则该股可能有中短线潜力，不过投资者同样要考虑报表的滞后性并结合股价走势判断机构动向；前十大股东均为实力机构则该股股价往往表现平平，而前十大股东中实力机构较少或只有一两家，该股一般比较活跃。

第三，董事汇报。包括公司主导产品在行业中的地位、公司重大财务变动、募集资金使用情况及项目进度、利用其他资金投资的项目、公司关联交易情况等。

此外，基金的定期报告也是投资者应予关注的。一是关注基金重仓股（可能存在滞后性）；二是看基金仓位，若仓位较重、指数已较高，机构一般考虑减仓，指数可能滞涨或下跌。经验数据表明，当偏股型基金仓位在 85% 以上时，一般都是大盘见顶的信号；三是透过投资组合看基金的投资取向；四是了解基金管理制度与分配制度是否合理。

资料链接

读者可以登录大智慧公司网站：http：//www. gw. com. cn，下载安装证券交易软件，阅读 F10 的相关资料，了解上市公司的信息。

（四）公司的其他信息

（1）公司收购与合并信息。

（2）新股发售信息。

（3）股票拆细信息。

（4）公司变更信息。包括公司章程变更；董事、监事等高层的人事变动；经营范围的变更；注册资本及注册地址的变更；会计事务所及法律顾问的变更；组织框架的撤并、下属公司的设立、兼并或破产；影响公司生产经营的重大合约的签订与变更等。

三、交易信息

交易信息是指在证券交易中产生的信息，主要包括以下三方面内容。

（1）各证券交易所发布的信息：包括各种证券的开盘价、收盘价、最高价、最低价、成交量、市盈率；各类证券的价格指数、成交金额等。

（2）市场指标：包括 n 日均价（均线值）、随机指数、乖离率、相对强弱指标、腾落指数、能量潮、涨跌比率、人气与买卖意愿指标等。

（3）中介机构发布的信息：中介机构发布的信息包括各中介机构调研部门发布的个股的投资价值分析报告，板块（区域或行业）的投资价值分析报告等。

投资者进行证券投资，必须对社会经济活动、行业发展、公司经营状况及市场交易状况进行分析，注意搜集整理各类信息。上述各类信息的主要来源有以下渠道：

一是政府及政府机构公布的有关经济、金融行业的统计资料和相关政策。包括国家综合统计系统、各部委专业统计系统按规定定期公布的经济运行和社会发展方面的统计资料；中央银行公布的有关货币、外汇、利率的信息；政府各部门相关政策出台与调整的信息等。

二是金融咨询服务机构、证券公司调研部门提供的金融信息与投资信息。这类机构一般都拥有专业性的分析人员，他们既对经济、行业、区域、公司进行分析，也对某一具体证券的市场表现做出评价，并根据其拥有的先进电脑设备进行信息处理，定期公布诸如乖离率、相对强弱指标、动向指标等市场指标。但投资者利用这些信息资料时应保持审慎的态度。

三是证券交易所发布的即时行情，以及上市公司提供有关该公司的各种信息。

第二节　宏观经济分析

宏观因素是影响证券市场长期运行态势的基本因素。这些因素涉及面广、作用力持久，是证券投资者必须关注的重要事项。影响证券市场的宏观因素主要包括政治因素、经济因素和市场因素。

一、政治因素

政治因素是指能够影响证券市场上证券价格波动的国内外政治活动的总称。其主要内容有：国家之间政治关系的变化、外交政策的改变、一国的政局变动、政治领导人的变故以及战争等。政治上的变化必然引起经济上的变化，从而改变了投资者对证券价格的预期，进而对证券市场的供需关系产生了影响。例如，西方各国的总统大选，由于各政党的施政纲领不同，有可能改变现有的经济格局。凡投资者所认可的政党候选人入选，将刺激证券市场价格上升；反之，可能下跌。

二、经济因素

经济因素是证券投资分析的主要内容。其主要内容有经济增长前景、经济景气状况、收入水平、经济政策、国际收支状况等。

（一）经济增长分析

经济增长是指一国实际经济产品与劳务总量在时间上的增长或增加。一般采用 GDP 或 GNP 作为衡量经济产品与劳务的总量指标。测定经济增长程度的统计指标通常有增长率与平均增长率两种。

一国经济发展必须保持一定的增长速度，才能提高人民的生活水平，增强综合国力，提高本国在世界经济中的地位。一般而言，该国国内（国民）生产总值增长快，说明该国经济发展较快，这表明整个经济运行中大多数的企业（包括上市公司）的生产经营状况良好，企业的盈利水平上升，投资收益率提高，进而引起投资者对证券价格未来走势的看好。经济增长速度以多少为宜并没有固定标准，不同国家有不同的国情，同一国家有不同的发展阶段，故经济增速亦不同；从增长因素分析，又有劳动贡献、资本贡献以及科技进步贡献份额不同的区别。一般来说，经济增长速度与本国国力相符，又能保持本国国民经济持续稳定协调发展的，就可以认为是适宜的增长速度。经济超高速增长的代价，可能是若干年经济的低位徘徊。同理，在激烈竞争的国际经济系统中，如果经济增长速度过低或长期徘徊，就会丧失发展良机，相对削弱综合国力。

（二）经济景气分析

一国的经济运行具有周期性，从经济繁荣到衰退，再到复苏，周而复始。经济的景气与否直接影响上市公司的经营状况，进而影响证券价格。反映经济景气状况的指标有经济增长率、通货膨胀率、失业率等。经济增长率反映了一定时期内经济水平的变动程度。较高的经济增长率可促使证券价格上升，但过高的增长率易造成泡沫经济，政府也因担心过热的经济会带来诸如总需求膨胀、通货膨胀等问题而采取紧缩政策，这对证券价格产生不利影响。一般而言，经济的发展总伴随着一定的通货膨胀，适度的通货膨胀有利于刺激消费市场，拉动社会总需求，优化社会资源配置；但过高的通货膨胀则会严重扭曲社会商品的价格信号，较易引发泡沫经济，对一国经济会带来严重的影响。此外，当经济繁荣时，失业率下降，劳动力就业较充分，人们有较多收入用于投资；而经济衰退时，失业率上升，社会可支配收入将减少，人们用于证券投资的资金也将减少。

对经济景气变动预期一般可采用扩散指数分析。如前所述，经济波动具有周期性，它的变化是有一定规律性的，而且必然会通过一定的经济指标的变化反映出来。这些指标称为敏感性指标，通常按周期循环的时间性区分为三类，即先行指标、同步指标与滞后指标。

先行指标是指相对于国民经济周期波动，在指标的时间上领先，如某指标走上高峰或跌入低谷比国民经济周期早若干个月，那么就称这些指标为先行指标。这些指标对即将到来年份的经济情况可以提供预兆。先行指标包括货币政策指标、财政政策指标、劳动生产率、消费支出、住宅建设、商品订单等。

同步指标是指代表国民经济周期波动特征的指标，这些指标的转折点大致与国民经济周期的转变同时发生，它们并不预示将来的变迁，而是表示国民经济正在发生的情况。主要包括实际的国民生产总值、公司利润率、工业生产指数和失业率。

滞后指标是指相对于国民经济周期波动，在指标的时间上落后，如某指标的高峰或谷底均比国民经济周期的高峰或谷底落后若干个月，则称该指标为滞后指标。主要包括优惠贷款利率、存款水平、资本支出和商品零售额。

上述各种指标虽然可以反映预期的经济情况，但不同的指标可能向不同方向变动，这就产生如何来决定整个经济向哪个方向变动的难题。例如，若领先指标中一半向上变动，一半向下变动时，整个经济是向上还是向下变动？为解决这个问题，需要编制一个复合指数（也称为扩散指数），以代表不同组的总的变动方向。扩散指数的计算方法是将敏感性指标呈上升的赋值为1，持平的赋值为0.5，下降的赋值为0，利用下面的计算公式：

扩散指数(DI)=[(上升的敏感性指标数目+持平的敏感性指标数目×0.5)/敏感性指标总数]×100

在实际计算中，计算扩散指数的间隔时间有1个月、6个月、9个月不等，较长的间隔时间有利于突出短期波动的趋势。通常，扩散指数是分别就领先指标组、一致同步指标组、滞后指标组计算的，即领先扩散指数、同步扩散指数、滞后扩散指数。

依据扩散指数数列可以对经济景气状况，也就是经济波动状况进行分析。一般把扩散指数数列的波动分解成以下四个阶段进行分析。

（1）当 $0<DI<50\%$ 时，上升的指标数小于50%，但扩张因素在不断生长，收缩因素在逐渐消失，经济形势在向扩张方向运动，这时经济运行是处于不景气空间的后期，即复苏阶段。

（2）当 $50\%<DI<100\%$ 时，经济情况发生了重大转折，上升的指标数大于下降的指标数，经济处于景气空间前期，随着DI向100%的不断趋近，经济运行当中的热度越来越高，即进入繁荣阶段。

（3）当 $100\%>DI>50\%$ 时，上升的指标数仍然大于下降的指标数，但是扩张率在不断下降，这时经济处于景气后期，由于在运行中有些变量已经达到了极限，正在走下坡路，所以整个经济系数正处于降温阶段。

（4）当 $50\%>DI>0$ 时，经济运行中的力量对比又一次发生重大转折，上升的指标数小于下降的指标数，经济系数正面临全面收缩的阶段，经济形势又进入一个新的不景气空间。

根据扩散指数变化的四个阶段特征，投资者可以通过历史比较，分析经济波动扩张和收缩过程的规律性，即扩张过程中的时间特征及其与总量波动间的数量关系；还可分析国民经济活动主要方面、主要因素在扩张中的作用，在此基础上，利用扩散指数预测未来经济形势的变化趋势及范围特征等。由于经济景气的变动会引起证券价格的变动，因此通过预测经济景气变动，把握其变动的转折点，可以作为投资者做出投资决策的基本依据。

（三）收入水平

广义的收入水平包括国民生产总值、国民收入、财政收入、人均国民收入及个人可支配收入等指标。收入水平的高低直接影响一国证券市场的发展规模和证券价格。国民生产总值指标与一国证券市场的规模存在着有机的联系。在国际证券市场上，发达国家上市股票的市值基本与国民经济总产值的比例持平，发展中国家的这项比例可达30%以上。财政收入和个人可支配收入分别反映了公共部门和私人部门可用于支出的水平。前者可通过增大基础设施的投资拉动需求，促使经济持续增长；后者是证券市场潜在的资金来源。一般而言，一国收入水平越高，投资需求就越大，证券市场的资金供给也就越有保障。

（四）经济政策

经济政策是指一国政府在经济发展的不同时期采取一系列以促进经济发展为宗旨的政策和措施。通常，在经济萧条时，政府会采取宽松的货币政策和财政政策来刺激经济，拉动社会总需求，如调低存款准备金比例、调低央行再贴现率、投放货币、降低税率、增大对公共部门的投资支出等，国民经济受此影响会加快发展速度，证券市场也因资金宽裕而相对活跃；而经济过热时，政府则会采取紧缩的货币政策和财政政策抑制过旺的市场需求，迫使经济降温，经济增长的速度放慢，而证券市场受此影响，也呈现出低迷的态势。

（五）国际收支政策

国际收支状况反映了一国与世界各国之间因经济往来形成的货币支付。分析的主要内容包括经常性项目和资本项目。一般来说，当一国的国际收支出现较大逆差时，一方面会出现国内货币贬值、利率上升、资金短缺等症状，使国民经济增长放缓，对证券市场也会出现负面影响；另一方面政府也可能采取一系列放宽外国资本流动限制的举措来吸引外资流入，缓解市场资金短缺。而当一国的国际收支连续大幅顺差时，对这部分收支顺差的资金，如缺乏正确疏导，可能会对证券市场造成较大冲击，从而引发金融危机。

三、市场因素

（一）证券供需情况

影响证券价格的市场因素较多，这里主要从证券供需和投资主体行为的角度进行分析。

1. 证券供需

证券价格是供需相对平衡的均衡价格，受供需关系的制约：供大于需，价格下跌；供小于需，价格上升。证券供需包括资金供给和证券供给两个方面。

（1）资金供给。证券市场的资金根据资金的流入状况，可分为存量资金和增量资金。存量资金是指滞留在场内的资金，其影响证券价格的能力有限。增量资金是指潜在的入场资金，是对存量资金的补充，是证券市场“行情”的动力。证券市场的资金按国别分，可分为国内资金和国际资金。国内资金是指国内投资者的资金，其入场与否及资金的多寡取决于一国的经济实力和个人收入的水平、证券市场的投资环境以及投资收益率的高低。国际资金是指海外投资者的资金，其入市与否取决于证券市场所在国的经济地位和金融自由化程度、证券市场交易体制的完善（如有无对冲交易机制等）、证券市场总体的投资价值。

一般来说，当市场受到利多消息的刺激时，投资者看好后市，增量资金会纷纷入场，促使证券价格上升；而受到利空因素的影响，投资者看淡后市，纷纷抽资离场，造成证券价格下跌。

（2）证券供给。证券供给包括原有证券流通和新增证券上市。对证券市场影响较大的是新增证券上市，其影响程度取决于下列因素。首先是市场规模：当市场规模较小时，新增证券上市对市场的资金压力极大，易使市场证券的总体价格下滑；如市场规模达到一定程度时，个别证券上市对市场的影响力就会减弱。其次是证券上市频率：证券上市如以较快节奏进行，市场承受能力下降，从而对市场造成负面影响；如能根据市场的承受能力稳步上市，则对市场的负面影响较小。再次是市场存量资金的多寡：当市场存量资金较少时，证券上市会对原来的价格体系造成较大的冲击；反之，则影响减小。最后是证券上市的价格定位：如证券上市价格定位过高，易造成原持有者的大量兑现，资金抽离市场的压力加大，从而造成证券市场资金短缺；合理的价格定位能有效地锁定证券，使市场抽资压力减轻，对市场整体价格的影响较小。

（二）市场主体行为

市场主体可分为机构投资者和个人投资者。机构投资者由于动用资金数额巨大，投资方向相对集中，对证券价格乃至整个市场都能产生举足轻重的影响，是市场绝对的主力。了解机构投资者的投资思路、操作方式将有助于改善普通投资者的投资质量。

证券投资重在顺势而为，而所谓的“势”则跟市场主流的行为有关，正确地了解市场主流可从捕捉市场“热点或龙头”着手。股市中，每次行情都会有一个“热点”，以凝集市场人气，大量资金涌向“热点”，使“热点”证券的价格大幅上升从而成为龙头板块，进而带动整个股市走高。比如，2013 年我国创业板市场上代表新技术的网络、3D、4G 股，文化传媒股成为“热点”，从而使“创业板指数（399006）”连创新高。在行情启动初期捕捉热点，可收到事半功倍之效。投资者一方面可从专业报刊上通过政策与舆论导向发掘潜在热点，另一方面也可从交易所公开的交易信息（如涨幅前五名、成交量前五名等）中挖掘“热点”，并注意热点的转换及时介入。一旦热点冷却，往往预示行情结束，应尽早离场。

四、通货膨胀影响分析

通货膨胀是指一般价格水平的持续上涨过程。通货膨胀对证券市场行情尤其是股票市场价格的影响较为复杂，通常主要通过通胀的作用机制与治理通货膨胀的政策来加以分析。

第一，通货膨胀影响证券市场行情尤其是股票市价涨跌的作用机制分析。在温和通货膨胀的初始阶段、企业消化原材料等价格上涨因素的能力较强，同时又能利用人们的货币幻觉提高其产品价格，在一定程度上可能刺激生产与消费，增加企业盈利，促使股市行情的上扬；但与通货膨胀随之而来的生产费用不断提高，当企业无法通过产品涨价或内部消化加以弥补时，必然导致企业经营业绩的恶化，投资者因此会对股票投资失去信心，股市行情随之下滑。一旦投资者对通货膨胀的未来态势产生持久的不良预期时，股价暴跌在所难免。

第二，治理通货膨胀的政策手段分析。经济发展的一般规律显示，经济增长与通胀总体上呈同方向运行态势。因此，保持较高的经济增速和抑制通胀成为经济运行中的一对主要矛盾。经济增速过快，通货膨胀压力加重；要抑制通货膨胀又不可避免地影响经济发展。一般来说，在经济发展过程中，若通货膨胀上升过快，国家为保持经济的健康发展和维护社会的稳定，往往出台的政策内容是收缩银根，手段包括削减固定资产投资、提高利率、控制货币供应等。这种资金供给与运行的紧缩导向，造成股市“失血”与“出血”的效应，导致股价行情的跌落。反之，当通货膨胀见顶回落之后，国家为促进经济发展又会推出以放松银根为主要内容的政策手段，这时可能是股票的买入时机。

因此，对通货膨胀变动的正确预期，成为投资者进行投资决策的又一基本依据。测定通货膨胀的主体指标是通货膨胀率。按照上述定义，通货膨胀率是指一定时期内价格指数的增长率，它可以反映通货膨胀的变动幅度与变化趋势。其计算公式为：

通货膨胀率(%)=(报告期价格指数/基期价格指数)×100%－100%

目前世界上大多数国家和地区都采用这种测定方法。至于采用何种价格指数来测定则存在差别：一是生产者价格指数，其反映不同时期商品流通过程初始阶段上的价格水平及其变化，因而对经济周期变动较为敏感，便于对通货膨胀的早期诊断和预期警报。二是消费者价格指数 CPI，其与生活费用价格指数相一致，反映了人们为日常生活而购买的商品和劳务的价格水平及其变化，它的倒数是货币购买力指数，可以反映价格上涨后居民拥有货币的贬值程度。该指数是国家用来制定和调整工资、福利等政策的主要依据，世界上多半国家与地区以此测定通胀。

不同类型的投资者侧重于不同的价格指数，通过对通胀的把握来决定证券投资时机与策略的选择。比如，长期投资者可以侧重于生产者价格指数的分析判断；短期投资者可以侧重于消费者价格指数的变动分析。

第三节 行 业 分 析

行业分析是指对某一特定行业或产业来进行分析的方法。通过行业分析有助于投资者把握最有投资价值的成长性公司。行业分析的内容包括行业的生命周期、行业的景气变动、政府的产业政策等。

一、行业分类及特征

(一) 行业分类

行业分类是指对构成国民经济的各类不同性质的生产经营活动，按一定的标准进行分解和组合，划分成不同层次的产业部门。行业分类是研究国民经济结构的前提，是进行国民经济统计分析的基础。产业分类统计提供的有关劳动就业、生产经营成果、收入分配、投资、消费等各方面的数据，是研究产业经济活动、产业部门之间的相互关联、相互制约关系，实施国民经济宏观调控与决策的重要依据。同样，也是证券投资决策的主要依据之一。

目前，我国政府统计部门将国民经济分为19个门类，包括：(1) 农林牧渔业，(2) 采掘业，(3) 制造业，(4) 电力、煤气及水的生产和供应业，(5) 建筑业，(6) 交通运输业、仓储及邮电通信业，(7) 信息传输、计算机服务和软件业，(8) 批发和零售业，(9) 住宿和餐饮业，(10) 金融业，(11) 房地产业，(12) 租赁和商务服务业，(13) 科学研究技术服务和地质勘查业，(14) 水利、环境和公共设施，(15) 居民服务和其他服务业，(16) 教育，(17) 卫生、社会保障和社会福利业，(18) 文化、体育和娱乐业，(19) 公共管理和社会组织。

为反映证券市场的活动变化，证券业也将上市公司划分为不同行业，分别计算其股价指数、成交额、平均市盈率等有关指标，供投资者参考。如美国道·琼斯股价平均数将样本股票分为交通运输业、工业和公用事业三类；我国香港恒生指数将样本股票分为金融业、公用事业、地产业和其他工商业四类；我国上证综合指数也将全部股票分为金融、地产、公用事业、工业、商业等几大类。

(二) 行业的特征分析

1. 行业的竞争程度分析

根据国民经济各行业中的企业收益、产品属性、价格决定机制等因素，可将国民经济各行业分为完全竞争、不完全竞争、寡头垄断及完全垄断四种类型。

(1) 完全竞争。其行业的特点是企业数量多，各企业生产的产品具有同一性特征，进入该行业的门槛较低，即对劳动力、资金、设备、技术等要素的要求标准低。因而，该行业的产品价格、企业利润主要取决于市场供求关系。这也决定了该类行业经营业绩波动较大，股票价格受此影响波动也较大，投资风险相对较高。

(2) 不完全竞争。其行业的特点是企业数量仍然较多，虽然各企业生产的产品仍具同一性特征，但在质量、服务、特性以及由此而产生的品牌上存在一定程度的差异。因而，该行业各企业的产品价格在市场平均价格的基础上也存在一定程度的差异，企业利润也因此受到产品品牌、质量、服务、特性等因素的相应影响。这一特征也决定了这类行业企业的分化较大。那些生产规模大、质量好、服务优、品牌知名度高的企业在同行业中具有较强的竞争能力，其经营业绩一般较好且相对稳定，投资风险相对较小。

（3）寡头垄断。其行业的特点是企业数量很少，各企业生产的产品仍具同一性且相互替代性强，进入该行业的门槛较高。一般为资金密集型或技术密集型，往往由于资金、技术等因素限制了新企业的进入。因而，个别企业对其产品价格有较强的控制力。

（4）完全垄断。其特点是该行业为独家企业生产经营，产品价格与市场也为独家企业所控制。这类行业主要是公用事业，如电力、煤气、自来水公司，其产品在社会生产、人民生活中不可缺少，但又高度垄断。政府为稳定社会生产与人民生活，通常对其价格的确定及变动有较为严格的控制。

事实上，大部分行业具有不完全竞争与寡头垄断的特征。一般来说，竞争程度越高的行业，其产品价格与企业利润受到市场供求状况的影响越大，因而投资风险较大；垄断程度越高的行业，其产品价格与企业利润受到企业自身、政府控制的程度越高，因而投资风险较小。

上述分析表明行业的竞争程度决定了证券投资的风险大小。投资者为回避风险，投资对象选择宜向竞争程度相对较低的行业（即集中化程度高的行业）倾斜。行业集中化：一是指骨干企业规模的扩大，即行业的绝对集中；二是指骨干企业在整个行业规模中的比重增大，即行业的相对集中。

2. 行业的生命周期分析

每一个行业从创业到衰退都经历了初创、成长、成熟和衰退四个时期，通常将其演变过程称为生命周期。在行业生命周期的每一个不同时期，都体现出不同的特征。

（1）初创期。在行业的初创期，新产品正在开发研制过程中，没有形成批量生产能力，此时生产成本高，销售额小，微利甚至亏损。从整个行业来看，一部分企业因巨额亏损而倒闭，一部分企业渡过难关生存下来。对投资者来说，处于初创期的行业具有非常大的风险，而一旦成功，投资回报非常丰厚。因此，这类企业更适合投机者而非投资者。风险投资基金购买该类企业的股权，目的就是企业成长后的高回报。

（2）成长期。在行业成长期，生产技术日臻成熟，生产成本降低，市场需求也日益扩大，整个行业的销售额、利润额迅速上升，其他行业资本也纷纷涉足此行业，行业规模迅速扩大，使行业内竞争加剧。这一时期，这类公司的股价受到利润增长的推动，上升幅度很大，但由于竞争激烈，仍有不少企业被淘汰。在成长期，行业仍在增长，这时的增长具有可预测性。由于受不确定因素的影响较少，行业的波动也较小。此时，投资者因经营失败而造成投资损失的可能性大大降低，因此，其分享行业增长带来的收益的可能性大大提高，但投资者应选择已有一定市场份额的企业进行投资。

（3）成熟期。在行业成熟期，市场渐趋饱和，行业增长速度降到一个更加适度的水平，行业内的竞争也随着企业兼并、倒闭而逐渐演变成垄断，一部分企业控制了行业的大部分市场份额，企业的利润也因垄断达到了较高水平，公司的股价也呈持续上升的态势。在短期内很难识别何时进入成熟期，但总而言之，在这一阶段一开始，投资者便希望收回资金。

(4) 衰退期。在行业衰退期，由于一些效用更好的替代产品的行业兴起，原有行业的市场份额逐渐缩小，厂商的销售额直线下降，利润也大幅下滑，一些企业开始撤出该行业，另一些企业则进行技术革新，以延长产品的寿命，此时，该行业内公司的股价开始下跌，故应回避这类行业。

3. 行业的景气变动分析

每一个行业都不同程度地受到经济景气变动的影响。但是，并不是所有的行业都与经济景气变动密切相关。一般来说，生产资料、耐用消费品、奢侈性消费品的生产受经济景气变动的影响较大，相应地，这类行业的股票称之为周期性股；一般生活必需品的生产、必要的公共服务的提供则与经济景气变动的关联较小，社会公众对其产品的需求相对稳定，这类行业的上市公司盈利水平也相对稳定，由于这类行业上市公司经营业绩不会因经济景气变化而出现大幅度变动，被称之为防守性股。

受经济景气变动影响大的行业，相应地会形成行业的景气循环。当经济繁荣时，行业表现为景气；反之则为不景气。同时，行业自身有一定的景气变动规律，这是由影响行业景气变动的各种因素所决定的。行业景气循环处于不同的阶段，行业内上市公司的股票价格会受到相应的影响。当行业景气时，股价上升；反之则下降。

分析经济景气与行业关系，有助于投资者进行证券投资时机与投资对象的选择：一是根据经济景气的变化，选择投资与退出的时机。二是选择不同的投资对象，即景气上升阶段，选择周期性股；景气下降阶段，选择防守性股。三是根据某行业景气循环与总体经济景气循环的关系（即领先、同步与滞后的特征），在经济景气循环的不同阶段选择不同行业的周期性股。例如，经济步入低谷之后，最先复苏的行业通常为建筑业、房地产，紧接着往往是商业、轻工业；经济进入高涨之后，随着宏观经济调控措施的出台，首先出现呆滞也往往是建筑业、房地产业。

相关链接

登录中国行业研究网：http：//www. chinairn. com，了解各行业最新动态及研究报告。

二、政府的产业政策导向分析

各国政府对本国经济的发展制定了中、长期发展规划，在经济发展的不同时期，会采取不同的产业政策，即通过制定一系列的产业结构政策和组织政策，重点扶植若干个支柱产业，以此来带动整体经济发展。一般而言，政府对鼓励发展的行业往往在税收、融资上制定优惠政策，以保证该行业的优先发展，这些行业的公司股价也因此而上涨；而对一些限制发展的行业，政府在税收、融资上会设置重重障碍，影响行业的发展，该行业的公司股价往往一蹶不振。为此，投资者选择投资对象时，应优先考虑政策倾斜的新型产业及公司，以期取得高额回报。

(一) 产业政策分析

产业政策是国家整个宏观经济政策体系的一个重要组成部分。它是国家根据一定时期国民经济发展的内在要求，通过各种直接、间接政策手段调整产业结构，引导产业发展，调整产业组织形式，促使产业部门的均衡与发展，实现一定经济发展阶段战略目标的经济政策。产业政策一般包括产业结构政策、产业组织政策、产业技术政策和产业布局政策等，其中产业结构政策、产业组织政策为其基本内容。当产业政策向某一行业、某种产业组织倾斜时，国家通常会采用财政政策和货币政策手段的配合实施，这时该行业或产业组织往往会获得财政投资、税收、信贷、进出口等方面优惠。这些政策措施会使该行业或产业组织的利润水平上升，投资收益率提高，从而该行业或产业组织的股票价格上扬。相反，如果国家要限制某行业的发展，就会动用相应的经济杠杆阻碍其发展，因此该类行业公司的前景堪忧。正因如此，受国家政策鼓励发展的高新技术产业（如微电子、生物技术、新材料等行业）具有较高的成长性，成为各证券市场的热门板块。

提示：关注温州金融改革实验区、深圳前海综合改革实验区、上海自贸区的各项政策及改革措施，寻找相关受益行业及上市公司。

（二）优势产业分析

优势产业分析，主要是通过统计指标来分析哪些产业在未来经济发展中具有较大的发展潜力，可能占有更大的份额。优势产业分析，既可帮助投资者在国家产业政策导向下具体选择投资的行业，也可帮助投资者扩大投资选择的产业领域。即在相同市场与政策环境下，优势产业的利润水平较高，投资收益率较高，相应其股价也较易上扬。用于优势产业判断的主要统计指标有以下三种。

一是需求收入弹性。这一指标反映某产业的社会需求量变化对国民生产总值变化的敏感性程度，也即单位国民生产总值的变化将引起该产业需求量的多大变化。一般来说，一个产业部门要发展，就必须以它的产品有市场需求为前提条件，需求收入弹性就是从需求方面来反映某产业的潜在市场容量。需求收入弹性高的产业部门的投资价值也较高。

二是生产率上升率。一般来说，生产率上升较快的产业，技术进步的速度较快，其生产成本下降也较快，在竞争中占有较大的优势。因而这类产业部门的投资价值较高。

三是比较劳动生产率与比较资金产出率。如果说生产率上升率是从时期角度对不同产业的发展动态进行比较，那么比较劳动生产率与比较资金产出率则更直接地显示了不同产业的劳动生产率与资金产出率的差异。一般来说，比较劳动生产率和比较资金产出率高的产业在经济发展中要领先于其他产业，也即该产业的投资价值相对较高。

第四节　公　司　分　析

【案例分析】

马明哲值不值六千六百万元？

有媒体披露，中国平安保险股份有限公司董事长马明哲2008年年薪6 600万元，消息一出，社会公众为之哗然。平安公司回应："平安实行绩效导向的薪酬体系，高管的薪酬由固定底薪和业绩考核奖励两部分构成，其个人收入与其对公司经营业绩、绩效的贡献挂钩。"当时的情况一方面是平安股价暴跌2/3，推出不着边际的巨额再融资计划，被指利用资本市场"圈钱"，公司社会声誉受到质疑；另一方面却为马明哲等支付期权计划，套现牟利。而当事人本人认为自己值6 600万元，网上争论亦不断。我们应如何看待上市公司高管高薪问题？与此类似的是大型垄断国企高管的高薪收入也被社会广为诟病。

提示：(1) 中国平安保险股份有限公司并非国有控股企业，其大股东为汇丰集团及其子公司；(2) 企业薪酬制度合理与否是公司管理成败的关键因素，查阅相关文献，了解薪酬制度基本构成、设计与完善工作的相关知识。

公司分析是通过对公司的文件、公告及其财务报告等资料进行系统的、全面的分析，从而判断公司股价是否被正确定价，进而做出投资决策的分析工具。对公司的分析可分公司运作分析和财务分析两部分。

一、公司运作分析

公司运作分析一般考察公司的管理能力、竞争能力、经营业绩、重大事项等。

(一) 管理能力

公司管理能力的分析首先是分析公司的法人治理结构是否完善。其内容主要有：公司的股权结构是否合理、有无大股东操纵可能；是否建立健全有效的权力制衡机制，公司独立董事、监事是否尽职。其次是分析公司决策层的综合素质，其中重点应放在公司主要领导上，如分析主要领导的经历、社会关系、专业知识、办事能力、股权数量。再次是分析公司经营管理机构的运作效率，如各部门管理人员的业务素质、协调能力、指挥调度能力等。具有较强能力的中层管理队伍是公司决策得以实现的保证。

(二) 竞争能力

公司的竞争能力分析可以从公司在行业中所处的地位着手。分析的方法可进行同行业各公司的比较，也可以从公司占行业的比重进行分析。分析的内容包括资本规模、市场份额、技术水平、产品研发能力等。资本规模大、市场占有率高反映了公司在行业中的重要地位，在激烈的市场竞争中往往处于有利的地位；技术水平高、产品研发能力强则意味着公司的竞争能力突出。

(三) 经营业绩与公司成长性

公司经营业绩是评估公司投资价值的重要依据，它是公司综合竞争力的具体表现，分析的内容包括经营业绩的现状和预期。

1. 以往年度利润分析

对公司以前经营年度的利润分析，首先是考察利润增长情况，如利润的增长额和增长率；其次是分析公司利润的构成及其稳定性，公司的利润主要来源于主营业务收入还是投资收益。一般而言，主营业务收入较为稳定。投资收益有实业投资收益和证券投资收益，其中证券投资收益受市场状况的影响较大，具有较大不确定性且缺乏持续性，在个别年份可能使公司利润出现较大变动，故应注意主营业务利润率与投资收益占比。

2. 未来年度利润预测

公司以后年度利润的预测是建立在公司现有经营规模上的，并结合以后年度的产品市场需求、新投资项目的投产等因素综合分析而得出的结论。首先是对原有产品销售额、单位产品的成本变动趋势进行预测。常用的方法是回归分析，如公司的产品市场份额不断扩大、成本逐年下降，则公司利润的增长潜力较大。其次是对新增投资项目的经济效益进行预测，如对项目的生产能力、单位产品利润进行预测，从而测算出以后年度的利润。现阶段我国上市公司内部治理结构存在较大问题、管理层行为短期化现象普遍，相关数据随意性较大，同时目前存在利用“四项计提”调节利润的情况，投资者预测公司利润实际上较为困难。

3. 公司成长性分析

公司是否具有良好的成长性影响到公司在行业及区域中的地位，也是投资者重点关注的投资要素。衡量公司成长性的主要指标有：总资产增长率、股东权益增长率、销售收入增长率、主营利润增长率、税后利润增长率等。在此基础上还应进一步分析公司成长的基本特征，主要包括：公司所处产品生命周期的阶段性质；增长成因是偶然还是必然，是内涵型还是外延型；竞争手段以新颖性为主还是传统性为主；公司发展是以政策性因素为主还是以市场性因素为主等。普通投资者一般难以把握或只能大致推断公司的成长性，但对于拥有自主知识产权、核心技术或自主定价权的公司，其成长性值得关注。

（四）公司重大事项

公司重大事项主要包括公司章程的修改、财务制度的重大变更、税负和税率的变化；重要经济合同、法律诉讼案件、公司股本变动、利润分配政策的变化、对外投资事项、主要的筹资手段等。对公司披露的重大事项，投资者应逐项进行分析，揭示出这些事项与经营之间的内在关系及影响程度，进而研判股价的走势。

二、公司财务分析

（一）财务分析的目的及主要依据

财务分析是运用适当的方法，对公司的财务报表及其有关资料中的数据进行分析，从而对公司经营现状（如运营能力、偿债能力、获利能力、成长能力）进行评估，进而预测公司未来发展前景的分析工具。

公司财务分析的主要依据是上市公司定期公布的财务报表，即资产负债表、损益表和现金流量表。

（二）财务分析的方法

1. 比较分析法

比较分析法是对同一时间范围内的同类指标不同空间的比较，以揭示问题，找出差距的一种分析方法。根据前述财务分析评价基准的不同，又有将某项评价指标实际达到的水平同预算指标进行的比较或与同本行业、本地区、本国以及国际同类指标的一般水平或先进水平进行的比较之分。前者的比较主要反映该财务指标的预算完成情况，而后者的比较可以了解本企业的财务状况在本地区、本行业优势或差距。

同样，在运用比较分析法时，必须注意对比指标的可比性，必要时应剔除不可比因素。

2. 比率分析法

比率分析法是将企业财务报表及其他有关资料的相关项目进行对比，得出一系列财务比率，以此来揭示企业的财务状况和经营成果的一种分析方法。企业财务分析评价主要是以各种财务比率为基础，根据企业财务分析评价的目的不同，可以将各种财务比率组合成不同的分析评价指标体系，通过对不同的分析评价指标体系的分析，透视企业财务不同侧面的状况。

由于财务资料本身存在的局限性，在对各种财务比率指标的分析评价中必须充分注意其可比性，尤其是要设法剔除通货膨胀、突发事件、偶然因素以及不同会计处理方法的影响。

3. 趋势分析法

趋势分析法是对同一空间范围内的同类指标不同时间的比较，以揭示其变动的原因、性质，并由此预测未来趋势的一种分析方法。

根据财务分析评价指标的性质差异，趋势分析法又有绝对数趋势分析与相对数趋势分析之分。前者主要通过编制连续数期的财务报表，并将有关项目并行排列，比较绝对数指标的变动幅度，以说明企业财务状况与经营成果的发展变化，如比较资产负债表、现金流量表；而后者主要是对财务比率这一相对数指标的趋势分析。

根据比较的基数差异，趋势分析又有环比趋势分析与定基趋势分析之分。

4. 因素分析法

因素分析法是将某一综合性经济指标分解为具有内在联系的若干因素指标，并采用连续替代的方法，从数量上测定各因素指标对该经济指标差异影响程度的一种分析方法。

在分析指标分解为具有内在联系的若干因素指标采用连续替代性时应注意替代性的顺序。当因素指标中有数量指标、质量指标时，首先应将数量因素指标放在第一，其余的质量因素指标则按其经济意义顺序排序，以保证分析结果的唯一性。

5. 杜邦分析法

杜邦分析法是美国杜邦企业首创的一种财务因素分析系统，它是从股东最为关心的权益报酬问题着手，分层分析各种因素对权益报酬率指标影响的一种分析方法。

（三）财务分析评价指标

指标一般可为四类，即偿债能力分析、经营效率分析、获利能力分析、成长能力分析。

1. 偿债能力分析的指标

（1）流动比率。流动比率反映流动资产和流动负债之间的关系，用以衡量公司的短期偿债能力。其计算公式为：

流动比率 = 流动资产/流动负债

公司的短期负债须用流动资金来偿还，此项比率越高表示公司清偿能力越强，但比率过高，则表明资金过剩，尤其是应收账款增多或库存积压商品增多时，反映了资金使用效率低下。在一般生产企业，该指标在 2 左右；而在以现金收入为主的零售业、餐饮业，可适当降低该比率。

（2）速动比率。速动比率反映公司速动资产与流动负债的关系。速动资产包括现金、银行存款、应收账款、应收票据、有价证券，即能迅速变现的资产，剔除了不能迅速变现的存货、预付费用。其计算公式为：

速动比率 =（流动资产 − 存货）/流动负债

速动比率正常为 1，过低的比率则反映公司短期偿债能力较差。

（3）股东权益负债比率。股东权益负债比率反映了公司净资产和负债总额之间的关系。其计算公式为：

股东权益负债比率 = 股东权益/负债总额

该比率反映了公司的长期偿债能力，比率越大，公司债务越少，偿债能力越强，债权人的权益越有保障，但该比率过大易造成资金浪费，通常该比率在 2 ~ 3 之间。

（4）负债比率。负债比率反映了公司总负债和总资产之间的关系。其计算公式为：

负债比率 = 负债总额/资产总额

该比率用于衡量公司长期和短期债务的保证程度。比率越高，债权人的保障越差；比率太低，则反映公司经营太过保守，不能充分利用财务杠杆的作用。

(5) 股东权益和固定资产比率。该比率反映了公司固定资产规模以及固定资产购置中自有资金的比重。其计算公式为：

股东权益和固定资产比率 = 股东权益总额/固定资产总额

该比率大于1，表示公司购置的固定资产均来源于自有资本；如小于1，表示公司所购的固定资产的资金中有一部分来自于负债，这增加了公司偿债的压力。

2. 经营效率分析的指标

(1) 存货周转率。公司的存货包括储存的原材料、半成品及待销的产成品。存货不能带来收益，只有在销售后才能实现利润。存货过多，积压大量资金，并增加费用开支；存货过少，不能满足生产需求和市场需求。因此，存货与销售之间存在着一个适当的比率关系，实践中常以分析存货补进次数的比率来评价其流动性。其计算公式为：

存货周转率 = 销售成本/平均存货

一般而言，存货周转速度越快，公司流动资金的利用效率就越高。

(2) 固定资产周转率。该比率表示全年固定资产的周转次数。其计算公式为：

固定资产周转率 = 销售收入/平均固定资产

固定资产周转率越高，资产利用效果越好，周转率过低，则可能存在设备闲置或投资过大等现象。

(3) 股东权益周转率。该比率反映了公司自有资本运作效率。其计算公式为：

股东权益周转率 = 销售收入/平均股东权益

股东权益周转率高，表示自有资本运作效率高，但过高的比率有可能反映出公司负债经营比重过大。

(4) 应收账款周转率。该比率反映了公司应收账款的周转速度。其计算公式为：

应收账款周转率 = 营业收入净额/应收账款平均余额

应收款项周转率越高，说明公司流动性越强。

3. 获利能力分析的指标

(1) 销售利润率。该比率是企业利润总额和销售收入净额之比。其计算公式为：

销售利润率 = 利润总额/销售收入净额(利润总额实际是税前利润额)

该指标用以衡量企业销售收入的收益水平，即企业通过销售赚取利润的能力。由于这项比率相对稳定，投资者可根据此比率预测公司盈利。

(2) 成本费用利润率。成本费用是企业为取得利润而付出的代价，该比率越高，企业获利能力越强。其计算公式为：

成本费用利润率 = 利润总额/成本费用总额

(3) 净资产收益率。净资产收益率又称股东权益收益率，是公司净利润和净资产之比。此比率反映了公司自有资本的获利能力，比率越高，投资收益越大。其计算公式为：

净资产收益率 = 净利润/净资产 ×100%

(4) 主营业务收益率。该比率反映了公司主营业务的创利能力。其计算公式为：

主营业务收益率 = 主营业务利润/主营业务收入 ×100%

一般该指标值高，表明公司主营业务突出，竞争能力较强。

（5）投资收益率。是公司对外投资收益和平均投资额的比率，该比率反映了公司对外投资的获利能力。其计算公式为：

投资收益率＝投资收益/（长期投资和短期投资平均数）×100%

4. 成长能力分析指标

主要包括：总资产增长率、所有者权益增长率、销售收入增长率、主营业务利润增长率、净利润增长率。

三、我国目前上市公司股票定价的一般方法

1. 市盈率法

市盈率＝每股市价/每股利润

市盈率是反映股票估值的常用指标。一般地说，市盈率越低、股票的投资价值越高；反之，泡沫程度越高。但实际应用时应注意以下问题：

（1）动态市盈率与静态市盈率。静态市盈率是以往年的每股利润作为基数计算的，反映的是以往的估值水平；动态市盈率则强调未来的估值水平，基数是对未来若干年每股利润的预测值。而每股利润的预测需要有科学的预测方法，更不能采取当年每股利润＝一季度每股利润×4 的简单预测法，毕竟每个行业或企业所处环境不同，订单、生产特点与节奏亦不一样。

（2）标准市盈率＝1/一年期银行存款利率或国债利率。对比股市市盈率与标准市盈率，有助于选择投资方向：一般而言，股市市盈率低于标准市盈率时，选择加大股市投资，反之，考虑增加银行存款。

（3）不同行业、不同股本规模的公司市盈率不同。新兴产业与高科技行业往往市盈率相对较高，传统行业则较低；在中国当前证券市场，流通股规模较小的公司市盈率较高，而流通股盘大的公司市盈率较低。

2. 市净率法

市净率＝每股市价/每股净资产

不同行业、不同股本规模的公司市净率不同。

3. 新股上市定价问题

鉴于当前我国股市新股发行市盈率普遍较高，加之上市公司业绩包装现象严重，建议对于上市新股普通投资者应予回避。其估值是否合理应首先看其所处行业平均市盈率，若是小盘股，其市盈率一般略高于行业平均水平，而新兴行业、信息技术、新材料、节能环保类公司市盈率也高于市场平均水平；其次是看其行业地位，行业龙头市盈率略高亦属于合理；再次考虑其成长性，成长性较好的个股市盈率略高较为正常，但要回避股价严重透支未来业绩的个股，尤其是一些题材股。

第五节　现阶段我国股市基本面分析要点

一、股份制改制的历史回顾及其存在的问题

(一) 股份制制度设计与股权分置改革的简要回顾

中国的股票市场1990年设立。其初衷是为了改变国有大型企业的困境，因而提出并采取股份制和发展证券市场的改革方案。同时为了保证国家安全、防止外资控股，就采取国家法人股暂不流通的措施来应对：即股票的70%是非流通股（包括国家股50%以上、法人股约20%），只发行约30%的流通股（比例大致如此）。

如此股权结构设计的后果：一是同股不同权；二是由于流通股占比太小，无话语权，这样直接导致大股东“一股独大”，缺乏监督，普通投资者的权益被践踏；三是由于非流通股不能抛售，上市公司的实际市值无法正确计算；四是大股东股份转让存在法律上的障碍。市场中，同样是股东，权利不对等、义务不对等、风险不对等，这个市场该如何管理？所以，股权分置改革势在必行。

股市经过2001年至2005年的大幅下跌，股价普遍较低，具有较好的投资价值。2005年股权分置改革方案开始实施，由于只有少量大小非上市流通，大量资金涌入股市，股价在资金的推动下大幅走高，上证指数从2005年底的998点涨至2007年底的6 124点。决定股价涨跌的根本因素是股市中资金和股票的供求关系。2008年后大量原来的非流通股进入流通市场，加之股价已经大幅上涨，大量的大型IPO融资和接着发生的世界性金融危机等因素，最终导致股票与资金供给严重失衡，股价快速下跌，一年内跌幅达75%。这就是此轮大牛市和大熊市产生的根本原因。

(二) 股份制改制遗留问题与后股改时代存在的问题

(1) 国有股“一股独大”问题悬而未决。2005—2007年的大牛市，为小非套现提供了绝好的契机，随着小非抛售及国有股如何减持、减持比例、价格仍不明朗，国有股“一股独大”问题更加突出。

(2) 股东间持股成本差异较大，同股不同权问题依旧存在。2008年后股市进入全流通时代，其后新上市公司股份流通规则为：持股5%以上的大股东股份锁定期为三年，持股5%以下的股东股份锁定期为一年（又称大小限），大小限与流通股股东的持股成本依旧存在较大差异，同股不同权问题仍然存在。

(3) 新股发行价过高问题仍在延续。A股市场新股发行价过高问题一直存在，2009年以来新股上市后普遍都有50%的跌幅。但新股发行价依旧高企，即便是股市已处于大熊市阶段，其发行市盈率也只是略低而已。高价发行上市公司与承销机构获利不菲，而申购者——基金与普通投资者严重受损。耐人寻味的是，基金作为专业投资者也频繁参与新股高价询价及交易，未体现出其理性投资、专家理财的理念与水平。

(三) 制度缺失、诚信危机成为制约中国股市发展的最主要因素

(1) 股票发行从审批制到核准制都没有改变发审委的决定权，距离真正意义上的市场

化发行相差甚远，也暴露出发行制度审核不严，上市公司业绩变动较大，投资者很受伤。截至2011年年底，仅创业板上市融资1 959.13亿元，创业板迅速膨胀，分红不到4%，却创造500多位亿万富翁，拿到巨资后反而有近三成公司业绩明显下滑。

（2）股票交易制度对个人投资者明显不公。其一，机构投资者既可参与现货交易又可参与股指期货交易，由于股指期货门槛较高，个人投资者一般无法参与，只能进行现货交易；其二，股票现货交易只能做多（低买高卖才能赚钱），不能做空，一旦大盘下跌个人投资者十分被动，机构则可以利用股指期货套期保值回避风险；其三，现货交易实行的是T+1制度、而股指期货是T+0制度，个人投资者无法对冲当日风险。

（3）市场监管制度缺失，违规处罚力度不足。一是现有法律法规建设严重滞后，股指期货已有五年历史，但其相关法规仍存在不足；二是已有法律法规的配套实施细则不完备，给各种违规行为留下制度漏洞；三是对各种违规行为处罚不力，无论是"湖北蓝田股份造假案"还是"红光实业包装上市案"都对投资者造成了极大的伤害。

（4）诚信危机，保护中小投资者的利益无从落实，投资者信心丧失，导致市场长期低迷。第一，作为微观金融主体的上市公司整体盈利能力较差，22年来平均每股收益均未超过0.45元，且其股息率也只有1.6%，不到1年期定存利率的一半，A股市场投资价值无从体现；第二，上市公司信息披露不及时且报表数据变动很大，甚至随意公布业绩预测，普通投资者无所适从；第三，中介机构的相对独立性颇受怀疑，99%的报表"干净率"及审计费用须从上市公司获取，会计师事务所难免有"股托"嫌疑，而30%的公司上市业绩就变脸，难道与券商过度包装不无关系？第四，政府公信力受质疑，对多起违规案例的处理及"5.30事件"、奥运维稳失利，政府主管部门及官员都有部分责任。一个重融资轻投资、70%的投资者均为亏损的市场，股市游戏难以为继。

二、现阶段我国股市基本面分析要点与投资策略

（一）国内外政治、经济形势

目前中国面临的周边形势较为严峻，美国一方面在环太平洋、黄海和南海接连搞大规模的针对中国的军事演习，炫耀武力威慑；另一方面又挑动周边国家如日本、菲律宾、越南与中国闹摩擦，使中国面临领土争端而引发的战争危险。尽管可能出现局部战争冲突，但鉴于两次世界战争给人类带来的巨大痛苦与灾难，人类对于战争危害有了更多的理性思考与总结，再次爆发世界战争的可能性极小，和平、发展、合作已成为人类的共识，也是时代的潮流，各国政府首脑对此更应有清醒的认识。

欧债危机演化至今影响逐步扩大。欧盟各成员国纷纷采取紧缩政策，压缩赤字以保安全，失业率高企，民众实际消费能力受到抑制。近年来，欧元区消费、投资等重要经济指标均出现超预期下滑。其中欧元区制造业PMI指数、零售消费指数连续下滑，预期欧洲经济紧缩"还债"的局面将在较长时期内持续，而针对经济增速缓慢，美联储推出量化宽松的货币政策（QE3、QE4），以推动美国经济，随着美国经济的缓慢复苏，美联储声称可能退出QE政策，由此导致国际金融市场大宗商品及贵金属价格剧烈波动。

我国经济增长自2010年中期开始逐步放缓，至2013年GDP单季同比增速已连续下滑，CPI持续回落。从中长期看，外贸进出口已基本平衡，通过出口拉动经济的作用有限，而通过政府投资拉动经济增长的政策效率明显趋于递减，且事实证明政府投资项目效率较低；另

一方面，中国居民收入分配两极分化问题突出，收入分配体制改革同样进展缓慢，消费对经济的拉动作用也相对有限。目前我国传统行业多数已进入成熟或衰退期，而新兴产业尚处幼稚期，经济结构转型举步维艰，经济增速放缓是必然趋势。

（二）政策面、资金面与机构动向分析

毋庸置疑，中国股市尚处于成长阶段，表现为政策市、资金市，股市的风险也主要表现为系统性风险，故当前对股市的研判，研究政策面、资金面动向重于公司基本面研究。中国股市已成为全球第二大市场，上市公司已从2009年1 700家扩张到近2 700家。主板扩容的同时中小板、创业板、新三板、国际板纷纷推出或即将推出，表明了管理层做大中国股市的决心；与此同时，占股市近60%股权比重的国有股已全流通，加之大小限的逐步解禁，两者已获得丰厚的账面利润，因而具有强烈的减持套现动机。股票供给急剧扩大、供需严重失衡，源源不断的资金被抽走，必然对股市形成巨大压力。这将是今后数年面临的重大利空。此外，M2货币与准货币较多的投放及通胀压力预期，中国公司股价多数高于欧美，可能使股市在人民币升值及大小非解禁抛售中承受压力。

从机构博弈情况分析：第一，股指期货推出前，机构只能做多盈利，故每年都有一波“吃饭行情”；股指期货推出之后，由于有了做空机制，机构做空也可盈利甚至有暴利（300倍杠杆率），机构已无须单向做多。事实上，2009年股指期货推出后做空的机构获利丰厚。第二，股权分置改革前，国有股不流通，基金、QFII都是实力机构，其与大股东利益基本一致，做多可谓“共赢”；股权分置改革后，大股东（国有股股东或自然人）成为最大实力机构，其持股成本极低（考虑送配股后每股甚至不足一元，而上证2 100点市场平均股价约为6元），此时的基金已沦为小机构，与大股东成了“对手”，做多行为无异于帮助大股东套现，吃力不讨好，加之市场制度缺陷，利用股指期货做空反而成为其必然的理性选择。

我国股市制度红利巨大，但由于利益摩擦、制度变迁，红利的兑现进程缓慢。未来若干年，证券市场制度创新及实质性新政推出的速率对市场走向影响极大。考虑到机构与管理层的博弈，市场信心恢复及股市相关法律法规建设进展较慢，股市不断扩容，上市公司内部治理存在的问题及较弱的盈利能力，普通投资者利益保护等问题的解决均需较长的时间成本，A股市场中长期仍面临一定压力。

（三）投资策略

大趋势不明朗，投资者保持观望是明智选择，耐心等待市场基本面回暖、大盘放量走好后，再考虑中长线重仓操作。如果进行中短线操作，应选择低价或题材股，轻仓、波段操作，快进快出，并严格执行止损与止盈的操作纪律。

本章小结

内容摘要：本章主要介绍证券投资基本分析的方法，如宏观经济分析、行业分析、公司分析及投资信息的筛选与甄别，同时指出了股份制发展历史、股权分置改革中的各种问题，并对未来股市走势进行了简要分析。

关键概念：基本面分析　技术分析　投资信息　宏观经济分析　行业分析　公司分析　股权分置改革

思考题

1. 房地产业迄今已有十余年的兴旺，未来十年或二三十年下一个投资热点是什么，房地产行业依旧被看好吗？

2. 目前A股市场的市盈率与欧美股市基本一致；标准市盈率为30倍，银行股市盈率为5～6倍，低于欧美银行股10倍的市盈率，买进银行股是否是必然的选择，为什么？

3. 观察A股市场可以发现大盘走势牛短熊长，但有一些个股走势完全独立于大盘，体现出良好的成长性，如医药类、消费类小盘成长个股，请分析其原因。

4. 同一家公司的股票A股与H股股价不同，甚至差异较大，如中国平安、浙江世宝，为什么？

5. 并不是上市公司多，就能提振国家经济。近几年来的股市实践可以看出，不间断IPO只能大大稀释沪深股市资金，少数上市公司高管得利，大量股民失利，不但对经济没有提振作用，反而激化社会矛盾。但是为什么管理层始终坚持股市大扩容，急于推出“新三板”、“国际板”？国际板每被管理层提及均无一例外导致市场暴跌，为什么？

6. 2014年开始，管理层在大型国企实施优先股改革方案，有不少人认为是大利好，你怎么看？

案例分析

买进中石油并长期持有，是坚持价值投资？

巴菲特的投资成功经验是：买入有成长性的公司股票并长期持有，最终会有丰厚回报。“长线是金”被视为证券投资的重要理念。中石油发行价16.67元，上市后股价40多元，很多股民认为它既是大型国企又具有资源垄断优势，将来股价上百元没有问题，故大量买入，但五年来股价一路下跌，现价8元左右，个人投资者被套严重。几个问题值得思考：第一，普通投资者在信息有限的市场中如何发掘“有成长性”的公司；第二，在中国股市买入绩优股，如工行、建行、中石油、中石化，并长期持有，是否会有丰厚回报；第三，证监会反复强调“中国普通投资者投机性太强、不遵从价值投资”，那么，对于股息率极低的股市现实情况，投资者又该如何坚持价值投资？

提示：（1）中国股市最大谬误之一就是将买绩优股称为价值投资。所谓“价值投资”应该是投资者提前发现一只股票的潜在价值，在恰当的时机买入，然后等待更多的人发现其价值进而推高股价并最终抛出获利。（2）任何价值、价格都要根据时间、空间、使用者（交易者）的不同做出调整，这也是股价为何波动的根本原理。

应用训练

1. 到申银万国、中信证券、国泰君安、国金证券等券商网站搜集一份较为完整的对上市公司的研究报告，看看机构是如何对上市公司投资前景进行分析的。利用所学知识，借鉴券商研究成果，分析有色金属、医药行业、航天军工、新材料板块重点公司的投资价值。

2. 查阅资料，分析工行、建行、中石油、中石化等大型垄断国企公司内部治理结构存在哪些问题，同时提出投资建议。

第九章

证券投资技术分析

【案例导读】

小袁的股市投资经历

小袁2006年5月以80万元入市，坚信“长线是金”的投资理念，先后买入四只股票、11只基金，并一直持有至2007年4月，其账面利润已近40万元。于是又筹资20万元，并电话笔者请求推荐几个好股票。笔者问清情况后劝其先不要再买股票，而要对现有基金进行整合，卖出多数基金，集中投资两三只即可。小袁不悦，抱怨说：“前面朋友推荐什么我就买什么，每个都赚，你不推荐就算了，还叫我卖基金，是不是怕我发财啊！”没过几天询问他人后又买入四只股票。2007年9月中旬，小袁很兴奋：“我现在赚了70万元，看来你就是理论多一些，炒股水平也不怎么样啊。幸好当时没听你的话。”笔者告诉小袁可以开始卖股票，结果又被嘲笑，2007年11月初，笔者建议小袁卖出一半仓位，她勉强卖出两只股票，约5万元，2008年1月中旬笔者电话小袁建议清仓，小袁说再看看。2009年春节见到小袁时，她说“后来卖了两三个有赚钱的股票，其他来不及卖都被套了，现在就扔着吧，懒得去管它了！”

问题分析：

小袁的资产配置有何不足，其实战操作有何问题？

本章案例资料来源：作者经历或选自学生炒股实战。

在证券投资分析领域，基本面分析主要在于研判证券市场的中长期运行趋势，挖掘市场的投资价值与投资领域；而技术分析主要用于研判证券市场或个别证券短期供需关系、寻找投资时机，故两者的适应性不同。前者在于解决能否买卖、买卖对象等战略性问题；后者主要是寻求什么时候买卖、把握买卖时点，属于战术问题。

技术分析主要是借助各种图形、曲线等技术手段研判行情变化。实践证明，技术分析在短期投资中对投资者有较强的指导作用。经过上百年的发展，技术分析已形成了K线分析、形态分析、切线分析和指标分析等流派。这些分析工具有着基本共同点，即通过分析以往的价、量变动来寻找出规律性，从而指导投资实践。故对投资者而言，精通几种分析工具进而互相验证，有助于提高投资收益。

技术分析是指运用各种技术手段，对证券市场过去和现在的行为进行分析，从中寻找出规律，进而预测证券市场和各种证券价格变动趋势的分析方法。技术分析是建立在三项假设的基础上，即有效市场假设、供需决定价格趋势、历史会重演。

1. 有效市场假设

该假设认为，证券市场是高度有效率的，能够对影响证券市场的各种因素及时做出反应，各种证券的价格正是这一反应的结果。因此，对技术分析者而言，无须了解并研判各种因素，只要对证券市场上各种证券的量价变化进行分析即可。如价格上升且成交量放大，则肯定受某些利多因素的影响；而价格下跌并放量，也必然受某些利空因素的影响，这种反应对整个市场或个别证券来说都是一致的。

2. 供需决定价格趋势

该假设认为，各种信息都会做用于投资者的心理，使他们改变对证券价格的预期，从而影响证券市场的供需关系。这种受投资者预期所改变的供需关系，在一段时期内会延续下去，形成价格波动趋势，直到新的信息再次改变投资者的心理预期，原有的趋势才会发生变动。如在一段时间内投资者受某种因素的影响而看淡股市，股票的供应就会大于需求，使股票价格持续下跌，直到出现利多因素或跌幅过大，证券市场的供需关系才会发生逆转，股价才会改变原有的运行轨迹。

3. 历史会重演

这一假设认为，在证券市场上，以往的交易价格和交易量已涵盖了所有的历史信息，并以经验的形式留存于市场参与者处，当未来各种类似的信息再次出现时，投资者会做简单的类比，从而会对证券价格产生与以往类似的影响。因此，通过总结以往证券价格变动的规律，就可以预测出未来的变动趋势。

建立在三大假设的基础之上的技术分析，从其市场实践来看，对价格趋势的分析，确有独到之处，并已为广大投资者所接受。三大假设有其合理性，但亦有不足之处。

第一节 K线与量价关系

一、常见的K线、K线组合与成交量（图9-1）

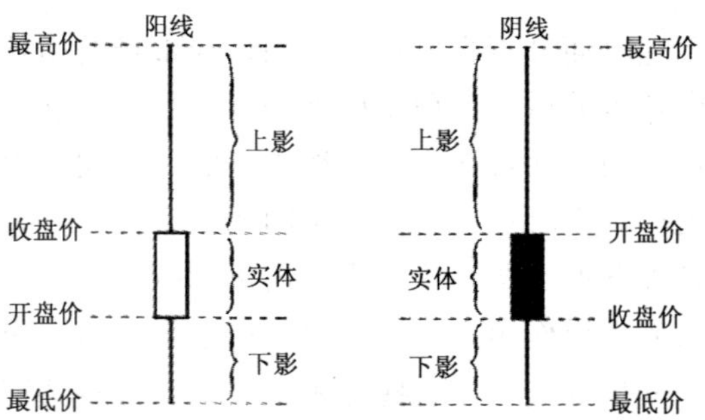

图9-1　阴线与阳线图示

（一）常见的K线及定义

（1）大阳线或大阴线：大盘指数涨跌幅为2%以上、个股涨跌幅4%以上。

（2）中阳线或中阴线：大盘指数涨跌幅为1%～2%、个股涨跌幅2%～3%。

（3）小阳线或小阴线：大盘指数涨跌幅为1%以内、个股涨跌幅1% ~2%。

（4）小锤头或倒锤头：前者表明下探收回、下档有支撑；后者表明冲高回落、上方有阻力。

（5）十字星：又分阴十字或阳十字，开盘价与收盘价基本一致。

（6）一字线：涨停或跌停。

（7）T字线或⊥字线：开盘价、收盘价基本一致。

以上K线形态就单个而言并无实战意义，必须与成交量、时间、空间结合才能判断是否进行买卖操作。但应当注意：只要成交量在高位出现天量（一段时期的最大量），不论出现何种K线，一般都是卖出信号，正所谓“天量天价”，如亚太科技2012.8.14、2013.3.6（见图9-2）；仪电电子2014.3.28。类似实例在个股中很多。

图9-2　亚太科技日K线图

资料来源：新浪股票，以下均同。

（8）缺口。

①缺口定义：缺口是指没有交易记录的价格分布范围。从K线图上看，是股票某日最低价比前日最高价还要高（向上跳空），或某股的最低价比前日最低价还要低（向下跳空）。而形成缺口后，以后在这个价格区域里又出现成交记录，则称为补缺。技术分析认为，凡缺口必补，一般而言，缺口三天内不补，则短期内不会补掉，可能需要一波中级行情才能回补，一些重要缺口则需一轮行情才能回补。

②缺口的种类与意义。

一是普通缺口。短期内被回补的缺口。可以帮助投资者判断短期走势。

二是突破缺口（见图9-3宏润建设2012.9.7走势）。出现在整理区域或反转区域的末端，其特征是股价跳空向上或向下脱离了原有的区域。该缺口短期内不会回补，股价将沿着突破的方向发展。一般而言，缺口越大将来的空间也越大；突破时放量，则突破的有效性越可靠，反之可能是假突破。

三是持续性缺口。指行情上升或下降途中出现的缺口，短期内不会回补。牛市或熊市中

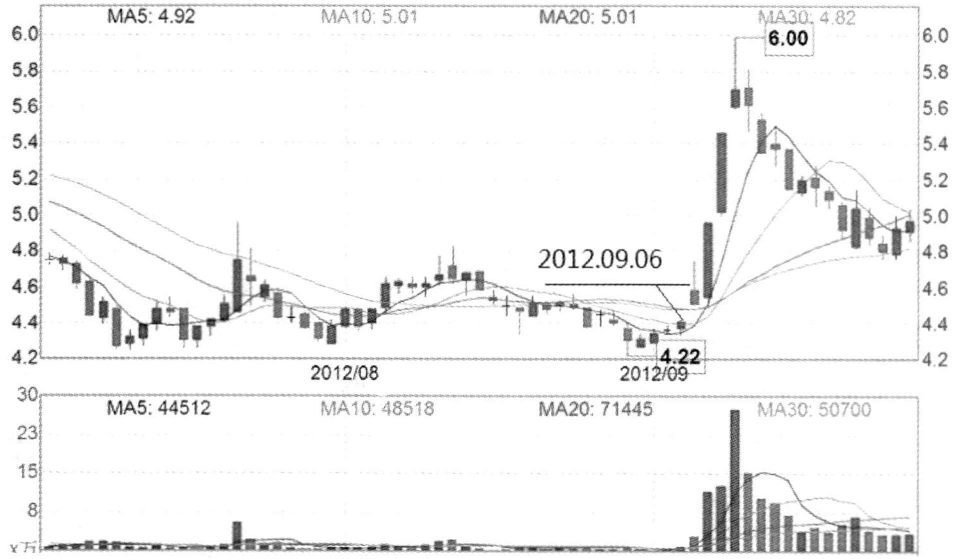

图 9－3　宏润建设日 K 线图

会出现多个这种缺口。

四是竭尽缺口。出现在行情的尾声，通常短期内即回补，预示行情行将结束。

遇到缺口投资者应及时判断其类型并重点关注突破缺口前的形态，及时跟进或止损。

（二）几种常见的 K 线组合与成交量——买卖信号

（1）上阻线：一波连续上涨之后高位放量收倒锤头线或倒 T 字线（见图 9－4 新亚制程，或申达股份 2014. 3. 11），是头部或短期头部的信号。一般考虑短线卖出。

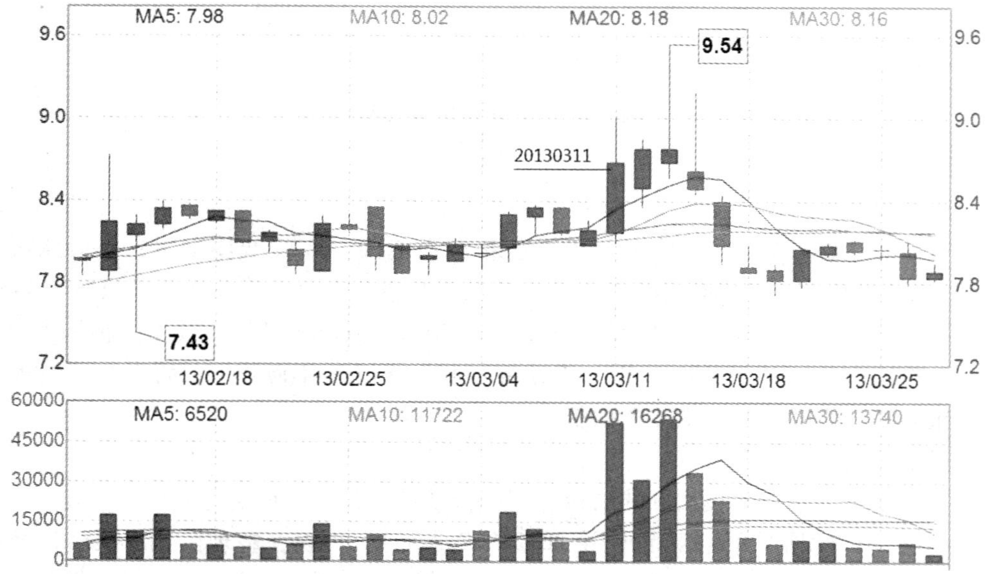

图 9－4　新亚制程日 K 线图（2013. 3. 9—3. 18 走势，13 日为上阻线）

（2）下阻线（单针探底）：一波连续下跌之后低位放量收锤头线或 T 字线，是短期底部的信号（不是买入点）。

（3）吊首线：一波连续上涨之后高位放量收出下引线很长的锤头线或 T 字线（见图 9－5日出东方或特变电工 2013. 10. 29），是头部或短期头部的信号。一般考虑卖出。

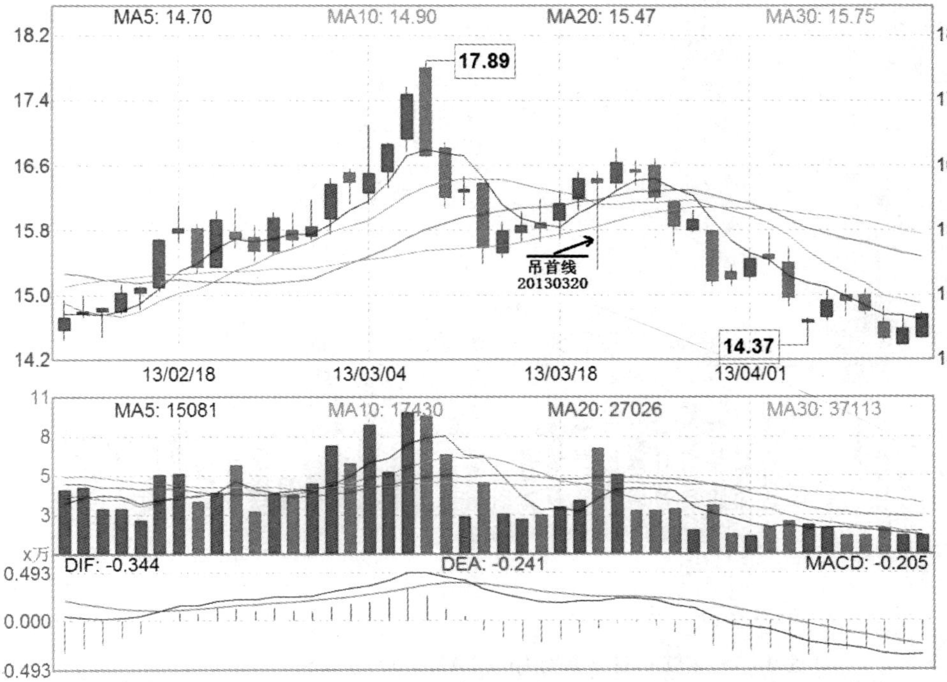

图 9－5　日出东方日 K 线图（2013. 2. 7—4. 18 走势）

（4）怀抱线：一波连续上涨之后高位放量收阴包阳或阳包阴的 K 线（见图 9－6 龙生股份，或上证综指 2009. 2. 16—2. 17），是头部或短期头部的信号。一般考虑卖出。

图 9－6　龙生股份日 K 线图（2011. 11. 29—11. 30 为怀抱线）

（5）反打前三：连续下跌之后低位一根大阳线吃掉前面下跌的三根 K 线，成交量有所放大，但未改变下跌趋势。一般是短线卖出信号（见图9－7浙江东日2012.4.13—5.17，或世纪华通2014.3.17）。

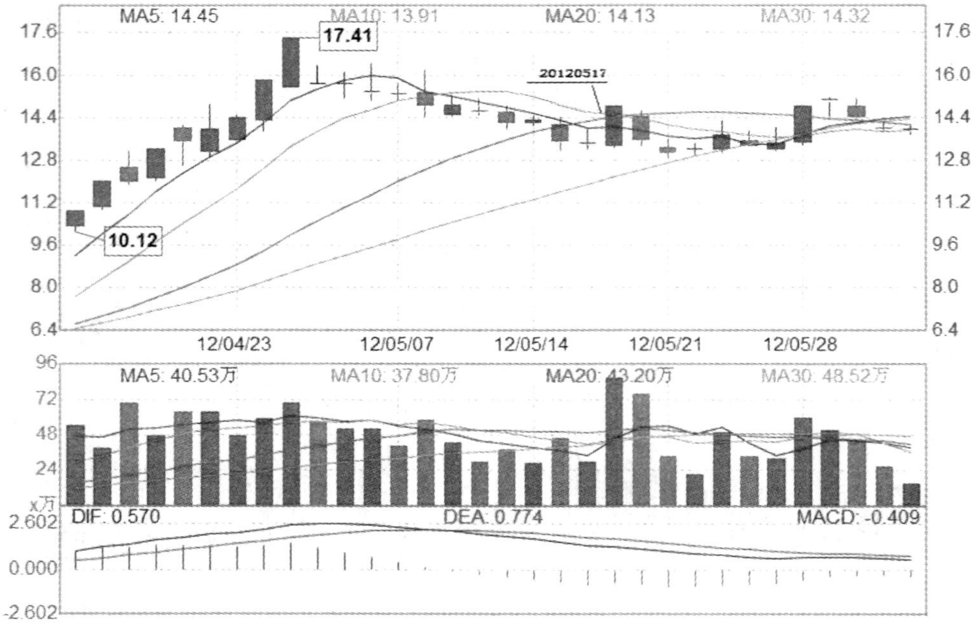

图9－7　浙江东日日K线图（2012.5.17的K线为反打线）

（6）破前覆盖线：强势股经过缩量调整后放量拉大阳线、创新高（见图9－8深振业2012.2.22—4.25，或天汽模2013.12.5）。一般是买入信息。

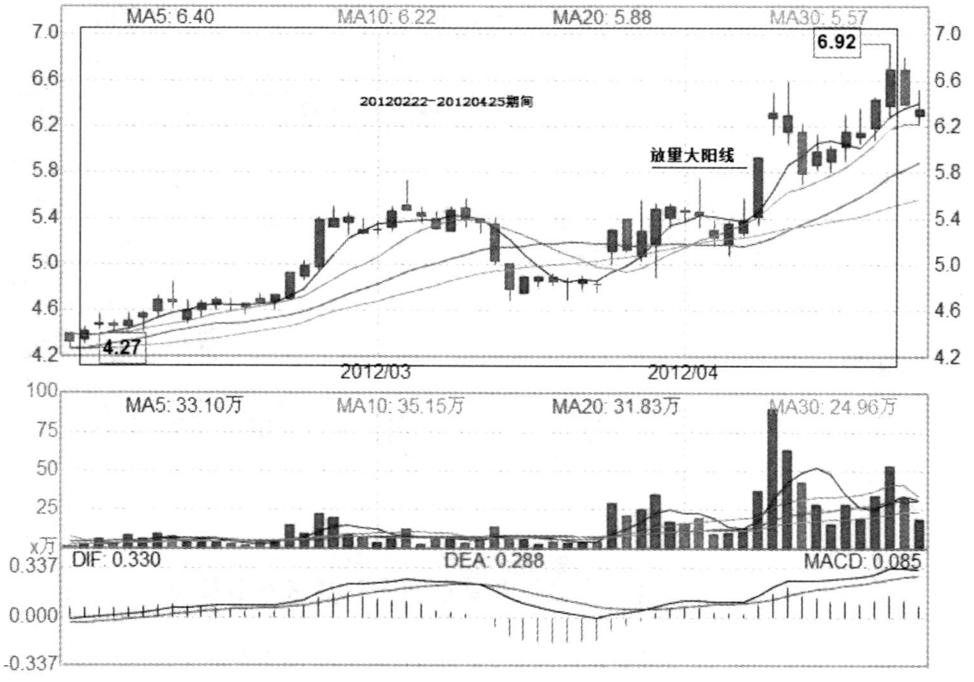

图9－8　深振业日K线图（2012.4.12放量大阳线创新高）

（7）双针探底：单针探底之后横盘缩量震荡一段时间再次收锤头线或 T 字线，是短期底部的信号（不一定是买入信号），如图 9－9 烟台万华 2012. 6. 25—10. 8 走势，或上海建工 2012. 11. 28—2013. 6. 25。

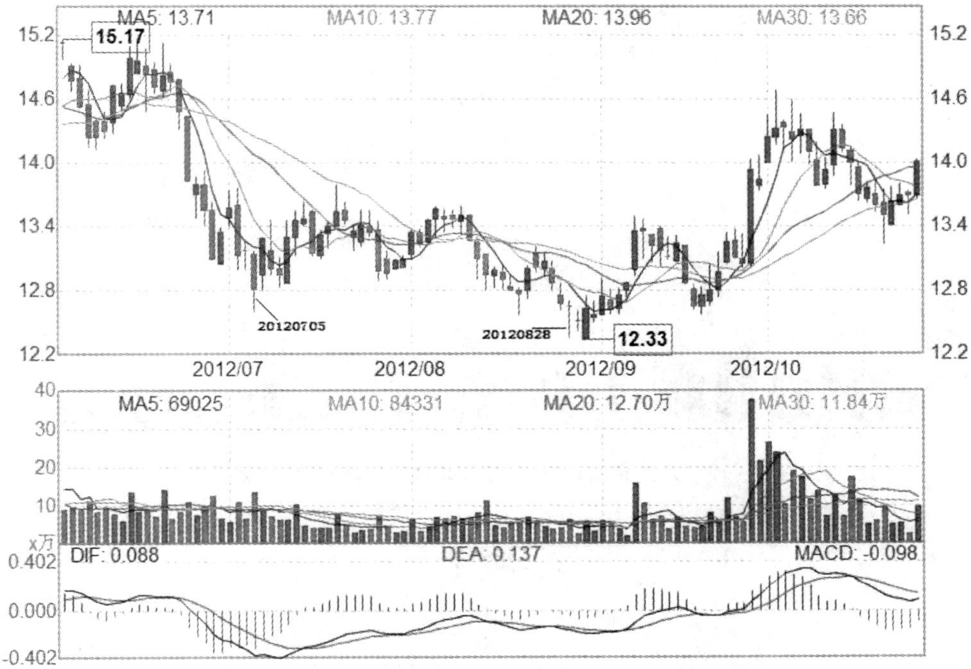

图 9－9　烟台万华日 K 线图（2012. 7. 5，8. 28 形成双针探底）

（8）反拖线：上升反拖（跳空上涨后回调缩量不补缺口，表明强势，可趁回调买进，如凯乐科技 2012. 6. 26—7. 5 走势；下降反拖（跳空下跌后反弹缩量不补缺口，表明弱势，逢反弹卖出，如图 9－10 永大集团 2011. 12. 13—12. 20 的走势）。

（9）三连线（三连阳或三连阴）：应看其出现的位置与成交量决定买卖，一般高位放量三连阳考虑短线卖出（超强势股除外），低位温和放量红三兵可能是反转信号；而强势股三连阴快速缩量回调后往往可能会有强力反弹。

（10）K 线合成：将几根 K 线合成一根，有助于行情判断，尤其是高位横盘震荡时，日 K 线量价关系不明显，K 线合成可以发现量价异常现象，如图 9－11 上证综指 2012. 5. 2—5. 8 或 2013. 9. 11—9. 16 走势，K 线合成后即可发现明显放量滞涨，应卖出。

二、量价关系

技术分析方法有多种，成交量与股价的分析据主导地位，市场有“量为价先”的说法。量和价是同一时间内发生的两种指标，具有高度相关性。两者的关系可归纳如下：

（一）价升量增，价跌量缩——量价配合

价涨量增表明股价上涨是由市场需求推动的，表示股价将继续上升。价跌量缩分三种情况：一是在多头市场，股价每次上升后的回档出现缩量，反映了投资者看好后市持股待涨的心理，通常股价将继续上涨（见上证综指 2005. 11—2007. 5 走势）；二是在空头市场中，股价连续下跌、成交量逐步萎缩市场处于极度低迷状态，成交量萎缩是由于需求不足造成的，

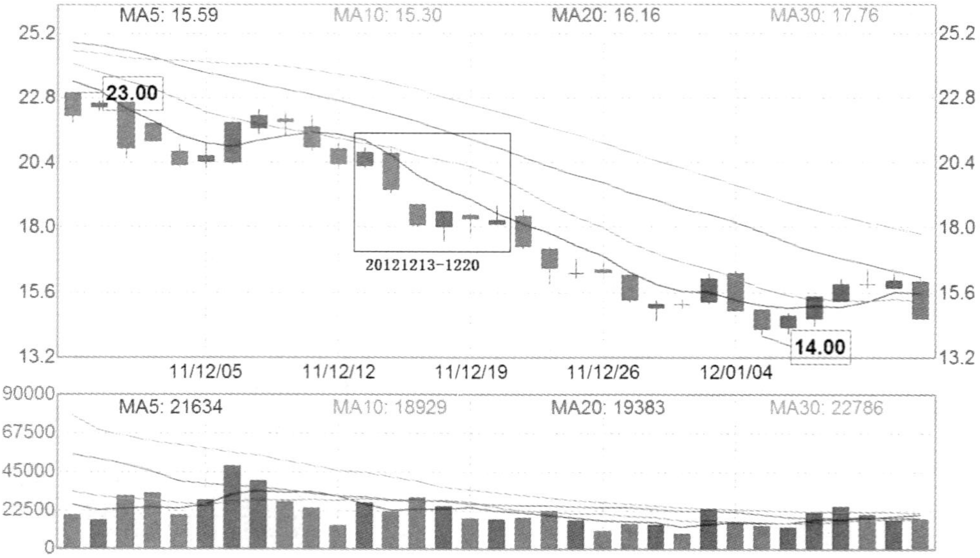

图 9－10　永大集团日 K 线图（2011. 12. 13—12. 20 走势）

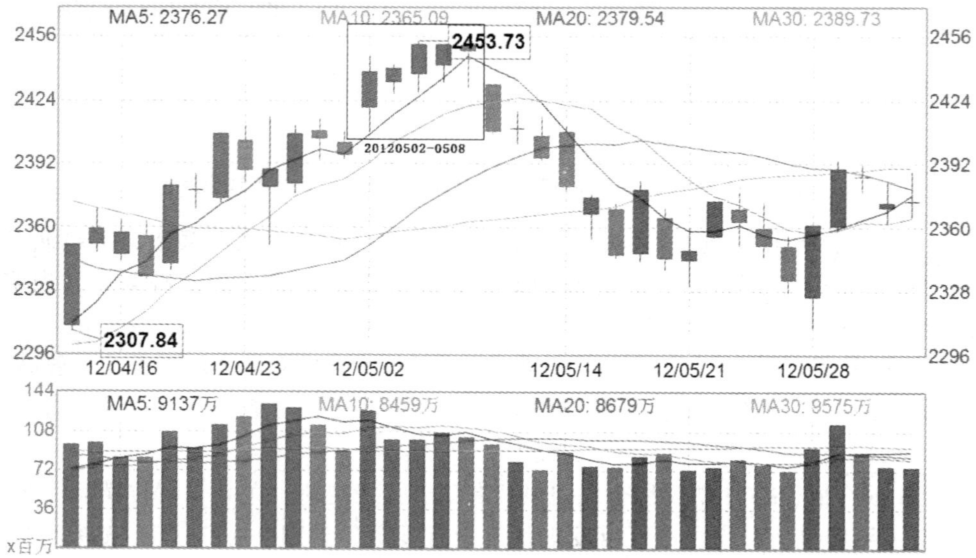

图 9－11　上证指数日 K 线图（2012. 5. 2—5. 8 走势）

股价将进一步下跌（见上证综指 2010. 4. 15—2011. 1. 6 走势）；三是在空头市场末端出现反弹，成交量未能有效放大，股价再次回落，成交量进一步萎缩，这种情况反映了持股者的惜售心理，股价可能出现反转（见上证综指 2005. 6—2006. 3 走势）。

（二）价跌量增、价升量缩——量价背离

价涨量缩分两种情况：一是股价上升创新高成交量却小于前一段上涨水平，这种量价背离的走势是转市的信号（见上证综指 2007. 7. 20—2007. 11 上涨的成交量明显小于前一波 2007. 3—2007. 6 上涨的成交量）；二是在反弹行情中，股价回升到一定高度时，成交量递减，使得股价上涨失去动力，预示股价即将回落（见图 9－12，上证综指 2012. 5. 8—8. 10

期间反弹时成交量情况——反弹无量）。

图9－12 上证指数日K线图（2012.5.8—8.10走势）

价跌量增分两种情况：一是股价在高位区或整理区放量下跌，投资者出现恐慌，股价将进一步下跌（见上证综指2009.7.29—8.6后的走势）；二是股价已经持续下跌一段时间后，再次放量下跌，下跌速度加快，连续跌破均线、支撑线或形态等，股票的短期抛压量能迅速衰竭，行情可能出现反弹或反转，投资者尤其要注意这种底部的下跌放量（见图9－13上证综指2008.9.19—12.31下跌过程中成交量较前期明显放大，即低位放量）。

投资者还可利用均量线配合股价K线进行分析：一是分析均量线与股价的关系，如两者都上升，表明量价配合、股价将进一步上升；如两者都下跌，表示股价下跌得到成交量的支持股价仍将下跌；如股价上升，均量线不升或下降，表示股价上升无量的支持涨势难以持久；如股价下跌均量线不降或上升，表明股价较低承接者众多，下跌即将结束。二是分析短期均量线与中期均量线的关系。如两线均向上，股价将保持上涨势头；反之，股价以下跌为主；当短期线上穿中期均量线时（金叉），行情将上升，而短期均量线下穿中期线（死叉），则趋势向下。

三、注意事项

（一）量价关系理解不能够绝对化

1. 无量上涨（穿越）

一般无量上涨的个股难以突破前期密集成交区域，故考虑反弹卖出，但有少数个股却能够无量穿越前期密集成交区或者缩量上涨继而成为牛股（见图9－14冠豪高新走势）。

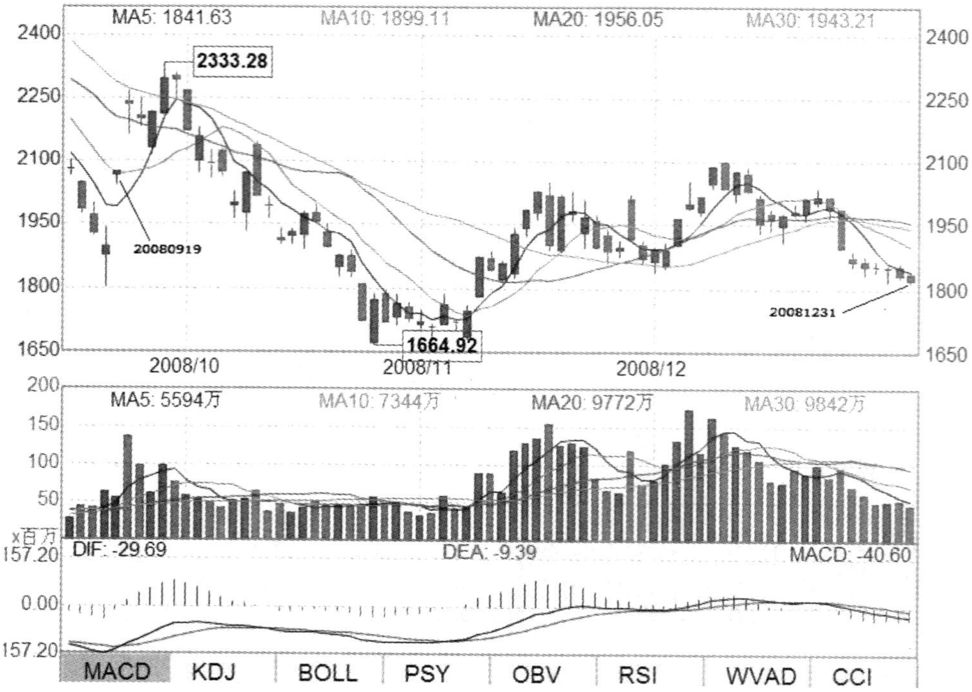

图 9－13　上证综指日 K 线图（2008. 9. 19—12. 31 走势）

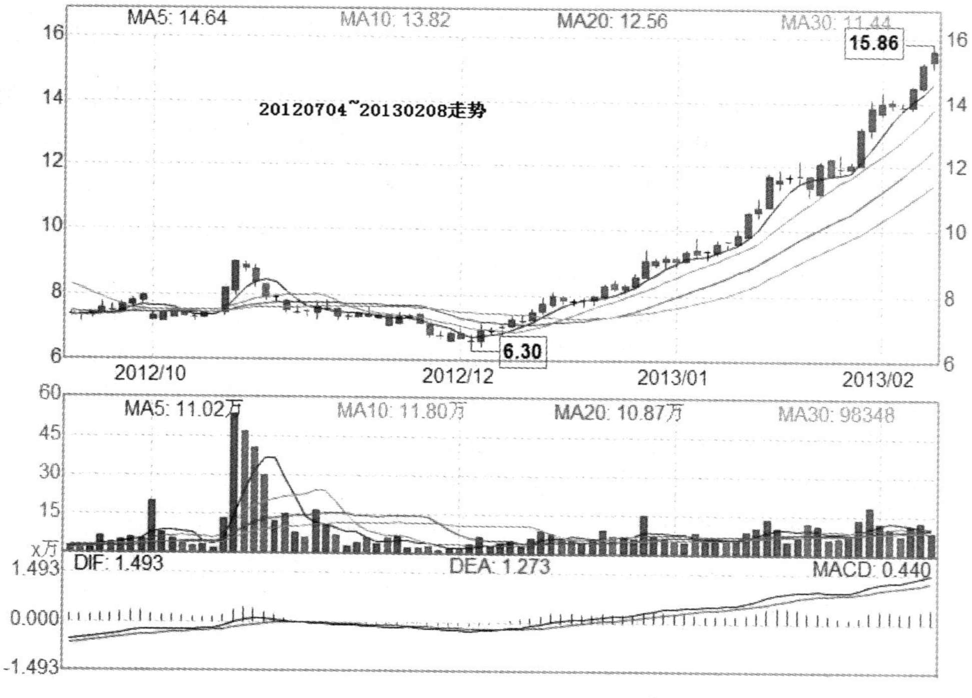

图 9－14　冠豪高新日 K 线图（2012. 10. 25—2013. 2. 8 走势）

2. 地量地价与天量天价

下跌过程中总是伴随成交量的萎缩，所谓“地量地价”常用以判断底部区域。究竟什么是地量，只能在日后的放量过程中才能确认。故不能认为成交量创新低即是地量，熊市中往往地量之后还有地量。同理，个股突破放出近期的天量，并不能见天量就卖出，还要考虑大盘情况、上涨的时间与空间等因素决定卖出与否，天量之后可能还有天量，尤其是对于一些强势的小盘或题材股。

（二）量价关系对大盘的分析效果优于对个股分析

小盘股、低价股、题材股容易被机构控盘，其日 K 线与成交量亦容易被机构控制，而大盘成交量反映的是市场总成交量（金额），机构难以控制，因而相对可信。也只有对大盘分析准确，才能把握好买卖时机，因为绝大多数个股涨跌与大盘涨跌是一致的。

（三）量价背离不等同于卖出或买入

量价背离可分为高位背离（顶背离）与低位背离（底背离），被认为是转势信号，但并不是马上就会发生转势，且背离可能发生多次，因此不应当出现量价背离就考虑买入或卖出，还要结合趋势与均线进行判断。一般而言，背离的次数越多，越有可能发生转势。

第二节 形态分析

将日 K 线按时间顺序排列或将收盘价连点成线就构成了价格形态。股价形态分析主要是对某些价格密集交易的区域及成交量进行分析，寻找今后价格波动的趋势。

一、反转形态

即改变原有运行趋势的形态，主要有：双头或双底，三重顶或三重底及喇叭形，头肩顶或头肩底，圆弧顶或圆弧底，岛型反转与 V 型反转。

（一）双头或双底（M 头或 W 底）

反转形态中的最基本形态是三重顶或三重底及喇叭形，头肩顶或头肩底均为其变形。双头是在上涨后的高位形成，图 9－15 左图，其技术特征如下：

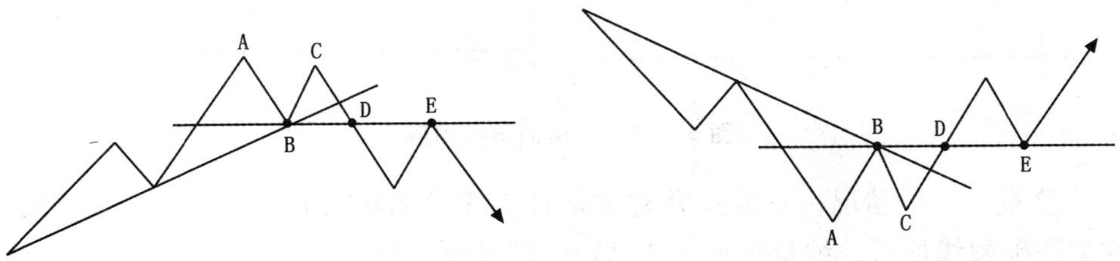

图 9－15 双头与双底（BDE 为颈线）

（1）成交量：一般情况，两波拉升时放量且第一波量能大于第二波，下跌两波成交量逐步萎缩；放量跌破颈线位后，缩量反抽无法站稳，后将继续下跌。

（2）时间：大盘至少需要两个月，个股根据流通盘大小时间有所不同，小盘股形成双头时间较短但也需一个月以上，中大盘股则时间较长。一般而言，双头形态越大（长）、成交量越大，则将来跌幅越大；反之，双底形态时间越长、成交量越大，则将来升幅越大。

(3) 空间：突破颈线后上涨或下跌的幅度相当于底部（头顶）到颈线位的距离。

（二）三重顶或三重底及喇叭形

其技术特征与双头（双底）类似，三重顶（底）与喇叭形（见图9－16山东海化）常见于中盘股，投资者也可从量、价、时、空四要素加以把握。

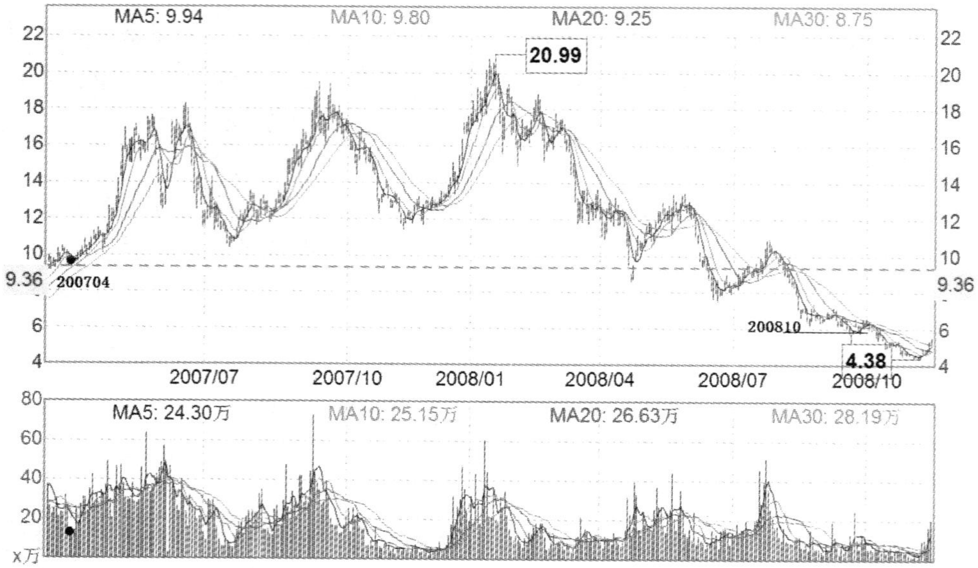

图9－16　山东海化日K线图（2007.4—2008.10走势）

（三）头肩顶或头肩底（三重顶/底的变形）

如图9－17，其技术特征如下：

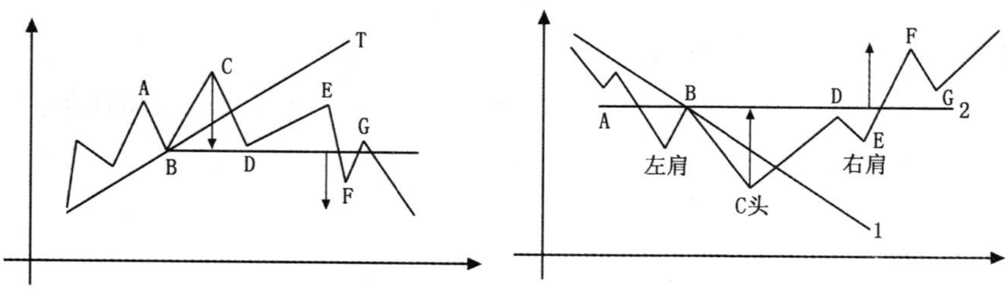

图9－17　头肩顶与头肩底

(1) 成交量：一般情况，三波拉升时放量且头部量能相对较大，下跌三波成交量逐步萎缩；放量跌破颈线位后，缩量反抽无法站稳，将继续下跌。

(2) 时间：个股根据流通盘大小形成时间有所不同，小盘股形成的时间较短，中大盘股则时间较长。头肩顶（底）形态越大（长）、成交量越大，则跌幅（升幅）越大。

(3) 空间：突破颈线位后上涨或下跌幅度相当于头顶至颈线的距离。

（四）圆弧顶或圆弧底

其技术特征如下：一是其成交量两端成交量较大，圆弧中段成交量较小；二是个股根据流通盘大小形成时间有所不同，有的多达两三年；三是该形态相对较为少见。形态越大（长）则跌幅（升幅）越大。该形态实战中较为少见。

（五）岛型反转与 V 型反转

岛型反转：一个向上跳空缺口与一个向下跳空缺口将一组 K 线隔离成为孤岛（见图 9－18成都路桥或金瑞科技 2014. 2. 13—3. 10 走势）。其形态越大（长）、成交量越大，跌幅（升幅）越大。

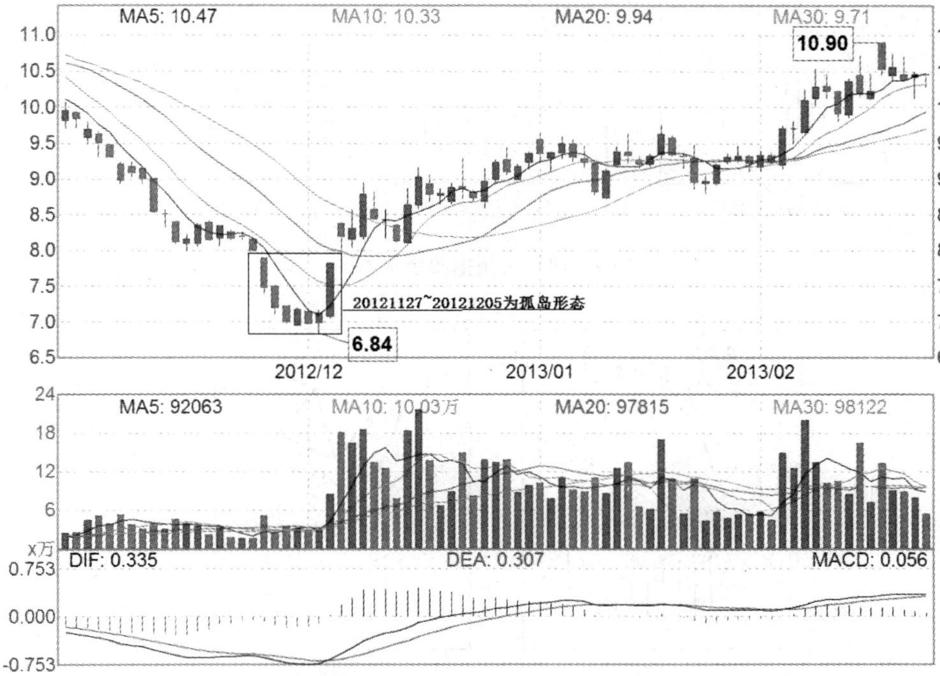

图 9－18 成都路桥日 K 线图（2012. 11. 13—2013. 2. 25 走势）

V 型反转多见于个股。通常没有明显信号，难以准确把握买卖时机。介入时主要观察成交量且一般选择超跌低价股。

二、整理形态

整理形态是指一般不改变原有运行趋势的中继形态（即原来是上升趋势的，整理完后继续上升；反之，原来是下跌趋势的，整理完后继续下跌），主要有三角形、旗形、矩形。

（一）三角形

分为上升三角形与下降三角形、对称三角形，如图 9－19 所示。

其技术特征如下：

（1）成交量：一般情况，第一波拉升时放量较大，第二波上涨量能偏小，下跌两波成交量逐步萎缩；其后放量突破，视为有效突破。

（2）时间：个股根据流通盘大小时间有所不同，小盘股整理时间较短，中大盘股则整理时间较长。一般不超过一个月。

（3）突破的位置：常见于第一高点到顶点的 2/3 ~ 3/4 处。

（4）空间：震荡区间较小，三角旗型突破后上涨的高度大约与发生前上涨高度相同。

（二）旗形与矩形

分为上升旗形与下降旗形，矩形是旗形的变形，如图 9－20 所示。

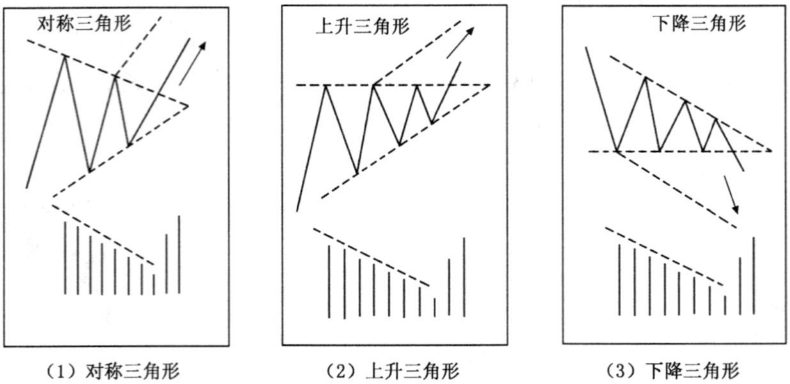

图 9－19　三角形整理形态

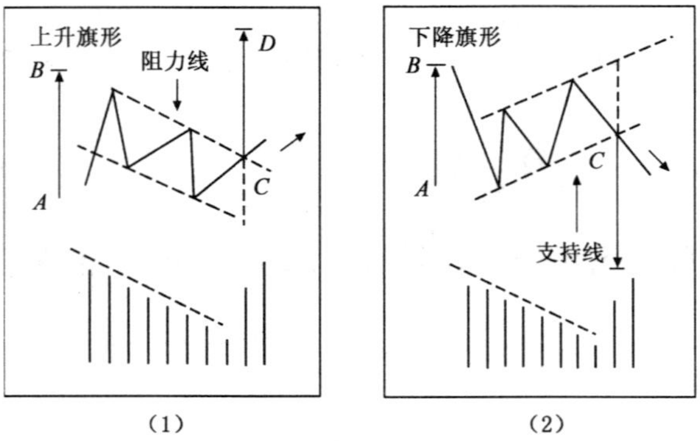

图 9－20　旗形整理形态

牛市旗形，通常在剧烈的上升运动之后发生，表示趋势中的一个短暂停顿。旗形与主趋势方向相反，在旗形形成过程中，成交量趋于萎缩，而后突破形态时又重新加大，旗形一般在趋势运动的中间阶段出现。其技术特征与三角形类似，突破后幅度大致是旗面的高度。

三、整理形态与头部形态的区别

个股上涨一段后多会形成高位的震荡，究竟是头部还是上升中继形态（整理形态），可以从以下方面加以区分：

（1）时间长短不同。整理形态时间较短，一般不超过一个月；头部形态一般都在两个月以上。因此，震荡整理时间过长，就可能成为头部形态。

（2）成交量不同。整理形态成交量较小且下跌过程中缩量明显；头部形态成交量大，下跌伴随逐步缩量。

（3）空间不同。整理形态相对空间较小；头部形态空间较大。

第三节　常用技术指标

一、常用技术指标

（一）随机指数（KDJ）

KDJ是短线买卖的常用指标，用于分析股价超买超卖现象。由于KD线引入了均线的观念，其对买卖信号的研判有一定的准确度。

1. 计算公式

随机指数是乔治·莱恩提出的一种实用的技术分析工具，在股市、期市均得到广泛应用。

KD的计算：

首先，计算RSV值，即未成熟随机值：

$$RSV=\frac{C_t-L_t}{H_t-L_t}\times 100$$

式中，C_t为第t日收盘价；L_t为t日最低价；H_t为t日最高价；t为计算周期。

可见，RSV值始终在0~100之间波动。

其次，计算K值和D值：

$$当日K值（\%K）=当日RSV\times\frac{1}{3}+前日K值\times\frac{2}{3}$$

$$当日D值（\%D）=当日K值\times\frac{1}{3}+前日D值\times\frac{2}{3}$$

在计算之初，可以设定K值和D值的初始值为50。

最后，计算J值：

当日J值=当日K值×3-当日D值×2

2. 应用规则

（1）KDJ的取值：80以上超买、20以下超卖；20~80为徘徊区；J值过于敏感，少用。

（2）金叉与死叉：K是快线，D是慢线。K上穿D形成金叉（买入信号），K下穿D形成死叉（卖出信号）。同时注意“右侧相交”原则，即K是在D已经抬头向上（向下）时才同D相交，比D还在下降（上升）时与之相交要可靠的多。一般而言，金叉的位置越低越好，死叉的位置越高越危险。

（3）KDJ指标的缺陷：极易钝化（连涨三天或连跌三天就会出现高位或低位钝化）而发出错误买卖信号，将形态学原理与切线原理引入KDJ，能够较好地剔除一些干扰信号，如二次金叉或二次死叉（双底或双头）考虑买卖则更为可靠。

（4）背离问题：KD指标与大盘指数或股价的方向不一致性。顶背离指股价（指数）创新高但KDJ走平或下拐；底背离指股价（指数）创新低但KDJ走平或上拐。与量价背离一样，KDJ指标与股价（指数）背离次数越多，转势的可能性越大。

（5）参数设置：大智慧内置KDJ为（9，3，3），建议根据个人实战偏好予以修改，同时有助于防止机构骗线。

（二）相对强弱指标（RSI）

RSI 是偏短线指标。RSI_1 一般是 6 日相对强弱指标，RSI_2 一般是 12 日相对强弱指标，RSI_3 一般是 24 日相对强弱指标，但各软件有所不同。

1. 计算公式

$RSI=100\times RS/(1+RS)$ 或者 $RSI=100-100\div(1+RS)$

$RS=X$ 天的平均上涨点数 $\div X$ 天的平均下跌点数

其中，$RS=14$ 天内收市价上涨数之和的平均值 ÷14 天内收市价下跌数之和的平均值

公式化简：$RSI=100\times$14 天内收市价上涨数之和的平均值 ÷（14 天内收市价上涨数之和的平均值 +14 天内收市价下跌数之和的平均值）

2. 应用规则

（1）RSI_1（快）$>RSI_2$（中）$>RSI_3$（慢）为多头市场；反之，为空头市场。

（2）金叉与死叉：RSI_1、RSI_2 上穿 RSI_3（慢）形成金叉（买入信号）；反之，下穿形成死叉（卖出信号），同时注意“右侧相交”原则。一般而言，金叉的位置越低越好，死叉的位置越高越危险。

（3）RSI 指标的缺陷：较容易钝化而发出错误买卖信号，将形态学原理与切线原理引入 RSI，能够较好地剔除一些干扰信号。

（4）背离问题：RSI 指标与大盘指数或股价的方向不一致性，其对背离判断的可靠度优于 KDJ。与量价背离一样，RSI 指标与股价（指数）背离次数越多，转势的可能性越大。

（5）参数设置：大智慧内置 RSI 为（6，12，24），建议适当予以修改，以防机构骗线。

（三）MACD

中长线指标是计算两条不同速度（长期与中期）的指数平滑移动平均线（EMA）的差离状况来作为研判行情的基础。

1. MACD 计算方法

以 EMA_1 的参数为 12 日，EMA_2 的参数为 26 日，DIF 的参数为 9 日为例，计算移动平均值（EMA）。

12 日 EMA 的算式为：

$$EMA_1(12)=\text{前一日}\ EMA(12)\times\frac{11}{13}+\text{今日收盘价}\times\frac{2}{13}$$

26 日 EMA 的算式为：

$$EMA_2(26)=\text{前一日}\ EMA(26)\times\frac{25}{27}+\text{今日收盘价}\times\frac{2}{27}$$

$$DIF=\text{今日}\ EMA_1(12)-\text{今日}\ EMA_2(26)$$

计算 DIF 的 9 日 EMA。根据离差值计算其 9 日的 EMA，即离差平均值，是所求的 MACD 值。为了不与指标原名混淆，此值又名 DEA 或 DEM。

$$\text{今日}\ DEA(MACD)=\text{前日}\ DEA\times\frac{8}{10}+\text{今日}\ DIF\times\frac{2}{10}$$

计算出的 DIF 和 DEA 的数均为正值或负值。

2. 应用规则

（1）DIF（快线）与 DEA（慢线），BAR 柱状线（上涨时出现红柱、下跌时为绿柱，红绿柱缩短，可能会转势），0 为中轴线。

（2）金叉与死叉：DIF 上穿 DEA 形成金叉（买入信号），下穿形成死叉（卖出信号），同时注意“右侧相交”原则；一般而言，金叉的位置越低越好，死叉的位置越高越危险。0 下金叉往往是中短线买入信号（参见上证综指历年走势与 MACD 指标的关系）。

（3）MACD 指标的缺陷：大盘方向无明显趋势或盘整时失误的可能性较大，将形态学原理与切线原理引入 MACD，能够较好地剔除一些干扰信号，提高买卖准确性。

（4）背离问题：MACD 指标与大盘指数或股价的方向不一致性。顶背离指股价（指数）创新高但 MACD 走平或下拐；底背离指股价（指数）创新低但 MACD 走平或上拐。与量价背离一样，MACD 指标与股价（指数）背离次数越多，转势的可能性越大。

（5）参数设置：大智慧内置 MACD 为（26，12，9），可根据个人实战修改参数，兼防骗线。

（四）布林线（BOLL）

BOLL 指标的计算方法较复杂，其中引进了统计学中的标准差概念，涉及中轨线（MB）、上轨线（UP）和下轨线（DN）的计算。经常被用于股市研判的是日 BOLL 指标和周 BOLL 指标。以日 BOLL 指标计算为例，其计算方法如下：

1. 计算公式

中轨线 = N 日的移动平均线；上轨线 = 中轨线 + 两倍的标准差；下轨线 = 中轨线 - 两倍的标准差。

日 BOLL 指标的计算过程：

（1）计算 MA，$MA = N$ 日内的收盘价之和 $\div N$

（2）计算标准差 MD，$MD =$ 平方根 N 日的（$C - MA$）的两次方之和除以 N

（3）计算 MB、UP、DN 线：

$MB =$（$N-1$）日的 MA，$UP = MB + k \times MD$，$DN = MB - k \times MD$

（k 为参数，可根据股票的特性来做相应的调整，一般默认为 2）

2. 应用规则

（1）中轨（MID）、下轨（LOWER，支撑线）、上轨（UPPER，阻力线）。

（2）当三条轨道线趋于收敛（口）时，可能出现变盘，上涨下跌皆有可能。

（3）与其他指标配合使用效果更好。

（4）当所有轨道由窄变宽，则表明行情已产生突破，应及时跟进或出局。

（5）参数设置：大智慧内置 MACD 为（26，12，9），可根据个人实战修改参数。

（五）乖离率（BIAS）

1. 计算公式

（1）$BIAS =$（收盘价 - 收盘价的 N 日简单平均）/收盘价的 N 日简单平均值 $\times 100$

（2）BIAS 指标有三条指标线，N 的参数一般设置为 6 日、12 日、24 日。

2. 应用规则

（1）一般而言，在弱势市场 6 日 BIAS > 5% 为超买，< -8% 为超卖；在强势市场 6 日 BIAS > 10% 为超买，< -4% 为超卖。

（2）BIAS（5）≥3.5%、BIAS（10）≥5%、BIAS（20）≥8% 以及 BIAS（60）≥

10% 是卖出时机；BIAS（5）≤ -3%、BIAS（10）≤ -4.5%、BIAS（20）≤ -7% 以及 BIAS（60）≤ -10% 是买入时机。

（3）当短期 BIAS 在高位下穿长期 BIAS 时，是卖出信号；在低位，短期 BIAS 上穿长期 BIAS 时是买入信号。

（4）大势上升如遇负 BIAS，可趁跌买进；大势下跌如遇正 BIAS，趁回升高抛。

（六）能量潮 OBV

OBV 是短线指标。OBV 又称人气指标，成交量成为股价走势的先行指标。能量潮就是利用累计成交量变化来分析市场人气，进而研判股价走势的技术指标。OBV 必须配合 K 线图的走势才有实际的效用。

1. 计算公式

以某日为基期，逐日累计每日上市股票总成交量，若隔日指数或股票上涨，则基期 OBV 加上本日成交量为本日 OBV。隔日指数或股票下跌，则基期 OBV 减去本日成交量为本日 OBV。

为了提高 OBV 的准确性，可以采取多空比率净额法对其进行修正。

$$\text{多空比率净额} = \frac{(\text{收盘价} - \text{最低价}) - (\text{最高价} - \text{收盘价})}{\text{最高价} - \text{最低价}} \times \text{成交额}$$

该方法根据多空力量比率加权修正成交量，比单纯的 OBV 法具有更高的可信度。

2. 应用规则

（1）OBV 缓慢上升为买入信号，OBV 急速上升为卖出信号。

（2）行情上升，OBV 下降，为卖出信号；行情下降、OBV 上升为买入信号，即出现了背离。

（3）运用 OBV 需配合 K 线观察，尤其是盘整行情能否突破压力带，OBV 线的变动方向是重要指标，即 OBV 率先突破成功率较大。

（4）OBV 对 M 头的第二峰确定有较准确的显示。即出现股价上升但 OBV 走平或下降的顶背离。

（七）人气与买卖意愿指标（AR、BR）

1. 计算公式

$$AR = \sum(\text{当日最高价} - \text{当日开盘价}) / \sum(\text{当日开盘价} - \text{当日最低价})$$

$$BR = \sum(\text{当日最高价} - \text{前一日收盘价}) / \sum(\text{前一日收盘价} - \text{当日最低价})$$

2. 应用规则

（1）AR 在 80～120，BR 在 70～150 为盘整区。出现极端值可直接买卖（AR 小于 60，BR 小于 40，可考虑买入；AR 大于 140，BR 大于 280，可考虑卖出）。

（2）AR、BR 与股指背离是转势的信号。此外，AR、BR 之间也会出现背离，提示买卖信号。

（3）BR 一般总在 AR 上方或下方，当两者从分开转为接近时，可能有上升或反弹行情。

（4）AR、BR 极易出现错误信号，形态与切线原理同样适用于 AR、BR，有助于提高买卖准确率。

（八）腾落指数（ADL）

ADL 是专用于研判大盘的指标。

1. 计算公式

$ADL = \sum Na - \sum Nd$

式中，$\sum Na$ 是从开始交易的第一天算起，每一个交易日的上涨家数的总和；$\sum Nd$ 是从开始交易的第一天算起，每一个交易日的下跌家数的总和。

2. 应用规则

（1）与 OBV 相似，ADL 应用重在相对走势并不看重取值大小。

（2）ADL 不能单独，而要与股指 K 线联合使用。

① ADL 与股指同步上升（下降）、创新高（低），则大势短期反转的可能性不大；

② ADL 与股指背离是转势的信号；

③ ADL 保持上升（下降）趋势，指数却在途中发生转折但很快又恢复原有趋势并创新高（低），是买入信号（卖出）信号，是后市多方（空方）力量强盛的标志；

④形态与切线原理同样适用于 ADL；

⑤ADL 对多头市场的应用比对空头市场的应用效果好。

二、关于技术指标使用的说明

（1）目前已开发的技术指标近千种，每个指标均有一定的局限性。读者可阅读证券投资分析类教材，了解更多的其他技术指标。

（2）技术指标必须配合 K 线、量价关系、均线系统使用。尽管它能够提供买卖信号，但实际买卖与否是综合研判的结果，绝不仅仅取决于某一个或某几个技术指标。技术指标发出的买卖信号不等于买卖行动。

（3）多个指标相互印证，有助于剔除干扰信号，提高买卖的成功率。

（4）K 线与主要技术指标的配合使用：

①对于短线投资者：15 或 30 分钟 K 线与成交量 + KDJ + RSI + 均线系统为主，其他指标为辅；超短线者可考虑 15 分钟 K 线与成交量 + KDJ + RSI + 均线系统，兼顾其他指标。

②对中短线投资者：60 分钟或日 K 线与成交量 + KDJ + RSI + 均线系统，兼顾其他指标。

③对中线投资者：日 K 线与成交量 + MACD + 均线系统，兼顾其他指标。

投资者应认真分析 2005. 11—2007. 11 一轮大牛市与 2008 年以来一轮大熊市量价关系与各种背离情况，总结经验，有助于提高大盘的技术研判水平。

第四节　波　浪　原　理

一、波浪原理的基本内容

波浪原理产生于 20 世纪 30 年代的美国，由技术分析大师 K. N. 艾略特发明，是应用最多但又极难掌握的技术分析工具。

（一）基本形态

艾略特认为，股价波动有着完整的循环周期，每一个周期包括五个上升浪和三个下降浪

（调整浪），八个大浪组成了“牛市”与“熊市”，如图 9－21 所示。

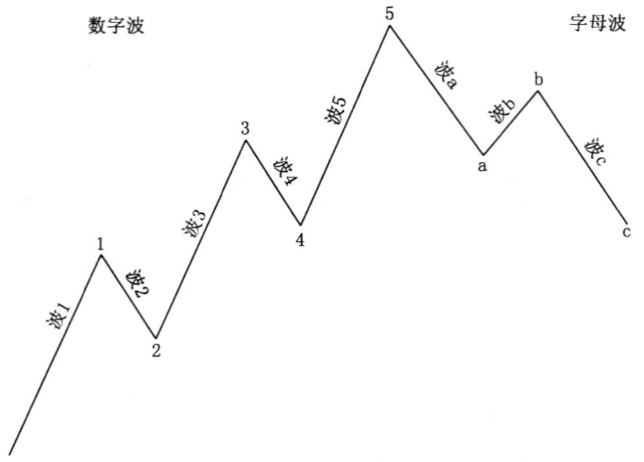

图 9－21　波浪的基本形态

图 9－21 中，1、3、5 浪是推进浪，2、4 浪分别是对浪 1、3 的调整浪，而 a、b、c 三浪是对整个上升主浪（1～5 浪）的调整。

波浪可以细分，如图 9－22 所示：①、②为循环浪，可分为 34 个浪，其中上升 21 浪，基本形态是五升三降；下降 13 浪，基本形态是五降三升。

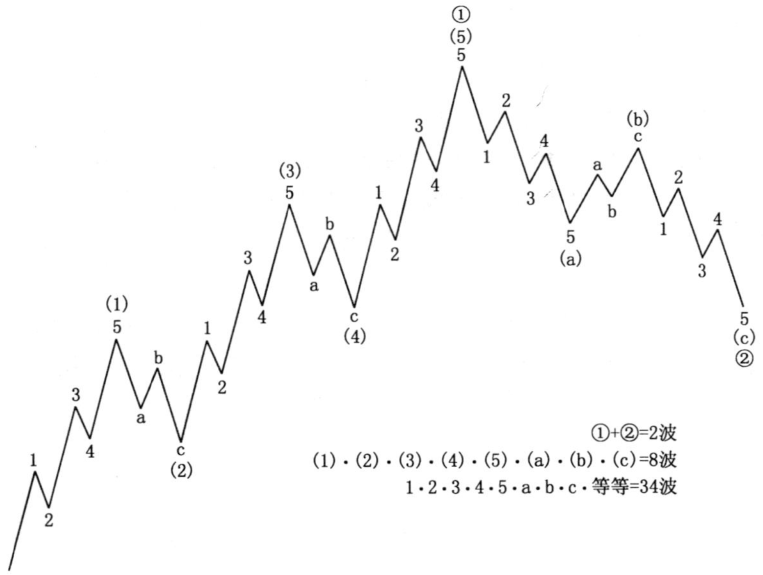

图 9－22　波浪的细分形态

上图中，（1）、（2）、（3）、（4）、（5）、（a）、（b）、（c）为同一级别的浪，1、2、3、4、5、a、b、c 各浪为更低一级别的浪。将其再细分，于是上升浪包括 89 个小型浪，调整浪包括 55 个小型浪，144 个小型浪构成一个完整的波浪循环周期，如图 9－23 所示。

（二）推进浪

在上升五浪中，（1）、（3）、（5）浪为推进浪。（1）浪通常属于筑底形态，涨幅不大；

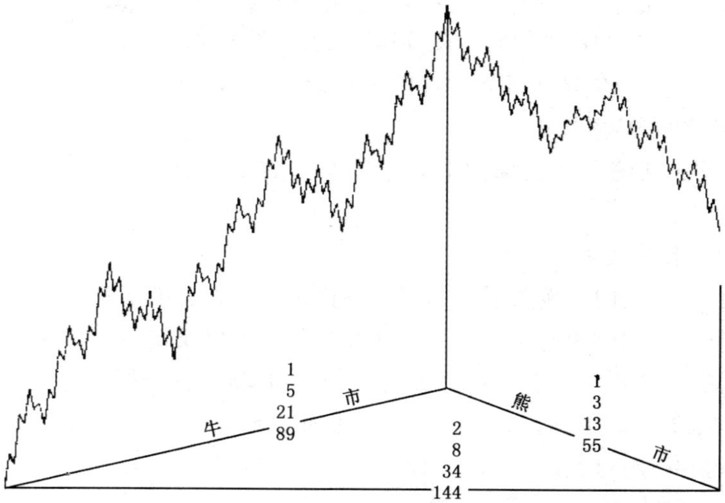

图 9-23 波浪的完整形态

(2) 浪的调整幅度较大，常常跌至 (1) 浪的起涨点，形成双底；(3) 浪通常是主升浪，时间长、升幅及成交量较大，常以 (1) 浪升幅的 1.618、2.618 等比例来测量其升幅；(4) 浪调整的低点应高于 (1) 浪的高点；(5) 浪的升幅一般小于 (3) 浪且可以为失败浪（不创新高）。

推进浪的基本形态是三升二降，在实际数浪是常常会出现延长浪、倾斜三角形、失败形态。延长浪可以出现在 (1)、(3)、(5) 任何一浪中，其基本形态为 5 浪结构，少数也有 7 浪或 9 浪结构。延长浪可用于预测行情的变换，如 (1) 浪与 (3) 浪等长，则 (5) 浪成为延长浪的可能性极大，而 (3) 浪出现延长，则 (1) 浪与 (5) 浪基本等长。倾斜三角形和失败形态均出现在 (5) 浪中。

(三) 调整浪

价格下跌的波段一般称之为调整浪。因下跌常以比较复杂的形态出现，故调整浪的正确区分是数浪的难点，调整浪分为 (a)、(b)、(c) 三浪，(a) 浪常以突然下跌的形式出现、交投较为活跃，下跌力度较小；(b) 浪反弹较具有诱多欺骗性；(c) 浪往往是下跌三浪中时间最长、幅度最深的一浪。在波浪原理中推进浪是五浪结构而调整浪为三浪结构。这是区分推进浪与调整浪的重要原则。调整浪一般有之字形、平缓形、三角形、双重三浪和三重三浪等。

二、波浪原理的数浪原则及浪与浪之间的关系

波浪原理的应用重在形态的研判，只有确定现在是波浪形态中哪一层级的浪，才能预测未来的演变，正确数浪必须遵循以下数浪原则和指导。

(一) 数浪原则

(1) 在上升五浪中，(4) 浪的底部不能低于 (1) 浪的顶部，但倾斜三角形除外。

(2) (3) 浪通常是五浪形态中最长的一浪，绝不是最短的一浪。

(二) 数浪指导

(1) 交替规律。调整浪的形态是以交替方式出现的。如 (2) 浪是以简单形式出现的，

则（4）浪将以复杂形态出现，即（2）浪调整剧烈则（4）浪调整平缓，反之亦然；同理，如果（a）浪是以平缓形出现的，则（b）浪将以之字形出现。

（2）调整浪的终点。在调整回落时特别是在第四浪时，调整多数会在前一段浪中较低级别的第四浪的范围内结束。

（3）浪的数量必须满足斐波那契数列中的有关数字，如 1、1、2、3、5、8、13、21、34、55、89、144 等。

（三）浪与浪之间的关系

浪与浪之间存在一定的比例关系。利用这种比例关系，有助于预测股市趋势。通过进一步观察发现，调整浪持续时间与相应推进浪持续时间之比以及调整浪幅度与推进浪幅度之比分别遵从黄金比率。比如，（4）浪的回档比例有 0.236（0.382 × 0.618）、0.382、0.5、0.618，（1）浪与（2）浪、（a）浪与（c）浪也有黄金分割比率关系。根据不同的黄金比率即可推算调整的时间与点数。

调整的点数 = 幅度比率 × 上升的点数

调整持续时间（天数）= 时间比率 × 上升持续时间（天数）

三、注意事项

（1）确认形态是重点。波浪原理的核心包括形态、比例和时间，最重要的是形态，其次是比例，形态的确认必须遵循数浪的原则。

（2）波浪原理适用于大盘分析而对个股的研判功能较弱。

（3）对于波浪原理的理解可谓仁者见仁、智者见智，故不应过度迷信。波浪理论专家对波浪的看法并不一致，波浪原理对完整的浪也无明确定义，数浪具有一定主观性，故应仅把它当作一种可供参考的投资分析工具。

（4）一般波浪形态的看清往往具有一定的滞后性。波浪原理在实际应用时，最大的问题是事先数浪困难、事后数浪容易，这主要是由于波浪运行变化较多，甚至出现形态变化及不同层级浪的识别不易，从而加大了事先数浪的难度。

第五节　切线、移动平均线

一、切线

（一）压力线与支撑线

压力线也叫阻力线，以前期股价各高点做水平切线，股价上升到此附近，由于解套盘的抛压，形成上升阻力，故股价往往调头向下或横盘震荡；支撑线也叫抵抗线，由前期各低点做水平切线构成，股价下跌到此附近往往由于买盘介入而得到支撑。

无论上升、下跌、盘整行情，支撑线与阻力线都同时存在。压力线与支撑线可以互相转化：当股价放量突破压力线并站稳，压力线就变成支撑线；反之，支撑线就变成压力线。颈线是判断行情上升或下跌的重要依据。突破颈线的有效性，一是看成交量，向上向下突破要有较大的成交量；二是看突破的幅度与时间，即自突破日起，通常要有3%的以上的幅度或三四天时间才能确认。此外，颈线突破后常常会回抽颈线位，再次确认颈线的压力或支撑作用，以验证突破是否有效。

（二）趋势线与轨道线

（1）趋势线是反映股价变动的切线。股价运动总是呈破浪状态，上升行情中从起涨点到第一低点画一条连线就是原始上升趋势线，它起着支撑股价的作用；在下跌行情中从起跌点到第一高点画一连线，就是原始下降趋势线，它起着压制股价的作用。通常股价沿着趋势线的方向运动，一碰到趋势线就会受到压力或支撑，使股价保持原有的波动方向和角度。趋势线也会被突破，在不改变股价运动方向时，可找另一高（低）点，再画一条趋势线，也称次级趋势线，如果改变方向，则画反向趋势线。

（2）轨道线是趋势线的延伸。依托趋势线，找出一高（低）点画一条平行于趋势线的切线，这样就组成了股价的运行轨道：上轨线是压力线，下轨线是支撑线，见图9－24。轨道线分为上升轨道与下降轨道，主要用来反映股价变动方向和变动范围。轨道线也会被突破，可参照趋势线调整的方法来修正轨道线。

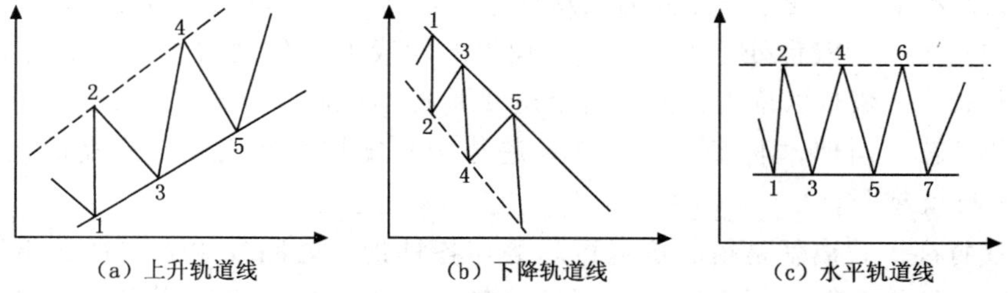

图9－24　趋势线与轨道线

（三）黄金分割线

黄金分割线是利用黄金分割比率来预测股价变动的一种切线。黄金分割的基本数据是0.618、0.382，在此基础上，拥有若干个特殊数字组合，组合的主要数据有0.191、0.382、0.5、0.618、0.809、1等。黄金分割线的制作：选定每轮行情的起点（起涨点或开跌点），然后计算出起点的价位与上述各个数据的乘积，在图表上做出水平切线。黄金分割线组成各种可能的压力区与支撑区，实战中，股价常常在这些区域遇到阻力或受到支撑，显示出其特有的魅力。

二、移动平均线

（一）移动平均线的特性

（1）移动平均线是一个支撑或阻力区域。上升行情中，当价格回落到移动平均线区域内得到支撑，价格的反应往往是向上反弹；同理，在下跌行情中，向上反弹往往会遇到均线的压力而再次回落。一条均线被触及的次数越多，其一旦被突破后的意义就越大。

（2）移动平均线的滞后性和稳定性。因为均线变动反映的是若干天的平均变动，单日的大变动被平均后就会变小而显得不明显，故其优点是稳定，缺点是在K线组合已经出现反转信号时，移动平均线仍然维持原方向，所以，均线系统的运用一定要结合K线组合原理以及配合其他技术指标使用。

（3）助涨助跌性。当股价突破均线时无论是向上还是向下，股价都会向突破方向继续运行一段。一般而言，参数越大的移动平均线被突破后，股价运行的距离越长，这就是助涨助跌性。

（二）均线的使用原理

（1）短期均线服从长期均线原理。由于短期均线波动较大、随机性更强，从趋势的角度考虑，除大势反转外短期均线必须服从长期均线。市场出现大的变盘，一般都是按照更为长期的均线方向变盘。当指数放量突破5、20日均线和60日均线，且60日均线转而上行，应以60日均线的趋势方向为准。

（2）均线反转原理。一般而言，短期均线服从长期均线原理具有较大市场惯性。但市场有时出现与此相反的走势，这种情况主要发生在见顶反转或见底反转中，此时要考察的是市场产生的均线反转的能力与力度。只有出现大的成交量才有扭转趋势的动能（见上证综指2008年4季度走势，即60日均线仍然下行，但底部放量明显已说明市场有反转趋势）。

（3）均线粘合。根据均线的成本原理，均线粘合即阶段性市场成本趋于一致，如60、30、20、10、5日均线粘合在一起，就意味着这一段时间内的投资者成本基本一致。此外，均线粘合可能预示市场要变盘，主要通过观察中长期均线走势研判变盘方向。

（4）均线角度。当股价处于上升趋势，理想的均线上升角度为45+15，超过这一理想角度上限的上涨，一般难以持久；低于这个角度下限的上涨，一般较为缓慢，可以说并未进入理想的上升状态。同理，上涨（或下跌）趋势中角度越大代表相应周期的上升（下跌）力度越猛，相反就越弱。

（5）均线背离。背离就是指股价运行趋势与各种指标之间发生方向性的不一致，或度量上的不一致。股价上行，而均线呈现下行趋势，即股价与均线的背离。比如，上证综指2007年11月与2008年12月，指数与60日均线的顶背离与底背离。

（6）突破均线。通常大盘突破60日均线3%或连续3个交易日能够站稳，即可认为是有效突破，但应注意：第一，若股价运行方向与中长期均线方向发生背离，其突破可能是假突破；第二，突破均线时的量能，放量突破一般认为是有效突破。

【案例分析】

为什么散户炒股常常是一卖就涨，一买就跌？

学生小张选修证券投资学课程，在参与模拟交易同时也用少量资金开户进行实盘操作。2012年12月5日，小张买入刚刚放量突破的民生银行，连涨四天后小张认为大盘股短期获利10%已经不错，7元卖出该股，可一个多月后，该股涨至11.5元。2013年3月7日开始大盘连续收出三连阴且成交量明显萎缩，小张认为大盘短期调整到位，于是买入前期强势股民生银行，结果第二天大盘又放量下跌，民生银行大跌4.7%，形态完全恶化，小张只好止损卖出。对于两次操作结果小张都很郁闷。事实上类似一卖就涨、一买就跌的情况在散户中普遍存在。

问题分析：

打开K线图，看看小张两次操作的错误原因是什么，如何有效防范类似错误的发生。

第六节　证券投资技术分析小结

一、技术分析方法的综合应用

（一）大盘走势分析

对于大盘走势的判断，首先应当从宏观经济基本面进行分析，其次是政策面与资金面，再次是技术面分析，包括量、价、时、空四个要素。成交量与形态必须重点关注，通常底部不是短期形成的，需要一定的时间大盘才能完成从探底到筑底进而上涨的过程。大盘形成大底部的条件：

（1）资金面较为宽裕，政策面与宏观经济面转暖。

（2）市场必须经过大跌，跌够、跌透；

（3）下行趋势改变，中期均线系统出现积极变化，30、60 日均线走好，股指 K 线呈多头排列；

（4）股指不再创新低，且成交量明显增大，底部显现三重底、头肩底或是多重底等形态。

（5）超级大盘股企稳。上证指数中银行、地产股占 50% 的权重，而工商银行、中石油、中石化、中国联通、中国神华、长江电力、宝钢股份等超级大盘股对指数的影响较大，大盘能否企稳进而上升，银行、地产及超级大盘股走势值得关注。通常大盘企稳的先决条件是大盘股企稳，而后个股才有表现的机会。

（6）概念股开始轮番炒作。阶段性底部（上行趋势中的阶段性底部）特征：首先要确认大的趋势没有改变（中长期均线没有改变，股价没有被透支），下跌一定幅度成交量出现极度萎缩，再经过一段调整，中短期均线走好，再次上涨时成交量放大，MACD 指标调整充分。

（二）关注期指走势

期指时代，期货与现货关联度很高，期货往往引领现货走势。期指推出后，机构盈利模式发生了根本性变化。由于做多做空均可盈利，原先机构单向做多的模式被改变。机构通过在现货市场拉抬（或打压）指标股，并预先在股指期货建立多头（或空头）仓位实现盈利，甚至现货市场略亏而期货市场大赚，达到净赚目的。股指期货有 300 倍的杠杆率，也因此，股指走势时常出现单日暴涨或暴跌，放大利好或利空，故普通投资者研判市场趋势时必须关注期指的走势。

（三）关注重点行业（板块）

尽管每轮行情龙头板块均有所不同，但医药、节能环保、新一代信息技术、文化传媒、航天军工板块个股均值得重点关注。通常其走势均强于大盘。

二、实战操作纪律与理念

（一）止损与止盈

（1）止损：控制损失幅度的操作，即将损失控制在所能承受的最大范围之内，通常分为空间止损与时间止损。前者是指亏损达到一定程度（一般短线操作亏 2%，中线操作亏 5%）后卖出；后者是指买进一段时间后个股未涨（一般短线 2～3 天，中线 5～8 天），必须及时卖出。

（2）止盈：即将获利空间控制在一定范围之内的操作行为。买进股票后股价上涨，即将止盈位逐步提高。比如，5 元买进后涨至 5.5 元，止盈位设定为 5.4 元，股价再涨止盈位提高至 5.6、5.8……一旦跌破止盈位即卖出，以保证一定的盈利。

止损与止盈是实战操作必须坚决执行的铁定纪律。投资者每笔交易之前都应当明确是短线还是中线买卖，同时设定止损区间，养成良好的操作习惯，同时认真研判大盘，避免盲目的止损止盈。不能够及时止损与止盈是普通投资者亏损严重的主要原因。

（二）顺势而为，波段操作

（1）应用基本面分析与技术分析手段研判大盘走势，大盘不好就不操作是必须遵守的原则。逆势操作是普通投资者亏损的又一重要原因。

（2）波段操作，积小利为大利。鉴于我国股市存在较多问题且解决问题需付出较长的时间，未来数年甚至更长时间可能不会有单边牛市，牛皮市震荡、波段起伏将是市场的主要特征。把握波段相对低位介入与相对高位卖出，获取波段价差（小利），进而实现总盈利的增加是切合实际的投资方式。

（三）基本理念与常识

（1）建议初学者先做模拟盘一年，取得较好战绩后再做实盘。

（2）选择先于大盘见底的个股，选择强于大盘的个股。

（3）警惕高位放量或填权放量或除权前放量的个股——很可能是机构出货。

（4）利好出尽是利空，利空出尽是利好。

（5）追涨杀跌通常被认为是非理性，但做足功课后的追涨杀跌行为则是高手的风范；在适当的时机追涨杀跌，是快速获利、避免亏损的办法。

（6）当没有把握或看不懂行情时，持币观望是明智的选择，宁可错过，不能做错。

（7）资金量较小的投资者（50 万以下），持股数量建议不超过 3 只。

（8）补仓不是好的实战方法，趋势不好，越补仓越亏；只有大势走好才考虑买入或补仓。

（9）仓位分配一般是短、中线分别为 30%、40%，30% 机动，再根据个人实战情况适时调整比例。经常保持半仓，有利于捕捉短线机会。

（10）A 股市场行情的一大特征：大盘企稳，率先上涨的往往是低价股、超跌股、题材股、小盘股，其后才是绩优股。

（11）股市中通常只有 20% 的个股较为活跃，80% 的股票表现平平。同样，股市中只有少数人赚钱，多数人亏钱；能够做股票的时间较短，不能操作的时间较长。以上即我国股市中的“二八”定律。

（12）背离，分为顶背离与底背离，包括量价背离、指数与技术指标背离、指数与指数背离、股价与均线背离。分析背离有助于研判大盘顶部与底部。

（13）运用大智慧、同花顺等软件时，阅读其提供的资料，必须注意财务数据的时间及信息的滞后性（如年报通常四月份才能看到，但其反映的是去年的财务状况），以免犯错。

（14）研判大盘不是仅仅看上证综指，中小板指数、创业板指数同样应关注。

三、中短线实战技法

（一）短线技法

（1）利用轨道线做高抛低吸。大多数个股走势呈波浪式上升或下跌的形态，可以利用轨道线在通道内做高抛低吸，但通常选择走上升通道的个股。

（2）回档介入。走上升趋势（多头排列）的个股缩量回抽 5 日、10 日均线，一般是短线介入机会。

（3）强势股快速缩量回抽 10 日均线，可考虑短线介入。

（4）大盘暴跌后，上升通道或形态维持较好，抗跌、缩量的个股，一般是短线介入的机会。

（二）中线技法

（1）回调介入。是指个股走过一波上升浪后逐步缩量回调走稳并再次开始放量走强，是中线买入的机会。

（2）底部形态较好、换手率较充分，突破后缩量回抽颈线位的个股可介入，见图 9－25 中捷股份走势。

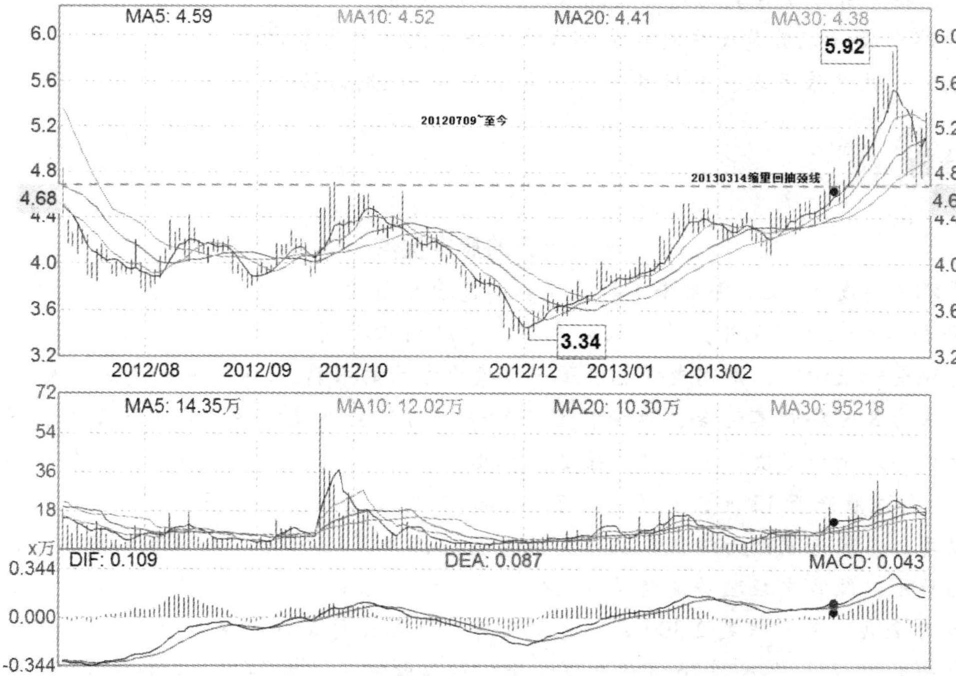

图 9－25　中捷股份日 K 线图

（2012. 8. 8—2013. 3. 27 走势，3. 14—3. 15 缩量回抽颈线位）

（3）次新小盘股经过较长时间的大幅下跌，底部成交活跃、换手率较充分（累计 200%），均线开始呈多头排列的个股，常是中线投资选择的对象。

本章小结

内容摘要：本章主要介绍证券投资技术分析的方法，如量价关系、技术形态、技术指标、波浪原理、中短线买卖技法，并对大盘分析要点及投资实战操作纪律、基本理念做了简要介绍。

关键概念：量价关系　技术形态　技术指标　波浪原理　中短线买卖技法　大盘分析要点

思考题

1. 一般地说，基本面转好、价量配合的个股走势较为健康，故成交量小的上涨个股应当放弃，对吗？

2. KDJ 与 MACD 指标存在哪些不足，如何加以克服？

3. 很多散户都尝试利用技术指标寻找买卖点，却难以保证盈利，为什么？市面上流行的操盘手、指南针等软件真的是一买就涨、一卖就跌吗？

4. 观察个股（尤其是大牛股）底部成交量与形态有何基本特征？

5. 尝试利用波浪原理，分析目前大盘运行在哪一级别的第几浪。

案例分析

一个大户的股市沉沦

老罗眼看朋友在 2007 年大牛市赚钱了，心想自己资金、见识、文化水平都不差，于是 2008 年年初凑足 100 万元开户并进入大户室，考虑到指数刚开始下跌，证券公司客户经理建议他先观望一段时间，期间老罗也看了一些投资方面的书籍。2008 年 6 月股指跌破 2 900 点，老罗认为 8 月要开奥运会，市场肯定有行情，而且主流媒体连续刊登文章给投资者打气、护盘的态度十分坚决，大盘亦有探底企稳迹象，7 月初老罗重仓 10 元买入绩优股华夏银行，8 月初该股涨至 12 元，老罗为自己的判断正确而兴奋，不过很快股价又跌回 10 元，笔者建议卖出。但老罗认为绩优股抗跌，且大盘已经跌了近 60%，应该差不多了。很快股价又跌到 9 元，经客户经理劝说老罗被迫平仓，亏损 8 万多。该股后来跌至 7 元。

2009 年 2 月，股指涨到 2 300 点，老罗又听在证券公司工作的亲戚推荐 18 元买入五粮液，很快跌至 15 元，再涨到 16.5 元老罗卖出，但该股快速涨至 24 元。6 月份 5 元买进工商银行作为长线投资，结果两年多还是 4 元多。

后来老罗又去参加新股申购，买了几次也没有中签。通过学习技术分析并与客户经理商讨，开始以短线操作为主，半年时间先后买卖近 40 只股票，结果是亏多赚少。

2010 年老罗又听朋友消息买了 ST 星美，说是资产重组，结果又亏了十几万元。买的基金也多数亏损。

现实让他很绝望：消息不可靠，基本面分析、技术分析不可靠，股市更不可靠……散户很无助。他决定退出股市。

据笔者观察，1998 年以来，证券公司大户室的投资者 80% 已经不再玩股票，其中多数人都是深度套牢或割肉离场。

问题：

老罗的失败与多数投资者相似，请分析其实战操作存在的问题，尤其是频繁短线操作有何弊端，其亏损究竟源于基本面与技术分析无用，还是投资技术不精？

应用训练

1. 追涨杀跌被认为是非理性行为，但短线高手往往就是追涨杀跌，建议结合实战、观察强势股表现加以理解和体会。

2. 观察重大节日前股市走势，“红五月”、“红十月” 这些投资者寄以希望的时段，是否股指走势如投资者所愿？

3. 观察每波行情的大牛股，分析其共同的技术特点。

4. 从量、价、时、空等方面，认真观察个股头部与底部的技术特征。

第十章

证券投资收益、风险及其测度

【案例导读】

密西西比股票泡沫

1716 年，法国政府特许约翰·劳在巴黎建立了一家资本约 600 万利弗尔（Livre）的私人银行，这便是后来的“皇家银行”。1719 年，劳兼并了东印度公司和中国公司，更名为印度公司，垄断了法国所有的对欧洲以外的贸易。1719 年 7 月 25 日，劳向法国政府支付了 5 000万利弗尔，取得了皇家造币厂的承包权。为了弥补这部分费用，印度公司发行了 5 万股股票，每股 1 000 利弗尔，股票价格很快上升到 1 800 利弗尔。1719 年 8 月，劳取得了农田间接税的征收权。1719 年 10 月，劳又接管了法国的直接税征收事务，印度公司的股票价格突破了 3 000 利弗尔。1719 年，劳决定通过印度公司发行股票来偿还 15 亿利弗尔的国债。为此，印度公司连续第三次大规模增发股票：1719 年 9 月 12 日增发 10 万股，每股 5 000 利弗尔。股票一上市就被抢购一空，股票价格直线上升。1719 年 9 月 28 日和 10 月 2 日，印度公司再增发 10 万股，每股 5 000 利弗尔。股票价格一涨再涨，达到了每股 10 000 利弗尔，在半年之内涨了 9 倍。每当印度公司发行股票时，皇家银行就跟着发行货币，每次发行股票都伴随着货币的增发。货币大量增发后，必然会引发通货膨胀。1719 年，法国的通货膨胀率为 4%，到 1720 年 1 月上升到 23%。通货膨胀率的上升直接动摇了民众的信心，人们纷纷涌向银行，想方设法把自己的纸币兑换成黄金，而不要印度公司的股票。1720 年 9 月，印度公司的股票价格开始暴跌。1721 年 11 月，股价跌到 2 000 利弗尔；到 12 月 2 日，跌到了 1 000 利弗尔；1721 年 9 月，跌到 500 利弗尔，重新回到了 1719 年 5 月的水平。密西西比泡沫破灭后，法国经济也由此陷入萧条，经济和金融处于混乱状态，多年之后还难以复苏。

上述案例表明，在证券投资的过程中，合理地判断和度量证券收益与风险是极为关键的，它是区别投资和投机行为的重要工具。

第一节　证券投资收益

一、债券投资收益

债券投资的收益是指投资者购买债券后所获得的全部投资报酬，包括债券收入和资本利得。债券收入是指按期发行的债券利息收入。资本利得是指债券在流通市场上交易价格的变化。

（一）影响债券收益率的主要因素

1. 债券利率

债券利率即债券的息票率，息票率决定了未来现金流的大小。在其他属性不变的条件下，债券的息票率越低，债券收益率随预期收益率波动的幅度越大。

例如，5 种债券，期限均为 20 年，面值均为 100 元，息票率分别为 4%、5%、6%、7% 和 8%，预期收益率都等于 7%。如果预期收益率发生了变化（上升到 8% 和下降到 5%），相应地可以计算出这 5 种债券的收益率的变化，如表 10－1 所示。可以发现，同样的预期收益率变动，债券利率越低，债券收益率的波动幅度越大。

表 10－1　　债券收益率变化与债券利率之间的关系

债券利率	预期收益率			债券收益率变化率（7% 到 8%）	债券收益率变化率（7% 到 5%）
	7%	8%	5%		
4%	68	60	87	－11.3%	+28.7%
5%	78	70	100	－10.5%	+27.1%
6%	89	80	112	－10.0%	+25.8%
7%	100	90	125	－9.8%	+25.1%
8%	110	100	137	－9.5%	+24.4%

资料来源：黄亚钧．现代投资银行的业务和经营．立信会计出版社，1996：119。

2. 债券价格

债券的价格与债券的收益率成反比例关系。换句话说，当债券价格上升时，债券的收益率下降；反之，当债券价格下降时，债券的收益率上升。①

例如，某 5 年期的债券，面值为 1 000 美元，每年支付利息 80 美元，即息票率为 8%。如果现在的市场价格等于面值，意味着它的收益率等于息票率 8%。如果市场价格上升到

① 证明：债券内在价值的公式：$V=\frac{c}{1+y}+\frac{c}{(1+y)^2}+\frac{c}{(1+y)^3}+\cdots+\frac{c}{(1+y)^T}+\frac{A}{(1+y)^T}$，其中，$V$ 代表债券的内在价值；c 代表每期支付的利息；A 代表面值；y 代表债券的预期收益率；T 是债券的剩余期限。$\frac{dV}{dy}=-\left(\sum_{t=1}^{T}\frac{tc}{(1+y)^{t+1}}+\frac{AT}{(1+y)^{T+1}}\right)\leqslant 0$。同样的方法可以证明债券期限对债券收益率的影响。

1 100美元，它的收益率下降到5.76%，低于息票率；反之，当市场价格下降到900美元时，它的收益率上升至10.98%，高于息票率。具体计算如下：

$$1\ 000=\frac{80}{1+0.08}+\cdots+\frac{80}{(1+0.08)^5}+\frac{1\ 000}{(1+0.08)^5}$$

$$1\ 100=\frac{80}{1+0.0576}+\cdots+\frac{80}{(1+0.0576)^5}+\frac{1\ 000}{(1+0.0576)^5}$$

$$900=\frac{80}{1+0.1098}+\cdots+\frac{80}{(1+0.1098)^5}+\frac{1\ 000}{(1+0.1098)^5}$$

3. 债券期限

当市场预期收益率变动时，债券的到期时间与债券价格的波动幅度之间成正比关系。换言之，到期时间越长，价格波动幅度越大；反之，到期时间越短，价格波动幅度越小。

随着债券到期时间的临近，债券价格的波动幅度减少，并且是以递增的速度减少；反之，到期时间越长，债券价格的波动幅度增加，并且是以递减的速度增加。[①] 如图10－1所示，随着到期日的临近，弧线斜率的绝对值增大；反之，随着到期日的时间的延长，弧线斜率的绝对值减小。

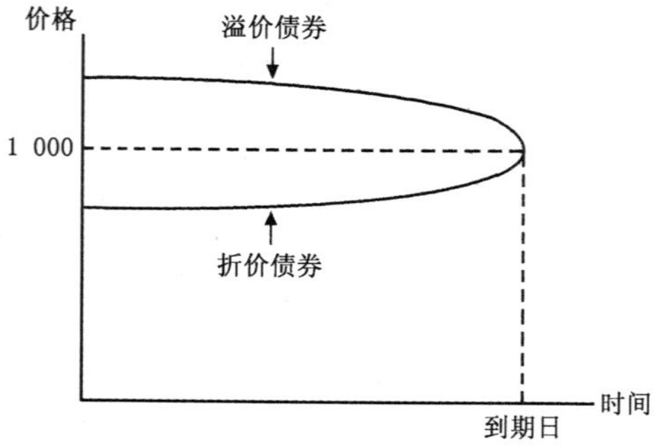

图10－1　折（溢）价债券的价格变动

（二）债券收益率的计算

债券收益率是债券收益与其投入本金的比率，通常用年收益率表示。如图10－2所示，

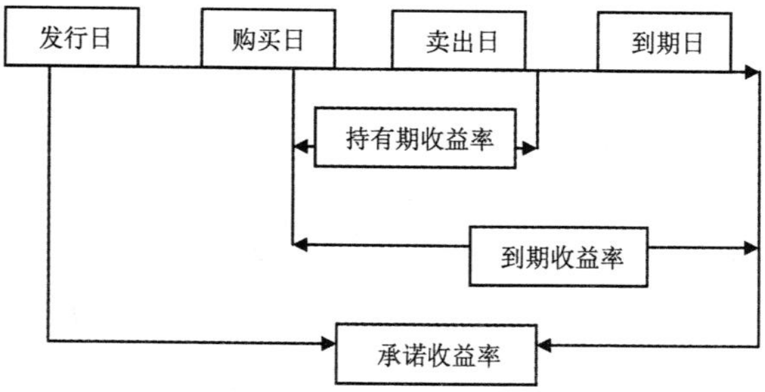

图10－2　债券收益率示意图

① 证明：$\frac{d(A-V)}{dT}=(1-\frac{c/A}{y})A\frac{ln(1+y)}{(1+y)^T}$，$\frac{d^2(A-V)}{dT^2}=(1-\frac{c/A}{y})A\frac{ln^2(1+y)}{(1+y)^T}$，$T$越大，二次导数的值越小。

根据投资者对债券认购时间与投资期限的不同，债券收益率可分为承诺收益率、到期收益率和持有期收益率三种。直接收益率和票面收益率是衡量利息所得带来的收益率指标，差别在于票面收益率 = 债券年利息/债券面值 ×100%，直接收益率 = 债券年利息/债券市场价格 × 100%（详细的计算方法见第三章）。

二、股票投资的收益率

股票投资的收益率是指投资于股票所获得的收益总额与其投入本金的比率。具体来说：

股票投资收益率 = （资本利得 + 红利收益）/初始投资额 ×100%

（一）影响普通股投资收益水平的主要因素

1. 红利

红利与普通股投资收益水平呈正比例关系。股利分配决策是现代财务学的三大核心内容之一，其结果将影响到公司的长期发展。现金股利、股票股利、财产股利和负债股利是股利分配的基本形式，其中以现金和股票股利最为常见。

投资者购买股票是为了获取资本利得和股利收益。当公众投资者不能持续获得现金股利收益时，他们只能通过频繁买卖获取投机收益。许多研究表明，当市场充斥着大量短期投资者时，股票价格偏离上市公司内在价值，股票市场呈现过度波动且达不到资源配置效率（Allen、Morris 和 Shin，2003）。因此，使得投资者获取稳定的股利收益率是我国股市趋向稳定发展的关键因素之一，措施是提高上市公司的质量和加强投资者保护。

2. 股本扩张

发放红利或者股本扩张都是上市公司向外界传递的良好信号，都可能获得资本增值收益。我国公司上市需要完成大量准备工作，经历繁杂的审批手续，从计划上市到正式上市需要花费巨额的审计、评估、保荐、承销等费用，且许多公司刚上市时的可流通股本规模较小，容易受到庄家资金的炒作，致使股价大起大落。在此时发放股票股利，不仅能够满足流通股股东的要求，向市场传递未来发展的良好前景，而且也能增加股本规模，提高未来再融资的基数，降低股价，促进流通。因此，公司股本规模越小，发放股票股利可能越多；公司上市年限越短，发放股票股利可能越多。

3. 股票升值

股票升值就是股票价格的升高，它可以为投资者带来资本利得。股票升值显然会引起股票投资收益率的上升。

（二）普通股股票收益率计算

1. 股利收益率

股利收益率，又称获利率，是指股份公司以现金形式派发的股息或红利与股票市场价格的比率。该收益率可用于计算已得的股利收益率，也可用于预测未来可能的股利收益率。

2. 持有期收益率

持有期收益率指投资者持有股票期间的股息收入与买卖差价之和与股票买入价的比率。股票没有到期日，投资者持有股票的时间短则几天，长则数年，持有期收益率就是反映投资者在一定的持有期内的全部股利收入和资本利得占投资本金的比重。持有期收益率是投资者最关心的指标，但如果要将它与债券收益率、银行利率等其他金融资产的收益率做比较，须注意时间的可比性，即要将持有期收益率转化为年率。

三、基金投资的收益

基金投资的收益主要可以分为利息收入、股利收入、资本利得和其他收入。利息收入是任何类型的基金都会获得的收益，因为无论是封闭式基金还是开放式基金，在任何时刻几乎都必须保留一定数额的现金。一般来说，基金都会将这部分现金存入银行，从而获得存款利息收入。另外，基金投资各种债券（国债、金融债、企业债等）也可能定期取得利息收入。股利收入和资本利得是基金收益的主要来源，下面将详细介绍。其他收入包括买入返售证券收入、赎回费扣除基本手续费后的余额、手续费返回、因运用基金财产带来的成本或费用的节约等。

（一）影响基金投资收益水平的主要因素

1. 基金红利

通常股票基金是以上市公司发行的股票为主要投资对象。基金买入并持有上市公司的股票，有权分得公司派发的红利或股利，从而获得红利或股息收入。红利是指基金购买上市公司的普通股而享有的对该公司净利润的分配权。股息是指基金购买上市公司的优先股而享有的对该公司净利润的分配权。股息通常是按照一定的比例事先规定的，这是股息和红利的主要区别。不过，在现实中（我国境内并无优先股），红利和股息并不加以严格区别，往往统称为股利。

实践中比较成熟的股票市场通常会制定一些规定，要求业绩优秀的上市公司必须派发红利。我国股票市场上尚没有强制性分红规定，但是鼓励上市公司在符合分配能力的情形下积极进行股利分配，并以此作为公司再融资的条件。

股息的支付通常可以采用三种形式：现金、股票和实物，或者是其中的组合。允许派发实物红利的国家并不多见，而且一般来说，派发实物红利的上市公司的财务状况必定不太理想，投资基金一般是不会购买这类股票的。现金红利是以现金的形式发放，股票股利是以股票的形式发放。需要注意的是，由于股票股利不涉及现金收益，一般通过在除息日对分配所得的股票进行估值来体现基金收益，并不直接计入基金的收入类科目。而现金股息则在除息日直接计入基金收益。[①]

2. 买卖价格

买卖价格就是资本利得，指股票、债券或其他有价证券因卖出价高于买入价而获得的那部分收入。资本利得是基金收益的最主要来源。

基金所获得的资本利得可以分为两类：已实现的资本利得和未实现的资本利得。一般来说，如果基金管理人判断正确，逢低买入某种股票，然后待该股票价格上升到一定价位后再卖出，这种已实现的资金增长称为已实现的资本利得。如果基金管理人买入某种股票后，该股票价格上升，基金管理人继续持有该股票而并未卖出，这时基金能获得投资该股票的账面收入。在卖出股票之前，因股票价格上升而形成的这种基金的账面收入称为未实现的资本利得。对于投资者来说，虽然基金的这种账面收入并未实现，但它会引起基金净资产的增加，并且会在投资者卖出基金股份或赎回基金股份时得到相应的体现。所以这种未实现的资本利得也能使投资者受益。

---

① 可参见财政部文件《证券投资基金会计核算办法》，2002年1月1日实施。

根据2007年7月实施的新《企业会计准则》，基金的“未实现资本利得”更名为“公允价值变动损益”，用于指代基金持有的采用公允价值模式计量的因各种交易性金融资产、交易性金融负债等公允价值变动而形成的应计入当期损益的利得或损失，并于估值日对基金资产按照公允价值估值时予以确认。

（二）基金收益率的计算

1. 开放式基金收益率

（1）不计红利再投资。如果不考虑红利再投资，忽略基金申购赎回费用，只考虑净值增长能力，在净值的选择上有单位净值和累计净值。其中累计净值是指基金最新单位净值与成立以来的分红业绩之和，体现了基金从成立以来所取得的累计收益（减去一元面值即是实际收益），能直观和全面地反映基金在运作期间的历史表现，再结合基金的运作时间，可以更准确地体现基金的真实业绩水平。而最新单位净值主要是提供一种即时的交易价格参考，分红可以从一定程度上反映基金的盈利情况，但主要体现的还是基金的收益实现能力，分红业绩实际上可以通过累计净值得到反映。

计算某段区间基金收益情况可以采用：

$$RP_t = \frac{NAV_t - NAV_{t-1} + D_t}{NAV_{t-1}}$$

其中，RP 表示基金的区间收益率；NAV 表示基金净资产；D 表示基金的分红。

（2）计入红利再投资。如果考虑红利再投资的话，忽略基金申购赎回费用，应计算基金的复权收益率，可以采用两种方法。

第一种方法：

$$TR = \frac{NAV_n}{NAV_0}\sum_{i=1}^{n}\left(1 + \frac{D_i}{NAV_i}\right) - 1$$

其中，TR 表示基金的总回报率；NAV_n 和 NAV_0 表示基金期末和期初的净资产；D_i 表示第 i 次分红金额；NAV_i 表示第 i 次分红后的净资产。

现在一些主要基金评级机构如晨星公司（Morning Star）、理柏公司（Lipper）均采用这种方法。

第二种方法：

$$TR = \frac{1}{NAV_0}\left(NAV_n + \prod_{i=1}^{n} D_i \times R_i\right) - 1$$

其中，R_i 表示第 i 次分红后到期末的净值增长情况。这样处理的目的是将红利再投资的收益分离出来看其对基金收益率的影响。

从理论上讲，以上两种方法得出的结果应当是相同的，而且同时适用于开放式基金和封闭式基金。

2. 封闭式基金收益率

对于封闭式基金，除了和开放式基金使用相同方法计算净值收益率以外，其实际收益率还与期初至期末买卖价差和期间的分红情况有关。因此影响封闭式基金实际收益情况的主要有三个因素：净值增长能力（基金盈利能力）、折价率和期间分红。考虑分红再投资的因素，封闭式基金的实际收益率应为复权收益率，但此时应注意采用何种复权方式的问题。以基金开元为例，如果采用向前复权，2007年度复权收益率高达630.45%；如果采用向后复权，2007 年度复权收益率仅为 139.87%，而当年基金开元的累积净值增长率仅为 81.29%。

采用复权数据虽然解决了除权对涨幅计算造成的失真问题，但是却由于复权机理本身的原因，用复权数据计算出来的涨幅与实际涨幅相比有一定误差，存在着涨幅放大（向前复权）或涨幅缩小（向后复权）现象。向前复权指以除权后的价格为基准（即除权后的价格不变），将除权前的价格降下来。复权计算时首先从上市日开始，逐日向后判断，遇到除权日，则将上市日到除权日之间（不包括除权日）的全部价格通过复权计算降下来；然后再继续向后判断，遇到下一个除权日，则再次将上市日到该除权日之间（不包括除权日）的全部价格通过复权计算降下来。对于派现比较多的封闭式基金，甚至可能出现复权价为负的情况（即累计分红超过了最初的成本价）。向后复权指以除权前的价格为基准（即除权前的价格不变），将除权后的价格升上去。复权计算时首先从最新日开始，逐日向前判断，遇到除权日，则将除权日到最新日之间（包括除权日）的全部价格通过复权计算升上去；然后再继续向前判断，遇到下一个除权日，则再次将除权日到最新日之间（包括除权日）的全部股价通过复权计算升上去。由于基金只有分红，没有配股，所以复权对于收益率的影响为：向前复权会使涨幅放大，而向后复权会使涨幅缩小。因此这两种复权方法都不适用于计算封闭式基金的年度实际收益率。

第二节　证券投资风险的构成

证券投资的风险是指投资对象的各种可能值偏离其期望值的可能性和幅度。从风险的定义可以看出，可能值可能低于也可能高于期望值，因此风险绝不是亏损的同义词。风险中既包含对市场主体不利的一面，也包含着有利的一面。换句话说，风险大的金融资产，其最终实际收益率并不一定比风险小的金融资产低，而常常是风险大收益也大，故有收益与风险相当之说。

风险的种类很多，按能否分散可分为系统性风险和非系统性风险。系统性风险包括市场风险、利率风险和购买力风险；非系统性风险包括行业风险、经营风险和违约风险。

一、系统性风险

系统性风险是由那些影响整个金融市场的风险因素所引起的，这些因素包括经济周期、国家宏观经济政策的变动等等。这一部分风险影响所有金融变量的可能值，因此不能通过分散投资相互抵消或者削弱，因此又称为不可分散风险。换句话说，即使一个投资者持有一个充分分散化的组合，也要承受这一部分风险。

（一）市场风险

市场风险是指由于证券市场行情变动而引起投资实际收益率偏离预期收益率的可能性。当出现看涨行情时，多数的证券价格通常会上涨；当出现看跌行情时，多数证券价格通常会下跌。市场风险是投资者最难应对的一种风险，对于这种瞬息万变的行情波动，一般投资者是很难预测的。有时，收益良好的企业股价却下跌，而一些经营并不稳定的企业股票却有良好的表现。之所以经常出现这种反常现象，是由于不同的投资者对企业未来发展前景和其股价的走势的看法不尽相同，再加上某些社会经济因素变化和所谓“内幕消息”的影响，使投资者对股票的市场变化极其敏感。这种易变性使股市永远潜伏着不可预料的市场风险。

（二）利率风险

利率风险是指市场利率水平的变动给证券资产的价值带来的风险。一般来说，利率的上升会导致证券价格的下降，利率的下降会导致证券价格的上升。在利率水平变动幅度相同的情况下，长期证券受到的影响比短期证券的更大。因此，一般长期证券的利率要高于短期证券的利率，其差额实际是对长期证券期限利率风险的一种补贴。

（三）购买力风险

物价变化导致的资金实际购买力的不确定性，称为购买力风险，或通货膨胀风险。通货膨胀较高且持续一段时间后，会使整个经济形势变得不稳定，风险增大。通货膨胀还会直接降低投资者的实际收益。由于证券投资资本和投资收益通常都是以货币表示的，因此货币的贬值必然使投资者的本金与收益遭受损失，造成投资收益的不稳定。严重的通货膨胀甚至会导致投资者本金的丧失。购买力风险是一种系统性风险，一般较难防范，但如果投资人预计在未来投资期限中会发生通货膨胀，就应该要求获得各种风险的补贴率，或者购买浮动利率的保值证券。

二、非系统性风险

非系统性风险是一种与特定公司或行业相关的风险，它与经济、政治和其他影响所有金融变量的因素无关。例如，一个新的竞争者可能开始生产同样的产品，一次技术突破使一种现有产品消亡。通过分散投资，非系统性风险能被降低。而且，如果分散是充分有效的，这种风险还能被消除。因此，这种风险又称为可分散风险。正由于此，在证券投资的风险中，重要的是不可避免的系统性风险。

（一）行业风险

行业是介于宏观经济和微观经济之间的中观经济范畴，是由具有共同特征的企业群体组成。由于同一行业内的企业在生产经营上存在着相同性或相似性，其产品或服务具有很强的替代性，行业内的企业彼此间有了更为紧密的联系。行业兴衰决定了行业内部企业的生存和发展，进而影响到相关证券产品的安全，我们称之为行业风险。对行业的分析包括三个方面：①行业环境特征评价，具体分为宏观经济环境和行业运行环境两方面。其中，经济周期、财政政策和货币政策是衡量宏观经济状况的主要变量，而从中观层面看，还需进一步考察国家的产业政策、法律法规、体制转轨和重大事件等因素。对上述要素做综合分析，可以判断行业所处环境的整体水平。②行业经营状况评价，主要从市场供求、产业成熟度、技术风险、行业垄断程度、产品替代和产业依赖度等方面评价行业自身经营状况，据以判断行业内部所有企业的整体运营状态，预测行业发展趋势。③行业财务数据分析，在行业动态数据库基础上，对行业平均违约概率和预期损失率进行系统性的分析评价。

（二）经营风险

经营风险是指因为内部项目投资决策失误，不注重技术更新，竞争实力下降，不注重市场调查，不注重开发新产品，销售决策失误等原因，引起企业经营管理水平的相对下降，使企业产生经营失败的可能性。这种风险是个别的、可以规避的风险。经营风险可进一步分为外部经营风险与内部经营风险。企业原材料价格上升、竞争对手降价销售都可归为外部经营风险。由于企业经营管理能力差、技术水平落后和竞争能力下降等原因导致企业盈利能力的下降，进而影响到股价的风险，可归为内部经营风险。不同企业的经营环境各不相同，所以其外部经营风险有较大差异。但一般来说，其内部经营风险大致是相似的，即大多是由管理当局决策错误或管理能力差造成的。

（三）违约风险

违约风险又称为信用风险，是指证券发行者因倒闭或其他原因不能履约而给投资者带来的风险，可以认为这是证券投资最大的风险。以投资债券为例，投资者在购买的时候要充分关注发行者的信用等级，尽可能购买信用等级高的债券。但事实是，信用等级越高的债券，其利率就越低，而信用等级越低的债券，其利率却越高。这是因为信用等级低的债券发行者必须给投资者较高的收益率，其中包含了一部分的违约风险补贴，否则他们就筹集不到资金。信用等级高的筹资者则无须承担这部分违约风险补贴。在风险和收益两者中如何抉择，就由投资者自己来决定。一般而言，政府债券被认为是无违约风险的“金边债券”，因此，在相同期限的债券中，它的收益率应该是相对最低的。

第三节　证券投资风险的衡量

衡量证券投资风险，实际上就是衡量证券投资收益的发散程度。证券收益的发散程度越高，投资风险越大；证券收益分布越集中，投资风险越小。不过，投资风险是难以精确衡量的。所谓衡量只是在一定范围内根据经验模型和预测数据进行的一种测定。

一、单一证券投资风险的衡量

任何一种证券投资都具有风险。只有能够衡量出每一种证券的风险，投资者才能在众多的投资对象中做出合理的选择，尽可能地降低风险，提高投资的收益。单一证券投资风险的衡量方法有算术平均法和概率测定法。

（一）算术平均法

算术平均法是一种较为传统的风险衡量方法。它是用一段时间内某种证券的最高价与最低价之差除以它们的算术平均数所得的数值来衡量风险的一种方法。一般而言，数值越大，差价率越大，风险越高。计算公式如下：

$$\bar{P} = \frac{1}{n}(P_1 + P_2 + P_3 + \cdots + P_n) = \frac{1}{n}\sum_{i=1}^{n} P_i$$

$$风险 = \frac{P_{\max} - P_{\min}}{\bar{P}}$$

在不同的时间范围下，该数值是不同的。一般而言，选取的时间段越短，该数值越不具有代表性。因此，评价证券的风险一般应以相对较长的时期为准。

（二）概率测定法

1. 期望收益率

期望收益率是指投资者投资于证券所期望获得的收益率，是投资者在未来期间可能实现收益率的平均值，用概率中的期望值表示。将投资收益率的每一种可能出现的结果和各自发生的概率进行加权平均，所得的结果就是期望收益率，即：

$$\overline{R} = \sum_{i=1}^{n} R_i P_i$$

其中，$\overline{R}$表示期望收益率；n 表示出现不同收益率的个数；R_i 表示每种可能的收益率；P_i 表示每种收益率发生的概率。

2. 方差和标准差

期望收益率是一个估计值，而未来的实际收益率尚未确定，并且其值一般不等于期望收益率，常常与之发生偏差。两者之间的偏差越大，证券投资的风险也就越大。未来可能的收益率和期望收益率的偏差程度可以用概率论中的方差和标准差来测量。方差或标准差越大，说明该证券收益率越不稳定，风险越大，公式如下，符号与上式同：

$$\sigma^2 = \sum_{i=1}^{n} (R_i - \overline{R})^2 (P_i)$$

$$\sigma = \sqrt{\sum_{i=1}^{n} (R_i - \overline{R})^2 (P_i)}$$

二、证券组合投资风险的衡量

证券组合是指由两种或两种以上的证券，按照一定比例组合在一起，构成的一个复合的投资整体。“不要把所有的鸡蛋放在同一个篮子中”，就是针对证券组合而言的。合理的投资组合能够分散证券投资的风险。它不同于单一证券的投资：如果证券组合中的某一证券亏损了，可以通过其他证券的盈利来弥补该损失，但是单一的投资就没有弥补的办法。证券组合有这种优势，但是并不说明组合的证券投资就一定收益高、风险小。投资者还是需要了解证券组合的风险大小，以便进行投资决策。证券组合的风险用期望收益率、方差和标准差等来衡量。

（一）证券组合投资的期望收益率

证券组合的期望收益率是指组合中所有证券的期望收益率与各自对应证券投资比例的加权平均值，即：

$$\overline{R}_P = \sum_{i=1}^{n} \overline{R}_i X_i$$

其中，$\overline{R}_P$ 表示证券组合的期望收益率；n 表示组合中证券的个数；X_i 表示每种证券在组合中所占的比例；$\overline{R}_i$ 表示每种证券的期望收益率。

（二）证券组合投资的风险

1. 协方差与相关系数

与单一证券不同，证券组合的投资风险计算较复杂，不仅要考虑组合中每种证券的风险因素，还要考虑各证券之间的相互关系对风险的影响。也就是说，证券组合的风险不单单取决于所有证券风险的总和，还取决于它们之间的相关性程度。各个证券之间的相关性程度可以用协方差和相关系数来衡量。

协方差预测的是两种证券投资收益率之间的变化趋势。正的协方差表示两种证券投资收益的变化趋势一致，负的协方差表示两者的变化方向相反。当协方差很小或者为零的时候，则表示两者的变化趋势有较小的相互关系或不相关。

$$\sigma_{ij} = E[R_i - \overline{R}_i][R_j - \overline{R}_j]$$

其中，σ_{ij}表示证券 i 和证券 j 的协方差；R_i 和 R_j 分别表示证券 i 和证券 j 每种可能的收益率；$\overline{R}_i$ 和$\overline{R}_j$ 分别表示证券 i 和证券 j 的期望收益率。

相关系数可以更好地衡量两种证券投资收益率的相关程度。与协方差一样，正的相关系数表示两种证券收益率的变化趋势一致，这两种证券之间的风险不能抵消，反而增加投资的风险；反之，则表示两者之间的风险可以抵消，有利于降低风险。其值为零则表示两者不相关。

$$\rho_{ij} = \sigma_{ij}/\sigma_i\sigma_j$$

其中，ρ_{ij}和 σ_{ij}分别表示证券 i 和证券 j 的相关系数和协方差；σ_i 和 σ_j 分别表示证券 i 和证券 j 的标准差。

2. 方差与标准差

类似于单一证券的方差与标准差，证券组合的方差与标准差也代表着投资组合所蕴含风险的大小。方差或标准差越大，风险越大。

$$\sigma_P^2 = (\sum_{i=1}^{n}\sum_{j=1}^{n} X_iX_j\sigma_{ij})^2$$

$$\sigma_P = \sqrt{(\sum_{i=1}^{n}\sum_{j=1}^{n} X_iX_j\sigma_{ij})^2}$$

其中，X_i 和 X_j 分别表示证券 i 和证券 j 在组合中所占的比例；n 表示组合中证券的个数；其余符号同上。

（三）证券组合投资风险与证券数目的关系

当我们利用长时期的历史资料比较一个充分分散的证券组合和单一股票的收益和风险特征时，就会发现一个奇怪的现象。例如，1989 年 1 月至 1993 年 12 月，IBM 股票的月平均收益率为 -0.61%，标准差为 7.65%。而同期标准普尔 500（S&P500）的月平均收益率和标准差分别为 1.2% 和 3.74%，即虽然 IBM 收益率的标准差大大高于标准普尔 500 指数的标准差，但是其月平均收益率却低于标准普尔 500 指数的月平均收益率。为什么会出现风险高的股票其收益率反而会低的现象呢?

原因在于每个证券的全部风险并非完全相关，证券组合中单一证券收益率变化的一部分可能被其他证券收益率的反向变化所减弱或者完全抵消。事实上，可以发现证券组合的标准差一般都低于组合中单一证券的标准差，因为各组成证券的总风险已经因分散化而大量抵消。只要通过分散化就可以使总风险大量抵消，我们就没有理由使预期收益率与总风险相对应；与投资预期收益率相对应的只能是通过分散投资不能相互抵消的那一部分风险，即系统性风险。

根据证券组合预期收益率和风险的计算公式可知，不管组合中证券的数量是多少，证券组合的收益率只是单个证券收益率的加权平均数，分散投资不会影响到组合的收益率。但是分散投资可以降低收益率的波动性。各个证券之间收益率变化的相关关系越弱，分散投资降低风险的效果就越明显。构建有效证券组合就是为了找出相关关系较弱的证券组合，以保证在一定的预期收益率水平上尽可能降低风险。

从理论上讲，一个证券组合只要包含了足够多的相关关系弱的证券，就完全有可能消除所有的风险，但是在现实的证券市场上，各证券收益率的正相关程度很高，因为各证券的收益率在一定程度上受同一因素（如经济周期、利率的变化等）影响。因此，分散投资可以消除证券组合的非系统性风险，但是并不能消除系统性风险。

韦恩·韦格纳（Wayne Wagner）和谢拉·劳（Sheila Lau）根据1960年7月标准普尔的股票质量分级把200种在纽约证券交易所上市的股票样本分成六组，最高质量等级A+构成第一组，依次类推。从每一组股票中随机抽取1至20只股票组成证券组合，计算每一组合从1960年7月至1970年5月十年间的每月收益率，这一工作连续进行十次，以减少对单一样本的依赖，然后对十个数值进行平均①。表10-2以A+质量等级的股票组合为例说明了风险分散的效果。

表10-2　　随机抽样A+质量等级股票组合的风险和分散效果

（1960年6月至1970年5月）

组合中股票数量	平均收益率（%/月）	标准差（%/月）	与市场的相关系数R	与市场的决定系数R^2
1	0.88	7.0	0.54	0.29
2	0.69	5.0	0.63	0.40
3	0.74	4.8	0.75	0.56
4	0.65	4.6	0.79	0.62
5	0.71	4.6	0.79	0.62
10	0.68	4.2	0.85	0.72
15	0.69	4.0	0.88	0.77
20	0.67	3.9	0.89	0.80

资料来源：Wagner, W., and S. Lau, 1971, "The Effect of Diversification on Risks," *Financial Analyst Journal*, November - December, P53.

表10-2中的决定系数R^2为相关系数的平方值，其取值范围从0到1。它被用以衡量证券组合的收益率变动（用方差表示）中可归因于市场收益率的比例，剩下的风险是组合所特有的风险。因此，一个证券组合的R^2越接近1，这个组合越得到充分地分散。从表中的数据可知：

（1）一个证券组合的预期收益率与组合中股票的只数无关，证券组合的风险随着股票只数的增加而减少。当股票组合从一只扩大到十只股票时，证券组合风险的下降很明显，但是随着组合中股票只数的增加，降低风险的边际效果在迅速递减，特别是当持有的股票超过

① Wagner, W., and S. Lau, 1971, "The Effect of Diversification on Risks," *Financial Analyst Journal*, November - December, 48 - 53.

10只时，继续增加股票只数所降低的风险变得微乎其微。

（2）平均而言，由随机抽取的20只股票构成的股票组合的总风险降低到只包含系统性风险的水平，单个证券风险的40%被抵消，被抵消的这部分风险就是非系统性风险。

（3）一个充分分散的证券组合的收益率的变化与市场收益率的走向密切相关。其波动性或不确定性基本上就是市场总体的不确定性。投资者不论持有多少股票都必须承担这部分风险。

根据以上的分析，证券组合包含证券的数量和组合系统性和非系统性风险之间的关系，可用图10－3来表示：

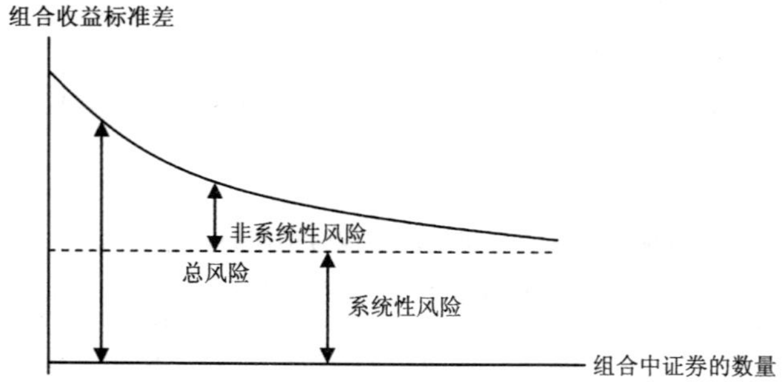

图10－3　证券的数量和组合系统性和非系统性风险之间的关系

【案例分析】

低定价艺术品在长期内打败了专家

纽约大学教授迈克尔·摩西（Michael Moses）和梅建平研究发现，与那些购买数百万美元杰出作品的投资者相比，购买更低定价作品的艺术品投资者持续获得更好的收益。他们发现，在1950—2002年间被购买，同时在促销活动中被转卖的4000件画作和雕塑中，定价最低的三件产生了大约13%的年收益率。这项年收益率超过了最贵的三件的10.5%的年收益率。它也击败了标准普尔500美国股票指数。而经纪人和拍卖商通常会建议客户“购买他们能买得起的最好艺术品”——将昂贵的伦勃朗、莫奈和毕加索的作品宣传成低风险且高收益的投资。这与市场所展现出来的特征显然是不相符的。

通常情况下，我们习惯将标准普尔500指数或其他证券市场上的指数认定为只包含系统性风险，因此其具有最小的标准差、最低的风险。而在艺术品市场中，我们发现低定价的艺术品似乎比股票指数的风险还要小，可以说，“艺术品是财富的杰出长期储藏形式”，“在证券组合中纳入低定价艺术品可以显著分散组合的风险，提高组合的收益率”。

资料来源：Low－Priced Art Beats the Masters in the Long Run，*Financial Times*，November 3，2003.

三、系统性风险的衡量

在证券市场中的每一种证券都会受到整个市场变化的影响，而这种由整个证券市场的变化引起的风险就是系统性风险。由于非系统性风险可以通过有效的证券组合来消除，所以当投资者拥有一个有效的证券组合时，其所面临的就只有系统性风险了。那么如何衡量这个系统性风险呢？

如果我们把证券市场处于均衡状态时的所有证券按其市值比重组成一个“市场组合”，这个组合的非系统性风险将等于零。这样我们就可以用某种证券的收益率和市场组合收益率之间的 β 系数作为衡量这种证券系统性风险的指标。某种证券的 β 系数 β_i 指的是该证券的收益率和市场组合的收益率的协方差 σ_{im}，再除以市场组合收益率的方差 σ_m^2，其公式为：

$$\beta_i = \sigma_{im}/\sigma_m^2$$

由于系统性风险无法通过多样化投资来抵消，因此一个证券组合的 β 系数 β_i 等于该组合中各种证券的 β 系数的加权平均数，权重为各种证券的市值占整个组合总价值的比重 X_i，其公式为：

$$\beta_p = \sum_{i=1}^{N} X_i\beta_i$$

如果一种证券或证券组合的 β 系数等于1，说明其系统性风险跟市场组合的系统性风险完全一样；如果 β 系数大于1，说明其系统性风险大于市场组合；如果 β 系数小于1，说明其系统性风险小于市场组合；如果 β 系数等于0，说明没有系统性风险。

四、证券投资风险衡量应注意的问题

（一）如何正确使用方差衡量风险

虽然方差是衡量风险的较理想的指标，但其仍有一些缺陷。方差方法的假设比较严格，要求资产收益率及其联合分布是正态的，这与实际出入较大，往往难以满足。此外，方差方法的计算任务比较繁重，在资产组合内的资产种类很多的情况下，需要计算很大的方差和协方差矩阵。最重要的是，方差方法将资产收益率的不确定性或波动性定义为风险，这一定义已经偏离了风险的原始含义，即潜在损失。资产收益率的不确定性或波动性虽然与风险有关，但却未必会造成投资损失。只有收益率的向下波动才有可能给投资者造成损失，收益率的向上波动只会带来超额收益。而方差方法却没有严格区分收益率的波动方向。相反，它以期望值作为判断收益率变动的标准，将收益率对其期望值的正负偏差都视为风险。这在很大程度上偏离了风险的原始含义，无法反映风险的经济性质，有违投资者对风险的真实心理感受，无法准确地度量真实风险的大小。用它来指导人们按照风险最小的原则进行投资决策，有可能使投资者在有效规避风险的同时，也与超额收益擦肩而过。

如果说期望值本身是一阶矩的话，方差就是围绕着期望值的二阶中心矩。为了说明这个问题，我们看一下图10－4中两只股票收益率的概率分布。

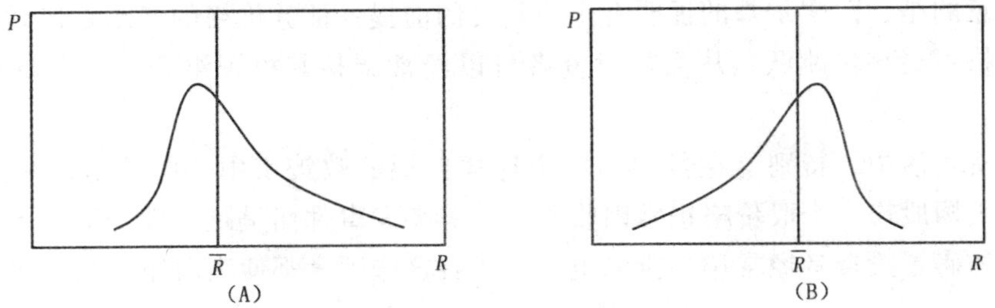

图10－4　投资收益分布的偏斜

在图10－4中，图A和图B是互为镜像的，因此它们的均值和方差相等。如果我们只根据均值和方差来判断投资的好坏，那就可以得出结论，即A和B是等价的。但A和B显然是有差别的。A的特征是收益率经常低于期望值，但低的幅度较小；收益率高于期望值的可能性较小，但幅度可能很大。或者说它经常让人失望，但失望程度不大；它不经常让人惊喜，但一旦惊喜则经常是大的惊喜。B的情况恰恰相反。当我们谈论风险时，我们实际上担心的是令人失望的情况。从这个意义上说，当面临A、B两种投资机会并只能选一个时，厌恶风险的理性投资者都会选A。

由此可见，我们在进行投资决策时，还要考虑分布的不对称，即偏斜（Skew）。偏斜（M_3）是三阶中心矩，它可用下式来衡量：

$$M_3 = \sum_{i=1}^{n} P_i (R_i - \bar{R})^3$$

由于三次方可以保留收益率偏离期望值的符号，因此它可以让我们将好的惊喜与坏的情况区分开来。三次方实际上还给大的惊喜以大的权重，从而使偏斜主要由分布中的“长尾”决定。因此，像A这样右偏的分布，其偏斜将是正的，而像B这样的左偏分布，其偏斜将是负的。

推而广之，分布的特征可以用分布的各阶矩来衡量。其中一阶矩（期望值）代表回报，二阶和高阶中心矩代表这种回报的不确定性。所有偶数阶中心矩衡量极端值的大小，它们的值越大代表不确定性越大。而奇数阶中心矩（M_3、M_5等）则衡量不对称性。正值代表正的偏斜，因此是投资者较喜欢的。如果我们要将所有这些阶矩纳入投资者的效用函数的话，现在最通行的办法就是用下式：

$$U = \bar{R} - b_0 \sigma^2 + b_1 M_3 - b_2 M_4 + b_3 M_5 - \cdots$$

其中b_i为正的常数，且i越大，b的值越小。m阶中心矩（M_m）的计算公式为：

$$M_m = \sum_{i=1}^{n} P_i (R_i - \bar{R})^m$$

值得注意的是，“好”（奇数）阶矩的系数为正，“坏”（偶数）阶矩的系数为负。

从理论上说，我们可以算出无穷阶中心矩。但在实际中，这显然是不现实的。那么投资者到底在投资决策中需要多少阶的中心矩呢？保罗·萨缪尔森（Paul Samuelson，1970）① 通过证明得到如下结论：在很多重要的场合，期望值和方差的重要性相当，但三阶及其更高阶矩的重要性比期望值和方差小很多。换句话说，忽略比方差高阶的矩并不影响投资决策。萨缪尔森的理论支持是均值—方差分析如此流行的重要原因。

应该注意的是，萨缪尔森的证明有个很重要的前提：证券价格的变动是连续的，也就是说，证券价格不会突然跳跃，从而使投资者可以经常调整其投资组合，令高阶矩变得无关紧要。

但在现实生活中，特别是在像中国股市这样典型的政策市中，股价出现跳跃是常有的事。即使在美国股市，个股价格也常因收购兼并等突发事件而呈跳跃性变动。此外，交易成本的存在也妨碍了投资者经常调整投资组合。所有这些因素都使高阶矩对投资决策产生较大

① Samuelson, Paul A., 1970, "The Fundamental Approximation Theorem of Portfolio Analysis in Terms of Means, Variances and Higher Moments," *Review of Economic Studies*, 37.

的影响。但由于高阶矩较为复杂，因此在大多数分析中，人们均只考虑均值和方差。本书的投资组合理论也是建立在均值—方差分析是可行的这一假定前提下。

（二）安德鲁·罗伊（Andrew D. Roy，1952）提出了“安全第一法则”，建议利用投资价值低于某个预定的收益水平的概率去调整投资风险

罗伊提出的收益—方差比率和“安全第一法则”对投资绩效评估理论和下侧风险度量理论的发展起到了重要作用。

下侧风险是指给定一个收益率 R，只有小于 R 的收益率才能被作为风险度量的计算因子。其主要计算方法有两种：下半方差法和下偏矩法。罗伊提出了两种思路来度量下半方差：一是利用期望收益率来计算下半方差，二是利用目标收益率计算下半方差。

罗伊认为下半方差方法克服了方差方法的缺陷，反映了风险的特征，是理论上最完美的风险计量方法。实际上，虽然该方法说明了证券收益偏离的方向，但不具备良好的统计特性，没有反映证券组合的损失到底有多大。

下偏矩 LPM 的定义：

$$LPM_n = \sum_{r_i}^{r} p_i(\tau - r_i)^n$$

其中，$r = \max(r_i | r_i \leq \tau)$；$\tau$ 为目标收益率。n 取不同值，LPM_n 就有不同的含义：LPM_0 为低于目标收益率的概率；LPM_1 为单位偏差的均值；LPM_2 是偏差平方的概率加权，也称为目标半方差。LPM_n 的优点是反映了投资者对正负偏差不一致的真实感受。其缺点是：①n 取不同的值，反映的只是风险的不同侧面；②刻画不够精确，比较风险大小时会出现问题。

（三）使用以 β 系数为代表的灵敏度方法测度风险

该方法被用于测定市场组合的变化与证券组合价值变化的关系。针对不同的金融产品有不同的灵敏度：在股票市场，β 反映系统性风险；在固定收入市场，久期揭示了债券价值对利率变动的敏感程度，久期越大表示债券价值对利率变动越敏感，即利率风险越大；在衍生工具市场，德尔塔揭示了衍生证券对标的资产价值变动的敏感度，是衍生证券价格对标的资产价格的一阶偏导数。灵敏度方法由于其简单直观而得到广泛的应用。但是只有在市场因子变化很小时，这种线性度量才与现实相符。因此，它只是一种局部性测量方法，对产品类型具有高度依赖性，且某一风险指标只适应于某一类资产。

五、在险价值（VaR）计量模型

在对如何使投资变得更透明的研究过程中，金融界发展出了一种度量投资或投资组合下方（downside）风险的概念，即在险价值（Value at Risk，简称 VaR）。

背景资料

VaR 风险度量的出现，是由于 JP 摩根的前首席执行官 Dennis Weatherstone 当时想要知道每个交易日结束时银行所面临的风险状况。因此他要求他的手下设计一种只产生一个数字的风险度量方法，可以在每个交易日的下午 4：15 向他报告，以便为他提供一个银行风险的精确意见。他希望能提供给他的是一种对可能给银行造成困难的坏结果的风险概念。传统的三种风险度量（波动率、系统风险和非系统风险）无法直接回答他希望回答的问题，但在险价值（VaR）可以做到。VaR 是试图用一个数据来总结评估金融投资组合的总风险的一种尝试。一般情况下，VaR 与这三个风险度量之间不存在直接的联系。[①] 尤其是对于更复杂的证券，完全有可能在波动率增加的同时 VaR 下降。VaR 的出现不仅被银行行长、公司财务主管和基金经理们广泛地运用，而且金融监督机构的要求也促使 VaR 得到更进一步的推广。

（一）VaR 的内涵

根据目前通常采用的定义，VaR 是按某一确定的置信度，对某一给定的时间期限内不利的市场变动可能造成的投资组合的最大损失的一种估计。

这里的投资组合既可以针对机构中某一位交易员的投资组合（用 VaR 来度量其在运用公司资金过程中承担的风险），也可以是整个公司的投资组合。前者所度量的是交易员的效率，而后者所度量的则是公司股东所关心的股票市场变动可能造成的影响。

更通俗地说，VaR 是要在给定的置信度（典型的置信度为 95%、97.5%、99% 等等）下衡量给定的资产或负债（即投资组合）在一段给定的时间内（针对交易活动的时间可能选取为一天，而针对投资组合管理的时间则可能选取为一个月）可能发生的最大（价值）损失。VaR 是一种对可能实现的价值损失的估计，而不只是一种“账面”损失估计。

举一个简单的例子就可以描述清楚 VaR 方法的概念。假设一个基金经理希望在接下来的 10 天时间内，存在 95% 的概率其所管理的基金价值损失不超过 \$1 000 000。则我们可以将其写作：

$$\text{Prob}(\Delta V < -\$1\,000\,000) = 5\%$$

其中，ΔV 为投资组合价值的变动。用符号表示上式：

$$\text{Prob}(\Delta V < -\text{VaR}) = 1 - X\%$$

其中 $X\%$ 为置信度，在上述的例子中是 95%（见图 10－5）。实际上，VaR 所询问的问题是：我们有 $X\%$ 的信心在接下来的 T 个交易日中损失程度将不会超过 ΔV，则 ΔV 为多少？换言之：事情可能会变得多糟糕？

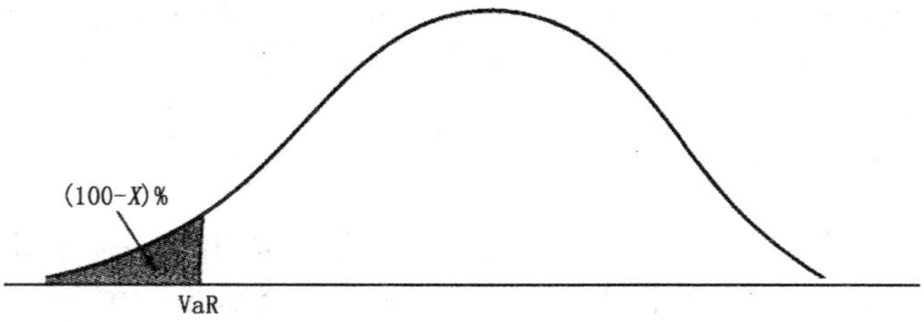

图 10－5　VaR 的定义

VaR 的定义除了告诉我们损失大于某一水平的可能性之外，并没有提供任何关于整个收益/损失分布状况方面的信息。图 10－5 和图 10－6 所表示的投资组合价值变化分布具有相同的 VaR，但从图形分布形态上看，显然图 10－6 的损失概率要大于图 10－5。

① 我们将在下面看到正态分布对这个指令是一个例外，因为它使波动率与 VaR 之间存在着直接的联系。

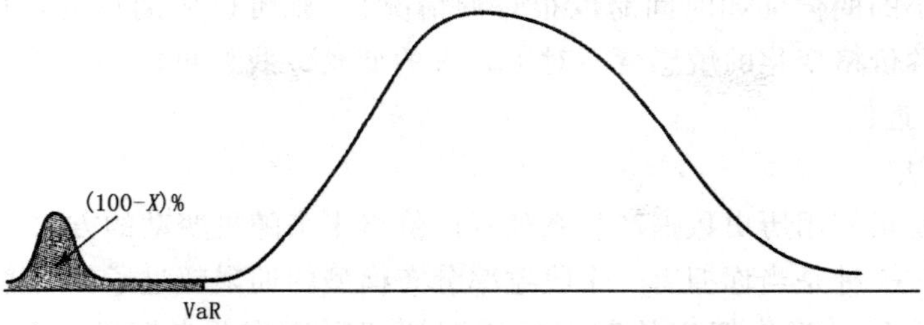

图 10-6 具有与图 10-5 相同 VaR，但不同的尾部

（二）**VaR 的计算方法**

根据 VaR 的定义，计算 VaR 通常涉及三个主要因素，即时间长度、概率值（置信度）以及资产价格分布特征，其中资产价格分布特征是核心。概率值的选择取决于投资者或决策层的风险偏好，一般选取 1% ~5%。时间长度可以自由选择，但要求在选定的投资持有期间，资产组合要素应保持不变。一般选取的时间为一天、一周或两周。同时，在选择时间长度时，还应参考投资组合要素中资产的流动性程度以及交易的频繁程度：一般而言，流动性较好的资产选取的时间短，流动性较差的资产选取的时间相对较长。

目前常用的 VaR 计算方法大体归为三类：方差 - 协方差法、历史模拟法、蒙特卡罗模拟法。

1. 方差 - 协方差法

方差 - 协方差法是计算 VaR 的常用方法，这种方法的核心是基于报酬的方差 - 协方差矩阵进行估计。其中最具代表性的是目前流行的 J. P. Morgan 银行的 Risk Metrics TM 方法。该方法假定投资组合的未来收益服从正态分布，基本思路是先用历史数据求出资产组合的收益的方差、标准差、协方差，然后利用资产收益的正态分布的性质求出在一定置信区间下反映了分布偏差均值程度的临界值，进而估计出 VaR 的值。即假设 R 服从均值和方差分别为 μ 和 δ 的正态分布，$R \sim \mathrm{N}(\mu, \delta^2)$，则 $(R-\mu)/\delta \sim \mathrm{N}(0, 1)$，其概率密度函数为 $\varphi(x) = \frac{1}{2\pi \exp(-x^2/2)}$。由 VaR 的定义，如果 R 服从正态分布，要想求出在置信度 C 下的 R^*，只需在标准正态分布中找到一个临界值 α，使得：

$$C = \int_{-\infty}^{\alpha} \varphi(x)\,dx$$

从而有 $-\alpha = (R^* - \mu)/\delta$，即 $R^* = -\alpha\delta + \mu$

将 R^* 代入上述 VaR 计算公式：

$$VaR = E(W) - W^* = -W_0(R^* - \mu)$$

可得 $VaR = W\alpha\delta$。

在对工作日内的风险及隔夜风险分析与估计时，正态分布假定是有效的。但对非经常性事件，正态性假定是不恰当的。事实已经证明，收益率的分布是厚尾的，因而正态性的假定会导致对极端事件 VaR 的严重低估。

用方差 - 协方差法估计 VaR 时，通常采用资产收益呈正态分布的假设。如果资产组合中包括衍生证券，则即使基本标的证券价格的变动是正态的，衍生证券本质上的非线性也意味着衍生证券价格的变动可能同正态分布相去甚远。然而，如果我们所关心的是基本标的证券价格一个非常小的变化（如时间跨度很短的情况），则可以用期权的 *delta* 来近似投资组合对基本标的证券价格变化的敏感度。对于较大的变动，我们可能需要采用某种高阶近似，如 *Delta - Gamma* 近似。

2. 历史模拟法

历史模拟法是指使用历史数据产生系列资产价格未来随机变动的方法。存在着两种产生未来情景的方法：一种是当你拥有一个收益率分布模型的期限超过了你要考察的时间期限的一步过程法；另一种是当你拥有的数据或模型的期限比你要考察的时间期限短的多步过程法。

我们所采用的数据将由日收益率组成，比如最近数年的所有基本标的资产的日收益率数据。日数据以向量形式记录，每个资产具有一条记录。

假如我们要 N 个资产的实时系列数据，而且我们的日数据为最近四年的，则每个资产报酬率的日数据约达 1 000 条。我们将采用这些收益率数据进行模拟，做法如下：

对每一日变动指派一个"数"。也就是说，我们将指派 1 000 个数，每一个数对应一个收益率向量。为了更形象化地说明这点，想象在笔记本上的空白页记下所有 N 个资产的收益率。在第 1 页上我们记录了从 1998 年 7 月 8 日到 1998 年 7 月 9 日发生的资产价值变动。在第 2 页上我们做同样的工作，只不过所记录的是从 1998 年 7 月 9 日到 1998 年 7 月 10 日的变动。在第 3 页上记录 7 月 10 日到 7 月 11 日的变动，等等。如果我们有 1 000 个数据组，我们将填上 1 000 页。现在，从 1 到 1 000 中抽取一个数，它具有均匀的分布。假设这个数是 534，在笔记本中找到第 534 页，使所有资产的价值在今天具有该页向量所记录的收益率。现在随意在 1 至 1 000 内再随机抽取另外一个数，然后重复该程序，直到达到必需的时间跨度。这是所有资产价格实现的一条路径。重复这样的模拟就能产生许许多多的可能实现的路径，从而获得所有将来价格的精确分布。

上述做法归结起来，就是首先需要建立一个数年所有市场变量的日变动数据库。第一次模拟是假设每个市场变量的波动率与数据库覆盖时段的第一天的相应变量的波动率相同。第二次模拟则假设各市场变量的波动率与数据库覆盖时段的第二天相应变量的波动率相同，依此类推。每次模拟就可以计算出一个投资组合的期权价值变动（*df*）样本值。通过这种方式，我们创造了一个基于历史数据的将来可能情景的分布。注意我们如何使发生在同一日的所有资产价格变动保持一致，这样能够确保抓住任何资产之间可能有的相关关系。VaR 值同样可以通过找到合适的 *df* 的概率分布中的分位数来得到。当然，*df* 也可以通过重新计算投资组合的价值再与前一日的价值相减来获得。

到目前为止，历史模拟法是一种非常简单可行的方法。这种方法的优点是它自然地将资产相互之间的任何相关关系以及资产价格变动的任何非正态性结合在其中，并精确地反映了市场的历史概率分布。不过，它无法抓住数据中的任何自相关性，当然基本形式的蒙特卡罗模拟也同样无法做到这点。这种方法的主要缺点是需要大量的历史数据，而这些数据对应的经济环境可能与目前的环境完全不同。

3. 蒙特卡罗模拟法

蒙特卡罗模拟是使用随机数产生收益率及/或资产价格的一个分布。该技术可应用在 VaR 中：使用取自正态分布的随机数 ε 来建立将来情景的一个分布。对于这些情景中的每一分布运用某种定价方法计算投资组合的价值（基本标的资产和其期权的价值），然后直接估计它的 VaR。

我们假定投资组合价值变化 df 与基本标的价格变化率 dx_i 之间存在如下的关系：

$df = \sum_{i=1}^{M} \alpha_i dx_i + \sum_{i=1}^{M} \beta_i dx_i^2$，$\alpha_i$ 和 β_i 为系数。

如果我们希望计算一天的 VaR 值，蒙特卡罗模拟的步骤为：

（1）利用当天市场各变量现值计算投资组合的价值。

（2）从 dx_i 的多变量正态概率分布中进行抽样。

（3）用抽样得到的 dx_i 值模拟计算下一日各市场变量的价值。

（4）利用这些模拟的市场变量价值，根据上述 df 与 dx_i 的关系式就可计算得到 df 的一个样本值。

不断重复第二步到第四步，就能得到 df 的模拟概率分布。

VaR 值就是这个 df 概率分布的一个合适的分位数。如果要计算的是一天时间内的置信度 95% 的 VaR，模拟次数假定为 10 000 次，则 VaR 是这 10 000 个 df 样本值中按最好至最糟糕情况排序的第 9 500 位的 df，也就是按最糟糕至最好情况排序的第 500 位的 df。如果置信度为 99%，则是按最糟糕至最好情况排序的第 100 位的 df 值。知道了所确定置信度的一日 VaR，就很容易计算任何 N 日 VaR 值。

此外，对待有关非线性证券问题的有效办法是对基本标的证券价格的随机行为采用模拟方法，然后运用估价公式或算法来推导整个投资组合变动的分布。这是对这类问题的最终解决办法，但它的缺点是运算非常得慢。毕竟，我们可能需要进行数万次的模拟运算。如果每次我们都必须要对一个多因子偏微分方程加以求解，那么我们将发现用这种方式计算 VaR 将耗费太多的时间。

当资产或投资组合依赖于利率时，则通常将每个工具的到期收益率视为正态分布的变量。不同证券的到期收益率因此具有适当的相关关系。价格与到期收益率变动之间的关系通过久期（和高阶凸性）联系在一起。所以，固定收益资产可以视为到期收益率的一种衍生证券。因此，VaR 的估计显然将采用久期代替 *Delta*（和凸性代替 *Gamma*）的做法。

（三）VaR 模型的应用

VaR 用一个单一的数字捕捉住了风险的一个重要方面，且这一概念容易理解。根据 VaR 的发展，我们可以将其应用做如下划分：

（1）被动式应用：信息报告。最早期的 VaR 应用是为了度量总风险。它被用来向管理高层报告金融机构的市场交易与投资的业务风险。同时，VaR 也以一种非技术的、用户友好的形式向机构的股东传达机构的金融风险。

（2）防御式应用：控制风险。随后 VaR 被用来为交易员和营业部门设置头寸限额。VaR 的优点之一是它创立了一种在不利市场中对不同的风险业务活动都能进行相互比较的共同标准尺度。

（3）积极式应用：管理风险。现在 VaR 越来越多地被不同机构用来在交易员、业务单位部门、产品以及整个机构内部之间配置资本。这一过程来自风险调整后收益（risk - adjusted return，RAR）的概念。由于采用风险调整后的业绩度量（risk - adjusted performance measure，RAPM），具有期权特征的奖励会自动修正交易员承担的过度风险。以风险为基础的资本管理正引导机构朝着更优的风险/收益配比方向发展。VaR 技术还帮助基金经理能以更全面的视角审视各种交易对基金投资组合的影响，从而做出更明智的决策。

VaR 正被全球的公司和机构所广泛应用。具体包括：

其一，金融机构。拥有大量交易资产组合的银行是风险管理领域的先驱。金融机构通常需要处理大量不同的金融风险来源以及许多复杂的金融工具。VaR 的出现使金融机构现在得以实施集中式的风险管理系统，从而大大提高了风险管理的效率。

其二，监管机构。对金融机构的审慎监管要求金融机构为防范金融风险须达到最低资本金要求。发达国家的金融监管机构都已将 VaR 作为金融监管的一种标准风险度量，其中包括国际清算银行的银行监管巴塞尔委员会、美国联邦储备银行、美国证券与交易委员会以及欧盟的监管机构。

其三，非金融机构。集中式风险管理对于任何具有金融风险敞口的公司都是非常有用的。跨国公司或国际经营公司都涉及多种货币的现金流问题。在险现金流分析（Cash Flow at Risk Analysis）能为企业提供可能面临资金短缺的临界值。

其四，机构投资者。机构投资者现在也开始采用 VaR 来管理其金融风险。尤其是在险资本（Capital at Risk）的概念已被机构投资者广泛接受。

虽然在险价值的技术正被大量采用，并不断得到发展，但 VaR 不可能是万能的，它主要针对的是金融市场风险。另外，VaR 是在假定正态分布的市场环境中计算出来的，这意味着其不考虑市场崩盘这类的极端市场条件。因此，VaR 实际上度量的是机构日常经营期间预期能够发生的情况。VaR 的计算至少需要下列数据：投资组合中所有资产的现价和波动率，以及它们相互之间的相关关系。如果资产是可交易的，我们可以从市场中得到资产的价格（这种做法被称为盯市，Marking to Market）。对于场外市场合约，我们必须运用某些“已被承认的”模型来得到价格，例如布莱克—斯克尔斯模型，这样做则是盯模（Marking to Model）。通常，人们假设投资组合构成的变动是随机的并服从正态分布。我们这里也这么假定。①

本章小结

内容摘要：本章主要介绍证券投资收益、风险及其测量的基本方法。在证券投资的收益计算中分别介绍了债券收益、股票收益和基金收益，并指明影响这些产品收益的主要因素；在证券投资风险的度量中介绍了单一证券、证券组合和系统性风险；最后详细讲解了 VaR 计量模型。

关键概念：系统性风险　非系统性风险　β 系数　VaR　方差－协方差法　历史模拟法　蒙特卡罗模拟

思考题

1. 证券的系统性风险又称为（　　）。

A. 预想到的风险　　　　B. 独特的或资产专有的风险

① 关于更多的 VaR 资讯及波动率和相关关系的数据集可访问：www.jpmorgan.com。

C. 市场风险　　D. 基本风险

2. 证券的非系统性风险又称为（　　）。

A. 预想到的风险　　B. 独特的或资产专有的风险

C. 市场风险　　D. 基本风险

3. 哪种风险可以通过多样化来消除（　　）。

A. 预想到的风险　　B. 系统性风险

C. 市场风险　　D. 非系统性风险

4. 下面哪种说法是正确的（　　）。

A. 系统性风险对投资者不重要

B. 系统性风险可以通过多样化来消除

C. 承担风险的回报独立于投资的系统性风险

D. 承担风险的回报取决于系统性风险

5. 系统性风险可以用什么来衡量（　　）。

A. 贝塔系数　　B. 相关系数

C. 收益率的标准差　　D. 收益率的方差

6. 你拥有的投资组合 30% 投资于 A 股票，20% 投资于 B 股票，10% 投资于 C 股票，40% 投资于 D 股票。这些股票的贝塔系数分别为 1.2、0.6、1.5 和 0.8。请计算组合的贝塔系数。

7. 从近年来我国股票收益来源的实际情况出发，分析这反映了我国股票市场以及资本市场的哪些问题？

8. 基金收益的来源主要包括哪几个方面？

案例分析

2002 年武汉钢铁（集团）公司企业债券（02 武钢债）发行

1. 发行人情况

武钢始建于 20 世纪 50 年代，是新中国成立后国家投资建设的第一个特大型钢铁工业基地。1993 年经国家计委、国家体改委、国家经贸委的批准，成立武汉钢铁（集团）公司。武钢集团的主要经营范围是主营冶金产品及副产品、冶金矿产品和钢铁延伸产品、化工产品、建筑材料、冶金辅助材料、成套冶金设备、机器设备设计、制造、汽车销售等。此次发行债券所募集资金的计划用于武汉钢铁（集团）公司第二热轧带钢厂及其供料项目和第三钢铁厂接续工程的建设。

2. 发行概要

债权性质：经国家发展计划委员会批准发行的 3 年期和 7 年期企业债券。

3. 发行情况

2002 年 11 月 1 日，《2002 年武汉钢铁（集团）公司企业债券发行公告》公开向社会发布。2002 年 11 月 5 日，3 年期和 7 年期的武汉钢铁（集团）公司企业债券开始向社会公开发行。2002 年 11 月 25 日，发行期限届满时，发行人足额募集到 20 亿元资金（扣除有关发行费用，发行人实际募集资金 19.784 亿元）。2003 年 9 月 19 日，武钢企业债券发布上市公告，2003 年 9 月 25 日，02 武钢（3）和 02 武钢（7）债券在上海证券交易所上市，上市总额 11.4182 亿元。

问题：

结合武汉钢铁（集团）公司企业债券的发行情况，说明企业债券的风险主要有哪些？

提示：(1) 行业风险：产业政策限制风险、环保因素的限制风险、行业竞争风险和关联行业影响风险。(2) 经营风险：铁矿石、煤、电力等供应方面的问题，铁路、汽车和水运等国内运输的问题，钢铁市场中产品价格受宏观政策和市场竞争影响而对发行人不利等风险。(3) 利率风险：如果企业债券采用固定利率，针对于中长期债券，在债券存续期内中央银行调整利率，会使债券投资者的实际收益水平发生变化。

第十一章

证券市场监管

【案例导读】

"红光实业"造假案

经中国证监会批准，红光实业 1997 年 6 月初以每股 6.05 元的价格向社会公众发行 7 000万股社会公众股，占发行后总股本的 30.43%，实际筹得 4.1 亿元资金。但公司当年年报披露亏损 1.98 亿元，每股收益为 -0.86 元。当年上市、当年亏损，开中国股票市场之先河。红光因报告巨额亏损，导致股价大跌，投资者损失惨重，引发公愤。中国证监会的调查结果显示，红光公司在股票上市过程中存在严重违法违规行为：一是编造虚假利润，骗取上市资格；二是少报亏损，欺骗投资者；三是隐瞒重大事项；四是未履行重大事件的披露义务；五是挪用募集资金买卖股票；六是涉嫌犯罪。据此，中国证监会根据有关法律法规，没收红光公司非法所得并罚款，公司有关人员被列为证券市场禁入者；其股票发行主承销商和财务顾问公司被没收非法所得并罚款，其主要负责人和直接责任人被列为证券市场禁入者；对从事发行中介的相关会计师事务所、资产评估事务所、律师事务所没收非法所得并罚款，相关人员被列入证券市场禁入者，对上市推荐人国泰证券和成都证券罚款，相关责任人被撤职。红光公司原董事长、原副董事长兼总经理、原常务副总经理和原财务部副部长被依法逮捕，分别判处 3 年以下有期徒刑。成都市中级人民法院以欺诈发行股票罪，判处红光公司罚金人民币 100 万元，红光实业因此成为我国第一家"法人犯罪"的上市公司。

按照规定，连续三年盈利的企业才有上市资格，而红光实业上市前就存在严重亏损，此类"垃圾"公司通过各种手段包装上市达到了圈钱的目的。由于证券法没有投资者对上市公司及管理层及中介机构进行诉讼的规定，导致投资者受损的民事诉讼法院不予受理，投资者权益保护难以落到实处。

资料来源：作者根据相关资料整理。

证券市场监管的主要目的是促使证券活动符合法律规范，从而保障证券市场的秩序，促进证券业的健康发展。一般来说，证券市场监管的内容主要包括对证券发行的审查、对证券交易所和柜台市场的监管、对投资者的监管、对证券中介机构的监管、对证券交易的限制和信息披露制度等方面的内容。

第一节　证券市场监管体制及其分类

一、证券市场监管体制

证券市场监管体制，是指对证券监管机构的设置、监管权限的划分所构成的相关制度。一国采取何种监管体制，主要取决于该国的政治和经济制度、证券市场的发育程度、金融业尤其是证券业的发展状况等因素。目前，各国证券市场监管体制主要有集中型、自律型和中间型监管体制三种类型。

二、证券市场监管体制的类型

（一）集中型监管体制

1. 集中型监管体制的特点

集中型监管体制是指政府通过制定专门的证券市场监管法规并设立全国性的证券监管机构，实现对全国证券市场的管理。代表国为美国，其特点如下：

（1）有一整套全国性的证券市场监管法规。以美国为例，除有《公司法》外，还有证券管理的专门法规，如《1933 年证券法》、《1934 年证券交易法》、《1940 年投资公司法》、《1940 年投资咨询法》和《1970 年证券投资保护法》等。此外，各州都有一些与证券有关的法律。

（2）设有全国性的机构负责管证券市场监管。这种管理机构有的是专职管理，有的是政府的一个职能部门。具体分为三种情况。

①设立独立的监管机构。美国根据《1934 年证券交易法》，设立了专门管理机构——证券交易委员会（SEC），它由总统任命，参议院批准的 5 名委员组成，对全国的证券发行、证券交易所、证券商、投资公司等实施全面的管理与监督。设立独立监管机构的优点是：证券市场监督者拥有相对超然的地位监督证券市场，避免部门本位主义，便于协调各部门的立场和目标；同时要求监督者有足够的权力，否则难以解决各部门间的扯皮问题。

②以中央银行作为监管机构。其代表是巴西。巴西证券市场的监督机构是证券委员会，它根据巴西国家货币委员会（巴西央行的最高决策机构）的决定，行使对证券市场的监管权利。这种机构设置使一国宏观金融的监督管理权集中于中央银行，便于决策和行动的协调和统一，有利于提高管理效率。不足之处是过分集权将导致过多的行政干预和“一刀切”现象，可能导致有针对性的管理及对不同的良性意见的吸取不够。

③以财政部作为监管机构。其代表是日本、韩国和印尼等。日本的证券监管机构是大藏省的证券局。日本的《证券交易法》规定，证券发行人在发行有价证券前必须向大藏省登记，证券交易的争端由大藏大臣调解。由于财政部长在这些国家的地位较高，它有利于这些国家宏观经济政策的协调。

2. 集中型监管体制优缺点

一是具有独立于证券市场参与者之外的统一管理机构，能较公平、公正、客观、有效、严格地发挥监督作用，并能起到协调全国证券市场的作用，防止出现过度竞争的局面；二是具有专门的证券法规，保证证券交易行为有法可依，提高证券市场监管的权威性；三是由于管理者的超脱地位，该体制比较注重保护投资者的利益。但由于证券市场的管理涉及面广，单靠全国性的证券监管机构而没有证券交易所和证券商协会的配合很难胜任，难以实现既有效管理又不过多行政干预的目标。正因为如此，实行集中型管理的国家也开始注重发挥证券交易所和证券商协会自律管理的作用。

近年来，随着金融混业经营逐步代替分业经营，美国证券监管体系也有了一些变化。《金融服务现代法案》（简称《法案》）允许以金融控股公司方式实现银行、证券公司、保险公司之间的相互渗透，为保证金融监管的健全性，《法案》对金融监管框架也进行了改革。按《法案》规定，由美国联邦储备局（FRB）继续作为综合管制的上级机构，对金融控股公司实行监管，另外由美国货币监理署（OCC）等银行监管机构、SEC 和州保险厅分别对银行、证券公司、保险公司分业监管，因而采取了综合监管与分业监管相结合的模式。另外，还规定了 FRB 与按职能划分进行分业监管的机构之间互通信息，通过加强综合监管与分业监管之间的联系，保持金融控股公司集团内的健全性。并且，该法案还就 FRB 与分业监管机构在监管优先权上做出明确规定，FRB 对金融控股公司集团整体实行监管，必要时对银行、证券、保险等公司的限制监督行使裁决权。另外规定，若分业监管机构认为 FRB 的限制监管内容有重大恶劣影响时，分业监管机关具有裁决权。对将来开发新产品的监管归属划分上，也做出相应规定：首先，对是否属于金融商品的审定，由 FRB 负责；其次，对是否属于证券商品的审定，由 SEC 负责；另外，对是否属于保险商品的审定，基本上由州保险厅负责，但当 OCC 认为有关商品属于银行商品并且在解释上与州保险厅发生分歧时，应服从税法规定。

（二）自律型监管体制

自律型监管体制是指除了某些必要的国家立法外，较少干预证券市场，对证券市场的管理主要由证券交易所及证券商协会等组织进行自律管理。自律组织通过其章程、规则引导和制约其成员的行为。自律组织有权拒绝某个证券商为会员，并对会员的违章行为实行制裁，直至开除其会籍。自律型监管的典型代表是英国。

1. 自律型监管体制的特点

（1）没有专门制定证券市场管理法规，而是通过一些间接的法规来制约证券市场活动。以英国为例，它没有证券法或证券交易法，但有一些间接的法规，如《1958 年防止欺诈（投资）法》、《1973 年公平交易法》、《1976 年限制性交易实践法》、《1984 年证券交易所（上市）条例》和《1985 年公司法》。

（2）未设立全国性的证券管理机构，而是靠证券市场及其参与者的自我管理。以英国为例，其自律管理机构由证券业理事会、证券交易所协会及企业收购和合并问题专门小组三家机构组成。

2. 自律型监管体制优缺点

第一，它既可提供较为充分的投资保护，又能充分发挥市场的创新和竞争意识，从而有利于市场的活跃；第二，它允许证券商参与制定证券市场管理条例，鼓励它们模范地遵守这些条例，从而使市场管理更切实际；由市场参与者制定和修改证券管理条例比由议会制定证券法规具有更大的灵活性，效率更高；第四，自律组织能对现场发生的违法行为做出迅速而有效的反应。

自律型监管体制也存在一些不足：一是自律型监管通常把重点放在市场的有效运转和保护证券交易所会员的利益上，对投资者的保护往往不够充分；二是监管者的非超脱地位难以保证监管的公正；三是由于没有立法做后盾，监管手段较软弱；四是由于没有专门的监管机构，难以协调全国证券市场的发展，容易造成混乱。

由于存在以上缺陷，实行自律型监管的国家也纷纷仿效集中型监管体制的某些做法，朝政府管制与市场自律相结合的方向发展。英国政府在 1997 年专门成立了金融监管服务局（FSA），负责对银行、住房信贷机构、投资公司、保险公司的审批和审慎监管，并负责对金融市场、清算和结算体系的监管。与此同时，英格兰银行审慎监管银行业的职责被剥离，其职责是执行货币政策，发展和改善金融基础设施，充当最后贷款人以及保持金融体系的稳定。英国开始正式实行全能型的混业监管模式。

（三）中间型监管体制

中间型监管体制既强调立法管理，又注重自律管理，目前，世界上大多数实行集中型或自律型监管体制的国家已逐渐向中间型过渡，使两种体制取长补短，发挥各自的优势。由于各国国情不同，在实行中间型监管体制时，其侧重点有所不同，有的倾向于集中监管，有的倾向于自律监管。

三、中国证券市场监管体制

（一）中国证券市场监管体制建立与发展的原则

1. 促进证券市场的效率与秩序协调发展原则

证券市场监管的最终目的在于提高证券市场的运作效率和秩序，以保证其对经济发展的促进作用。证券市场的效率则表现在两个方面：一是证券市场能形成均衡价格，且该均衡价格能够正确地反映价值；二是能够按照均衡价格迅速成交，手续便捷。证券市场的秩序是指参与主体按照市场的规则有序地运行，秩序与效率是相互依存的。

2. 有效保护投资者合理利益原则

规范与监管证券市场的另一重要目的是要防止机构或个人利用信息优势从事各种欺诈活动，促进证券市场健康发展。因此，政府应当从保护投资者合理利益的角度出发来建立各种有效的、公正的、反欺诈、反操纵、反内幕交易的制度，其中最为重要的是公开信息披露制度。

3. 监管成本最小化与收益最大化原则

由于市场自身的缺陷，仅靠自由的市场机制难以达到资源的最优配置，故作为社会公共利益代表的政府需通过建立证券市场监管机构对证券市场运作进行不同程度的干预。然而，证券市场监管也存在成本问题：一是不合理的监管行为（监管不足及过度或监管权滥用）会对证券市场的规范发展造成较大损害；二是政府监管本身耗费大量的人、财、物力，这两方面的成本就构成监管机制的运行成本。因此，合理地设计资本市场监管组织体系的结构，制定行之有效的监管制度，建立高素质的专业监管队伍，是发挥和提高我国市场监管机制的功能和效率，降低运行成本的基本保证。

（二）中国证券市场监管体制的现状

目前，我国证券市场集中统一的监管体制已经确立，但如何对其进行完善是亟待解决的问题。总体而言，监管体制模式的设计应主要取决于一国资本市场的发育程度与自由度以及政府对经济运行的调控模式。同样，我国资本市场与资本监管的现状，决定了我国市场监管新体制的设计，只能是在渐进改革中逐步接近市场管理模式。故应在中央政府集中统一管理、调控、监督、指导下，充分发挥地方政府的作用和市场的自律功能，综合运用法律手段和市场手段，实行中央、地方监管与市场自律相结合的监管体制。

中国证券投资监管体制是随着中国证券投资和证券市场的发展而逐步建立和完善的。1992年之前，所有与证券投资相关的事务都由中国人民银行的金融管理司负责监管。现行的中国证券投资监管体制的监管主体主要分为两个层次：第一个层次是中国证券监督管理委员会（CSRC，简称证监会），其主要负责监管事宜。第二层次是中国证券业协会、中国国债协会和证券交易所，主要负责行业的自律管理。

1. 中国证券监督管理委员会（简称证监会）

证监会接受国务院的指导、监督、检查和归口管理，履行对证券市场进行全过程、全方位监督管理的职能。其主要职责包括以下几方面：一是根据国务院授权起草或制定有关证券业和证券市场管理的规则和实施细则，起草证券法规；二是监督、管理有价证券发行、上市、交易及其相关活动；三是对证券经营机构，证券清算、保管、过户登记机构，投资基金经营机构和证券从业人员的业务活动进行监督，会同有关部门制定证券从业人员的资格标准和准则，并进行监管；四是会同有关主管部门审定从事证券业务的律师、会计师事务所，签发证券业执业许可证书；五是依法监督管理证券交易场所的业务活动；六是监督上市公司及其有关人员执行证券法规的行为，审查上市公司的有关报告，监督上市公司的收购、兼并活动；七是对境内企业直接或间接向境外发行具有股票性质和功能的证券及其上市行为进行监管；八是依据有关法律法规，会同有关部门对违反证券法规实施细则和有关具体规则的行为进行调查、处罚；九是会同统计部门编制证券统计资料，向证券业和社会公众提供信息；等等。

资料链接

浏览中国证券监督管理委员网址：www.csrc.gov.cn，了解证券市场的法律法规、政策条例等相关信息。

2. 中国证券业协会

中国证券业协会是依法注册的具有独立社团法人资格的全国证券行业自律性组织，主要具有以下几方面职能：一是根据国家的有关政策、规划拟订自律性管理规则，加强行业管理；二是树立公平、公正、公开的原则，维护行业信誉；三是统一会员的交易行为，调解会员间的纠纷，维护市场秩序；四是监督、审查会员的营业及财务状况，并对会员进行奖励和处罚；五是接受主管部门的授权，调解或仲裁会员与顾客间的争议；六是统一组织场外交易市场，并提供统一的报价交易系统；七是组织从业人员的各类培训，实行统一的证券行业人员资格考试和资格审查，提高从业人员的业务素质和管理水平；八是开拓证券市场，推广普及证券新业务、新知识；九是开展有关证券市场发展的调查研究，向有关部门提出建议并及时反映会员要求；十是搜集、整理国内外证券行业信息，向会员和社会公众提供咨询服务；十一是负责本行业的对外联络和国际间的交流与合作；十二是接受主管机关和有关部门和单位的委托事宜；等等。

3. 中国证券投资监管体制存在的问题

（1）自律组织的监管作用弱化。自律管理是证券业监管不可或缺的一环。自律组织是否健全，自律管理是否有效，是一个市场成熟与否的重要标志。自律来自会员对自身声誉、职业操守和投资者信任的珍惜，是政府监管所无法完全取代的。但现实情况是我国证券业自律组织的自律管理作用并未得到充分发挥：从证券业协会来看，大部分券商是由部门和地方政府出资组建的，券商只是部门、地区利益的代表，而非独立的证券市场的运作主体，因此，券商在客观上缺乏基于利益协调基础上的市场自律的需求，这是导致证券业协会这一自律组织职能虚置的重要原因。就证券交易所而言，沪深两大证券交易所在上市公司股本结构和运作方式、交易所组织结构和交易清算方式以及投资者结构等方面基本雷同。两大交易所在同一个市场上竞争，在一定程度上影响了自律监管主体职能的发挥。此外，证券监管在职能关系方面也尚需进一步理清。国际上一种较为公认的自律和他律监管的职能分工是：他律监管主要监督公司发行信息的披露，并对券商、中介机构、投资者和上市公司的违规行为进行调查和惩处；自律监察主要负责对券商、中介机构的经营行为进行监督，防范市场价格的异常波动并对市场参与者的一般违规行为给予处罚。反观我国，他律机构不仅对证券的发行、公司并购等直接介入，还常常对二级市场进行直接干预，这固然和我国国情有关，但也限制了自律组织的作用范围。

（2）中介机构的监督作用发挥有限。律师事务所、会计师事务所、资产评估事务所等中介机构是维护证券市场“三公原则”的重要力量。在成熟市场经济国家，对市场主体的监管，政府监管机构主要起着合规性审查功能，真正的业务把关是由中介机构进行的。中介机构凭借自身的专业技能、业务信誉和职业操守，在公司的发行、上市、资产重组等领域起着重要的作用，所提供的法律意见、财务审计、资产评估、信息披露等职业报告是监管机构和投资者做出合规性意见和商业判断的基础。而我国中间机构的相对独立性尚未确立，各种不正当行为普遍存在，因此，应进一步加强相关立法及加大违规行为的处罚力度，以促进中介机构行为规范。

（三）中国证券市场监管体制的完善

1. 完善证券市场监管体系的相关措施

完善我国证券市场监管制度与体系，应明确其基本思路：一是在监管体系已基本构建成形的情况下，应注重证券市场监管的深化，完善市场监管的法律法规体系；二是在进一步完善监管体制的问题上，要逐步建立政府监管、行业自律、交易所把关的三者并重的监管体制，尤其是要充分发挥行业的自律作用；三是在证券市场监管机构建设上，要形成集中、统一和权威的监管机构，减少不必要的监管权力分散化。总体目标是构建集中统一的监管体制，实现集中监管和分散监管在一定程度上的有机结合，完善法律体系，提高监管效率，保护投资者利益，保证证券市场规范发展。其目标模式的基本特征：

（1）集中但非集权型的市场监管体制。所谓集中型的管理体制，就是在市场体系内，市场的管理只能由一个主管部门进行，以克服多部门管理中的权力互相摩擦和责任推诿，克服地方割据市场的弊端，排除法律、法规、政策不统一，市场行为不规范等弊端。所谓非集权型的监管体制，是指国家主管部门不参与市场具体经营活动的审批，给市场的行为主体以充分发展的空间。

（2）建立“官民结合”的监管机构。证监会作为管理市场的最高权力机构，具有直接的、集中的监管权。为了避免证监会监管权力的广泛性和监管行为的刚性给市场运行带来消极后果，证监会应吸纳市场自律组织机构的代表参与管理，使其由纯官方行政机构转变为“官民结合”的监管机构。其基本思路是：证监会由国务院直接领导，证监会主席及主要负责人由国务院确立或委派，同时吸收证券业协会、投资者、证交所代表参与决策和管理。证监会在制定和执行政策时既要代表政府的意志，又要反映市场的要求，使政府干预市场的行为与市场运行内在要求之间的矛盾得到协调。这样既可以减少政府监管行为的随意性和刚性，促进市场按规律运作，又可以培育和发挥市场机制的自律作用，为立法和政府的监管留有充分选择的余地。

（3）政府与市场相对独立。国家监管机构应当是资本市场重大政策的决策者、市场运作的监督者、各种利益冲突与矛盾的协调者、市场纠纷的仲裁者和破坏市场秩序行为的制裁者，但不能直接代替行为者决策，市场应保持相对独立。政府管理机构应完全超脱于市场且对具体业务不加干涉，而证券市场出现问题则立即采取措施，以体现监管机构的权威。

（4）充分发挥证券市场自律功能。健全证券协会和证券交易所双重自律机构，并以法律形式确认自律机构的法律地位，赋予其制定运作规范与规划、监管市场、执行市场规则的权力，使市场的自律机构充分发挥自我监管、自我发展、自我约束的功能。

（5）综合运用法律与市场调节手段。法律监管是通过审核管理和信息公开手段，为公众投资者提供及时、准确、可靠的公司和证券信息，确保市场各行为主体依法办事，防止并制裁资本市场违法行为。所谓市场调节，是政府通过调整经济政策，如利用利率杠杆、税收杠杆及产业政策的导向等措施，实现影响资本市场的行为。

2. 理顺监管各主体之间的关系

（1）理顺证监会与中央各部委之间的关系。建立集中统一的资本市场监管体制，目的在于克服现行体制下证券业立法、政策制定和执行过程中“政出多门”、“部门和地方保护主义”行为，使政府在资本市场上所身兼的“运动员”和“裁判员”两职责相分离，但这并不意味着资本监管体系对其他政府部门的绝对独立和封闭。证监会可以设立兼职代表席位，由中央各部委派人出席。兼职代表的职责是向证监会传递其所在部门的意见并反馈意见，协调双方的关系，证监会在立法和制定政策过程中应积极听取和吸纳其他政策部门的意见，但具有终裁的独立地位和权威。

（2）理顺证监会与地方政府之间的关系。证监会在各地设立的派出机构，应及时与地方政府有关部门沟通，邀请地方政府派代表参加有关会议以便相互交流信息，地方政府由负责管理变为参与管理，无权决定证券监管部门的行政执法事务，地方政府若有对证监会地方派出机构工作不满，可申请证监会出面协调。

（3）理顺证券主管机构与自律组织之间的关系。自律管理的重要性表现在：其一，它是政府管理的必要补充；其二，有利于市场机制作用的发挥；其三，它是政府行为和法律规范发挥作用的基础。因此，在新的监管体制中，应加强市场的自律管理功能，把日常的业务管理交由自律组织承担。自律组织有权制订执行日常业务管理规则，并行使惩戒职能，同时也要接受证券主管机构的指导、监督和管理。具体的实施可以通过证券业自律组织资格授予、工作考核，以及自律组织管理规则审批、授权、仲裁等方式来进行。

3. 建立对监管者的监督约束机制

由于市场监管时常出现监管者以行政指导代替依法监管的情况，政府监管的有效性不足，就有必要设法对监管部门加以监管。其具体措施是：一是建立对监管者的监督约束机制，加强监管机构纪检部门，建立纪检部门对监管工作的调查制度；二是根据《证券法》等法规关于监管工作人员的法律责任及监管部门工作人员职责，制订对违法监管、执法不严或失职、渎职等行为的处置办法；三是定期公布有关监管信息，增强监管的透明度；四是扩大和完善社会公众对监管者的举报制度。

4. 完善信息披露制度

信息披露是现代资本市场监管的核心内容，对其监管将贯穿于证券的发行、上市、流通的全过程。

（1）制定完整的信息披露制度。从证券市场运行的全过程来看，信息披露制度包括证券发行信息公开制度和信息持续公开制度；券商与交易所的信息管理；政府部门、新闻媒体及信息咨询服务的信息管理等。同时，以法律手段的形式使该制度得以强化，保证投资者获得相关信息的权利，信息披露主体有信息披露的义务，并在违反义务时承担相应的法律责任。

（2）合理确定信息披露的标准。分别在时间的及时性、数量的充足性、内容的有效性三个方面对信息披露制度做出要求。一方面，使上市公司在披露信息时了解有关规定，知道什么信息必须加以公告，在什么时间公告，以何种方式公告；另一方面，对机构监管提供了相应尺度，以法律或规定的形式强化信息披露制度，做到有法可依、执法必严。

5. 加强证券市场运行结构的监管，促进证券市场规范化

证券市场结构主要包括发行市场和交易市场两大部分。对证券市场运行监管的细化，应分为证券发行监管与交易监管两方面，其具体措施如下：

（1）证券发行与上市监管是证券市场监管深化的基础和重要前提。对证券发行与上市监管应注重几个方面：①目前实行发行注册制度的条件尚不具备，因此，应当在现行审批核准制框架中，尽力提高发行监管的效率、专业化水平和透明度：一是建议在地方证管部门层面上成立由专业人士和专家组成的发行初审委员会，提高初步筛选的科学性，使其对拟上市企业改制情况的初审报告成为证监会进行合格性审核的重要依据；二是根据现行经济发展水平，科学、定量化地制订年度新股发行规模及其额度配置，并逐步形成相对稳定的公布制度，以减少其随意性对股市的冲击；三是应切实落实《证券法》中对发行监管制度改革的规定，并不断地加以完善。②规范上市公司是稳定和发展资本市场的关键，必须加强上市公司监管，变联动制为分离制，强化市场淘汰机制，严格执行上市公司摘牌制度，努力提高上市公司质量。例如，退市制度必须规定：一旦公司面临退市，有关部门应提前监控、冻结公司的资产、资金、账户，防止转移，重罚相关责任人并予以刑事处罚。同时，若该公司在上市前有财务造假、过度包装、虚增利润等行为，应事后追究承销商、保荐人、会计事务所、律师事务所、发审委的民事责任和刑事责任，并向中小投资者进行经济赔偿。③积极培育机构投资者，扩大市场需求，调整投资主体结构，力求维持市场供求均衡。④积极探索在国企筹资与转制、上市公司信息披露、贯彻监管“三公”原则等方面取得突破，条件相对成熟时，将发行审批核准制过渡为注册制。

（2）证券交易监管是证券市场监管深化的重点，也是市场稳定运行的保证：①增强法律意识，坚决打击各种市场操纵、内幕交易、证券欺诈、虚假陈述等不正当交易行为，增强监管法规实施力度，并在实践中进一步加强法规制度的可操作性。②大力推进市场供需的双向培养，在增强流动性的同时抑制过度投机，实现供需力量的均衡增长，政府应在相当长时

期内以有意识地干预和维持市场供需的动态平衡作为监管目标。③逐步解决国有股和法人股的流通转让问题，实现同股同权，促进上市公司现代企业制度的有效形成。④在加强证券市场基础设施建设的同时，成立全国性的股市风险监控系统，使市场风险管理通过监管手段的改进而得以强化，并以此防范信息网络技术运用所带来的风险。

（3）证券市场监管要围绕保护公共利益、防范风险来进行，促进证券市场的规范化。解决中国股市根本问题的出路是进行第二次股改、制度重建。其主要内容包括：①为了与国际股市接轨，防止上市公司一股独大，增强企业活力，促进资本市场的购并重组，对今后新上市的公司，应通过转让、缩股、存量发行等方法，将大股东的持股比例限制在30%。②为了防止再融资中的高价恶性圈钱，避免上市公司股本的过度扩张，维系市场的供求平衡，切实保护投资者的利益，应规定：所有上市公司再融资，除了与历年分红率挂钩以外，尽量提倡发行债券；即使搞定向增发，应将所增发的股份定性为国际股市通行的“优先股”，即只能获取分红，只能在场外定向转让，永远不能在二级市场抛售。③为了有效克服企业上市圈钱饥渴症，减少上市前的包装造假行为，避免利益相关方的相互勾结及新股“三高”发行，鼓励大小股东加强企业经营，维护市场稳定，可规定：今后的新上市公司，一年解禁的PE和小非，减持价不得低于发行价的90%；三年解禁的大非，减持价不得低于发行价的80%。

第二节　证券发行主体的监管

一、证券发行过程的监管

世界各国对证券发行的监管，一般有两种制度：一种是注册制，该制度遵循的是公开原则；另一种是核准制，遵循的是实质管理原则。

（一）注册制

（1）注册制的含义。注册制是指发行者在准备公开募集证券时，将依法应公开的各种资料完全、准确地向证券主管机构汇报并申请注册登记。因此，注册制实质上是一种证券发行公司的财务公布制度，它要求发行者对所提供信息的真实性、可靠性承担法律责任。注册制遵循的是“公开原则”。注册制并不禁止质量差、高风险的证券上市。

（2）证券注册发行。证券注册发行的代表是美国、日本等国家。《美国1933年证券法》规定，发行者在发行股票前，首先要向证券交易委员会呈报注册申报书并申请注册。注册申报书包括两部分内容：第一部分是公开说明书，第二部分是发行者的有关情况资料和图表。证券交易委员会在收到注册申报书后，应就其记载的完整性和正确性加以审查，如发现内容有瑕疵，一般通过“评议书”形式通知申报人修改；如发行内容有虚假或欺诈等重大问题，则发出“停止生效命令”，以推迟申报生效时间。申报书经申报人修改后若仍达不到要求，则将被拒绝生效。申报书经证券交易委员会审查，如未发现问题，则在接到申报书之日起20天后，申报书自动生效，发行公司已具备公开发行股票的条件。但申报书生效后，并不意味着证券交易委员会证明申报内容真实无误，而仅是认定该股票的合法性。若证券交易委员会事后发现申报书的内容有虚假、欺诈情况，则仍可追究申报人的责任。

（3）注册批准的证券发行责任。如果证券发行者在注册申报书中有意谎报、漏报公司实况，并蒙骗证券主管机关，使发行注册生效，根据相关法律，证券购买者有权起诉，对以下各方当事人追究民事责任：证券发行人、承购并分售证券的投资银行、参与“证券注册申报书”起草与审定并在其上签章证明属实的会计师及其他专家。

（4）注册制的优点。注册制一方面为投资者创造了一个信息畅通的投资环境，引导和调节投资者投资规模和方向；另一方面为筹资者提供一个平等的竞争场所，证券质量好、收益高、流动性强，该证券就成为热门证券，反之则会被市场淘汰。

注册制能否很好地发挥作用，关键在于是不是所有投资者在投资之前都能掌握各证券发行者公布的所有信息，以及能否根据这些信息做出正确的投资决策，而这又与投资者的素质和各国证券市场的历史长短有关。

（二）核准制

（1）核准制的概念。证券发行的核准制，即在规定证券发行基本条件的同时，要求证券发行者将每笔证券发行报请主管机关批准。核准制遵循的是实质管理原则，即在信息公开的基础上，阻止一些不符合要求的低质量证券进入证券市场。实行核准制的主要有实行大陆法系的欧洲大陆国家、中国等。核准制也较多运用于新兴的证券市场。

（2）证券发行资格。在实行核准制的国家，都规定证券发行条件。由于各国具体情况不同，证券发行的具体条件也不同，但一般考虑以下因素：①发行主体营业性质，管理人员的资格、能力；②发行公司的资本结构是否健全合理；③公开资料是否充分、真实；④发行证券用来筹资的项目是否有成功的机会等。

二、信息披露制度

为了保护投资者的利益，保证证券市场“公开、公正、公平”地运行，必须重视发行市场和流通市场的信息披露制度。特别是股票市场，其信息披露对投资者尤为重要。以下以股票信息披露制度为例，探讨信息披露制度。

（一）信息披露的内涵

1. 信息披露制度的内涵

信息披露制度是指股票市场上的有关当事人在股票的发行、上市和交易等一系列环节中依照法律、股票主管机关或股票交易所的规定，以一定的方式向社会公开与股票有关的信息而形成的一整套规定。

2. 信息披露制度的特征

（1）从当事人看，它是一个以发行人为主线，由多方主体参与的制度，这些当事人可以分为信息披露主体和信息披露参加人。信息披露主体包括证券发行人和特定情况下的投资人。特定情况是指基于法律特别规定而须进行披露的有关信息的情形，如国务院颁布的《股票发行和交易管理暂行条例》第 47 条规定的投资者持有某一上市公司发行在外股份总额 5% 以上时须披露的情形。信息披露参加人是指信息披露主体以外的信息披露制度中不可或缺的主体，如证券主管机关及信息文件的制作者和审查者等中介机构。

（2）从时间看，它是定期性和不定期性相结合。定期性的信息披露主体主要是股票发行人，披露的主要形式是定期报告（如年度报告和中期报告）。不定期性的信息披露除了股票发行人外还有特定情形下的投资者，其披露义务的产生主要取决于重大事件的产生及行为的变化等。

（3）从内容看，信息披露是一个完整的系统。信息披露制度既包括发行人和特定情况下的投资者的披露义务和披露形式，也包括一般投资大众获得有关信息的权利，还包括信息披露参加人应尽的职责，更包括信息披露的有关当事人在违反义务或职责时所应承担的法律责任。

3. 信息披露制度的功能

（1）完善的信息披露制度有利于保护投资者的利益。投资者信任和信心是股票市场赖以生存的前提。信息披露制度通过规定信息披露当事人的披露义务，规范信息披露行为，杜绝证券欺诈行为，使投资者能够充分了解披露主体的真实情况，避免不应有的风险并获得相应的收益。

（2）完善的信息披露制度可以有效地约束股票发行者和有关人员的行为。一方面，信息披露制度要求股票发行者必须公开自己的真实情况，要求证券承销商、会计师事务所、审计事务所、律师事务所等中介机构勤勉尽责；另一方面，信息披露制度可为股东及时提供正确的参考依据，并反过来促使公司管理层尽心尽责，以实现公司价值最大化目标。

（3）完善的信息披露制度有利于股票市场充分发挥优化资源配置的功能。投资者可根据相关信息做出较为合理的投资决策，从而促使资源流向高效益、高回报的公司。

（4）完善的信息披露制度便于加强对股票市场的管理。信息披露制度要求信息披露当事人及时、真实、完整地披露有关信息，不得有虚假陈述、误导或遗漏等情形，这些规定为主管机关提供了实行依法追惩的依据。

（二）信息披露的标准

信息披露行为的优劣可从信息披露的时间、信息的质量和信息的数量三方面来考虑，由此归纳出信息披露的标准是及时、有效和充分。

（1）及时。是指发行人应毫不迟疑地依法披露有关重要信息。从发行者的角度看，及时披露重要信息，可使公司发生的重大事件和变化及时告知市场，使公司股价依据新的信息及时做出调整，以保证股票市场的连续和有序；对投资者而言，及时披露可使投资者根据最新信息及时做出理性投资决策，避免因信息不灵而遭受损失；从社会监管的角度看，及时披露可缩短信息处于未公开阶段的时间，以缩短掌握这些未公开信息的内幕人士可能进行内幕交易的时间，减少监管的难度。基于上述考虑，各国证券法规均将及时披露作为对发行人披露义务的首要要求。我国上市公司年报披露截止日为次年四月底，尽管一些公司会提前披露快报，但总体上看信息滞后问题较为严重。

（2）有效。有效是对信息披露的质量要求，主要表现在以下两个方面：

①信息的准确性。它主要包括两项内容：第一，披露的信息必须正确反映客观事实；第二，准确的信息发生变动，发行人须予以更正，以正确地反映当前的事实。

②信息的重要性。发行人披露的信息必须具有重要性。但何为重要性问题却未找到一个被普遍接受的客观标准。各国证券法在对待信息披露的重要性标准问题上做法各不相同。

（3）充分。充分是对信息披露的量的要求，即要求信息披露当事人依法充分公开所有法定项目的信息，不得有欠缺和遗漏。

充分披露包括形式上的充分和内容上的充分。信息披露的形式可分为法定形式和任意形式。法定形式的披露主要是通过财务报表、定期报告、临时报告等形式加以体现；任意形式是指法定形式以外的形式，如新闻发布会等。无论以何种形式披露信息，信息披露人均须对所披露信息的准确性负责。

信息披露的充分性主要体现在内容的充分性上。各国证券法规大多对各种不同事项规定了各种披露表格，披露只能按表格上所列的条款编制披露报告，不得有任何遗漏和删减。

（三）信息披露的形式

按发行所处阶段的不同，信息披露可分为发行和上市新股票的初次披露义务和持续披露义务。前者的披露形式主要是招股说明书和上市公告书，后者的披露形式主要是定期报告和临时报告。

第三节　证券投资主体的监管

证券投资者可分为法人投资者和个人投资者两类。证券投资者的投资行为直接影响证券市场的稳定与否。为了防止证券投资者利用不正当手段影响证券市场，获得不正当利益，正确引导和调节投资者的投资规模和投资方向，为投资者创造一个公平、合理、正常、有序的证券投资环境，各国一般都对证券投资者进行管理。

一、对法人投资者的监管

法人投资者是指投资于各类证券的企业、事业单位。对其管理主要包括以下三个方面：

（1）审查法人投资者是否可以买入准备投资的证券。根据我国有关规定，并不是所有上市证券都可供任何单位任意购买。

（2）审查法人投资者用于证券投资的资金是否合规。根据我国有关规定，企业和事业单位购买股票，只能使用按照国家规定有权自主支配的资金。

（3）审查法人投资者的投资手续是否完备，经办人是否具有单位投资证明，支付款项填写是否准确，买入证券是否及时办妥证券过户手续，预留印鉴是否真实清楚等。

任何法人直接或者间接持有一个上市公司发行在外的普通股达到5%时，应当自该事实发生之日起3个工作日内，向该公司、证券交易场所和证监会做出书面报告并公告。但是，因公司发行在外的普通股总量减少，致使法人持有该公司5%以上发行在外的普通股的，在合理期限内不受上述限制。任何法人持有一个上市公司5%以上的发行在外的普通股后，其持有该种股票的增减变化每达到该种股票发行在外总额的2%时，应当自该事实发行之日起3个工作日内，向该公司、证券交易场所和证监会做出书面报告并公告。法人在依照前两款规定做出报告并公告之日起2个工作日内和做出报告前，不得再行直接或者间接买入或者卖出该种股票。

【案例分析】

深宝安收购延中实业案

1993年9月14日起，延中实业的股票就一直孤立上涨，9月30日上午11点15分，上交所突然宣布延中实业停牌，深宝安公告已持有5%以上的延中实业股票。延中实业极其震惊，召开董事会，认为这一收购是弱肉强食，不符合公平竞争的原则，同时调动资金反收购，并对宝安公司持股的合法性提出质疑：9月29日宝安上海公司已持有4.56%的延中股票，根据持有5%应申报的规定，在30日只能再购买0.5%的股票。但是，在30日宝安上海公司一笔就购进342万股，使已购股票的比重达15.98%。有关的交易规定是持股达到5%之后，每次只能最多购进2%，一次购进11.42%显然是违规的。在30日这天，宝安上海公司实际已购进479万股延中股票，而公告时只笼统讲持有5%以上的股票，这也是违规的。对此，宝安并不承认自己操作有误。宝安集团总经理陈政立表示，从1992年底公司就决定在上海探索一条股权兼并的投资新途径。9月3日上交所开放机构资金入市，宝安公司即调集大量资金于9月中旬开始收购延中股票。他说并不想全面收购延中实业，只是想做延中的第一大股东，控股延中以参加延中的经营决策，提高公司效益以回报投资者。另外，他还表示公司的收购是善意的，一旦控股，并不会对延中的中层人事做大的调整。延中并不接受这一解释，仍然要求证券监管部门进行调查并处理，并指出这一收购完全是敌意的。证监会调查发现，宝安上海公司在9月29日持有延中股票4.56%，在此之前，其关联企业宝安华阳保健用品公司和深圳龙岗宝灵电子装饰公司在9月28日已分别持有延中股票4.52%和1.57%，两者相加已达6.09%，超过了应公告的数量。9月29日，宝安及其关联企业共持有10.65%的延中股票，30日三公司持有的延中股票已达17.07%。在宝安上海公司大量买入延中股票时，两家关联公司将所持股票中的14.77万股卖给了宝安上海公司，24.6万股卖给了其他股民。据此，证监会认定深宝安持有延中公司的股票有效，但在买卖过程中存在着违规行为。证监会做出如下惩处：宝安公司10月6日又买进2.73%的延中股票，至此已持有19.8%的延中股票。按照有关规定在正常情况下应到11月4日，深宝安才可以持有这么多延中股票，因此在11月4日之前深宝安不能再买进延中股票。由于深宝安没有按照规定履行公开义务，因此处罚款100万元。证监会也明确指出，法人通过大量买入上市公司的股票以达到控股地位是证券市场运作中的正常现象。在证券监管部门的协调下，双方经过反复谈判，延中接受了被收购的事实，放弃了反收购。宝安上海公司成为延中实业的最大股东。并购后的1993年当年和1994年，延中实业公司的业绩大幅提升，股本收益率达40%，净资产收益率亦有大幅度提高。

问题分析：

1. 证监会认定深宝安持有延中公司的股票有效，但在买卖过程中存在着违规行为，你怎么看？

2. 深沪两地的股民多数也支持深宝安的行为，为什么？

二、对个人投资者的监管

（一）审查个人投资者的资格

个人投资者购买证券必须符合国家有关规定。各国一般规定，证券从业人员和证券有关部门工作人员等不得买卖股票。证券交易所，证券公司，证券登记结算机构从业人员，证券监督管理机构工作人员和法律、行政法规禁止参与股票交易的其他人员，在任期或者法定限期内，不得直接或者以化名、借他人名义持有、买卖股票，也不得收受他人赠送的股票。任何人在成为前款所列人员时，其原已持有的股票，必须依法转让。

禁止证券交易内幕信息的知情人员利用内幕信息进行证券交易活动。我国证券法规定以下人员为知悉证券交易内幕信息的知情人员：（1）发行股票或者公司债券的公司董事、监事、经理、副经理及有关的高级管理人员；（2）持有公司5%以上股份的股东；（3）发行股票公司的控股公司的高级管理人员；（4）由于所任公司职务可以获取公司有关证券交易信息的人员；（5）证券监督管理机构工作人员以及由于法定的职责对证券交易进行管理的其他人员；（6）由于法定职责而参与证券交易的社会中介机构或者证券登记结算机构、证券交易服务机构的有关人员；（7）国务院证券监督管理机构规定的其他人员。

为股票发行出具审计报告、资产评估报告、法律意见书等文件的有关专业人员，在该股票承销期内和期满后6个月内，不得购买或者持有该股票。为上市公司出具审计报告、资产评估报告、法律意见书等文件的有关专业人员，在其审计报告、资产评估报告、法律意见书等文件成为公开信息前，不得购买或者持有该公司的股票；成为公开信息后的5个工作日内，也不得购买该公司的股票。

（二）对个人投资者购买证券途径的监管

根据我国有关规定，个人投资者购买证券必须到经国家批准经营证券的机构购买，不得进行私下非法购买。股民不可直接到证券市场买卖股票，只能委托券商而且不得买空卖空。不允许透支交易。

（三）对个人投资者买卖操作的管理

证券交易当事人依法买卖的证券，必须是依法发行的证券。非依法发行的证券，不得买卖。依法发行的股票、公司债券及其他证券，法律对其转让期限有限制性规定的，在限定的期限内，不得买卖。经依法核准的上市交易的股票、公司债券及其他证券，应当在证券交易所挂牌交易。证券在证券交易所挂牌交易，应当采用公开的集中竞价交易方式。

任何个人不得持有一家上市公司5%以上的发行在外的普通股；超过的部分，由公司在征得证监会同意后，按照原买入价格和市场价格中较低的一种价格收购。但是，因公司发行在外的普通股总量减少，致使个人持有该公司5%以上发行在外的普通股的，超过的部分在合理期限内不予收购。外国和中国香港、澳门、台湾地区的个人持有的公司发行的人民币特种股票和在境外发行的股票，不受前款规定的5%的限制。股份有限公司的董事、监事、高级管理人员和持有公司5%以上有表决权股份的法人股东，将其所持有的公司股票在买入后6个月内卖出或者在卖出后6个月内买入，由此获得的利润归公司所有。

内幕人员和以不正当手段获取内幕信息的其他人员违反本条例规定，泄露内幕信息，根据内幕信息买卖股票或者向他人提出买卖股票建议的，根据不同情况，没收非法获取的股票和其他非法所得，并处以5万元以上50万元以下的罚款。证券业从业人员、证券业管理人员和国家规定禁止买卖股票的其他人员违反本条例规定，直接或者间接持有、买卖股票的，除责令限期出售其持有的股票外，根据不同情况，单处或者并处警告、没收非法所得、5 000元以上5万元以下的罚款。

第四节 证券经营机构的监管

投资者一般不能直接参加证券的交易，而是通过证券商实现证券的交易行为。在证券发行与交易过程中，证券商是连接发行人与投资者、投资者与投资者之间的纽带。所以，证券商的行为对整个证券市场和广大投资者的利益都有重大影响。从市场角度看，证券市场越发达，对证券商的要求就越严格。世界各国对证券商的管理都有严格的规定，一般来说，对证券商的监管包括对证券商资格的监管、对证券商资金的监管和对证券商行为的监管。

一、对证券商资格的监管

（一）证券商设立的审查

由政府机构直接进行证券商的资格审查，核发许可证已成为国际上通用的做法。有所不同的是：有的国家只要经过政府部门批准就可以自动成为证券交易所会员、证券同业公会会员，如日本、韩国等；而有的国家在政府机构批准之后，并不一定被证券交易所吸收为正式会员，即不能取得完全的证券商的资格，如美国、英国等，证券交易所和证券同业公会对推荐和选举程序、会员资格等有相对独立的规定和审批权力。在中国，凡是专营证券业务的证券公司必须经中国证监会批准，发给“经营许可证”，再到工商管理部门办理营业执照。

（二）取得证券商资格的主要条件及限制

采取注册制设立的证券商，必须具备以下条件：达到注册资本额的最低标准；缴纳保证金；从业人员已具有相应的知识、经验与能力；通过专门的考试。

采取特许制设立的证券商，必须具备下列条件：拥有足够的注册资本金；具有相应的知识、技能与经验；信誉良好。

关于证券商的组织形式，各国的规定不一样。目前，比利时、丹麦等国家仍然采取个人或合伙制的形式；德国和荷兰的法律明确规定，证券商可以采取多种组织形式，但实践中只限于个人或合伙的形式；马来西亚、新西兰、南非等大多数国家和地区的理论与实践均允许采用个人或公司法人形式；而新加坡、巴西等国的法律则只允许采用公司法人的形式。未来证券商逐渐采用公司法人形式，是必然的发展趋势。

（三）证券商申请审批程序及必备文件

各国的公司法人和自然人，若想成为证券商，从事证券经营业务，首先要对照该国法律及有关证券商资格的规定，符合者即可向该国证券监管机构提出申请。若经审查，证券监管机构认为符合条件的发给特许证，申请人同时要提供以下资料：（1）推荐信或推荐书。有的国家要求大银行推荐，有的要求大的证券商推荐。（2）会计师事务所开具的资信证明和验资报告。（3）股份制公司要提供公司章程。（4）房产证明或租赁房产证明，以上房产应该是可以用于营业的。（5）公司法人、董事、监事、经理人员等主要从业人员履历，即过去从事金融工作业绩的证明等。

在实行会员制管理的证券变易所，申请人必须办理入会手续才能成为正式会员证券商，有的国家证券交易所独立性很强，有一套独立的审查程序和条件，除了要求提供与证券监管机构相同的文件资料外，还着重在以下方面进行审查：要求入会的申请人必须有实际经营证券的资历或者是银行家；必须有规定的资产限额；外籍人士入会必须提供加入本国国籍年限证明，或长期居住的年限证明。有的国家证券交易所还要求老会员出具担保证明。

二、对证券商资金的监管

证券商的资金在其交易过程中具有十分重要的作用，而交易保证金和自营交易额则可以有效地避免交易过程中的道德风险和逆向选择问题。为保证证券商履行其职责，各国和地区对证券商的资金均有规定。

（一）规定最低资本限制

资本金是证券商所拥有的自有资金，资本金的高低影响着证券业的进入门槛。现代经济理论表明，资本金可以起到抵押品的作用，防止证券商为了自己的利益随意侵害投资者利益。资本金还可以向投资者表明证券商的实力，降低证券商和投资者之间的信息不对称程度。各个国家和地区对最低资本限额的规定也各不相同。比如，荷兰为 5 万荷兰盾；丹麦为 25 万丹麦克朗；卢森堡为 1 000 万卢森堡法郎。

（二）提存保证金

这是最早运用也是比较流行的一种方式。各国对提存保证金数额的规定不一，如法国为 2 000 法郎；丹麦为 10 万丹麦克朗；我国规定证券商必须按监管机关规定提取一定比例的营业保证金，此外还须按盈利额 3% 以上的标准提取证券交易风险基金。保证金的用途为：弥补证券交易及其他业务因事故而发生的损失；赔偿因证券商的失误而对客户造成的损失等。

（三）自营交易额的规定

自营交易额的规定可以避免证券商为了自身的利益损害投资者的利益。如果自营交易额太高，证券商就有优先考虑自己的交易，甚至牺牲投资者利益的动机。我国规定，证券公司账户上持有的证券市价总额不得超过公司资本金的 80%；同一种证券的持有量不得超过公司资本金的 30%；持有同一企业股票的数额不得超过该企业股份总额的 5% 和本公司资本金的 10%；证券交易营业部用于购买证券的资金不得超过其运行资本的 50%。

三、对证券商行为的监管

（一）证券商内外部风险

1. 证券公司外部风险

证券投资风险是指预期收益的不确定性。证券投资风险按风险是否可分散，分为系统性风险和非系统性风险。系统性风险以同样的方式对所有的证券投资收益产生影响，不能通过多样化投资予以分散，故又称为不可分散风险，如利率风险、通货膨胀风险。非系统性风险仅对某一类或个别的证券投资收益产生影响，可通过证券投资组合予以分散，因而又称为可分散风险，如经营风险、信用风险。

2. 证券公司内部风险

证券公司内部风险主要包括经营风险、管理风险和员工犯罪风险。

（1）经营风险。经营风险是证券公司在其业务经营中所面临的风险。一是筹资风险；二是业务单一化引起的集中风险；三是规模膨胀不当引致的风险；四是操作业务不熟练引致的风险，如自营或经纪业务发生亏损。

（2）管理风险。管理风险是由证券公司内部管理的漏洞带来的损益的不确定性，主要包括以下几个方面：一是决策风险；二是内部失控风险，随着分支机构的增加、内部控制松懈而引发的交易授权不当、职责不分，尤为证券公司所忌讳；三是商誉风险，商誉风险是指由于经营管理的失策导致商誉下降，致使投资者信任不足，投资转移的风险；四是技术风险，即因计算机系统或通信系统等业务所依赖的技术设备出现问题而产生的风险；五是凝聚力风险。

（3）员工犯罪风险。主要表现为：一是公司员工特别是领导者出现贪污公款、出卖机密等违法乱纪行为；二是隐藏在证券公司内部的计算机恐怖分子利用操作计算机的便利和技术，偷译计算机系统的密码，通过修改计算机的数据实施犯罪等。

（二）证券公司内部风险控制制度

内部风险控制是在业务经营活动中为明确内部各部门的职责权限，提高工作效率和质量，保护财产完整和安全，确保会计数据的真实可靠，保证经营方式和目标的实现而采取的一系列具有组织、制约、协调功能的业务控制方法、措施和程序的总称。一般而言，证券公司的内部控制制度应包括以下几个方面：重要会议制度（包括股东大会、董事会、监事会和总经理办公会议等）、分支机构管理制度、资金管理及财务会计管理制度、自营业务及经纪业务管理制度、证券承销及资产经营业务管理制度、稽核审计制度、电脑通信系统管理制度、风险控制机构设置制度（如风险控制委员会、专家评审委员会、证券投资决策委员会）。

现阶段，我国证券公司的资本结构多以国有资产为主要股份，依然存在着所有权结构单一的问题，难免出现所有者权益虚置的通病，内部治理人的责任不清。因此，各证券公司应进一步明晰内部产权关系，建立有效的激励与约束机制，完善薪酬制度，从根本上解决内部治理人的风险监管动力问题，使风险控制与其切身利益相一致，并形成相互制约的内部治理结构，防范“内部人”道德风险。

（三）证券商行为的自律监管

对证券商的行为监管是指对证券商的经营活动及其从业人员、管理人员的行为进行的监督管理。各国证券交易所、证券交易同业公会（协会）对规范证券商的行为一般都会实行较为严格的自律监管。主要涉及几个方面：其一，证券商常出现的欺诈舞弊行为包括：扰乱证券市场价格、向散户发布虚假信息、故意炒作、与交易所管理人员共同作弊、隐瞒实际收入、利用证券信用进行投机、骗取客户资金为自己牟利等，自律组织制定规章制度，建立起一种证券商彼此监督、彼此制约的机制，以最大限度地防止证券交易中的欺诈行为；其二，基于证券商行为约束的基本要求，各国证券商自律组织制定监管章程，对证券商交易行为的约束条款一般遵循以下原则：使投资者获得公正和公平对待的原则、充分披露原则、禁止操纵原则、维护市场稳定原则、不得兼职原则、客户优先原则等；第三，是证券商自律组织对证券商违规行为（主要指不道德地、有意识地破坏正常交易）的处罚，西方证券业同业公会等自律组织均有较大的自治权，包括对证券商的惩戒权。处罚的主要措施有：警告、要求证券商撤换从业人员、罚款直至开除会员席位。对证券商的处罚通常由仲裁委员会做出，仲裁委员会一般由会员选出，必要时采取投票的方法对议案进行表决，表决结果为最终决定。

第五节 金融衍生工具风险管理

一、金融衍生工具风险

金融衍生工具是近年来发展迅速的投资工具，是从利率、货币、股票、债券等传统金融产品衍生而来的金融工具的总称。就本质上而言，金融衍生工具是一种通过预测利率、汇率、股价等的趋势以支付少量保证金而签订的合约，签约方有义务或可以有选择地在未来某个时期内买进或卖出特定的金融工具。

金融衍生工具的市场风险是指由于市场因素（如基础利率、汇率、股票价格和商品价格）的变化或由于这些市场因素的波动率的变化而引起的衍生产品价格的非预期变化所产生的损失的可能性。市场风险广义上可分为两大类：远期风险和期权风险。

远期风险是指由于利率、汇率、股票价格和商品价格等市场因素的变化所造成损失的可能性，与这些市场因素相对应，远期风险包括利率风险、汇率风险、权益风险、商品风险等；期权风险是指由于期权价格的变化而造成损失的可能性。影响期权价格的因素主要有合约的执行价格、相关资产的价格、相关资产价格的波动率、合约到期期限和利率等。期权风险是根据期权价格对上述因素变化的敏感性来加以衡量的。

二、国际金融衍生工具风险监管的措施

（一）金融衍生工具风险监管的原则

美国是金融衍生品最为发达的国家，其监管金融衍生工具的原则是：

（1）从事金融衍生商品交易的机构主管当局必须制定一套完善的风险管理、交易咨询收集制度，以此来促使金融衍生商品交易的透明化，从而防范交易损失与不正当交易。

（2）交易所、票据交换所与中央银行必须强化交易、清算以及交割的管理，这项工作应着重于交易日到交割日间的期限标准化，扩大使用交易当天便进行交割的制度，以增强市场的流动性，减轻市场上突发情况造成的冲击。

（3）根据各项金融衍生商品的特性，将需要向主管当局汇报的交易资料标准化，以确保主管当局能够借此评估交易本身以及市场的风险。

（4）金融衍生商品的投资人，尤其是市场大户必须与主管当局合作，遵守相关的交易法令，以促进市场的稳定。

（二）金融衍生工具风险监管的措施

1. 证券监管委员会金融衍生工具风险监管的措施

（1）公司的高管层必须了解、决定、控制和监测所从事的金融衍生商品交易活动。

（2）交易人员的职责包括：应该根据市场价格变化对金融衍生商品仓位进行估值，确定其风险承受度；必须加强模拟交易，应付可能出现的各种最坏情况；其金融衍生商品组合应按市场中间价减去特别调整额或按适当的买入或卖出价进行估值；保证衍生商品交易员具有必要的专业知识、技术水平及实际操作经验；必须计算自己衍生商品仓位的风险，并将其

与市场风险进行比较；应定期预测衍生商品组合对现金投资和融资的要求；应隶属于一个独立和权威的职能部门，以便进行有效的市场风险管理。

（3）明确收益来源，计算收益组成，了解风险来源；定期比较信贷风险和信贷限额之间的比例关系。

（4）交易与最终用户之间的协调：最终用户应根据衍生商品的性质、规模和复杂程度采用与交易员同样的估值和市场风险管理政策；双方必须从现时信贷风险和潜在信贷风险两个方面预测衍生商品的信贷风险；对双方进行独立的信用风险监管；双方应与交易对方尽可能地使用通用合约，明确双方的支付方法，提供净额支付和净额平仓；双方应提高信用，减低风险成本；提高双方执行合约的能力；交易员和最终用户必须明确自己的授权和交易范围；双方的财务报表应包括有关衍生商品的详尽资料，以便人们了解进行衍生商品交易的目的、范围、风险及交易的会计方法。

（5）必须具备足够的信息、交易、交收和管理汇报体系，保证衍生商品交易能按管理政策有秩序、高效地进行；必须建立一套适应衍生商品交易的国际统一会计标准。

2. 国际证券监管委员会对金融衍生工具风险监管的措施

（1）各董事会或相当管理机构在制定风险管理政策、程序及风险防范监督时应纳入金融衍生商品，并明确建立执行责任机制，以便准确及时掌握这一管理状况。

（2）应设置独立的市场风险管理部门来处理、监控风险状况，并建立评估体系。

（3）应建立独立的信贷风险管理部门来考察信贷风险的标准、限度，并审查其杠杆作用及降低风险的具体办法。

（4）鉴于金融衍生商品的快速演化及其复杂性，交易各方应运用诸如财会、监管等适当的方式予以防范。

（5）交易商无论是实体或集团，均应每日准确做一次风险评估；记账、信息体系应能保证前台和后台记录、确认、核批；应不间断地监测其资金运行状况，其中包括损益、现金流量等。

三、加强我国金融衍生工具风险监管

随着中国经济市场化的推进和金融市场的健全，金融衍生工具交易的开展是必然趋势。在发展金融衍生的工具的过程中要特别重视金融衍生产品的风险防范。我国应借鉴成熟市场经济国家的经验，在引进金融衍生产品的同时必须健全相关的法律法规。

（一）加快金融衍生工具市场监管的法律法规建设

一是加快制定统一的《金融衍生品市场监管法》，以保证监管框架的稳定性、持续性和一致性；二是针对不同种类的金融衍生品分别制定相应的法律法规，强化各类规范的协调性和可操作性。

（二）加强对金融衍生工具的宣教工作与市场调研

积极做好新产品的宣传及风险教育工作，同时应加强对金融衍生工具市场的调查统计和研究工作，了解其发展状况并评估其对金融市场的影响，以制定相应的策略。

（三）创造公平竞争的市场

即通过交易规则的完善、交易系统的设置、交易结果的审核等保证交易的公平、公正与公开。为此，还应健全信息披露制度。加强信息披露可以增强市场的透明度，使所有市场参

与者都能及时、准确了解有关市场的变化，并控制其风险。

（四）建立与完善安全保障体系，加强国际合作

应通过建立市场参与者的严格的资格审查制度和交易所的风险防范制度，加强资本充足率的管理，建立安全保障体系。同时，大力加强与各国际组织、各国政府及金融监管当局、各大交易所等机构的国际合作，有益于自身竞争实力的提升。

本章小结

内容摘要：本章主要涉及证券市场监管，包括对证券发行的审查，对证券交易所和柜台市场、投资者、证券中介机构、金融衍生工具的监管等内容，同时对证券交易的限制和信息披露制度、我国证券市场监管体制改革等问题做了简要介绍。

关键概念：证券市场监管　证券市场监管体制　证券发行主体监管　证券投资主体监管　证券经营机构监管　金融衍生工具监管　注册制与核准制

思考题

1. 我国的证券监管体制属于何种类型，有何缺陷，今后应如何改进？
2. 注册制与核准制有何不同？
3. 你认为我国股市信息披露存在哪些方面的问题，应如何改进？
4. 我国现阶段应如何加强对券商的监管？
5. 今后一段时期，我国如何加强对金融衍生工具的监管？

案例分析

A股“5.30事件”与股市监管

2007年5月底，A股上证综指从年初的2 000点涨至4 300点。由于涨幅过大，股民开始担心政府出台相关政策特别是税收政策进行调控，持股心态较为谨慎。5月27日，国家财政部某副部长在媒体前明确表态近期不会调整证券交易税，但29日晚，财政部网站上突然宣布将证券交易印花税由千分之一提高到千分之三（提高两倍），由此引发舆论哗然、市场暴跌，基金经理人刻意砸盘行为明显，上证综指五天内从4 335点跌至3 400点，多数个股跌幅超过30%，投资者损失惨重。事后几天，人民银行某副行长在媒体上表态称“财政部个别领导讲话不能代表政府”。为此，网民们多有质疑：一是财政部领导言论不能代表政府，谁能代表政府，是人民银行副行长还是国务院发言人？二是政府机构出尔反尔，政府诚信与公信力何在？

问题：

本案例的经验教训是什么，问题的深层次原因何在？

应用训练

1. 我国股指期货推出已有数年，但相关法律法规仍存在不足，收集相关资料并就如何完善相关政策法律提出建议。

2. 近期融资融券业务已逐步推开，了解相关政策与法规。

第十二章

证券投资理论

自证券交易市场产生以来，人们就开始了对证券投资理论的研究，从资产组合理论到有效市场理论以及资本市场理论。然而过多的假设使其实用价值大打折扣，痴迷于理论本身反而可能导致投资失败。伴随着证券投资业的迅猛发展，行为经济学主体地位的日益建立及遗传算法、神经网络等各种现代数学工具和计算机技术的广泛使用，人们对证券投资理论的研究视野也日渐开阔，新成果层出不穷，证券投资理论呈现出“丛林”式的发展态势。

第一节　资产组合理论

一、马科维兹的证券组合理论

（一）证券组合理论的假设条件

1952 年，哈里·马科维兹（Harry M. Markowitz）发表了一篇具有里程碑意义的论文①，标志着现代投资组合理论的诞生。该理论对投资者对于收益和风险的态度有两个基本的假设：一个是不满足性，另一个就是风险厌恶。

1. 不满足性

现代投资组合理论假设，投资者在其他情况相同的两个投资组合中进行选择时，总是选择预期回报率较高的那个组合。换句话说，在一期投资的情况下，投资者用同样的期初财富来投资，总是偏好获得较多的期末财富。这是因为较多的期末财富可为投资者未来提供更多的消费，从而获得更多的满足。

2. 风险厌恶

现代投资组合理论还假设：投资者是风险厌恶的（Risk Averse），即在其他条件相同的情况下，投资者将选择风险较小的组合。

风险厌恶的假设意味着风险带给投资者的是负效用，因此如果没有收益来补偿，投资者是不会无谓冒风险的。例如，掷硬币赌博，正面你赢 100 元。反面你输 100 元。由于正反面的概率各为 50%，因此这种赌博的预期收益率为 0，而风险是很大的。显然，风险厌恶的投资者将拒绝进行这样的赌博，因为可能的“赢”带来的愉快程度小于可能的“输”带来的

① Markowitz, Harry M., “Portfolio Selection”, *Journal of Finance*, 7, no. 1 (March 1952): 77 -91.

不愉快程度。

与风险厌恶的投资者相对应的是风险中性（Risk Neutral）和风险爱好（Risk Loving）的投资者。风险中性投资者对风险的高低漠不关心，只关心预期收益率的高低。对风险爱好投资者而言，风险给其带来的是正效用，因此在其他条件不变情况下其将选择标准差大的组合。

在正常情况下，理性的投资者的确是风险厌恶的。但在某些极端的情况下，理性的投资者也可能是风险爱好的。例如，如果你身无分文，并欠别人 1 000 万元，此时若有人要与你掷硬币赌博，正面你赢 1 000 万元，反面你输 1 000 万元。虽然预期收益率为 0，但你很可能会选择赌。因为若赌赢了，你就一身轻松了；若赌输了，你无非多欠人 1 000 万元而已。

（二）证券组合的收益与风险

1. 双证券组合收益和风险的衡量

假设投资者不是将所有资产投资于单个风险证券上，而是投资于两个风险证券，那么该风险证券组合的收益和风险应如何计量呢？假设某投资者将其资金分别投资于风险证券 A 和 B，其投资比重分别为 X_A 和 X_B，$X_A + X_B = 1$，则双证券组合的预期收益率 $\overline{R}_P$ 等于单个证券预期收益 $\overline{R}_A$ 和 $\overline{R}_B$ 以投资比重为权数的加权平均数，用公式表示为：

$$\overline{R}_P = X_A\,\overline{R}_A + X_B\,\overline{R}_B \tag{12.1}$$

由于两个证券的风险具有相互抵消的可能性，双证券组合的风险就不能简单地等于单个证券的风险以投资比重为权数的加权平均数。用其收益率的方差 σ_P^2 表示，其公式应为：

$$\sigma_P^2 = X_A^2\sigma_A^2 + X_B^2\sigma_B^2 + 2X_AX_B\sigma_{AB} \tag{12.2}$$

式中，σ_{AB} 为证券 A 和 B 实际收益率和预期收益率离差之积的期望值，在统计学中称为协方差。协方差可以用来衡量两个证券收益之间的联动性，其计算公式为：

$$\sigma_{AB} = \sum_{i=1}^{n}(R_{A_i} - \overline{R}_A)(R_{B_i} - \overline{R}_B)P_i \tag{12.3}$$

式中，P_i 为离散情况下各种收益率出现的概率；R_{A_i} 和 R_{B_i} 为证券 A 和 B 可能出现的收益率。

正的协方差表明两个变量朝同一方向变动，负的协方差表明两个变量朝相反方向变动。两种证券收益率的协方差衡量的是这两种证券一起变动的程度。

表示两证券收益变动之间的联动关系，除了协方差外，还可以用相关系数 ρ_{AB} 表示，两者的关系为：

$$\rho_{AB} = \sigma_{AB}/\sigma_A\sigma_B \tag{12.4}$$

相关系数的取值范围介于 -1 与 +1 之间，即 $-1 \leqslant \rho_{AB} \leqslant +1$。

因此公式（12.2）又可以写成：

$$\sigma_P^2 = X_A^2\sigma_A^2 + X_B^2\sigma_B^2 + 2X_AX_B\rho_{AB}\sigma_A\sigma_B \tag{12.5}$$

当取值为 -1 时，表示证券 A、B 的收益变动完全负相关；当取值为 +1 时，表示证券 A、B 完全正相关；当取值为 0 时，表示完全不相关。当 $0 < \rho_{AB} < 1$ 时，表示正相关；当 $-1 < \rho_{AB} < 0$ 时，表示负相关（如图 12-1 所示）。

从公式（12.5）可以看出，当 $\rho = 1$ 时，$\sigma_P = X_A\sigma_A + X_B\sigma_B$。当 $\rho < 1$ 时，$\sigma_P < X_A\sigma_A + X_B\sigma_B$。特别地，当 $\rho = -1$ 时，$\sigma_P = |X_A\sigma_A - X_B\sigma_B|$。

根据上面的分析可知，双证券组合的风险不仅取决于每个证券自身的风险（用方差或者标准差表示），还取决于每两个证券之间的联动性（用协方差或相关系数表示）。

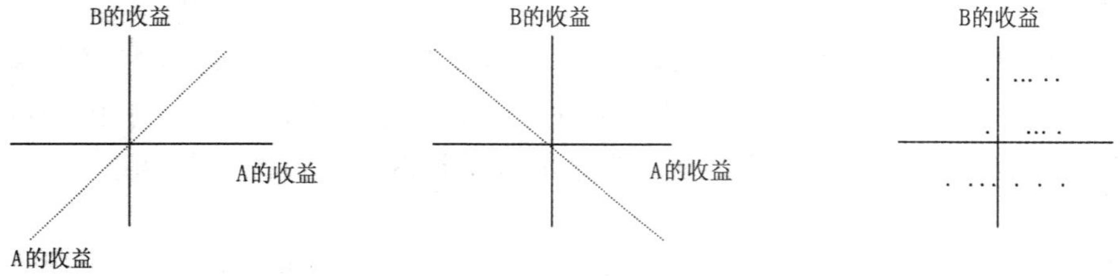

图 12－1　相关系数的三种典型情况

下例可以使我们更好地理解分散化对于降低风险的作用。假设市场上有 A、B 两种证券，其预期收益率分别为 8% 和 13%，标准差分别为 12% 和 20%。A、B 两种证券的相关系数为 0.3。某投资者决定用这两只证券组成投资组合。

根据公式（12.1）和（12.5），组合的预期收益率和方差为：

$$\sigma_P^2 = X_A^2\sigma_A^2 + X_B^2\sigma_B^2 + 2X_AX_B\sigma_{AB}$$
$$= X_A^2\ (12\%)^2 + X_B^2\ (20\%)^2 + 2X_AX_B \times 0.3 \times 12\% \times 20\%$$
$$= 0.0144X_A^2 + 0.04X_B^2 + 0.0144\% X_AX_B$$

表 12－1 显示了不同权重下组合的预期收益率和标准差。从表中的第 3 和第 6 列可以看出，当证券 A 的权重从 0 逐步提高到 1（相应地，证券 B 的权重从 1 逐步降低到 0）时，组合的预期收益率从 13% 逐步降到 8%，而组合的标准差也逐步从 20% 逐步降低后又回升到 12%。其中，当 $X_A = 0.82$，$X_B = 1 - 0.82 = 0.18$ 时，组合的标准差最低，为 11.45%①。权重的改变对组合预期收益率和标准差的影响如图 12－2、图 12－3 所示。

表 12－1　　不同相关系数下投资组合的预期收益率和标准差

			给定相关系数下投资组合的标准差（%）			
X_A	X_B	预期收益率（%）	$\rho = -1$	$\rho = 0$	$\rho = 0.3$	$\rho = 1$
0	1	13	20	20	20	20
0.1	0.9	12.5	16.8	18.04	18.4	19.2
0.2	0.8	12	13.6	16.18	16.88	18.4
0.3	0.7	11.5	10.4	14.46	15.47	17.6
0.4	0.6	11	7.2	12.92	14.2	16.8
0.5	0.5	10.5	4	11.66	13.11	16
0.6	0.4	10	0.8	10.76	12.26	15.2
0.7	0.3	9.5	2.4	10.32	11.7	14.4
0.8	0.2	9	5.6	10.4	11.45	13.6
0.9	0.1	8.5	8.8	10.98	11.56	12.8
1	0	8	12	12	12	12

① 求最低标准差的步骤是：将 $X_B = 1 - X_A$ 代入公式（12.5），然后对 X_A 求偏微分，并令偏微分等于 0，由此可以解得：

$X_{极小}(A) = (\sigma_B^2 - \sigma_{AB}) / (\sigma_A^2 + \sigma_B^2 - 2\sigma_{AB})$

续表

	最小方差组合			
X_A	0.625	0.7353	0.82	-
X_B	0.375	0.2647	0.18	-
预期收益率（%）	9.875	9.3235	8.9	-
标准差（%）	0	10.2899	11.4473	-

表 12－1 还给出了不同的相关系数下组合的预期收益率和标准差。从表中可以看出，相关系数对于组合的预期收益率水平是没有影响的。

图 12－3 也给出了不同相关系数下投资权重对组合标准差的影响。从图 12－3 可以看出，除了完全相关（$\rho=1$）外，最低方差组合的标准差均低于 A、B 两种证券的标准差。这充分说明了多样化的好处。

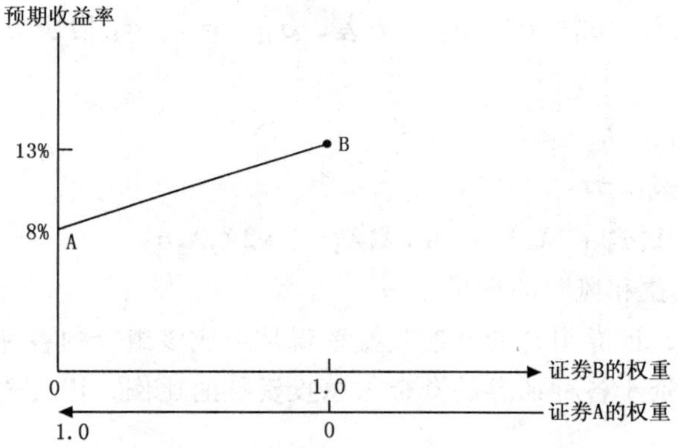

图 12－2　投资权重与组合的预期收益率

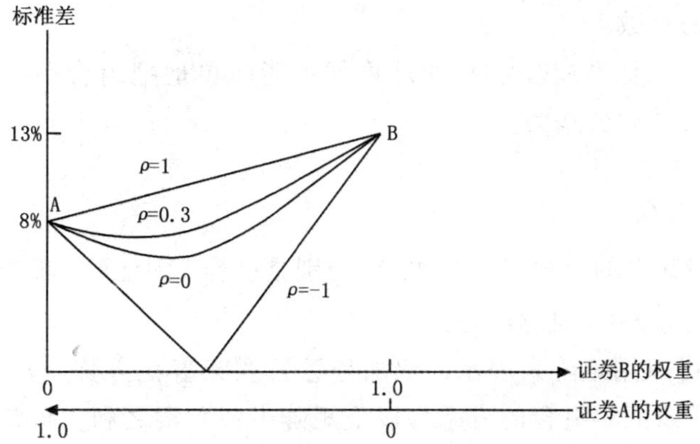

图 12－3　投资权重与组合的标准差

将图 12－2 和图 12－3 结合起来看，我们可以得到一个能更直观地反映分散化效果的图形，如图 12－4 所示。从图中可以看出，当 $\rho=1$ 时，双证券 A、B 组合 P 的收益和风险关系落在 AB 直线上（具体在那一点决定于投资比重 X_A 和 X_B）；当 $\rho<1$ 时，代表组合 P 的收

益和风险的所有点的集合是一条向后弯的曲线，表明在同等风险水平下收益更大，或者说在同等收益水平下风险更小，ρ 越小，往后弯的程度越大；当 $\rho = -1$ 时，是一条后弯的折线。

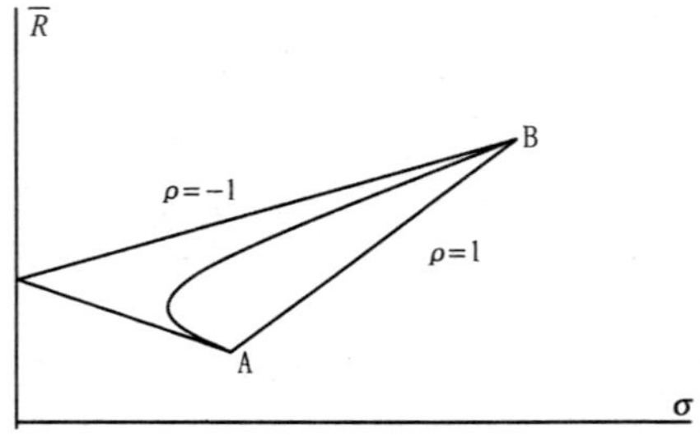

图 12－4　双证券组合收益、风险与相关系数的关系

2. 三个证券组合的收益和风险的衡量

假设 X_1、X_2、X_3 分别为投资于证券 1、证券 2、证券 3 的投资百分比，$X_1+X_2+X_3=1$，$\overline{R}_1$、$\overline{R}_2$、$\overline{R}_3$ 为其预期收益，σ_1^2、σ_2^2、σ_3^2 为方差，σ_{12}、σ_{13}、σ_{23} 为协方差，则三证券组合的预期收益率 $\overline{R}_P$ 为：

$$\overline{R}_P = X_1\overline{R}_1 + X_2\overline{R}_2 + X_3\overline{R}_3 \tag{12.6}$$

三风险证券组合的风险为：

$$\sigma_P^2 = X_1^2\sigma_1^2 + X_2^2\sigma_2^2 + X_3^2\sigma_3^2 + 2X_1X_2\sigma_{12} + 2X_1X_3\sigma_{13} + 2X_2X_3\sigma_{23} \tag{12.7}$$

3. N 个证券组合收益和风险的衡量

由上面的分析可知，证券组合的预期收益率就是组成该组合的各种证券的预期收益率的加权平均数，权数是投资于各种证券的资金占总投资额的比例，用公式表示为：

$$\overline{R}_P = \sum_{i=1}^{n} X_i\overline{R}_i \tag{12.8}$$

其中，X_i 是投资于证券 i 的资金占总投资额的比例或权数；$\overline{R}_i$ 是证券 i 的预期收益率；n 是证券组合中不同证券的总数。

证券组合的风险（用标准差表示）的计算就不能简单地把组合中每个证券的标准差进行加权平均而得到，其计算公式为：

$$\sigma_P = \sqrt{\sum_{i=1}^{n}\sum_{j=1}^{n} X_iX_j\sigma_{ij}} \tag{12.9}$$

其中，n 是组合中不同证券的总数目；X_i 和 X_j 分别是证券 i 和证券 j 投资资金占总投资额的比例；σ_{ij} 是证券 i 和证券 j 可能收益率的协方差。

公式（12.9）也可以用矩阵来表示，双加号 $\Sigma\Sigma$ 意味着把方阵（$n\times n$）的所有元素相加。假定 n 等于 4，即该证券组合的方差为以下矩阵中各元素之和，该矩阵称为方差－协方差矩阵（Variance－Covariance Matrix）。

	第一列	第二列	第三列	第四列
第一行	$X_1X_1\sigma_{1,1}$	$X_1X_2\sigma_{1,2}$	$X_1X_3\sigma_{1,3}$	$X_1X_4\sigma_{1,4}$
第二行	$X_2X_1\sigma_{2,1}$	$X_2X_2\sigma_{2,2}$	$X_2X_3\sigma_{2,3}$	$X_2X_4\sigma_{2,4}$

第三行	$X_3X_1\sigma_{3,1}$	$X_3X_2\sigma_{3,2}$	$X_3X_3\sigma_{3,3}$	$X_3X_4\sigma_{3,4}$
第四行	$X_4X_1\sigma_{4,1}$	$X_4X_2\sigma_{4,2}$	$X_4X_3\sigma_{4,3}$	$X_4X_4\sigma_{4,4}$

由上可知，证券组合的方差不仅取决于单个证券的方差，而且还取决于各种证券间的协方差。随着组合中证券数目的增加，在决定组合方差时，协方差的作用越来越大，而方差的作用越来越小。这一点可以通过考察方差－协方差矩阵看出来。在一个由两个证券组成的组合中，有两个加权方差和两个加权协方差。但是对一个大的组合而言，总方差主要取决于任意两种证券间的协方差。例如，在一个由30种证券组成的组合中，有30个方差和870个协方差。若一个组合进一步扩大到包括所有的证券，则协方差几乎就成了组合标准差的决定性因素。

现举例说明如何利用公式（12.9）计算证券组合的方差和标准差。假定某一股票年预期收益率为16%，标准差为15%，另一股票年预期收益率为14%，标准差为12%，两种股票的预计相关系数为0.4，每种股票投资的金额各占一半，那么证券组合的预期收益率是：

$\overline{R}_p = 0.5 \times 16\% + 0.5 \times 14\% = 15\%$

证券组合的方差等于下面的方差－协方差距阵的所有元素的加总：

	第1种股票	第2种股票
第1种股票	$(0.5)^2 \times 1.0 \times (0.15)^2$	$0.5 \times 0.5 \times 0.4 \times 0.15 \times 0.12$
第2种股票	$0.5 \times 0.5 \times 0.4 \times 0.12 \times 0.15$	$(0.5)^2 \times 1.0 \times (0.12)^2$

因此：

$$\sigma^2 = (0.5)^2 \times 1.0 \times (0.15)^2 + 2 \times 0.5 \times 0.5 \times 0.4 \times 0.12 \times 0.15 + (0.5)^2 \times 1.0 \times (0.12)^2 = 0.012825$$

$$\sigma = [0.012825]^{0.5} = 11.3\%$$

从上例可知，只要两种证券的相关系数小于1，证券组合的标准差就要小于两种证券的标准差的加权平均数 $0.5 \times 15\% + 0.5 \times 12\% = 13.5\%$。实际上，不论证券组合中包括多少种证券，只要证券组合中每对证券间的相关系数小于1，证券组合的标准差就会小于单个证券标准差的加权平均数。这意味着只要证券的变动不完全一致，单个有高风险的证券就能组成一个只有中低风险的证券组合。

（三）有效证券组合

1. 可行集

为了说明有效集定理，我们有必要引入可行集（Feasible Set）的概念。可行集指的是由N种证券所形成的所有组合的集合，它包括了现实生活中所有可能的组合。也就是说，所有可能的组合将位于可行集的边界上或内部。

一般来说，可行集的形状像伞形，如图12－5中由A、N、B、H所围的区域所示。现实生活中，由于各种证券的特性千差万别，可行集的位置也许比图12－5中的更左或更左，更高或更低，更宽或更窄，但其基本形状大多如此。

2. 有效集

对于理性投资者而言，他们都是厌恶风险且偏好收益的。对于同样的风险水平，他们将会选择能提供最大预期收益率的组合；对于同样的预期收益率，他们将会选择风险最小的组合。能同时满足这两个条件的投资组合的集合就是有效集（Efficient Set，又称有效边界，即

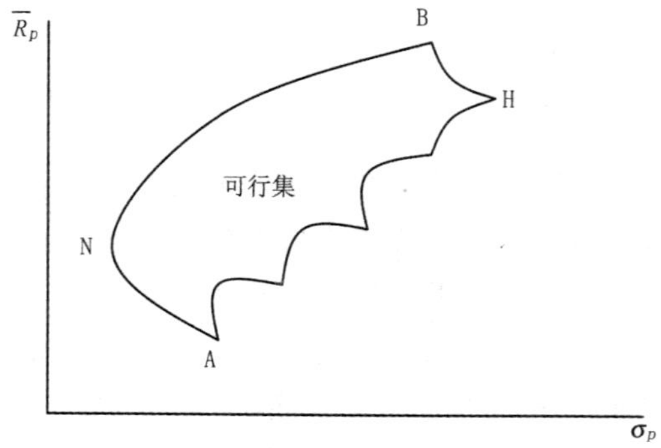

图 12－5　可行集与有效集

Efficient Frontier)。处于有效边界上的组合称为有效组合（Efficient Portfolio)。

可见，有效集是可行集的一个子集，它包含于可行集中。那么如何确定有效集的位置呢？我们通过图 12－6 分析这个问题。

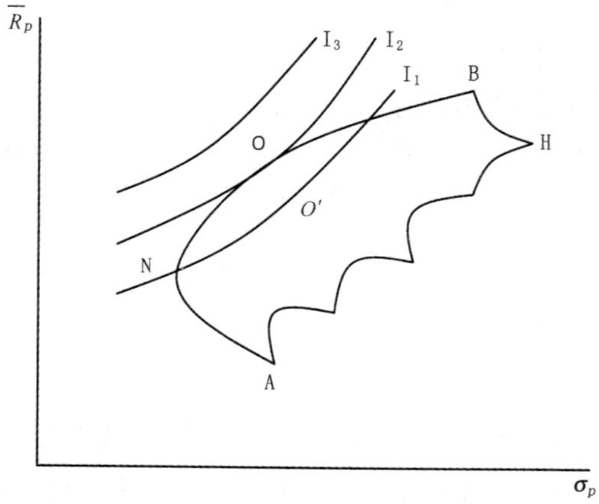

图 12－6　最优投资组合

我们先考虑第一个条件，在图 12－6 中，没有哪一个组合的风险小于组合 N，这是因为如果过 N 点画一条垂直线，则可行集都在这条线的右边。N 点所代表的组合称为最小方差组合（Minimum Variance Portfolio)。同样，没有哪个组合的风险大于 H。由此可以看出，对于各种风险水平而言，能提供最大预期收益率的组合集是可行集中介于 N 和 H 之间的上方边界上的组合集。

我们再考虑第二个条件，在图 12－6 中，各种组合的预期收益率都介于组合 A 和组合 B 之间。由此可见，对于各种预期收益率水平而言，能提供最小风险水平的组合集是可行集中介于 A、B 之间的左边边界上的组合集，我们把这个集合称为最小方差边界（Minimum Variance Frontier)。

由于有效集必须同时满足上述两个条件，因此 N、B 两点之间上方边界上的可行集就是有效集。所有其他可行组合都是无效的组合，投资者可以忽略它们。这样，投资者的评估范围就大大缩小了。

从图 12－6 可以看出，有效集曲线具有如下特点：（1）有效集是一条向右上方倾斜的曲线，它反映了“高收益、高风险”的原则；（2）有效集是一条向上凸的曲线，这一特性可从图 12－6 中推导得来；（3）有效集曲线上不可能有凹陷的地方，这一特性也可以从图 12－6 中推导出来。

（四）最优证券组合

确定了有效集的形状之后，投资者就可根据自己的无差异曲线群选择能使自己投资效用最大化的最优投资组合了。这个组合位于图 12－6 中无差异曲线与有效集的相切点 O。

从图 12－6 可以看出，虽然投资者更偏好 I_3 上的组合，然而可行集中找不到这样的组合，因而是不可实现的。至于 I_1 上的组合，虽然可以找得到，但由于 I_1 的位置位于 I_2 的东南方，即 I_1 所代表的效用低于 I_2，因此 I_1 上的组合都不是最优组合。而 I_2 代表了可以实现的最高投资效用，因此 O 点所代表的组合就是最优投资组合。

有效集向上凸的特性和无差异曲线向下凸的特性决定了有效集和无差异曲线的相切点只有一个，也就是说最优投资组合是唯一的。

对于投资者而言，有效集是客观存在的，它是由证券市场决定的。而无差异曲线则是主观的，它是由自己的风险—收益偏好决定的。风险厌恶程度越高的投资者，其无差异曲线的斜率越陡，故其最优投资组合越接近 N 点；厌恶风险程度越低的投资者，故其无差异曲线的斜率越小，故其最优投资组合越接近 B 点。

二、指数模型

（一）单指数模型

单指数模型又叫对角模型，使其具有可操作性的方法之一是将大盘综合指数的收益率视为共同的宏观经济因素的一个有效代理指标。这样任何单一证券的超额收益率就只与这一共同的宏观经济因素有关。证券投资组合需要大量的比较，相对来说，技术的实际应用能够比较便利地减少一系列计算任务。这个模型有两个要点：（1）这是能够构建投资组合的最简单的方法，而不用假定不考虑证券间存在的相互关系（这也应该是夏普当年把该模型称为对角模型的主要原因：协方差为 0）；（2）该模型能够获得许多相关性的证据，其主要特征是假定不同证券的收益的相关性仅表现在潜在基本因素的共同关系，任何证券收益仅由随机因素和单一的外部因素决定。

在单指数模型的讨论中，假定影响各个资产收益率的因素有两类：

第一类为宏观因素，如通货膨胀率、利率、就业率等。在任何情况下，这些因素的影响都是相当大的，会引起资产价格总体水平的变化，进而影响市场投资组合收益率的水平，最终波及各资产的收益率。

第二类为微观因素，如一种新产品的推出或老产品的淘汰，局部地区或一个公司主要领导的变化。这些因素只影响个别企业，不会影响市场投资组合的收益率，从而使个别资产的收益率偏离市场平均值，出现残差。所以，微观因素仅影响个别资产的收益率。

（二）多指数模型

在单指数模型中，我们假定所有资产的收益率都只受一个市场投资组合，即市场指数的影响，因此资产收益率之间的协方差只受市场因素的影响。但在现实中，资产收益率要受到包括市场因素在内的多种因素的共同作用。显然，如果各指数收益之间不存在相关关系，它们可以直接用于资产分析。但是，在关于经济活动的各指数之间，往往存在某种程度的相关性，这就需要我们剔除它们之间的相关性。实践证明，当用来解释资产收益率之间相关因素的指数有四五个时，构造多指数模型效果最好。在实务中，也常常使用多指数模型。

（三）资产组合理论在中国的实证研究

资产组合理论一直是金融研究的重要领域，一直有新的理论或观点出现。人们也在不断研究检验各种理论在实际市场中的应用。我国有许多学者对资产组合理论在我国市场的应用做了很多研究检验，但主要是从某些侧面来研究检验马科维兹的均值方差理论，对于一些较新出现的理论则鲜有相关的实证研究成果。

资产组合理论运用的条件要求非常高，不仅需要精通理论的专业人员和现代化的计算设备，更重要的是要对证券市场的各种变化做出及时而准确的反应。这在现有条件下几乎是无法办到的，即使能够勉强做到，其效果也会大打折扣。

第二节　有效市场理论

一、有效市场存在的前提条件

（一）信息公开的有效性

资本市场是否有足够充分、完备的信息提供给投资者，取决于为之服务的信息市场的发育程度，特别是信息的有效需求的大小。如果投资者满足于在高度不确定性下的投机或赌博状态，或者不愿意为信息支付代价，那么信息供应的规模将难以扩展。资本市场上应该存在足够多的、独立交易的参与者，这样才可能保证市场竞争的充分性，并形成符合“大数定理”的均衡性价格，从而能够发射清晰的、可辨别的价格“信号”，使资本市场上有关资产价值的信息是充分、完备的，能为投资者的估价与决策提供必要的信息基础。

（二）信息传输的有效性

保证了信息公开的有效性，可以进一步地要求“相关信息的生产与供应过程无成本，资产价值信息的流通与消费过程无时滞”，即已生产出或供应于资本市场的信息被投资者充分理解、吸收并运用于资产估价与交易活动，以及整个过程无时滞。

（三）信息解读的有效性

投资者能充分地收集、有效地处理和运用与资本市场上资产价值相关的信息，并谨慎、理性地做出交易决策，是个体对资产的估价尽可能趋近其“真实价值”的前提，尽管“真实价值”的神秘面纱不可能完全揭开。这可以由投资者的理性程度决定，但并非要求每个投资者都必须熟知资本市场上各种资产的相关信息并做出有理性的预期。这是因为一些机构，比如基金公司或证券公司可以接受投资者的委托，运用其自身的理性来吸收、运用这些信息，代理进行估价与投资，或者一些不那么“理性”或“专业”的投资者可能跟风“理性”或“专业”程度较高的投资者。但是在第一种情形下，要求代理者有足够的制度与道德约束来“受人之托、忠人之事”；而在第二种情形下，要求不损害“市场充分竞争假设”，即仍有足够多的能独立、理性地估价与决策的市场参与者，从而使“跟风者”不足以对市场自然的运行造成“共振性”干扰或破坏。

（四）信息反馈的有效性

信息反馈的有效性可以被看作是信息运用的正当性，即各个投资者在制度与道德约束下，以适当的方式运用可以运用的信息来估价或交易。有关资本市场的制度能保证交易的公开、公平、公正，从而使市场价格能真实（无虚假）、清晰（无噪声）、准确（无扭曲）地反映参与者的估价与出价。相关市场制度往往以列举的方式叙述这方面的“不正当行为”，比如“内部人”不得利用“内幕信息”进行交易，投资机构不得通过“虚假信息”来扰乱金融市场秩序，等等。

二、有效市场的类型及无效市场

有效市场假说认为，证券价格已经充分放映了所有相关的信息，资本市场相对于这个信息集是有效的，任何人根据这个信息集进行交易都无法获得超额利润。根据对上述信息集性质的分类，效率市场假说又可以进一步分为三种：

（一）强式有效市场

强式有效市场指所有的信息都反映在股票价格中。这些信息不仅包括公开信息，还包括各种私人信息，即内幕消息。强式有效市场意味着所有的分析都无法击败市场。因为只要有人最先得知了内幕消息，就会立即行动，从而使证券价格迅速达到该内幕消息所反映的合理水平。这样，其他再获得该内幕消息的人就无法从中获利。

（二）半强式有效市场

半强式有效市场指所有的公开信息都已经反映在证券价格中。这些公开信息包括证券价格、成交量、会计资料、竞争公司的经营情况、整个国民经济资料以及与公司价值有关的所有公开信息等。半强式有效市场意味着根据所有公开信息进行的分析，包括技术分析和基本面分析都无法击败市场，取得超额利润。因为每天都有成千上万的证券分析师在根据公开信息进行分析，发现价值被低估和高估的证券，他们一旦发现机会，就会立即进行买卖，从而使证券价格迅速回到合理水平。

（三）弱式有效市场

弱式有效市场指当前证券价格已经充分反映了全部能从市场交易数据中获得的信息，这些信息包括过去的价格、成交量、未平仓合约等。因为当前市场价格已经反映了过去的交易信息，所以弱式有效市场意味着根据历史交易资料进行交易是无法获取超额利润的。这意味着技术分析无法击败市场。

三种次级的效率市场假说之间的关系可以用图 12－7 表示。

股票市场的有效性为我们展现了这样一个现象：市场中有大量的市场参与者，这些人为了赚取利润，能够快速搜集和分析所有可获得的信息，如公司的外部公开信息。如果终止这种数据的累积和评估，金融市场的效率将显著下降。

（四）无效市场

有效市场假说是基于一个简单的概念——投资者是完全理性的，已知的信息对获利没有任何价值。然而对于大量存在于金融市场上的异常现象，如一月现象、羊群效应、小公司现象等，现代金融理论无法做出恰当的解释，于是运用心理学及行为分析的理论方法研究金融

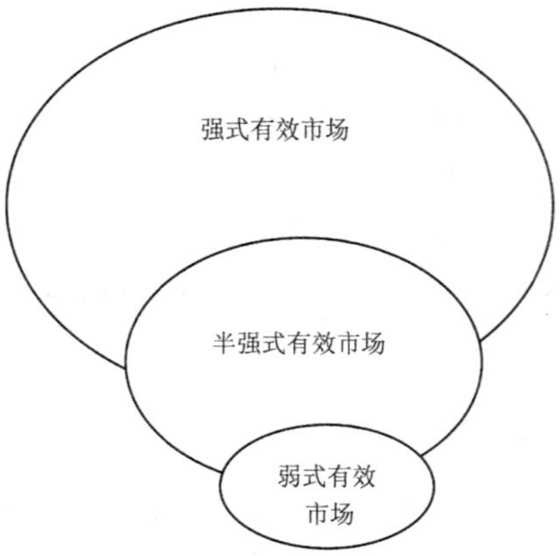

图 12－7　三种不同层次的效率市场假说

市场决策的行为金融理论开始形成。行为金融学的研究通常被归纳为直觉驱动偏差①、框架效应②和无效市场三大主题。

无效市场实际上是建立在直觉驱动偏差和框架效应之上的推论，它要解答的是金融市场的种种非理性决策是否会造成系统性偏差，或是否会因为非理性决策导致金融产品存在大幅度、长期的错误定价。行为金融学家对此的答案是肯定的。一方面，基于心理学家对行为金融学基础理论的研究，证实了人们的非理性决策行为存在高度的一致性，即非理性决策行为本身是系统性而非随机性的；另一方面，经济学家在对金融市场进行实证研究中也发现，一些无法用传统金融学理论得到满意解释的现象，如股票溢价之谜、封闭式基金之谜都能通过行为金融学理论得到较为合理的解释。当然，行为金融学理论只是对传统金融学的修正，所谓无效市场也不是说金融市场是无序的，而是为找寻其运行规律提供了新的工具。

三、市场有效性的提高

信息条件的优劣是决定资本市场有效程度的基础性原因，而后者又对社会福利的提升具有正向的影响，所以应努力改进资本市场的信息条件。

（一）提升信息生产或供应的质量

提升信息质量的关键是要构建并有效运行一个奖优罚劣的机制，否则虚假或低质信息排斥真实或高质信息的“逆向选择”将存续甚至严重化。

1. 对虚假信息的发布者，特别是操纵者予以严密的监控与严厉的处罚。严密的监控不仅取决于市场监管机构本身的监控行为，更取决于是否有顺畅、高效地接受和处理关于虚假信息的申诉的监管系统；严厉的处罚应足以对该类不法分子的“成本收益比较原则”产生颠覆性的影响，从而遏制该类行为的普遍化。

2. 强化市场自身对虚假或低质信息的净化功能。该功能主要取决于各种对信息进行甄别、筛选、评价的服务机构及其行为。比如，中国现在的独立审计市场上，实行的是“政

① 行为金融学家认为，人的决策与判断很多情况下是根据直觉做出的，而非如有效市场理论假设的那样，是通过理性评估的结果做出的。

② 框架效应指人们在实质相同或相近的备选方案中做选择时，会因为形式的不同而采取不同的策略。

府定价”模式，很难对信息服务的质量做区分，可能引致靠低成本竞争、靠低质量牟利的状态。

因此，应强化“市场自主定价、政府引导监督”的模式，建立“优质优价”的市场激励机制。即市场主体自主地根据审计等信息服务的质量来与服务的需求者谈定价，而政府着重从信息的“外部性效应”（特别是负的外部效应）角度对“助纣为虐”式的审计等服务进行监控与处罚，以矫正市场失灵行为及其风险。

（二）扩大对信息的需求的规模

这当然是指对真实或高质量信息的需求，否则将可能导致一种低质信息甚至虚假信息充斥市场且恶性膨胀的状态。这要求一种正常的市场环境，即真实或高质量的信息有助于投资者获取正当的投资收益（率），这样他们才可能愿意为之付费。而且随着这种信息投资效益的显现，将持续地推动金融信息供应的产业化发展与提升。

1. 缩短信息消费的时滞

现在的资本市场，包括中国资本市场，有助于缩短信息扩散、传递、共享与利用的技术条件已初步具备且不断改进，这是无可否认的。但是，推动该过程的制度条件还不完善，比如推动上市公司按义务披露该披露的信息的制度压力还不够，引导它们自愿地披露诸如环境管理等社会责任履行状况信息的动力也不足。相反阻碍该过程的制度却还顽固地存在，未得到有效解决，比如对一些诸如公司高层人事变动等“利空消息”的封锁等。

2. 强化信息运用的正当性

主要应着力于对上市公司“内部人员”、政府机构工作人员、证券从业人员等特殊群体利用“内幕消息”牟利等不正当行为的治理。总之，这些信息条件的改进有助于资本市场有效程度的提高，从而有利于推动社会福利的可持续提升，这也是中国资本市场亟待改进的基础性工作。

第三节 资本市场理论

在本章第一节中，我们给出确定最优证券组合的方法：投资者首先估计所有证券的预期收益率和方差、这些证券之间的协方差以及无风险利率水平，然后，根据投资者自己的无差异曲线与有效集之间的切点确定最优风险组合。这种方法属于规范经济学的范畴。在本节中，我们将在假定所有投资者均按上述方法投资的情况下，研究风险资产的定价问题，它属于实证经济学范畴。在这里，我们要着重介绍资本资产定价模型（Capital Asset Pricing Model，CAPM）。该模型是由威廉·夏普（William Sharpe）、约翰·林特纳（John Lintner）和简·莫森（Jan Mossin）等人在现代证券组合理论的基础上提出的①，在投资学中占有很重要的地位，并在投资决策和公司理财中得到广泛的运用。

① Sharpe, W., 1964, “Capital Asset Prices,” *Journal of Finance*, September, 425-42. Lintner, J., 1965, “The Valuation of Risk Assets and the Selection of Risky Investments in Stock Portfolio and Capital Budgets,” *Review of Economics and Statistics*, February, 13-37. Mossin, J. 1966, “Equilibrium in a Capital Market,” *Econometrica*, October, 768-83.

一、资本资产定价模型

（一）资本资产定价模型的假设条件

（1）所有投资者的投资期限均相同。

（2）投资者根据投资组合在单一投资期内的预期收益率和标准差来评价这些投资组合。

（3）投资者永不满足，当面临其他条件相同的两种选择时，其将选择具有较高预期收益率的那一种。

（4）投资者是厌恶风险的，当面临其他条件相同的两种选择时，其将选择具有较小标准差的那一种。

（5）每种资产都是无限可分的。

（6）投资者可按相同的无风险利率借入或贷出资金。

（7）税收和交易费用均忽略不计。

（8）对于所有投资者来说，信息都是免费的并且是立即可得的。

（9）投资者对于各种资产的收益率、标准差、协方差等具有相同的预期。

这些假定虽然与现实世界存在很大差距，但通过这个假想的世界，我们可以导出证券市场均衡关系的基本性质，并以此为基础，探讨现实世界中风险和收益之间的关系。

（二）资本市场线

1. 分离定理

在上述假定的基础上，我们可以得出如下结论：

（1）根据相同预期的假定，我们可以推导出每个投资者切点处的证券组合（最优风险组合）都是相同的（如图 12－8 的 T 点），从而每个投资者的线性有效集都是一样的。

（2）由于投资者风险—收益偏好不同，其无差异曲线的斜率不同，因此其最优投资组合也不同。

由此我们可以导出著名的分离定理：

投资者对风险和收益的偏好状况与该投资者风险资产组合的最优构成是无关的。

分离定理可从图 12－8 中看出：I_1 代表风险厌恶程度较轻的投资者的无差异曲线，该投资者的最优证券组合位于 O_1 点，表明其将借入资金投资于风险资产组合上；I_2 代表较厌恶风险的投资者的无差异曲线，该投资者的最优投资组合位于 O_2 点，表明其将部分资金投资于无风险资产，将另一部分资金投资于风险资产组合。虽然 O_1 和 O_2 位置不同，但它们都是由无风险资产（A）和相同的最优证券组合（T）组成，因此这两种投资者的风险资产组合中各种风险资产的构成比例自然是相同的。

2. 市场组合

根据分离定理，我们还可以得到另一个重要结论：在均衡状态下，每种证券在均衡点处的投资组合中都有一个非零的比例。

这是因为，根据分离定理，每个投资者都持有相同的最优证券组合（T）。如果某种证券在 T 组合中的比例为零，那么就没有人购买该证券，该证券的价格就会下降，从而使该证券预期收益率上升，一直到在最终的最优证券组合 T 中，该证券的比例非零为止。

同样，如果投资者对某种证券的需要量超过其供给量，则该证券的价格将上升，导致其预期收益率下降，从而吸引力降低，它在最优证券组合中的比例也将下降至对其需求量等于

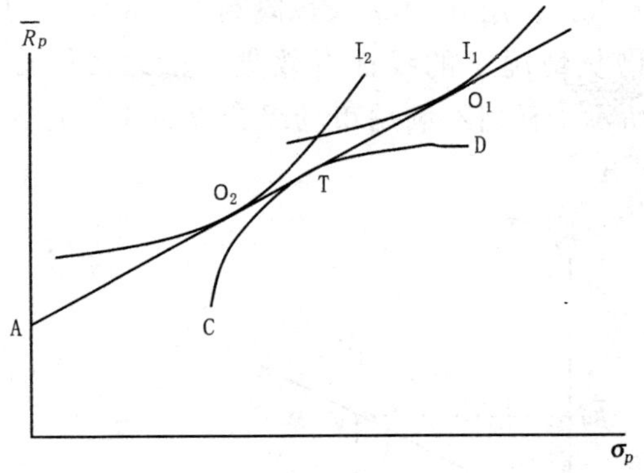

图 12－8　分离定理

其供给量为止。

因此，在均衡状态下，每一个投资者对每一种证券都愿意持有一定的数量，市场上各种证券的价格都处于使该证券的供求相等的水平上，无风险利率的水平也正好使得借入资金的总量等于贷出资金的总量。这样，在均衡时，最优证券组合中各证券的构成比例等于市场组合（Market Portfolio）中各证券的构成比例。所谓市场组合是指由所有证券构成的组合，在这个组合中，每一种证券的构成比例等于该证券的相对市值。一种证券的相对市值等于该证券总市值除以所有证券的市值的总和。

习惯上，人们将切点处组合叫作市场组合，并用 M 代替 T 来表示。从理论上说，M 不仅由普通股构成，还包括优先股、债券、房地产等其他资产。但在现实中，人们常将 M 局限于普通股。

3. 共同基金定理

如果投资者的投资范围仅限于资本市场，而且市场是有效的，那么市场组合就大致等于最优风险组合。于是单个投资者就不必进行复杂的分析和计算，只要持有指数基金和无风险资产就可以了（当然，如果所有投资者都这么做，那么这个结论就不成立。因为指数基金本身并不进行证券分析，它只是简单地根据各种股票的市值在市场总市值中的比重来分配其投资。因此，如果每个投资者都不进行证券分析，证券市场就会失去建立风险收益均衡关系的基础）。如果我们把货币市场基金看作无风险资产，那么投资者所要做的事情只是根据自己的风险厌恶系数，将资金合理地分配于货币市场基金和指数基金，这就是共同基金定理①。

共同基金定理将证券选择分解成两个不同的问题：一个是技术问题，即由专业的基金经理人创立指数基金；二是个人问题，即根据投资者个人的风险厌恶系数将资金在指数基金与货币市场基金之间进行合理配置。

4. CAPM 中的有效集

按资本资产定价模型的假设，我们就可以很容易地找出有效组合中风险和收益之间的关

① 推而广之，如果现实世界中的风险源有 n 个，且有专门针对这些风险源的 n 个共同基金，那么投资者只要根据自己对各种风险的厌恶系数 A_i（$i=1, 2, \cdots\cdots, n$）将资金合理地分配于共同基金和货币市场基金（$n+1$ 个基金），就可以实现最优风险配置。

系。如果我们用 M 代表市场组合，用 R_f 代表无风险利率，从 R_f 出发画一条经过 M 的直线，这条线就是在允许无风险借贷情况下的线性有效集，在此我们称为资本市场线（Capital Market Line），如图 12－9 所示。任何不利用市场组合以及不进行无风险借贷的其他所有组合都将位于资本市场线的下方。

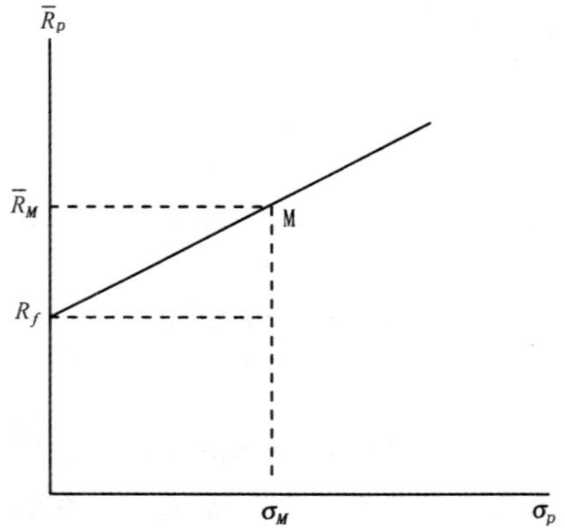

图 12－9　资本市场线

从图 12－9 可以看出，资本市场线的斜率等于市场组合预期收益率与无风险证券收益率之差（$\bar{R}_M - R_f$）除以它们的风险之差（$\sigma_M - 0$），即（$\bar{R}_M - R_f$）/σ_M，由于资本市场线与纵轴的截距为 R_f，因此其表达式为：

$$\bar{R}_p = R_f + \left[\frac{\bar{R}_M - R_f}{\sigma_M}\right]\sigma_p \tag{12.10}$$

其中，$\bar{R}_p$ 和 σ_P 分别代表最优投资组合[①]的预期收益率和标准差。

从公式（12.10）可以看出，证券市场的均衡可用两个关键数字来表示：一是无风险利率（R_f），二是单位风险报酬［($\bar{R}_M - R_f$)/σ_M］，它们分别代表时间报酬和风险报酬。因此，从本质上说，证券市场提供了对时间和风险进行交易的场所，其价格则由供求双方的力量来决定。

（三）证券市场线

资本市场线反映的是有效组合的预期收益率和标准差之间的关系，任何单个风险证券由于均不是有效组合而一定位于该直线的下方。因此资本市场线并不能告诉我们单个证券的预期收益与标准差（即总风险）之间应存在怎样的关系。市场组合的标准差等于所有证券与市场组合协方差的加权平均数的平方根，其权数等于各种证券在市场组合中的比例。

由此可见，在考虑市场组合风险时，重要的不是各种证券自身的整体风险，而是其与市场组合的相关性。这就是说，自身风险较高的证券，并不意味着其预期收益率也应较高；同样，自身风险较低的证券，也并不意味着其预期收益率也就较低。单个证券的预期收益率水平应取决于其与市场组合的协方差。

由此我们可以得出如下结论：具有较大协方差的证券必须按比例提供较大的预期收益率

① 即由无风险资产和最优风险组合（市场组合）组成的任何组合。

以吸引投资者。由于市场组合的预期收益率和标准差分别是各种证券的预期收益率和各种证券与市场组合的协方差的加权平均数，其权数等于各种证券在市场组合中的比例，因此如果某种证券的预期收益率相对于其协方差太低的话，投资者只要把这种证券从其投资组合中剔除就可提高投资组合的预期收益率，从而导致证券市场失衡。同样，如果某种证券的预期收益率相对于其协方差太高的话，投资者只要增持这种证券就可提高其投资组合的预期收益率，从而也将导致证券市场失衡。在均衡状态下，单个证券风险和收益的关系可以写为：

$$\bar{R}_i = R_f + \left(\frac{\bar{R}_M - R_f}{\sigma_M^2}\right)\sigma_{iM} \tag{12.11}$$

公式（12.11）所表达的就是著名的证券市场线（Security Market Line）①，它反映了单个证券与市场组合的协方差（σ_{iM}）和其预期收益率之间的均衡关系，如果我们用$\bar{R}_i$作纵坐标，用σ_{iM}作横坐标，则证券市场线在图上就是一条截距为R_f、斜率为$[(\bar{R}_M - R_f)/\sigma_M^2]$的直线，如图12－10（a）所示。

从公式（12.11）可以发现，对于σ_{iM}等于0的风险证券而言，其预期收益率应等于无风险利率，因为这个风险证券跟无风险证券一样，对市场组合的风险没有任何影响。

设$\frac{\sigma_{iM}}{\sigma_M^2} = \beta_{iM}$，我们有：

$$\bar{R}_i = R_f + (\bar{R}_M - R_f)\beta_{iM} \tag{12.12}$$

其中，β_{iM}称为证券i的β系数，它是表示证券i与市场组合的协方差的另一种方式。公式（12.12）是证券市场线的另一种表达方式。如果我们用$\bar{R}_i$为纵轴，用β_{iM}为横轴，则证券市场线也可表示为截距为R_f，斜率为（$\bar{R}_M - R_f$）的直线，如图12－10（b）所示。

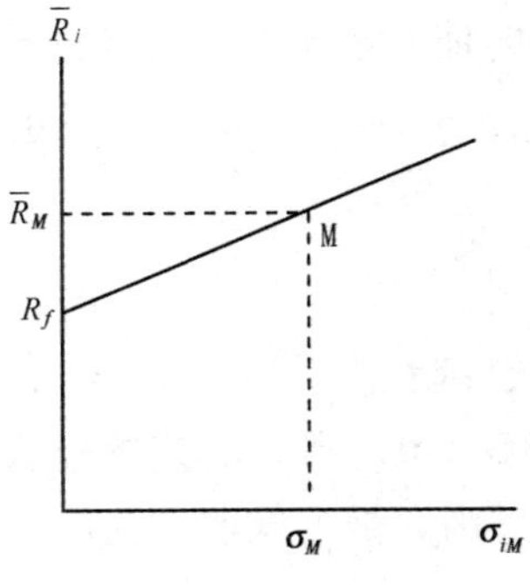

（a）

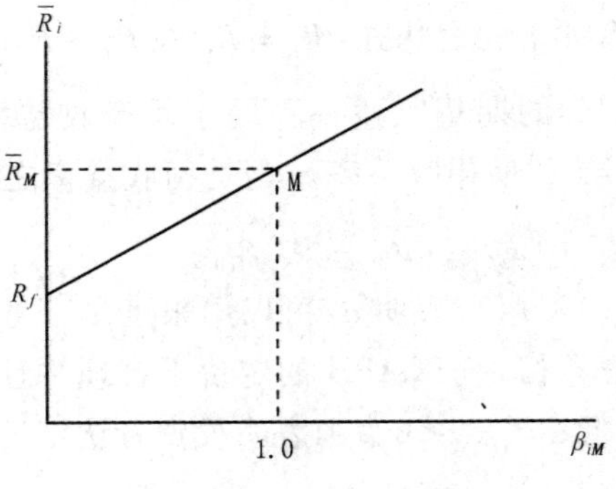

（b）

图12－10　证券市场线

β系数的一个重要特征是，一个证券组合的β值等于该组合中各种证券β值的加权平均数，权数为各种证券在该组合中所占的比例，即：

$$\beta_{PM} = \sum_{i=1}^{n} X_i\beta_{iM} \tag{12.13}$$

① 证券市场线的详细推导过程请详见 Sharpe, William F., Gordon J. Alexander and Jeffery V. Bailey, Investments, 5th edition, Prentice－Hall International, Inc., 1995。

其中，β_{PM}表示组合 P 的 β 值。

由于任何组合的预期收益率和 β 值都等于该组合中各个证券预期收益率和 β 值的加权平均数，其权数也都等于各个证券在该组合中所占比例，因此，既然每一种证券都落在证券市场线上，那么由这些证券构成的证券组合也一定落在证券市场线上。

比较资本市场线和证券市场线可以看出，只有最优投资组合才落在资本市场线上，其他组合和证券则落在资本市场线下方。而对于证券市场线来说，无论是有效组合还是非有效组合，都落在证券市场线上。

既然证券市场线包括了所有证券和所有组合，因此也一定包含市场组合和无风险资产。在市场组合那一点，β 值为 1，预期收益率为$\bar{R}_M$，因此其坐标为（1，$\bar{R}_M$）。在无风险资产那一点，β 值为 0，预期收益率为 R_f，因此其坐标为（0，R_f）。证券市场线反映了在不同的 β 值水平下，各种证券及证券组合应有的预期收益率水平，从而反映了各种证券和证券组合系统性风险与预期收益率的均衡关系。由于预期收益率与证券价格成反比，因此证券市场线实际上也给出了风险资产的定价公式。

资本资产定价模型所揭示的投资收益与风险的函数关系，是通过投资者对持有证券数量的调整并引起证券价格的变化而达到的。根据每一证券的收益和风险特征，给定一证券组合，如果投资者愿意持有的某一证券的数量不等于已拥有的数量，投资者就会通过买进或卖出证券进行调整，并因此对这种证券价格产生涨或跌的压力。在得到一组新的价格后，投资者将重新估计对各种证券的需求，这一过程将持续到投资者对每一种证券愿意持有的数量等于已持有的数量，证券市场达到均衡。

（四）证券特征线

根据 CAPM 模型，证券的价格和期望收益率是遵循资产定价均衡理论的，即证券 i 的期望收益率有如下的表达式：$\bar{R}_i = R_f + (\bar{R}_M - R_f)\beta_{iM}$。如果有的证券不遵循均衡理论或者说投资者估计出证券的期望收益率不同于均衡收益率 $R_f +$（$\bar{R}_M - R_f$）β_{iM}，此时就产生了非均衡性，把证券 i 的期望收益率 r_i 与均衡收益率之差记为：

$$\alpha_i = \bar{r}_i - [R_f + (\bar{R}_M - R_f)\beta_{iM}] \tag{12.14}$$

公式（12.14）表明 α_i 可以用来度量证券 i 的定价不合理程度。一旦 $\alpha_i \neq 0$，那么投资者会认为证券相对于 CAPM 的定价不合理并且非均衡；若 $\alpha_i > 0$，则表明该投资者认定证券 i 的定价过低；若 $\alpha_i < 0$，则表明投资者认定证券 i 的定价过高。把上式改写为：

$$\bar{r}_i - R_f = \alpha_i + (\bar{R}_M - R_f)\beta_{iM} \tag{12.15}$$

显然等式左端表示了在未来持有期间的期望超额收益率，而持有期内的实际超额收益率的模型还应加上随机误差项 ξ_i，从而得到下面单个证券的证券特征曲线方程：

$$\bar{r}_i - R_f = (\alpha_i + \xi_i) + (\bar{R}_M - R_f)\beta_{iM} \tag{12.16}$$

随机误差项 ξ_i 的期望为零。在实际过程中，一般认为证券 i 的意外好消息使 ξ_i 为正，而意外坏消息导致 ξ_i 为负。证券特征曲线表明证券 i 在未来持有期的期望超额收益率由两部分组成：第一部分 $\alpha_i + \xi_i$ 显然与市场无关，只与个股 i 本身有关，这一部分被称为超额收益率的非市场部分；第二部分 $(\bar{R}_M - R_f)\beta_{iM}$ 是市场证券组合的期望超额收益率与证券的 β 系数之积，这一部分称为超额收益率的市场部分。如果要描述证券组合的特征线，其内容及方法基本上与个股的证券特征曲线相同，即：

$$\bar{r}_P - R_f = (\alpha_P + \xi_P) + (\bar{R}_M - R_f)\beta_{PM} \tag{12.17}$$

其中：

$$\alpha_P = \sum_{i=1}^{n} x_i \alpha_i \qquad \beta_{PM} = \sum_{i=1}^{n} x_i \beta_i \tag{12.18}$$

证券组合的特征线（12.17）说明证券组合的预期收益率由 α_P、β_{PM}和 ξ_P 三个变量所决定，投资者只要根据这三个变量的具体数值就可按照自己的条件、偏好和对风险的态度来选择证券，建立比较满意的证券组合。值得注意的是，ξ_P 是误差因素，当组合中选择的证券数量达到一定规模时个股意外的坏消息和好消息应该彼此相互抵消而使其为零。这样，实际的操作中投资者只需要确定 α_P 和 β_{PM}就可以了。公式（12.18）表示 α_P 和 β_{PM}的值是由单个证券的相应系数加权平均得到，如果把市场指数的收益率当作市场组合的收益率，就可以用回归方法得到单个证券的 α_P 和 β_{PM}的值。

二、套利定价模型

1976 年，斯蒂芬·罗斯（Stephen Ross）利用套利定价原理，提出了套利定价理论（Arbitrage Pricing Theory，简称 APT）①，从另一个角度探讨了风险资产的定价问题。与夏普的 CAPM 相比，APT 的假设条件少多了，因此使用起来较为方便。

（一）因子模型

套利定价理论认为，证券收益是跟某些因素相关的。为此，在介绍套利定价理论之前，我们先得了解因子模型（Factor Models）。因子模型认为各种证券的收益率均受某个或某几个共同因子的影响。各种证券收益率之所以相关，主要是因为其都会对这些共同的因子起反应。因子模型的主要目的就是找出这些因子并确定证券收益率对这些因子变动的敏感度。

1. 单因子模型

为了理解方便，我们循序渐进地从单因子模型开始。单因子模型认为，证券收益率只受一种因子的影响。

对于任意的证券 i，其在 t 时刻的单因子模型表达式为：

$$r_{it} = a_i + b_i F_t + \varepsilon_{it} \tag{12.19}$$

其中，r_{it}表示证券 i 在 t 时期的收益率；F_t 表示该因素在 t 时期的预测值；b_i 表示证券 i 对该因素的敏感度。ε_{it}为证券 i 在 t 时期的随机变量，其均值为零，标准差为 $\sigma_{\varepsilon i}$。a_i 为常数，它表示要素值为 0 时证券 i 的预期收益率。因子模型认为，随机变量 ε 与因子是不相关的，且两种证券的随机变量之间也是不相关的。

2. 双因子模型

双因子模型认为，证券收益率取决于两个因子，其表达式为：

$$r_{it} = a_i + b_{i1} F_{1t} + b_{i2} F_{2t} + \varepsilon_{it} \tag{12.20}$$

其中，F_{1t}和 F_{2t}分别表示影响证券收益率的两个因子在 t 时期的预测值；b_{i1}和 b_{i2}分别表示证

① Ross, Stephen A., 1976, "The Arbitrage Theory of Capital Asset Pricing", *Journal of Economic Theory*, 13, 341-60.

券 i 对这两个因子的敏感度。

3. 多因子模型

多因子模型认为，证券 i 的收益率取决于 K 个因素，其表达式为：

$$r_{it} = a_i + b_{i1}F_{1t} + b_{i2}F_{2t} + \cdots + b_{ik}F_{kt} + \cdots + \varepsilon_{it} \tag{12.21}$$

应该注意的是，与资本资产定价模型不同，因子模型不是资产定价的均衡模型。在实际运用中，人们通常通过理论分析确定影响证券收益率的各种因素，然后根据历史数据，运用时间序列法、跨部门法、因子分析法等实证方法估计出因子模型。

（二）套利定价模型

投资者套利活动是通过在买入收益率偏高的证券同时卖出收益率偏低的证券来实现的。其结果是使收益率偏高的证券价格上升，其收益率将相应回落；同时使收益率偏低的证券价格下降，其收益率相应回升。这一过程将一直持续到各种证券的收益率跟各种证券对各因子的敏感度保持适当的关系为止。根据套利的定义，套利组合要满足三个条件：

条件1：套利组合要求投资者不追加资金，即套利组合属于自融资组合。如果我们用 x_i 表示投资者持有证券 i 金额比例的变化（从而也代表证券 i 在套利组合中的权重，注意 x_i 可正可负），则该条件可以表示为：

$$x_1 + x_2 + x_3 + \cdots + x_n = 0 \tag{12.22}$$

条件2：套利组合对任何因素的敏感度为零，即套利组合没有因素风险。由公式（12.21）可知，证券组合对某个因素的敏感度等于该组合中各种证券对该因素敏感度的加权平均数，因此在单因子模型下该条件可表达为：

$$b_1x_1 + b_2x_2 + \cdots + b_nx_n = 0 \tag{12.23}$$

在双因子模型下，条件2表达式为：

$$b_{11}x_1 + b_{12}x_2 + \cdots + b_{1n}x_n = 0$$

$$b_{21}x_1 + b_{22}x_2 + \cdots + b_{nn}x_n = 0$$

在多因子模型下，条件2表达式为：

$$b_{11}x_1 + b_{12}x_2 + \cdots + b_{1n}x_n = 0$$

$$b_{21}x_1 + b_{22}x_2 + \cdots + b_{nn}x_n = 0$$

……

$$b_{k1}x_1 + b_{k2}x_2 + \cdots + b_{kn}x_n = 0$$

条件3：套利组合的预期收益率应大于零，即：

$$x_1\bar{r}_1 + x_2\bar{r}_2 + \cdots + x_n\bar{r}_n > 0 \tag{12.24}$$

1. 单因子模型的定价公式

均衡状态下 $\bar{r}_i$ 和 b_i 的关系：

$$\bar{r}_i = \lambda_0 - \lambda_1 b_i \tag{12.25}$$

这就是单因子模型APT定价公式，其中 λ_0 和 λ_1 是常数。

从公式（12.25）可以看出，$\bar{r}_i$ 和 b_i 必须保持线性关系，否则，投资者就可以通过套利活动来提高投资组合的预期收益率。公式（12.25）可以用图12-11来表示。

从图12-11可以看出，任何偏离APT资产定价线的证券，其定价都是错误的，从而将给投资者提供组建套利组合的机会。以B点所代表的证券为例，该点位于APT资产定价线上方，意味着其预期收益率较高，投资者就可以通过卖出S点所表示的证券，同时买入相同

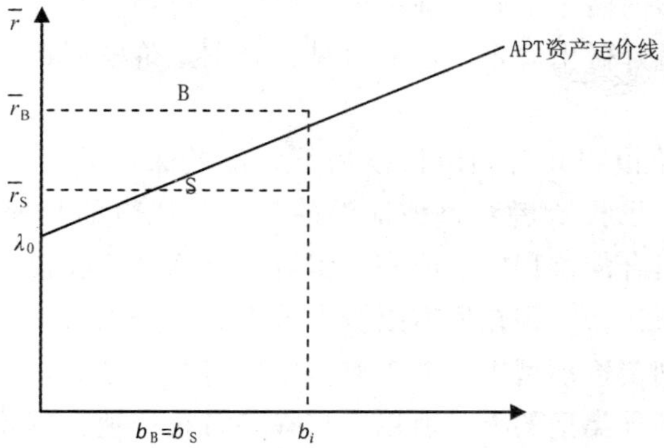

图 12－11　APT 资产定价线

金额的 B 证券，从而形成套利组合。由于买卖 B 和 S 证券的金额相同，因此满足套利组合的条件 1；由于证券 B 和 S 的因素敏感度相等，而买卖金额也相同，因此满足条件 2；由于证券 B 的预期收益率大于证券 S，且两者在套利组合中权数相等，因此满足条件 3。

由于投资者买入证券 B，其价格将不断上升，预期收益率将随之下降，直至回到 APT 资产定价线为止。此时，证券价格处于均衡状态。

2. 双因子模型的定价公式

双因子模型中的 APT 资产定价公式：

$$\bar{r}_i = \lambda_0 + \lambda_1 b_{i1} + \lambda_2 b_{i2} \tag{12.26}$$

3. 多因子模型的定价公式

同样道理，在多因子模型下，APT 资产定价公式为：

$$\bar{r}_i = \lambda_0 + \lambda_1 b_{i1} + \lambda_2 b_{i2} + \cdots + \lambda_k b_{ik} \tag{12.27}$$

（三）套利定价模型与资本资产模型的比较

通过对两种模型原理的介绍，不难发现，两种模型之间既有区别，又有联系。

1. 资本资产定价模型与套利定价模型的区别

（1）对风险的解释度不同。在资本资产定价模型中，证券的风险只用某一证券和对于市场组合的 β 系数来解释。它只能告诉投资者风险的大小，但无法告诉投资者风险来自何处，它只允许存在一个系统风险因子，那就是投资者对市场投资组合的敏感度；而在套利定价模型中，投资的风险由多个因素来共同解释。如理查德·罗尔（Richard Roll）和斯蒂芬·罗斯在 1984 年发表在《金融分析家杂志》的题为“套利定价方法在投资组合战略中的应用”的文章中，就用通货膨胀的意外变化、工业生产的意外变化、风险补偿的意外变化和利率期限结构的意外变化解释了投资的收益及投资价格波动的原因，并获得了很明确的结论。这说明套利定价模型相较资本资产定价模型不仅能告诉投资者风险的大小，还能告之风险来自何处，影响程度多大。

（2）资本资产定价模型与套利定价模型的基本假设有诸多不同之处。概括地说，资本资产定价模型的假设条件较多，在满足众多假设条件的情况下，所得出的模型表达式简单明了；套利定价模型的假设条件相对要简单得多，而其得出的数学表达式就比较复杂，仅从其需要估计的参数较多就可以知道了。具体地说，资本资产定价模型中对投资期、投资者类型、投资者预期等方面的假设都是套利定价模型中不做任何规定的。资本资产定价模型和套利定价模型对投资者类型的假定不同：前种模型假定了投资者属于风险规避型，而后者并没有对投资者对待风险的偏好做出规定。由此可见，套利定价模型在投资者层面上的实用性大大增加了。

（3）在资本资产定价模型和套利定价模型下，市场保持平衡的均衡原理不同。在前一种模型下，它已基本假定了投资者对每种证券的收益和风险的预期都相同，都为理性投资者。在选择投资或投资组合的过程中，所有投资者都会选择高收益、低风险的组合，而放弃低收益、高风险的投资项目，直到被所有投资者放弃的投资项目的预期收益达到或超过市场平均水平为止。而在套利定价模型中，并没有假定所有投资者对每项资产的风险和收益预期相同，它允许投资者为各种类型的人，所以其选择各自投资项目的观点不尽相同，但是由于部分合理性的投资者会使用无风险套利的机会，卖出高价资产、证券，买入低价资产、证券，而促使市场恢复到均衡状态。

（4）从实用性的角度来比较，尽管资本资产定价模型是目前证券市场分析的主要工具之一，但它在实际应用中的缺陷是非常明显的。这种缺陷的主要来源是推导这一理论所必需的假设条件。比如，该模型假设投资者对价格具有相同的估计，这显然是不现实的。因为正是由于投资者对价格的不同预期，才使得证券市场有供有求，价格上下波动。其对投资者的理性预期假设也是脱离实际的。至于其他假设，如证券市场是完备的、有序竞争的等等，都给该理论在实际中的应用带来了偏差。总之，资本资产定价模型把收益的决定因素完全归结于外部原因，它基本上是在均衡分析和理性预期的假设下展开的，这从实用性的角度来看是不能令人信服的。

（5）资本资产定价模型与套利定价模型的适用范围不同。通过对资本资产定价模型与套利定价模型的比较分析，尤其是对两种模型不同点的分析，可以得知，资本资产定价模型可适用于各种企业，特别适用于对资本成本数额的精确度要求较低、管理者自主测算风险值能力较弱的企业。而套利定价模型适用于对资本成本数额的精确度要求较高的企业，其理论自身的复杂性又决定了其仅适用于有能力对各自风险因素、风险值进行测量的较大型企业。

2. 资本资产定价模型与套利定价模型的联系

（1）随着资本市场的不断发展，资本市场的有效性不断提高，使得人们对建立在有效市场假说上的、能被投资者和筹资者广为运用的风险量化管理工具的要求大大增加。虽然套利定价模型略晚于资本资产定价模型出现，但它们都是为了解决一个共同的问题，即如何给风险合理定价的问题。

（2）两种模型都假定了资本市场上不存在交易成本或交易税，或者都认为如果存在交易成本、交易税，则其对所有的投资者而言都是相同的。

（3）套利定价模型和资本资产定价模型都将存在的风险划分为系统性风险和非系统性风险，也就是市场风险和公司自身的风险。并且两种模型都认为通过投资的多元化组合，以及投资者对投资结构的合理优化，能大部分甚至完全消除公司自身存在的风险。因此，在计算投资组合的预期回报时，两种模型的数学表达式都认为资本市场不会由于投资者承担了这部分风险而给予其补偿，因而不列入计算式中。

第四节 行为金融理论

一、行为金融学的发展与理论基础

（一）行为金融学的产生与发展

金融学研究的核心内容是“市场是否有效”，即资本和资产的配置效率。20 世纪 80 年代，对金融市场的大量实证研究开始越来越多地发现许多标准金融学无法解释的异象。学者们将心理学应用于对投资者的行为分析，而逐渐形成了越来越有活力的行为金融学（Behavioral Finance）这一学科。1999 年克拉克奖的得主马修·拉宾（Matthew Rabin）和2002 年诺贝尔奖的得主丹尼尔·卡内曼（Daniel Kahnerman）和弗农·史密斯（Vernon Smith），都是这个领域的代表人物，这些最为著名的奖项授予这个领域的专家，进一步说明了主流经济学对行为金融学这个领域的充分肯定。

这段时期的两篇代表论文是 Kahnarman 和 Tversky（1979，1974）发表的论文“Prospect Theory：An Analysis of Decision under Risk”和“Judgment under Uncertainty：Heuristics and Biases”。在行为金融学的专著方面，Shleifer（2000）的“Inefficient Markets：An Introduction to Behavioral Finance”是第一本行为金融的学术专著。另外，还有 Montier（2002）的“Behavioral Finance：Insights into Irrational Minds and Markets”，Shefrin（2002）的“Beyond Greed and Fear：Understanding Behaviorial Finance and the Psychology of Investing”，这些都是较为全面的行为金融专著。

（二）行为金融学的基本思路与主要特征

作为一种金融理论，只有考虑了信息的不对称性和人的有限理性，才能对现实资本市场做出比较全面和准确的解释。行为金融学修正了理性人假设的论点，指出人类的理性是有限的，现实中的人并非像传统金融理论所假设的那样，是一成不变、感情中立或属于纯粹的利己主义者。个人认知的局限决定了人类存在着许多理性之外的情绪和决策，社会化过程中形成的利他主义、公益道德、行为定势、偏见歧视以及其他观念都会引导人们对自己的行为决策产生影响。例如，股市中市场的变化往往不是因为公司运营情况的改变，而是投资者的情绪、信心等心理因素发生变化。所谓行为金融就是将心理学和行为学等学科的成果融入金融学中，从微观个体行为以及产生这种行为的心理动机来解释资本市场中的各种异象问题以及研究、预测金融市场发展的一门学科。

行为金融学从人的角度来解释市场行为，充分考虑了市场参与者心理因素的作用，并注重投资者决策心理的多样性，为人们理解金融市场提供了一个新的视角，弥补了传统金融理论只注重最优决策模型，简单地认为理性投资决策模型就可完全解释证券市场价格变化的不足。从完全理性的经济人过渡到有限理性的社会人，行为金融理论指出，在金融市场中投资者往往追求的是自己最满意而非最优的方案。当然，尽管行为金融学是以有限理性的人类行为为根本前提，与传统金融理论的前提不同，但其并不是完全否定传统金融学理论，而是在接受其人类行为具有效用最大化取向的前提下，对其理论进行修正和补充，丰富其分析问题的视角，将行为分析理论与经济运行规律有机地结合在一起，把以往被传统金融理论抽象掉的人的感性部分回归到金融分析当中。

（三）行为金融学与现代主流金融学的关系

现代主流金融学从理性经济人假设出发，利用一般均衡分析和无套利分析对金融市场的运行机制和定价原则做了很好的解释，但是，由于现代主流金融学把假设中的“理性经济人”作为现实中的实际投资者，把人们应该如何决策作为人们的实际决策行为，而现实中人们的实际决策行为与假设中的“理性经济人”又有着较大的差异，因此，现代主流金融学不可避免地遇到一些难以解释的现实问题。对于这些问题，行为金融学以心理学对人们决策行为的研究成果为基础，提供了较好的解释。

现代主流金融学认为金融投资过程是一个动态均衡过程，根据一般均衡原理，依据理性人假设和有效市场假说，推导出证券市场的均衡模型。有效市场假说是现代主流金融学的核心之一，它反映了现代主流金融学的研究思路和脉络。安德鲁·施莱弗（Andrei Shleifer, 2000）认为，有效市场的建立基于三个假设条件：投资者是理性的；即使投资者是非理性的，由于投资组合和交易的随机性，也能抵消它的影响；虽然部分投资者有非理性行为，市场可以通过“套利”使价格恢复其理性。

表 12－2 将行为金融学与现代主流金融学的研究假设和研究主题进行了比较，我们看到，行为金融学以人的行为为中心的生命范式代替了现代主流金融学的机械式的力学范式，同时行为金融学承认现代主流金融学的范式在一定范围内正确。从研究方法上看，二者的相同之处都是在假设基础上建立模型，并用模型对金融市场的各种现象做出分析和解释；不同之处是行为金融学以心理学的研究成果为基础进行研究。

行为金融学是在标准金融学的基础上发展起来的，它们之间的差异是研究目标各自不同。标准金融学描述的是经济个体的最优决策行为，而行为金融学则是在现实生活中的真实决策行为。

表 12－2　　行为金融学和现代主流金融学的比较

	行为金融学	现代主流金融学
理论基础	“有限理性”假设	“理性人”假设
研究目的	经济个体在现实生活中的真实决策行为	经济个体的最优决策行为
研究方法	实验、心理学、经济学、数学模型等	经济学、数学模型等
涉及学科	经济学、金融学、数学、心理学、社会学	经济学、金融学、数学
研究视角	探究决策过程中投资者的心理依据和实际行为，并对此经济现象加以解释	将复杂的经济现象抽象化为简单的数学模型

二、行为金融学的基本理论

在过去 20 多年里，行为金融相关研究中的内容主要体现在三个领域：一是资产定价，即行为资产定价，主要考察投资者的非理性投资心理和行为对资产价格的影响。二是投资者行为，主要考察投资者的非理性投资行为和策略，并基于心理学和社会学对这种行为的原因进行解释。三是行为公司财务，主要考察投资者或者经理人的非理性对公司财务行为的影响。

对于行为金融理论，目前为止仍然没有一个公认的理论框架。不同学者在研究过程中提出过各种不同的观点，综合各个学者的观点，可以归纳为四个方面：（1）有限理性的认知和行为偏差；（2）前景理论；（3）非有效市场的异象研究；（4）行为资产定价和行为组合理论（见表12-3）。

表12-3　行为金融学的主要理论

主要理论	理论内容
有限理性	认知偏差：启发式偏差、锚定依赖、框定偏差 行为偏差：过度自信、反应不足、反应过度、损失厌恶、后悔厌恶、心理账户、证实偏差、时间偏好、羊群行为等
前景理论	价值函数、权重函数
非有效市场的异象研究	证券市场的异象：股票溢价之谜、股利之谜、股票价格与价值的偏离、赢者输者效应、弗里德曼—萨维奇困惑、规模效应
资产定价理论	行为资产定价、行为组合理论

（一）有限理性的认知和行为偏差

认知偏差是运用认知心理学原理，将人的判断与认知过程理解为信息加工过程，根据信息处理的特征，从原理上分析认知过程存在的偏差。大量的心理学实验表明，人在认知过程中，会运用一种叫作启发式的认知捷径，也叫经验法则，它包括代表性启发法、可得性启发法、锚定与调整等，这一过程可能会导致启发式偏差。另一方面，人们所面对问题的背景或表现形式也会对人们的判断带来影响，从而导致框定偏差。这些偏差是导致人有限理性的心理学原因。人们在金融投资过程中，还有各种心理特征和情绪特征导致投资过程中的行为和决策偏差，如过度自信、反应过度、反应不足、后悔厌恶、损失厌恶、时间偏好、证实偏差、心理账户、羊群行为等。这些情绪特征也是形成投资决策偏差的心理学原因，有助于我们理解金融市场中为什么会存在过度交易、对信息的过度反应和反应不足、反转效应与动量效应、禀赋效应、隔离效应、反馈机制等非理性的行为效应，也在一定程度上解释了证券市场异象之谜的原因。

（二）前景理论

现代主流金融学存在公理性的“理性人假设”，而心理实验却表明人们在不确定条件下存在选择偏好，导致预期效用理论在现实中存在反射效应、偏好反转、孤立效应等特征，这使预期效用理论的结论出现问题。经济学家试图通过放松个体决策与偏好的公理化假定，对预期模型进行了修正或改进，但很多修正模型仍然不是十分令人满意。Kahneman 和 Tversky（1979）提出的前景理论，也叫期望理论，对个体偏好提供了更合理的解释。前景理论包括价值函数和权重函数等原理。价值函数是经验型的，它有三个特征，一是大多数人在面临获得时是风险规避的；二是大多数人在面临损失时是风险偏爱的；三是人们对损失比对获得更敏感。因此，人们在面临获得时往往是小心翼翼，不愿冒风险；而在面对失去时会很不甘心，容易冒险。人们对损失和获得的敏感程度是不同的，损失时的痛苦感要大大超过获得时的快乐感。权重函数是对主观概率进行的描述。

（三）非有效市场的异象研究

如前所述，我们可以根据市场价格所反映的信息集将有效市场分为弱式有效、半强式有效、强式有效三种市场类型。然而，由于这个理论是在特定的假设条件下建立起的逻辑推导产物，理论结果还有很多问题，如股票收益的日历效应、规模效应、“黑色星期一”等，所以有效市场假说是有缺陷的，表现在假设缺陷、检验缺陷、套利的有限性等方面的局限。这其实说明了证券市场中长期存在并被广为关注的异常现象，如股票溢价之谜、股票价格的长期偏离、股利之谜、弗里德曼—萨维奇困惑、规模效应、日历效应、账面市值比效应等。Barberis 和 Thaler（2003）认为投资者的过度自信和代表性认知可以解释波动率之谜。经济学家们试图在不动摇市场有效性的前提下对这些异象做出解释，如偶然性或选择的方法和模型问题等，并认为只要找到适当的方法就可以消除异常。但此类解释都不能从根本上令人满意。

（四）行为资产定价和行为资产组合理论

资产的定价总是与该资产的风险相联系的。行为金融学认为投资者可分为信息交易者和噪音交易者两类。信息交易者是理性投资者，噪音交易者则会犯一些认知偏差错误。两类交易者相互之间有影响，这些因素共同决定了资产的价格。Barberis、Huang 和 Santos（2001）（BHS）将前景理论引入到股票的一般均衡定价模型中。尽管 Shefrin 和 Statman（1994）建立了行为资产定价模型（BAPM），将 CAPM 中的 β 值扩大，但由于噪音交易者非理性因素难以准确衡量，所以 BAPM 模型并没有被广泛接受。由于行为金融学没有推导出核心的基于行为的资产定价模型，研究只能通过实证说明市场的非有效性，而并不能进行理论描述和表达出非理性金融资产的定价机理。学者认为，投资者心理偏差是造成异质性信念的原因之一（Scheinkman 和 Xiong，2003）。

因此，研究学者期望在将来行为金融学研究的核心模型中，将基于前景理论、有限套利理论和投资者非理性心理及异质性信念有机结合。另外，行为资产组合理论运用心理账户原理，将投资者对资产的态度分为不同的心理账户，并构建单一账户证券组合选择模型和多重账户证券组合选择模型。

三、行为金融学的应用

（一）羊群行为

羊群行为（Herd Behavior）是金融市场上一个令人困惑的现象。一段时间以内，投资者不约而同地买卖相似的股票或进行相同方向的买卖，理智、信念、常识都失去了约束力，人嬗变为一种疯狂的动物。心理学家认为这是人类的从众心理，社会学家认为是人类的集体无意识，而经济学家则从投资者之间的信息不对称性、机构投资者运作中的委托—代理关系以及经济主体的有限理性等角度来探讨羊群行为的内在产生机制。现有的对羊群行为的实证研究可分为两个方向：一是以共同基金、养老基金等特定类型的投资者为对象，通过分析它们的组合变动和交易信息来判断其是否存在羊群行为（结果显示机构投资者存在一定程度的羊群行为）；二是以股价分散度为指标，研究整个市场在大幅涨跌时是否存在羊群行为（结果显示美国、日本等成熟市场不存在羊群行为，但新兴市场，如韩国股市，却存在羊群行为）。作为在转轨经济过程中发展起来的新兴市场，中国股市具有政策干预频繁、信息不对称较为严重、投资者结构以散户为主等特点，因此为羊群行为的产生提供了条件。

（二）噪声交易

行为金融学认为金融市场中存在非理性的交易者，非理性交易者的存在可能会出现两种情况：一是任何交易者都有可能把与价值无关的信息认为是与价值有关；二是某些交易者人为地制造虚假信息，而其他投资者可能因无法识别其真伪而受到影响。这两种信息被认为是噪声，相应地产生两种噪声交易：其中一部分是由于非理性交易者的必然存在而带来的，这种噪声交易存在于任何市场中；另一部分则是由人为因素引起的，这部分噪声交易是可以避免的。"羊群效应"导致的交易和积极反馈交易者进行的交易都是典型的噪声交易。证券市场的实际情况越接近有效市场意味着资金的配置效率越高，噪声交易的存在必然造成市场效率下降，因此，理性程度越高，噪声交易所占的比重越小的市场越成熟。同时，适度的噪声交易有利于保持市场的流动性。中国证券市场的噪声交易与西方行为金融学者所观察到的金融市场行为没有本质上的区别，而且，在持续时间、涉及范围及表现程度上要比西方发达金融市场的程度严重，噪声交易所占的比重显然已经超过了"适度"的标准。

(三) 过度反应与反应不足

如果市场是有效的，证券价格就会在收到信息时做出迅速而准确的反应。"迅速"指的是从证券市场收到信息到证券价格做出反应之间不应有明显的迟延。"准确"指的是证券价格的反应应该是无偏的，证券价格的初始反应就应精确反映该信息对证券价值的影响，不需要进行后续的纠正，不存在过度反应与反应不足。

图 12－12 反映了证券价格在收到信息时的三种反应形式。假设在我们所考察的期间内只有一条与证券价格有关的信息，该信息在 t 时刻到达市场。该信息是利好消息，它的出现使市场对该证券价值的最好估计由原来的 10 元增加到 12 元。

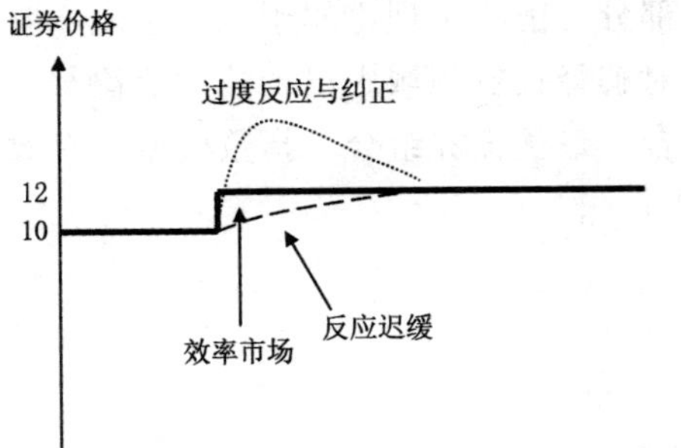

图 12－12　在效率市场和无效市场中证券价格对新信息的反应

在图 12－12 中，实线代表着在效率市场中证券价格的反应路径。它表示证券价格在收到新信息的当时就从 10 元涨到 12 元，并维持在 12 元不变，因为我们假定没有其他新信息到达市场。

虚线代表着在无效市场中证券价格对新信息的一种反应路径——反应不足。即当新信息出现时，一些大公司率先得到这些信息，其把该信息通知其分支机构，并开始分析该信息的含义。分支机构得到该信息后，也开始自己进行分析，并可能将该信息通知其重要的客户，该信息就这样逐步传播开来。由于刚开始时只有少数知道该信息的人进行交易，证券价格也只上升一点。随着知道该信息及其含义的人越来越多，买入该证券的人也越来越多，从而使该证券价格逐步上升到 12 元。

点线则代表着在无效市场中证券价格对新信息的另一种反应路径——过度反应。在这种情况下，对该信息的含义最乐观的人率先得到该信息，他们认为该信息意味着证券价值高于12元，因此就大量买进，直至把股价推高到12元之上。由于新价值的最优估计是12元，这种正确的估计最后占了上风，市场的抛压最终使证券价格又回到12元的合理位置。

对中国证券市场的实证研究，表明赢者组合①和输者组合②都无法获得高于市场收益率的超额收益率，随着持有期的延长，两个组合负的超额收益率逐渐变得显著，赢者组合存在过度反应而输者组合存在反应不足。

（四）泡沫模型

股票市场泡沫模型可分为两个方向：理性泡沫模型和非理性泡沫模型。理性泡沫基于市场有效性和经济主体理性的假设，认为资产的实际价格不仅反映市场基础价值，还包括理性泡沫成分。由于信息不对称等原因，市场经济主体可能出现预期差异，导致市场非有效，资产市场价格偏离其基础价值，因此从非理性的角度研究股市泡沫更有现实意义。行为金融学从投资者非理性的角度研究了股价偏离基础价值这种市场异常现象，在一定意义上揭示了股市泡沫的生成机理。

本章小结

内容摘要：本章介绍证券投资的主要理论，包括资产组合理论、有效市场理论、资本市场理论和行为金融理论四个部分。前三个理论属于现代主流金融学的范畴，行为金融学在打破传统理论假设的基础上，对解释投资领域中出现的“金融异象”起到了重要作用。

关键概念：有效证券组合　最优证券组合　指数模型　有效市场　资本资产定价模型　套利定价模型　行为金融学

思考题

1. 某风险组合到年末时价值50 000元或150 000元的概率都是50%。无风险年利率为5%。

（1）如果你要求获得7%的风险溢价，你愿意付多少钱来买这个风险组合？

（2）假设你要求获得10%的风险溢价，你愿意付多少钱来买这个风险组合？

2. 假设无风险利率为4%，某个风险资产组合的预期收益率为10%，其β系数等于1。根据CAPM：

（1）市场组合的预期收益率等于多少？

（2）$\beta=0$的股票的预期收益率应为多少？

（3）某股票现在的市价为30元，其β值为-0.4，预计该股票1年后将支付1元红利，期末除权价为31元。请问该股票目前的价格被高估还是低估了？

① 一些在连续几年内均有好消息的公司。

② 一些在连续几年内均有坏消息的公司。

3. 在单因素指数模型中，某投资组合与股票指数的相关系数等于0.7。请问该投资组合的总风险中有多大比例是非系统性风险？

（1）35%　　（2）49%　　（3）51%　　（4）70%

4. 与CAPM不同的是，APT：

（1）要求市场必须是均衡的。

（2）运用基于微观变量的风险溢价。

（3）规定了决定预期收益率的因素数量并指出这些变量。

（4）并不要求对市场组合进行严格的假定。

5. Fama、Fisher、Jensen和Roll研究了股价对公司宣布股票分析（Stock Split）的反应，发现股价通常在宣布股票分拆后上升。由于股票分拆时公司净资产并未变化，他们发现造成这种现象的主要原因是80%的公司在股票分拆后利润都有不同程度的增长。也就是说，公司管理层通常是在预计利润会增长后才进行股票分拆。请问这种现象符合哪种形式的效率市场假说？

案例分析

中国股市个人投资者行为分析

我国证券市场的发展经历了多次波动，每次均引发了有关资本市场的“泡沫”的争辩。随着行为金融学的兴起，投资者心理和行为，尤其是投资者的羊群行为，正在被用来解释投机泡沫的演变过程，并显示出了强大的生命力。所以，通过对投资者行为的研究，揭示投资者的心理基础和行为模式，可以帮助我们进一步认识证券市场。2008年7月至9月间，在成都等地证券营业部通过随机问卷的方式调查个人投资者一共453人，最后收回有效问卷264份。调查结果显示中国股票市场个人投资者的行为特征体现在以下几个方面：(1) 在证券分析能力方面，投资者对基本面分析和技术分析的掌握是比较好的。但是，投资者对公司的财务报表没有足够的重视。(2) 关于“有效市场假说”，投资者们认可股票的随机游走假说，相信股票价格无法预测；我国证券市场没有强式有效，掌握内幕消息能够获利；我国证券市场也没有达到半强式有效，反转和动量投资策略是有效的。(3) 在“代表性”和“保守性”偏差上，这两者情况在投资者中均存在，投资者对于信息有过度反应和反应不足的现象。(4) 我国股市的投资者中过度自信不明显。(5) 关于“羊群效应”，投资者的从众心理不显著。(6) 在“处置效应”方面，我国投资者中存在处置效应，尤其是面临亏损时比较明显，而面临收益时不显著。(7) 从个股选择、投资组合、投资期限、公司规模等各方面看，我国的股票投资者倾向于稳健投资，是厌恶风险的。

资料来源：蒋航程，刘浩．中国股市个人投资者行为调查研究［J］．浙江金融，2009，(6)。

问题：

1. 我国投资者过度自信与从众心理均不明显，原因何在？

2. 我国个人投资者倾向于稳健投资且厌恶风险，为何总体收益却很差？

应用训练

1. finance. yahoo. com 上提供了历史价格信息，这对于计算有价证券的期望收益率、标准差和协方差非常有用。利用所学知识试着计算不同证券的收益率、风险。

2. 中国证券市场中不同行业的 β 系数有什么特征？β 系数与行业对经济周期的敏感度是否相关？

参考文献

1. 国家统计局：《2013 年中国发展报告》，中国统计出版社 2014 年版。
2. 中国人民银行：《2013 年中国金融稳定报告》，中国人民银行网站。
3. 兹维·博迪等：《投资学精要》，人民大学出版社 2011 年第 7 版。
4. 陈志武：《金融的逻辑》，国际文化出版公司 2009 年版。
5. 占豪：《黄金游戏》，上海财经大学出版社 2011 年版。
6. 杨大楷：《证券投资学》，上海财经大学出版社 2011 年版。
7. 贝政新：《证券投资学》，复旦大学出版社 2011 年版。
8. 邢天才、王玉霞：《证券投资学》，东北财经大学出版社 2007 年版。
9. 张亦春、郑振龙：《金融市场学》，高等教育出版社 2008 年版。
10. 陈共、周升业、吴晓求：《证券投资分析》，人民大学出版社 2010 年第 6 版。
11. 黄嵩：《资本市场学》，北京大学出版社 2011 年版。
12. 吴晓求：《证券投资学》，中国人民大学出版社 2009 年版。
13. 孙秀钧：《证券投资学》，东北财经大学出版社 2008 年版。
14. 陈广志：《证券投资学》，经济科学出版社 2012 年版。
15. 孙飞：《写给中国人的投资学》，重庆出版社 2011 年第 1 版。
16. 罗乐勤、陈泽聪：《投资经济学》，科学出版社 2011 年第 3 版。
17. 王建喜：《证券投资学》，西安交通大学出版社 2007 年版。
18. 宋建平：《证券投资学》，上海人民出版社 2012 年版。
19. 杜云：《证券投资学》，知识产权出版社 2012 年版。
20. 中国证券业协会编写组：《证券市场基础知识》，中国财政经济出版社 2010 年版。
21. 中国证券业协会编写组：《证券发行与承销》，中国财政经济出版社 2009 年版。
22. 中国证券业协会编写组：《证券投资基金》，中国财政经济出版社 2010 年版。
23. 诺斯：《制度、制度变迁和经济绩效》，三联书店，上海人民出版社 1994 年版。
24. 科斯：《企业、市场与法律》，格致出版社 2009 年版。
25. 平乔维奇：《产权经济学》，经济科学出版社 2000 年版。
26. 盛洪：《现代制度经济学》，北京大学出版社 2003 年版。
27. 纪宣明："技术创新、制度创新与企业发展：夏新电子扭亏个案研究"，《金融研究》2004.9。
28. 纪宣明："东西部上市公司经营绩效的实证分析与评价"，《金融研究》2004.3。

29. 纪宣明："制度缺失、诚信危机与多重博弈——中国股市发展回顾与反思"，研究报告，福建省教育厅项目（项目号：2005ZD0502）。

30. 孙豆豆：《每天学点投资学》，立信会计出版社2011年版。